사물과 공간

대우고전총서

Daewoo Classical Library

047

사물과 공간

Ding und Raum

에드문트 후설 | 김태희 옮김

아카넷

차례

3부 운동적 지각 종합 분석. 지각 변화와 현출 변화

5장 정지한 사물이 지각의 연속적 경과에서 주어짐

6장 공간사물의 충전적 지각의 가능성과 의미

7장 정리—현상학적 환원의 틀 안에서의 지각분석

4부 지각 대상의 구성에서의 키네스테제 체계들의 의미

8장 키네스테제의 현상학적 개념

9장 시각장과 키네스테제 진행의 상관관계

10장 키네스테제에 의해 동기화되는 현출 다양체에서의 통일체인 사물

5부 안구운동장에서 객관적 공간으로의 이행. 삼차원 공간 몸체성의 구성

11장 안구운동장의 확충

12장 안구운동장에서의 현출변양의 유형학

13장 안구운동장이 크기변화 다양체와 선회 다양체로 이행함을 통한 공간 구성

14장 보충 고찰

6부 객관적 변화의 구성

15장 지각대상의 질적 변화

16장 한갓된 운동의 구성

결어

일러두기

이 국역본의 각주 중 후설 자신의 주석은 (원주), 『후설전집』 16권 편집자 울리히 클래스게스(Ulrich Claesges)의 주석은 (편주), 번역자의 주석은 (역주)로 각각 표기한다.

편집자 서문

1913년 발간된 후설의 『순수현상학과 현상학적 철학의 이념들』은 오랜 시간 동안 후설 철학에 대한 토론과 수용에 있어서 필수적인 준거점이었다. 1900~1901년에 발간된 『논리연구』만을 기준으로 삼을 경우에, 사람들은 『이념들』을 근본적 전환으로 보았고, 후설의 철학함에 있어 본질적으로 새로운 시작으로 보았다.

『후설전집(*Husserliana*)』으로 출판되는 후설 유고들에 대해서도 『이념들』은 일종의 준거점이었다. 『이념들』 이전 시기는 오랫동안 주목을 받지 못했지만, 여기에도 예외는 있다. 『이념들』이 『후설전집』을 통해 재출간[1]되기 이전인 1950년에 이미 1907년의 다섯 강의들

---

1) (역주) 후설 생전인 1913년 초판이 출간된 『이념들』은 후설 사후인 1950년 『후설전집』 3권으로 재출간되었다.

이 『현상학의 이념』이라는 제목으로 『후설전집』 2권으로 출판된 것이다.[2)]

이 다섯 강의들은 상대적 완결성을 지녔기에 순수 현상학으로의 최초의 '입문'이라는 성격을 부여받았다. 따라서 이 강의들이 1907년 여름학기에 4시간씩 진행된, 〈현상학과 이성비판 개요〉라는 강의[3)]에 대한 일반적 입문으로 행해졌음에도 불구하고, 이 다섯 강의들을 이 강의 자체[4)]와 별도로 출판하는 것은 올바른 것이었다. 다섯 강의들을 출판함으로써 후설이 그의 장래의 순수 현상학 혹은 '초월론적' 현상학의 '근본 원리', 즉 '현상학적 환원'을 그것의 본질적 특성들까지 포함하여 1907년에 이미 형성했으며, 이 시점에 이미 순수 현상학의 문제, 방법, 목표에 대한 최초의 개관을 내놓을 수

2) (편주) 『논리연구』와 『이념들』 사이에 후설은 『엄밀학으로서의 철학』이라는 논문만 출판했다.(Logos Band 1, 1910/11, p. 289~341; Buchausgabe hrsg. v. W. Szilasi, 1965) 그 밖에도 『현상학의 이념』 출간 이전에는 후설의 1901~1913년 연구 중에서 1904/05년 겨울학기 강의(〈현상학과 인식론 개요〉) 일부만 알려져 있었다. 이를 하이데거가 1928년 『내적 시간의식의 현상학 강의』라는 제목으로 출판했던 것이다.(Jahrbuch für Philosophie und phänomenologische Forschung Band IX, 1928, p. 367~498) 문제 전개를 서술하기 위한 보충 텍스트들을 포함하여 이 강의들은 1966년 이래로 『내적 시간의식의 현상학(1893~1917)』이라는 제목으로 『후설전집』 10권으로 출판되었다.

3) (역주) 이 책인 『사물과 공간』의 저본이 된 강의를 뜻한다.

4) (역주) 〈현상학과 이성비판 개요〉 강의 중 입문인 다섯 강의를 제외한 본문인 『사물과 공간』을 의미한다.

있었음이 분명해 보인다. 그리하여『이념들』이 지니는 의미는 어느 정도는 상대화되었다.

물론 나중에 후설이 여러 차례 증언하는 것처럼, 현상학적 환원의 발견은 이미 1905년 여름 (티롤의) 제펠트에서 이루어졌지만, 처음에는 그것이 중요한 영향을 미치지 않고 있었다.

그 후 1906년의 일기에서 후설은 개인적 삶의 정황과 철학적 작업에서 봉착한 위기를 토로하고 있다. 이 글들에 따르면 후설은 "이성비판"이라는 "일반적 과업"에 착수하기를 원했다. 이성비판을 통해 그 이전 여러 해 동안의 수많은 개별 분석들을 보완하는, 어떠한 통일적인 이론적 단초를 찾고자 한 것이다.

1906/07년 겨울학기 〈논리학과 인식비판 입문〉이라는 제목의 강의에서는 현상학적 환원이 이성비판이라는 저 일반적 과업을 돕는 것으로 보았다. 그러니까『논리연구』의 근본적 문제들을 새롭게 다루고 있는 이 강의의 네 번째 부분에서, 모든 이성비판에 있어 결정적인, '심리학과 인식론의 관계'에 대한 물음을 던지고 있는 것이다. 이 물음을 연구하는 과정에서 현상학적 환원의 원칙은 결정적 의미를 얻는다.

1906/07년 겨울학기 강의들의 마지막 부분에서는 암시만 하고 상술은 아직 하지 않던 것을, 1907년 여름학기의 다섯 강의들에서는 간결한 사유 전개를 통해 발전시킨다. 현상학적 환원의 원칙을 인식론적 초재 문제에서 출발하여 '인식 대상' 및 '인식하는 그 자신'

에 대한 '모든 존재 정립을 보류(Suspendierung)'하는 것이라고 규정하고 발전시킨다.

그 본질에 있어 데카르트를 모범으로 삼는 회의하는 사유를 통해, 즉 코기타치오네스들이 "초재(超在)의 수수께끼"로부터 벗어남에 있어서, 코기타치오네스의 영역은 절대적이고 내재적인 소여들의 영역으로 확보된다. 물론 이미 『논리연구』 제5연구에서 일반적인 의식 개념을 도입했고 이를 심리적 작용들의 구역이라고 규정한 바 있다. 거기에서 후설은 "논리적 영역의 현상학적 성격들과 이념적 통일체들을 매우 일반적인 성격들과 통일체들 아래 두었는데, 후자의 구역은 일반적으로 작용 영역"이라고 했다. 그러므로 이미 분명하게 인식론적인 『논리연구』 제6연구의 분석들은 그런 매우 일반적인 성격들과 통일체들에 기초하고 있다.

그러나 이제 현상학적 환원의 발견은 『논리연구』의 의식 개념이 불충분함을 분명하게 드러냈다. 다시 말해 『논리연구』는 "지향적 체험"에 대한 그 논의가 일반적으로 말해서 '초재의 수수께끼'에 사로잡혀 있음을 간과했던 것이다. 『논리연구』에서는 아직 의식을 "심리적 현상들"의 영역으로 주제화하고 있는데, 현상학적 환원이 비로소 "심리적 현상들"의 영역을 "순수 현상들"의 영역으로 바꾼 것이다. 이러한 현상들은 "지향적으로" "객관적 실재에 관계"할 수도 있으나, 그렇다고 해서 "이러한 실재의 존재와 비존재"에 대해 예단하지 않는다. 현상학적 환원이 비로소 (근본적으로 회의하는 사유의 결과인) 절대적이고 내재적인 소여들의 영역을, 순수 현상학 내지는 초월론적 현상학의 장으로서 최종적으로 확보한다.

그러나 현상학적 환원이라는 이 새로운 원칙이, 후설이 『논리 연구』 이후 여러 해 동안 연구했으며 여전히 연구하고 있던 문제들 전체와 관련하여 어떠한 구체적 가능성들을 열어주었는지는, 그리고 저 문제들을 처리하는 데 있어 이 원칙을 발견함으로써 어떠한 직접적 귀결들이 나타났는지는, 매우 일반적이고 원칙적 차원에서 행한 다섯 강의들에서는 발견할 수 없다.

이 입문[〈다섯 강의들〉]에 이어지는 1907년 여름학기 강의가 이제 출판되면서 비로소 다섯 강의들과 그 안에서 발전된 현상학적 환원이라는 원칙이 현상학의 구체적 과제들에 끼친 직접적 영향들이 분명하게 드러난다.

* * *

이 책은 이제 다섯 강의들에 이어지는, "사물성, 특히 공간성의 현상학"에 대한 분석들의 텍스트를 오롯이 담고 있다. 1907년 여름학기 동안 쓴 (이후 후설이 늘 이 강의를 부르던 이름인) 〈사물강의〉의 속기원고는 그보다 좀 더 이르거나 더 늦은 날짜에 집필된 관련 원고들과 더불어, 후설문고의 원고 뭉치 F I 13에 들어 있다.

그 일반적인 주제를 본다면 〈사물강의〉의 분석들은 철저하게 이전 여러 해 동안의 철학적 노력들과 직접적 연관성을 지니고 있다. 앞서 언급한 일기에서 후설은 자신이 계획하고 있는 "현상학과 이성비판"의 주제들로서, "지각, 상상, 시간, 사물의 현상학의 문제들"을 언급한다. 이후에 후설은 이를 회고하면서, 〈현상학과 인식론 개요〉라는 제목의 1904/05년 겨울학기 강의들에서, 앞서 언급한 복합적 주제들을 체계적으로 연구하기 위한 최초의, 그러나 여전히 "상당히 불충분한 기획들"이 이루어졌다고 판단한다. 그러나 1904/05년 겨울학기의 저 강의들은 처음 세 가지 주제[지각, 상상, 시간]만을 다루고 있고, 사물의 현상학과 공간의 현상학은 하나의 숙원으로 남아 있었다. 이제 1907년 여름의 〈사물강의〉가 이 숙원을 실현하면서, 기획되었던 "현상학과 이성비판"의 전체 맥락 안에 자리잡는다.

〈다섯 강의들〉이 현상학적 구성 분석 일반이라고 일반적으로 정식화된 계획으로 마무리되기 때문에, 〈사물강의〉의 주제가 〈다섯 강의들〉의 직접적 귀결을 보여주는 것은 아니다. 그러므로 여기에서 생겨나는 물음은, 후설이 현상학적 환원 원리의 발전 이후에, 그저 그때까지 미처 다루지 않았던 문제 영역을 다루기 시작한 것인가, 아니면 오히려 이 원리가, 그리고 이와 함께 주어지는, 심리학과 인식론의 관계에 대한 해명이 비로소 충분한 사물의 현상학을 가능하게 하는 것인가이다. 후자라면 이는 역으로, 그러한 사물과 공간의 현상학이 숙원으로 남았던 것이 우연이 아니었음을 의미할 것이다.

〈사물강의〉가 전제로 하는 근본적으로 새로운 단초에도 불구하고 후설은, 특히 첫 부분의 지각 분석에 있어서는, 이미 완성된 자료들[심리적 현상들에 대한 분석들]을 활용할 수 있었다. 새롭게 확립된 초월론적 현상학 덕분에, 심리적 현상들과 순수 현상들 사이에 엄밀한 평행 관계가 성립하기 때문이다. 후설은 〈다섯 강의들〉에서 이렇게 말한다. "그러니까 현상학적 환원의 길에서는, 모든 심리적 체험에는 그것의 내재적 본질을 절대적 소여로서 드러내는 순수 현상이 각각 대응한다."[5]

* * *

1913년 『이념들』에서, 초월론적 현상학의 정초는 〈다섯 강의들〉에 비해 훨씬 명확해지고 상세해졌다. 그뿐만 아니라 『이념들』은 『사물과 공간』이라는 표제하에 제기된 복합적 문제들이 초월론적 현상학의 전체 체계 안에 자리잡게 되는 맥락을 알려준다. 그 맥락은 존재론과 현상학의 관계를 규정하면서 주어진다. 『이념들』에 따르면, "인식과 인식 대상의 상관관계"[6]를 해명하기 위한 구성 분석의 발단은 형식존재론과 질료존재론(영역존재론) 안에서 문제시

5) (편주) 『현상학의 이념』, p. 45.
6) (편주) 『현상학의 이념』, p. 75.

되는 대상 혹은 대상영역의 규정을 전제한다.[7] 따라서 우리는 구성 분석에 필연적 방향을 부여할 수 있는 실마리를 얻는다.

앞서 언급한 존재론과 현상학의 관계들은 '사물의 영역존재론'에서 예시되며, 그에 상응하는 구성 분석을 위한 '초월론적 실마리'로서 "사물 일반에 관한 영역 이념"[8]이 이어받은 기능에서 예시된다. 이러한 연관 속에서 후설은, 〈사물강의〉에서 나타나듯, 분석들의 상대적 완결성과 독립성을 강조한다. "그러한 '사물현출(Dingerscheinung)'은 우리가 '사물도식(Dingschema)'이라고 부르는 층을 필연적으로 포함하고 있음이 (항상 형상적 현상학의 직관에 의해) 명백하다. 사물도식은 어떠한 '실체성'과 '인과성' 규정도 없이 (인용부호 안에서, 즉 노에마로 변양되어) 이해되는, 단순히 '감성적' 질들로 충족되는 공간형태(Raumgestalt)이다. 이와 관련한 '한낱' 연장실체(res extensa)라는 이념은 현상학적 문제들로 가득한 표제이다."[9]

사실 〈사물강의〉 분석들을 연장실체 구성의 이론이라는 계획의 완성으로 보는 이유는 명백하다. 이는 이 분석들이 그 이론에 필요한 '방법적 추상'을 시종일관 분명하게 고수하기 때문이다. 〈사물강의〉 분석들은 사물의 고유한 "물질적" 특징, 즉 "실체적이고 인과

7) (편주) 『이념들 I』, p. 357 이하 참조.
8) (편주) 『이념들 I』, p. 367.
9) (편주) 『이념들 I』, p. 370.

적인" 특징을 어디에서도 염두에 두지 않는다. 아마 1910년 집필되었을 일련의 원고들은 이러한 추상을 사후적으로 특징짓는다. 이 원고들에 따르면, 사물 구성 문제는 두 단계로 간주된다. 〈사물강의〉로 범위를 제한하면, 구성 분석의 첫 단계는 "단순한 경험의 대상인" 사물, 즉 "시간도식", "공간도식", 공간도식에 대한 "감각 충만"이라는 세 층위를 포함하는 대상인 사물을 주제화한다. 이러한 세 층위는 필연적 통일성을 이루면서, 후설이 대략 1910년 이후로 "물상(物像, Phantom)", "감성도식(sinnliches Schema)" 등으로 부르는 것이다. 하지만 '한낱' 물상은 아직 사물은 '아니다'. 완전한 의미에서 사물은 "전적으로 새로운 층위"에 의해 비로소 구성되고, "내적이고 구성적인 사물 속성들의 새로운 종류"에 의해, 즉 "인과적 속성들"에 의해 드러난다.

공간 구성에 대한 분석들도 연장실체 구성 이론의 맥락에 속한다. 후설은 다음과 같이 쓰고 있다. "'공간 표상의 근원'이라는 문제가 지닌 가장 깊은 현상학적 의미는 결코 포착되지 않았다. 이 문제는 모든 노에마적(혹은 노에시스적) 현상들에 대한 현상학적 본질 분석으로 환원되는데, 이러한 현상들 안에서 공간은 직관적으로 현시되고 현출들의 통일체로서, 공간적인 것이라는 기술적 현시 방식들의 통일체로서 '구성'된다."[10]

10) (편주) 『이념들 I』, p. 371.

현상학 체계의 연관으로 편입되는 〈사물강의〉의 의미는 『이념들 II』[11]에서 완전히 분명해진다. 『이념들 II』의 부제[구성에 대한 현상학적 연구]만 보아도 이 책의 과제가 드러난다. 그것은 『이념들 I』의 말미에서 이미 암시한, 구성에 대한 연구를 완성한다는 것이다. 『이념들 II』는 1부에서 '물질적 자연의 구성'이라는 표제 아래 사물 구성 이론을 제기하지만, 강조점은 분명하게 변화한다. 1907년 분석의 성과는 여기에서 연장실체 구성과 관련해서는 매우 '축약'되었고, '공간' 자체의 '구성'과 관련해서는 '전혀 고려되지 않는다.'[12] 여기서 후설의 주된 관심은 협의의 실체적이고 인과적인 실재성 구성인데, 1907년 분석에서는 바로 이를 도외시했던 것이다.[13]

* * *

본 편집자가 여섯 부로 나눈 원래 〈사물강의〉의 분석들의 초두에 후설은 다시 한 번 짤막한 도입부를 놓았는데, 이 도입부는 주목

---

11) (편주) 『순수현상학과 현상학적 철학의 이념들 2, 구성에 대한 현상학적 연구』. 『후설전집』 4권, 1952; 『이념들 II』.

12) (편주) 『이념들 II』, p. 21 이하, p. 29 이하 그리고 p. 55 이하를 참조할 것.

13) (편주) 『이념들 II』, p. 33 이하 참조. 『이념들 I』에서 언급한 것과 더불어 물질적 실체(res materialis)의 문제들에 대한 후설의 한층 강화된 관심은 1907년 이후 곧 나타난다.

할 만하다. 이 분석에서 후설은 이후 연구들의 주제를 간략하게 규정한다. 후설이 서술하듯이, 이후 연구들은 자연적이고 선과학적인 경험에 대한 분석인데, 그 일차적 성격은 지각이다. 이러한 자연스러운 경험에서, 그리고 이러한 자연스러운 경험을 통해서, 세계는 인간에게 언제나 이미 현전하고 알려져 있다. 물론 '세계에 대한 과학의 파악'은 이러한 '자연스러운 세계 파악'과는 구별되어야 하지만, 그럼에도 불구하고 이러한 자연스러운 세계 파악에 소급하여 관련된다. '선과학적 경험의 세계는 모든 경험과학들도 관계 맺는 세계와 동일한 세계이다.' 후설은 다음과 같이 말한다. 과학의 세계 파악은 선과학적 경험의 세계 파악에서 아득히 멀어질 수도 있다. 그리고 과학의 세계 파악은 감각질(Sinnesqualität)들이 (자연스러운 경험이 이들에게 할당하는) 직접적이고 객관적인 의미를 가지지 않는다고 설파할 수도 있다. 그렇지만 변치 않는 것은, 과학의 세계 파악에게 사물들을 내어주는 것은 단순한 경험, 직접적 지각, 기억 등이며, 과학의 세계 파악은 다만 일상적 사고방식으로부터 벗어나는 방식으로 이 사물들을 이론적으로 규정함에 불과하다는 것이다. 〈사물강의〉에서는 의도적으로 과학적 세계 파악을 도외시한다. 자연스러운 세계 파악에 비하면 그것은 더 높은 층위의 주제이기 때문이다.

선과학적 경험과 과학적 이론의 관계에 대해 이처럼 암시적으로 규정하는 것은 후설에게 있어서 분명 "생활세계"와 "객관적으로

참된” 세계 사이의 구별을 선취하는 것이다. 이 구별은 후설의 후기 철학에서 결정적 의미를 지닌다.[14]

이러한 구별이 다양한 형태로 나타나면서 1907년 이후에도 여전히, 다른 것들과 더불어 현상학 발전을 규정하기는 하지만,[15] 『위기』에 이르러서야 다시 〈사물강의〉와 비견할 만큼 명료하게 표현되었다. 그런데 『위기』에서는 현상학 전체 체계에 있어서 이 구별이 지니는 광범위한 귀결들을 완벽하게 의식하게 되었다.

〈사물강의〉 1부는 일반적으로 분석을 진행하면서, 그리고 언제나 현상학적 환원의 틀 내에서 지향성 이념에 의해 인도되면서, 상세한 지각 분석이라면 고려해야 하는 최초의 토대적 규정들과 구별들을 드러낸다.(1장) 그다음에 방법에 대한 고찰에서는 지각 분석의 가능성이 지각의식의 구조 자체에 닻을 내리게 된다.(2장)

2부에서 후설은 일단 불변하고 정지한 사물의, 변화 없는 주어짐이라는 허구로부터 출발하여, 지각과 그것의 주어짐을 분석한다. 그다음 3부에서는 지각자의 편에서, 그리고 지각 대상의 편에서 변화가 가능한 경우들을 고려한다. 이런 맥락에서 후설은 “시각장”과 “촉각장”이라는 개념들을 도입한다. 후설은 장 개념에 함축된 확장

---

14) (편주) 『유럽학문의 위기와 초월론적 현상학—현상학적 철학 입문』, 『후설전집』 4권, 1954; 특히 34절 p. 126 이하 참조.

15) (편주) 가령 『이념들 I』(p. 169)에서 ‘형태학적’ 본질과 ‘정밀한’ 본질 사이의 구별이 그렇다.

(Ausbreitung) 혹은 연장(Extension)을 "선현상적" 또는 "선경험적" 이라고 규정하는데, 이는 이것이 본래적 의미의 공간적 연장이 아님을 보이기 위함이다. 선경험적 연장은 이차원 다양체로 기술할 수 있으나, 아직은 '공간 속 평면'으로 볼 수는 '없다'.

3부 말미에서 후설은 앞의 분석들을 돌이켜보는 가운데 그 분석들에 있어서 현상학적 환원이 지니는 의미를 다시 한 번 성찰한다. (7장)

그다음 4부에서는 '공간 구성'이라는 원래 문제로 넘어간다. 후설은 1부에서 3부까지의 연구 결과를 개괄한다. 그것은 동일하게 불변하는, 지각되는 공간 몸체는 오로지 운동적 지각 계열에서만 증시(證示)되며, 이 운동적 지각 계열은 이 몸체의 상이한 면(Seite)들을 연속적으로 현출시킨다는 것이다. 하지만 후설은 그다음에 물음을 제기한다. 이제 이와 관련된 현상학적 연관들은 어떠한가? 이 연관들로부터, 우리가 익히 아는 성질들을 지닌 삼차원 공간성을 구성하는 것은 무엇인가? 동일성을 지닌 사물 몸체를 구성하는 것, 이 몸체의 다양하게 가능한 운동을 구성하는 것, 자아 중심에 대한 이 몸체의 위치를 구성하는 것은 무엇인가? 우리가 아는 것은, 공간성이 이중으로 구성된다는 것이다. 공간성은 때로는 시각 규정들에 의해, 때로는 촉각 규정들에 의해 구성된다. 그래서 이렇게 나누어 물을 수 있다. 시각 공간과 촉각 공간이 도대체 서로 독립적으로 구성된다면, 각각 어떻게 구성되는가? (우리는 아무튼 이들 각각의 몫을 확인해야 한다.) 또한 공간이 때로는 시각적으로, 때로는 촉각적으로 질료화(Materialisierung)된다면, 그리고 이러한 이중 질료화에서도 하나의 동일한 공간이라면, 이 공간의 동일성을 이루는 것은 무엇인가?

이제까지의 분석에서의 방법적 제한을 제거한 이러한 물음을 통해서 『사물강의』의 중심 문제에 이른다. 이 물음이 이제까지 전제만 했던 것을 주제화하기 때문이다. 이러한 물음을 통해서 후설은 세기전환기의 심리학주의가 "공간표상의 심리적 근원"의 문제라고 정식화했던 문제를 명시적으로 제기한다.[16] 그 문제는 짧게 다음과 같은 물음으로 표현될 수 있다. 시각적이고 촉각적인 감성적 자료들은 어떻게 연장되거나 늘어난 채 주어지며, 그로부터 어떻게 공간 표상 자체가 생겨나는가?

후설이 이러한 물음을 제기하고 해결하는 방식을 살펴보면, 현상학적 환원 원칙의 의미와 생산성을 평가할 수 있다.

슈툼프도 전하는 영국인 알렉산더 베인(1818~1903)의 이론도 후

16) (편주) 수많은 문헌들 중에서 여기에서는 후설 자신에게 아마 결정적이었을 한 저작을 끌어올 수 있다. Carl Stumpf, *Vom psychologischen Ursprung der Raumvorstellung*. Leipzig 1873. 이 저작은 그 시대의 다양한 공간론들에 대한 개관을 제공한다. 후설 자신은 이 책을 상세히 연구했는데, 이는 그가 소장한 책에 속기로 적은 수많은 난외 기록들이 보여준다. 후설은 『이념들 I』(p. 371)에서 다시 한 번 분명하게 이 작품을 암시한다.

설에게는 결정적이었다.[17] 베인은 처음으로, 보이는 것과 만져지는 것이 특수한 유형의 감각 덕분에 언제나 하나의 공간적 질서에서, 하나의 상호외재성(Außereinander)에서 현출한다고 보았다. 그는 특수한 근육감관(Muskelsinn)을 상정했는데, 이에 의해 근육의 움직임과 근육의 긴장 상태가 감각된다.[18] 슈툼프는 베인의 이론에 대해 이렇게 쓴다. "우리는 보통 감성의 질에 의해, 즉 색감각, 촉각감각에 의해 공간을 감각한다고 믿는다. 그러나 공간은 이러한 감성의 질에서 나타나는 것이 아니라, 새로운 감관을 추가 수용하고 이를 특히 강조함을 통해 나타난다. 이 새로운 감관의 감각들은 여타 감각들과 결합된다. 근육감각이 그러한 감각으로 간주되는데, 이는 우리의 근육 활동을 통해 얻는 일련의 감각들이다."[19]

그러나 공간 표상의 근원을 어떤 운동감각들에서 찾으려는 이런 이론과 그 변종들에 있어서는, 특정한 '생리학적 가정들과 해부학적 가정들'이 반드시 필요하다. 근육감각 및 그것의 운동감각을 시각 및 촉각과 결합함에 대해 슈툼프는 이렇게 쓴다. "왜냐하면 여기에서는 해부학적 관계들에 의거하여 바로 해당 감각신경들이 근육기관과 더불어 어떤 배치를 이루는데, 이를 통해 색 감각(또는 촉각

17) (편주) Stumpf의 앞의 저작, p. 37.

18) (편주) Stumpf의 앞의 저작, p. 36 이하.

19) (편주) 다음을 참조. Alexander Bain, *The Senses and the Intellect*, London 1855.

감각)과 근육감각의 저 특유한 조합이 형성되어야 한다."[20]

이제 후설은 공간 구성 이론을 운동감각(Bewegungsempfindung) 개념 위에 구축하는데, 이를 가능하게 하는 것이 바로 현상학적 환원이라는 원리였다. 이 원리를 통해서 후설은 '모든' 생리학적이고 해부학적인 가정들을, 즉 '초재적 가정들'을 제거할 수 있었고, 그러면서도 이와 결부된 순수하게 기술적인 발견들을 제거하지는 않을 수 있었다. 운동감각이나 특수한 감관감각은 "순수 현상들"이다. 여기에 특수하게 존재하는 '운동계기' 역시 '순수 현상'이다. 그것은 "나는 스스로를 움직인다."라는 의미에서 '현행적이거나 잠재적인 행위(Handlung)에 대한 의식'이다. 후설은 운동감각의 개념에 대해 다음과 같이 말한다. "잘 알려져 있듯이, 이 단어는 스스로 움직이는 자와 관계하여 심리학적으로 이해될 것이다. 우리는 이런 심리학적 의미를 배제하기 위해 **키네스테제 감각**(kinästhetische Empfindung)이라는 단어를 사용하고자 하는데, 이 단어는 외래어이므로 혼란을 덜 주기 때문이다. 물론 눈 운동, 머리 운동, 손 운동 등은 연속적 감각 진행인데, 이런 진행은 임의로 중단할 수 있으며, 이런 진행에서 각 위상은 (불변 내용이 지속하는 가운데) 펼쳐질 수 있다. 이런 [각 위상이 펼쳐진] 불변 감각들은 (키네스테제 변화나 진행과는 대조적으로) 단적인 키네스테제 감각들을 우리에게 제공

20) Stumpf의 앞의 저작, p. 48.

한다. 물론 우리는 이 감각군의 개념을 생리학이나 정신물리학이 아니라 현상학적으로 규정한다." 후설은 하나의 "기관(Organ)"에 속한, 가능한 키네스테제 경과들 전체를 하나의 '키네스테제 체계'라고 부른다.

4부, 5부, 6부에서는 감각장들의 이론과 다양한 키네스테제 체계들의 이론을 결합하고 이를 통해서 공간 구성 이론을 전개한다. 이때 이러한 특정 체계들은 감각장들을 확대시키고 변화시킨다.

그렇게 생겨난 다양한 유형과 단계들의 장을 규정함에 있어, 후설은 일반 '다양체론(Mannigfaltigkeitslehre)'의 정리들을 활용한다. 이를 위해 그는 1886~1894년에 한 연구들을 다시 끌어온다. 이러한 절차를 통해서 후설은 두 번째 측면에서, 공간 표상의 근원에 대한 심리학적 이론을 넘어서는 것이다. 그러므로 여기에서는 다양체론에 대한 저 연구들을 간략하게 살펴보고자 한다.

『산술철학』 1권을 완성한 후에 후설은 기획했던 2권의 주요 주제들을 연구했다. 그것은 역연산(inverse Operation)들에서 발생한 가수(Quasizahl)들을 정당화하는 것, 특히 직선과 평면에서 직관적으로 보이는 모델들이 지니는 실수와 허수를 정당화하는 것이다. 후설은 우선 『산술철학』 1권에서 획득한 다수(Menge) 개념과 개수(Anzahl) 개념의 토대 위에서 "연속량들(stetige Größen)"의 정의를 얻고자 했다(유고 K I 2, 1891). 실수는 선형 다양체(orthoide Mannigfaltigkeit)이고, 더욱이 그러한 체계 중 가장 큰 체계이다. 허수의 기본 단위인 1과 i는 순환 다양체(zyklische Mannigfaltigkeit)를 형성한다. 그로부터 기하학의 정초라는 틀 안에서 직선과 평면은 이러한 두 가지 다양체 유형을 통해서 규정되어야만 한다(유고 K I 4, K I 5, K I 7 ; 1892). 그러나 그러기 위해서는 다양체론의 항목들 안에서 유클리드 공리들의 특징을 살펴보아야 하고, 또한 공간 개념을 비판적으로 검토해야 한다. 왜냐하면 다양체론으로부터 당연히 "비유클리드" 기하학들도 구성할 수 있기 때문이다(리만, 리)(유고 K I 33, K I 55 ; 1893). 이러한 연구들은 파편적으로 남아 있을 뿐이다. 후설은 직관 공간의 유클리드적 성질이나 비유클리드적 성질에 대한 물음이 "직관" 개념과 "연역공리적 체계" 개념을 해명할 것을 요구함을 알았다. 여기에서부터 그다음 『논리연구』로 곧바로 가는 길이 열린다.

〈사물강의〉에서 "선형 다양체" 개념과 "순환 다양체" 개념은 공간 구성의 '결정적 진전'에 있어서 본질적 역할을 하는데, 이 진전은 '이차원 장'이 '삼차원 공간장'으로 변화하는 것이다. "이를 통해 이차원 안구운동장은 삼차원 공간장으로 변전하는데, 이는 일차원 선형 원근변화 다양체와 이차원 순환 선회 다양체의 결합이다. 삼차원 대상이 구성되는 데 있어서, 더 이상의 변양은 없으며 있을 수도 없다."

이미 우리가 지적한 것처럼, 후설의 관심은 1907년 이후 본래적으로 실체적이고 인과적인 실재의 구성이라는 문제들로 점차 향했다. 그리고 이러한 발전은 『이념들 II』에서는 사물 구성 이론 내부에서의 중심 이동으로 나타났다.

* * *

마지막으로 이 책의 편집에 조언과 도움을 주신 루뱅 소재 후설문고 소장 반 브레다 박사와 쾰른 소재 후설문고 소장 란트그레베 박사, 그리고 폴크만-슐룩 박사에게 진심으로 감사드린다. 또한 쾰른 후설문고의 옛 동료인 브레네케 씨와 랑 박사에게도 감사드린다. 이 편집의 여러 문제들에 대해 그들과 토론했다. 판처 박사와 요이크 씨가 교정을 맡아준 데 대해서도 감사드린다.

1972년 쾰른에서,
울리히 클래스게스

도입부

§1 자연스러운 경험의 세계와 학문적 이론의 세계[21)]

지난 강의에서 일반적 도입부[22)]를 마쳤다. 우리는 현상학의 필연성과 의미를 명료하게 하였으므로 이제 현상학적 환원이나 순수 현상 같은 용어가 등장하더라도 당황하지 않을 것이다. 또한 무엇보다도 인식의 현상학이라는 문제의 일반적 의미, 곧 인식에서 인식 대상의 구성(Konstitution)이 분명해졌다.

---

21) (역주) 독일어 Wissenschaft는 문맥에 따라 '학문' 또는 '과학'으로 옮긴다.

22) (편주) "일반적 도입부"는 다섯 강의들을 뜻하는데, 이는 『현상학의 이념』이라는 제하에 『후설전집』 2권으로 출간되었다. 여기에서 후설은 "현상학적 환원" 개념을 처음 발전시켰다. 그래서 이 개념은 이어지는 이 강의들의 사유 전개의 전제가 되고 있다.

이제 이어지는 강의들의 주제를 몇 마디로 개괄하려 한다. 이는 경험(Erfahrung)에 관한 미래의 현상학에 있어 토대 부분들이다. 그 목적은 경험 소여[23]의 본질에 대한 해명을 가장 가깝고 가장 먼저 놓인 시작들로부터 출발하여 가능한 한 깊고 멀리까지 이끌어가는 것이다. 적어도 경험 소여의 낮은 형태와 단계들에 대해서 그렇게 하는 것이다. 만약 통상적 서술 방식에만 의존한다면, 경험 이론이라고 말할 수도 있겠다. 그러나 나는 한편으로는, 인식 이론이라는 말에서부터 이미, 이론(Theorie)이라는 표현에 대해 의구심을 품는다. 이런 표현은 수학적이고 자연과학적인 설명과 정당화에는 적합하지만, 이런 의미에서 설명하고 정당화할 것이 없는 곳에는, 즉 형태학적이거나 유형학적인 학문들의 경험에는 분명 부적합하며, 하물며 현상학에는 더 부적합하다. 게다가 코헨(Cohen)과 마르부르크 학파가 "경험 이론(Theorie der Erfahrung)"이라는 용어를 칸트의 경험인식 비판에 적용한 이래로, 이 용어의 범위는 순수한 이론 이성이라는 문제를 상당 정도 아우르게 되었다. 그러므로 여기에서 우리는 이 모든 것을 제기하고 다루려고 할 만큼 대담하지는 않다. 다양한 형태의 인식 연관 및 자연과학의 인식 연관에 있어서

23) (역주) Gegebenheit는 맥락에 따라 '주어짐'이나 '소여'로 옮기며 따라서 gegeben sein은 '주어지다'나 '소여하다'로 옮긴다. 한편 geben은 '내어주다', '부여하다', '증여하다'로 옮긴다.

자연과학적 실재의 구성과 관련된 문제들을 해결하려면, 논리적이고 수학적 사유가 제기하는 문제들을 해결해야 할 뿐만 아니라, 경험 인식의 관점에서 이보다 낮은 단계들의 해명이 필요하다. 그런데 이 낮은 단계들은 온갖 연역과 귀납 이전에, 한마디로 통상적 의미에서 논리적 매개가 가능한 온갖 인식 이전에 놓인 경험이다. 하지만 나아가 더 높은 단계들의 해명도 본격적으로 필요하다.

이런 것들은 매우 높은 목표들이며 우리는 이들을 우러르며 갈망하지만, 현재 여기에서는 아직 결코 진지하게 설정할 수 없는 목표들이다. 경험 현상들과 경험 소여들이라는 밭을 처음 가는 일만 해도, 심오한 난제들을 충분히 안겨주기 때문이다. 우리가 이 밭을 효과적으로 갈 수 있다면, 후대가 더 높은 문제 형태들을 경작할 수 있을 것이다.

정신의 자연스러운 태도[24)]를 취한다면 우리 앞에는 존재하는 하나의 세계가 있다. 이 세계는 공간에서 무한하게 펼쳐지고, 현재 있으며 과거에 있었고 미래에도 있을 세계이다. 이 세계를 이루는 사물들은 다 길어낼 수 없을 만큼 풍요로운데, 이 사물들은 때로는 지속하고 때로는 변화하며, 서로 결합하고 다시 분리되며, 서로

24) (역주) natürliche Einstellung 혹은 natürliche Haltung은 '자연적 태도'로 옮길 수도 있으나 '자연스러운 태도'로 옮긴다. 이는 (현상학자의 현상학적 태도에 대비되는 태도로서) 생활세계에서 우리가 취하는 자연스러운 태도이기 때문이다.

에게 영향을 미치고 서로에게서 영향을 받는다. 이런 세계에 우리 자신이 편입되는데, 우리 자신도 이 세계처럼 있으면서 이 세계 안에서 발견되는 것이다. 이 세계에서 우리의 위치는 두드러진다. 즉 우리는 우리의 둘레(Umgebung)[25]인 나머지 세계에 대해 준거중심(Beziehungszentrum)으로 존재한다. 둘레의 대상들은 각자의 성질, 변화, 관계를 지니며, [우리로부터 독자적으로] 그 자체로 그들 모습대로 존재하지만, 우리에 대해서 위치를 지니기도 한다. 우선은 시공간적 위치를 지니고 그다음에는 '정신적' 위치도 지닌다. 우리는 우리 주위의 가까운 둘레를 직접 지각(Wahrnehmung)한다. 즉 이 둘레는 우리와 더불어 동시적으로 있으며, 보이는 것, 만져지는 것, 들리는 것 등의 관계를 우리와 맺는다. 이때 현실적 지각들은 가능한 지각들 및 재현 직관[26]들과 연관되어 있다. 즉 직접적 지각의 연관에는 실마리(Leitfaden)들이 포함되어 있어, 우리를 지각에서 지각으로, 최초의 둘레로부터 점점 더 새로운 둘레로 이끌어간다. 이때 지각하는 시선은 공간성의 질서 안에 있는 사물들을 만난다. 우리는 또한 시간적 둘레를 지니는데, 이때에도 가까운

25) (역주) Umgebung과 Umwelt는 각각 '둘레'와 '환경'으로 구별하여 옮긴다. 다만 이 저작에서 이들의 의미에는 큰 차이가 없다.

26) (역주) 직관(Anschauung)에는 현전(Gegenwärtigung)과 재현(Vergegenwärtigung)이 있다. 지각이 현전 직관이라면, (회상, 예상, 상상 등) 지각 외의 직관은 재현 직관이다.

둘레와 먼 둘레가 있다. 방금 있었던 사물과 사건을 우리는 직접적으로 기억한다. 즉 그들은 그저 있었을 뿐만 아니라, 지금 우리와 기억됨이라는 관계를 맺는다. 여기에는 [이 사물이나 사건이] '방금 지각되었음'도 포함되어 있다. 이때 기억이 계속 이어지는 회상(Wiedererinnerung)이라면 하나의 실마리에 비유할 수 있다. 이것은 시간에 있어 우리를 한 걸음 한 걸음 뒤로 이끌어가는 것이다. 이와 더불어 계속 시공간적 실재의 새로운 선(Linie)들이, 특히 과거의 시공간적 실재의 선들이 우리와 관계를, 곧 [지금의] 기억과 [과거의] 지각되었음의 독특한 관계를 맺는다. 세계의 미래는 미리 내다보는 예상(Erwartung)에 의해 우리와 관계 맺는다. 이러한 낮은 작용들 위에서 더 높은 작용들이 구축되는데, 이 높은 작용들에서 우리는 사유하고 추론하고 이론화하면서 세계와 관계 맺는 것이다. 그리고 또한 이른바 정서작용들이 여기 더해지는데,[27] 이 작용들은 (다른 영역에 속하는 관계들이기는 하지만) 그 자체로 새로운 관계들을 구성한다. 우리는 쾌적하거나 불쾌하다고 평가하고, 좋거나 나쁘다고 평가하며, 행위에 의해 세계에 개입하는 것이다.

---

27) (역주) 후설이 이런 관점에서는 정서작용을 지각보다 높은 작용으로 보고 있음에 유념할 필요가 있다. 통상적으로 정서는 낮은 단계로 간주되는 경우가 많기 때문이다. 정서작용이 지각작용보다 높은 단계라는 것은 지각에 의해 대상이 구성(혹은 표상)된 후에 바로 이 대상에 대한 정서작용이 이루어지기 때문이다.

바로 이와 동일한 세계에서 우리는 다른 자아들도 발견한다. 우리처럼 이들은 이와 동일한 세계에서 각자의 둘레를 가지고, 직접적 둘레의 소여들을 매개로 하여 또 다른 소여들을 추론하며, 느끼고 원하는 존재로서 우리와 비슷하게 행동한다. 세계에서 이 다른 자아들의 위치는 우리와 다르며, 그에 상응하여 직접적 둘레와 매개 연관도 우리와 다르다. 이들이 우리와 위치를 바꾸거나 우리가 이들과 위치를 바꾸면, 일반적으로 말해서 가까운 둘레, 지각들, 지각 가능성들도 바뀐다. 모든 사물이 우리에게 자아 사물(Ich-Ding)로, 곧 인간이나 동물로 여겨지는 것은 아니다. 우리에게 세계는 물리적 사물과 정신적 사물로 나뉜다. 달리 말해, 한낱 물리적 사물과 [물리적일 뿐 아니라] 정신적이기도 한 사물로 나뉜다. 정신적 사물은 체험을 하는데, 이 체험들 중 일부는 바깥을 향하지 않는 체험 유형들이다. 그러나 특히 지각함, 기억함, 예상함, 진술함 등의 [바깥을 향하는] 체험들도 있으며, 정신적 사물은 이러한 체험들을 매개로 사물 및 사건들과 정신적 관계를 맺는다. 다른 한편, 예컨대 인간과 같은 정신적 존재들은 물리적이기도 하다. 모든 사물 일반과 마찬가지로 이들에게는 바로 사물 일반과 공통적인 속성들, 이른바 물리적 속성들이 있다. 이들에게는 색과 형태, 공간에서의 위치, 시간에서의 지속과 변화 등이 있다. 그러나 이들은 [다른 사물들과는 달리] 어떤 것을 체험한다는 특전을 지닌다. 즉 이들의 상태들이 지니는 물리적 속성들에 이른바 정신적 속성들이 결합된다. 이때 익히 알려진 유형의 어떤 함수적 연관들이 있다. 이 연관들 덕분에, 자극들, 곧 자기 신체에 대한 외부의 영향들이 심리적 공명을 일으킨다. 역으로, 가령 의지와 같은 심리적 사건들도 신체의 움직임으로 방출되어 외부에 영향을 미친다.

그리하여 세계는 과학에게 나타나기에 앞서 우선은 자연스러운 파악에게 현시된다. 그리고 그다음에 온갖 경험과학이 이 세계와 관계를 맺는다. 물리적 자연과학들은 사물들의 물리적 속성들이라는 견지에서 사물들을 연구하는 반면, 심리학과 정신물리학은 이른바 심리적 현상들과 관계하고, 체험들과 관계하며, (이들이 체험한다는 관점에서) 체험하는 존재들과 관계한다. 이 과학들은 모두, 우리가 들여다보고 만지거나 기타 감관으로 파악하는, 그리고 우리가 신체를 통해 정신물리적 관계를 맺는 실재에 대해 말한다.

과학의 세계 파악은 감각질(Sinnesqualität)들이 (자연스러운 경험이 이들에게 할당하는) 직접적이고 객관적인 의미를 가지지 않는다고 설파할 수도 있다. 그렇지만 변치 않는 것은, 과학의 세계 파악에게 사물들을 내어주는 것은 단순한 경험, 직접적 지각, 기억 등이며, 과학의 세계 파악은 다만 일상적 사고방식으로부터 벗어나는 방식으로 이 사물들을 이론적으로 규정함에 불과하다는 것이다. 자연과학자는 이렇게 말할 수도 있다. “이 백금 조각은 실은 이러저러한 속성들을 지닌 원자들의 복합체이고, 이러저러한 운동 상태에 있다.” 그렇지만 그는 이런 표현을 통해, 여전히 여기 있는 이 사물을, 그가 보고 손에 들고 저울에 올려놓는 이 사물을 규정하고 있다. 아니면, 이런 유형의 사물에 대해 일반적으로 말하고 있다. 자연과학자가 정당화하는, 실재에 대한 모든 판단은 단순한 지각 및 기억으로 돌아가고, 이 단순한 경험에서 처음으로 주어지는 세계와 관계 맺는다. 과학이 수행하는 것과 같은 모든 간접적[매개적] 정당화는 바로 직접적[무매개적] 소여 위에 놓여 있다. 실재가 직접적으로 주어지는 체험들은 지각과 기억이고 (어떤 직접성을 지닌) 예상 및 예상과 비슷한 작용들이다. 환각, 착각, 미혹하는 기억이나 미혹하는 예상 같은 것이 있음을 우리는 잘 안다. 하지만 그렇다고 해도 우리가 말한 것들은 전혀 변하지 않는다. 이 점을 곧바로 보여주는 것은, 이러한 원천에서 나오는 모든 직접적 소여를 착각이라고 선언함은 명백한 무의미(nonsens)가 될 것이라는 점이다. 어쨌거나 그렇게 선언한다면, 평범한 사람들이 받아들이는 실재성만 포기되는 것이 아니라, 과학이 받아들이는 실재성도, 그리고 이와 더불어 과학 자체도 포기될 것이다.

아직 자연스러운 토대 위에서만 전개되는 이러한 성찰을 통해 우리는 다음에 주목한다. 우리는 아무 거리낌 없이, 그리고 실로 자연스럽게, 아래로부터, 즉 하부의 공통 경험으로부터 시작할 수 있다. 이때 우리는 이것이 학문적 인식에서의 학문적 실재 구성이라는 최상위 문제와는 무관한 현상학적 장난에 불과한 것은 아닌지 근심할 필요가 없다.

1부

현상학적 지각 이론의 기초

1장
외부지각의 근본 규정들

§2 연구 지대 획정. 외부지각의 예비적 개념

그러니까 우리는 낮은 경험에서 경험 대상의 (드러남이라고 말할 수도 있을) 구성됨을 연구하려고 한다. 달리 말하면, 이는 단순한 직관함(Anschauen) 혹은 직관하는 포착함(Erfassen)이라는 체험들이며, 이 위에 비로소 논리적 구역의 종에 속하는 상위 작용들이 구축된다. 그리고 이 작용들에 의하여 비로소, 아래 놓인 '감성적 재료(sinnliches Material)'가 말하자면 처리되어, 과학의 대상이 구성된다.

우리는 먼저 지각을 다룰 것인데, 먼저 지각을 따로 연구하고 그다음에는 지각과 가깝고 지각과 같은 단계에 있는 모든 대상화

(Objektivierung)[28] 현상과의 관계 속에서 연구해야 한다. 목표는 지각과 지각되는 사물의 **상관관계**(Korrelation)이다. 지각되는 사물이라는 용어 아래에는 애당초 물리적 사물이라는 협의의 사물이 있으며, 다른 한편 정신적 사물, 즉 마음(Seele)이 있는 존재가 있다. 더 나아가 '자기 자아'와 '다른 자아(fremdes Ich)'의 구별이 있다. 또한 여기에는 한낱 개별화된 사물이 아니라, 사물둘레(Dingumgebung)[29]를 지닌 사물이 속한다. 이는 지각이, 더 나아가 단순한 경험이 마땅히 이 사물둘레를 구성하는 현상으로 기능하기 때문이다. 물론 우리는 이러한 [지각되는 사물과의] 상관관계에서 고찰할 때, 지각이 (이것의 본질적 특징들에 기초하여) 지각이라는 이름에 걸맞은 유일한 현상인지에 대해서는 여기에서 알지 못한다. 왜냐하면 사실 우리는 엄밀한 의미에서 지각이 무엇인지 아직 모르기 때문이다. 우리에게는 잠정적으로 이 단어가 있고, 거기 딸려오는 어떤 모호한 의미가 있다. 이러한 모호한 의미가 이끄는 대로 현상들 자체로 돌아가서, 이들을 직관하면서 연구하고, 그다음

28) (역주) Objektivierung은 문맥에 따라 '대상화' 혹은 '객관화'로 옮긴다. 마찬가지로 objektiv는 문맥에 따라 '대상적' 혹은 '객관적'으로 옮긴다. 그러나 어느 한쪽으로 옮길 때에도, 이 용어는 양자의 의미를 모두 포함하고 있음에 유의해서 읽어야 한다.

29) (역주) 사물둘레(Dingumgebung)는 사물들로 이루어진 사물의 둘레를 뜻하며 이는 사물적 둘레(dingliche Umgebung)로도 표현된다. §24 참조.

에 현상학적 소여를 순수하게 표현하도록 확립된 견실한 개념들을 형성하는 것이 과제일 것이다. 어쨌든 우리는 구별하는 분석, 비교, 특징의 부각, 규정을 통해, 사태(Sache)의 본성과 우리의 목표가 요구하는 만큼 멀리까지 나아갈 것이다. 물론 목표 자체도 아직 완전히 명료하지 않으므로, 현상학적 탐구에 의해 비로소 규정될 것이다.

우리는 심리학자들과 철학자들이 규정한 개념들에 의존하지 않는다. 그러한 개념들은 여기에서 우리를 이끄는 것과는 완전히 다른 관심과 관점에 의해 규정된 것이다. 그들은 순수 현상학적 분석의 목표와 **현상학적 환원**(phänomenologische Reduktion)의 원리를 모른다. 이러한 통상적 규정들은 이러한 [현상학적] 분석에서 곧바로 배제되는 오해들, 혼동들, 조야한 오류들을 처음부터 활용하고 있다. 그렇다. 우리는 다른 사람들이 사태에 대해 하는 말에 의거하여 사태들을 간접적으로 연구하는 것이 아니라, 사태 자체로 다가가고 사태 자체에서 배우고자 한다.

그러므로 우리는 사례들로부터 시작한다. 특히 이른바 외부지각이라는 사례로부터, 더 분명하게 말하자면 좁은 의미의 사물인 물리적 사물에 대한 지각이라는 사례로부터 일단 시작하자. 보고 듣고 만지고 냄새 맡고 맛보는 것이 사물지각의 사례를 가리키는 이름들이다. 우리는 일상언어에서 이런 단어들을 가져와서 일상언어의 의미에서 사용한다. "나는 본다."는 늘 다음과 같은 것을 의미한다. 나는 무엇을 본다. 특히 어떤 사물을 보거나 사물의 속성 내지 사물의 사건을 본다. 나는 집을 보고, 새가 날아감을, 나뭇잎이 떨어짐을 본다. 또한 나는 집의 색깔을, 나뭇잎의 형태와 크기를, 그것이 움직이는 방식 등을 본다. 나는 무엇을 듣는다. 바이올린 음을, 거리의 아이들의 소음을, 벌의 윙윙거림을 듣는다. 나는 또한 나 자신을 보고 들으며 다른 사람들을 보고 듣는데, 내 손을 보고, 내게 속하는, 내 몸(Leib)에 속하는 말과 소음을 듣는다. (타인들에 대한 지각을 포함하여) 이러한 봄과 들음은 일차적으로 몸과 관련된다. 심리(Psychische)에 대해서도 물론 이렇게 말한다. 나는 다른 사람이 화가 났음을 본다. 나는 그 사람에게서 분노를 보며, 그 사람에게서 경멸이나 부정직 등을 본다. 그럼에도 피상적으로 고찰해보기만 해도 이미 이러한 봄은, 색깔을 봄, 운동을 봄, 즉 물리적 사물을 봄과는 구별된다. 사람들은 얼굴과 얼굴의 표현, 표정, 몸짓이 보이며, 이들이 (그 자체는 보이지 않는) 어떤 심리의 표현으로 파악된다고 말한다. 하지만 어쨌든 우리는 이러한 심리를 봄을 연구에서 일단 배제한다.

이러한 사례들을 고찰해보면 지각이라는 표현이 지니는 어떤 통일성이 곧 드러난다. 그리고 이때 우리는 이중적 관계를[30] 알아차린다. 한편으로 지각은 어떤 대상에 대한 지각인데, 여기에서

30) (역주) 대상에 대한 지각이자 자아의 지각함을 뜻한다.

는 좀 더 좁혀서, 어떤 사물에 대한 지각이다. 다른 한편 지각은 지각하는 자아가 지각함이다. 나는 지각하는데, 나아가 이것과 저것을 지각한다. 자아 관계는 체험으로서의 지각에 고유한 것이다. 여타 체험 유형들의 모든 사례에도 이와 마찬가지 방식으로 이러한 자아 관계가 있다. 나는 상상하고, 나는 판단하고, 나는 추론하고, 나는 느낀다. 그러니까 상상함, 판단함 등은 바로 상상하는 자아가 상상함이고 판단하는 자아가 판단함 등이다. 여기에서 우선 관심을 기울이는 지각에 있어서는, 이러한 자아에의 체험 관계에 대상이 자아 신체와 맺는 지각 관계도 관련되고, 전체지각(Gesamtwahrnehmung)이라는 성격을 지니는 어떤 구성도 관련된다. 그것 덕분에 나는 나의 입지(Standpunkt)를 가지며, 이 입지에 상관하여 어떤 지각되는 둘레를 가진다. 그때그때 특별히(speziell) 지각되는 것, 방금 본 것이나 들은 것이라고 내가 부르는 사물은 이 둘레에 속한다. 우선 우리는 이러한 자아에의 관계를 가능한 한 사상(捨象, abstrahieren)하고자 한다.[31] 또한 지각되는 것이라고 특별히 불리는 대상에 대한 특수지각(Sonderwahrnehmung)과 '전체지각'의 구별도 곧바로 검토하지는 않을 것이다. 일단 우리는 이

31) (역주) abstrahieren은 문맥에 따라, '추상(抽象)'으로 옮기거나 '사상(捨象)' 혹은 '도외시'로 옮긴다. 이 말은 (긍정적으로는) 여러 사물이나 개념에서 공통되는 특성을 '추출'하여 파악함(추상)이고, (부정적으로는) 이러한 공통되는 특성을 제외한 나머지 특성들을 '버리고' '도외시함'(사상, 도외시)이기 때문이다.

구별을 그저 염두에 두고, [연구를] 잠정적으로 분명하게 제한함을, 즉 특수지각에 제한함을 표현하는 데 활용할 뿐이다.

그리하여 우리는 좁은 범위의 사례들을 획정했다.[32] 이는 (여기서는 항상 물리적 사물을 뜻하는) 사물에 대한 지각이나 사물의 사건에 대한 지각들이다. 지각은 이들 각각을 대상으로, (배경으로부터 두드러져) 지각되는 것으로서 따로 대상으로 삼는다. 가령 우리가 보는 집이 그렇다. 물론 이때 우리의 시각장(Sehfeld)이나 시선장(Blickfeld)에 들어오는, 보다 포괄적인 시각적 배경(Hintergrund)도 보이는 것이라고 말하고는 하지만.

§3 상상되는 지각에서 출발하는, 지각에 대한 본질인식[33]

이런 예비적 고찰을 할 때에도 현상학적 환원을 수행한다는 것, 즉 물리적 실존을 타당한 실존으로서 요청하지 않고 이에 대해 전혀 묻지 않는다는 것을 굳이 강조할 필요는 없겠다. 만약 앞서 묘사

---

32) (역주) 이 장에서는 연구 범위에서 심리적 사물에 대한 지각, (주체로서의) 자아에 대한 지각, 전체지각을 일단 배제했다.

33) (역주) 본질인식을 위한 자유로운 상상변양을 뜻한다. 지각을 탐구하는 이 부분에서는 지각에 대한 상상변양이 이루어지고 있는 것이다. 즉 현행적 지각이 아니라, 가능한 지각들에 대한 상상(Phantasie)을 행하고, 이 상상되는 지각들이 지니는 불변요소를 본질로서 확립하고자 하는 것이다.

한 유형의 사례들을 가지고 먼저 특별지각(Spezialwahrnehmung)을 연구하기를 시도하더라도, 물론 우리는 이러한 특별지각을 현상학적 연관으로부터 진실로 뜯어내는 것은 아니다. 그러나 바로 이러한 [특별지각] 현상과 이것의 대상화 수행을 응시하고 그 본질적 특징들을 연구함은 우리의 자유이다. 이러한 직관에서 이는 하나의 절대적 소여이다. 그러나 이것의 배경이, 그리고 이것을 자신의 현상으로 지니는 자아가, 이러한 직관의 틀에서는 소여로서 현시(darstellen)[34]되지 않는다고 해서 아무것도 아니라는 것은 아니다. 다만, 특수지각은 절대적 소여로 보인다. 그리고 특수지각을 기초로 하여 어떤 진술들이 이루어지는데, 이 진술들은 순수하게 이 특수지각에서 주어지는 것만, 달리 말해 이 특수지각으로부터 일반적으로 끌어내어지는 것만 표현해야 하는 진술들이다. 다른 것에 대해서는 아무것도 말하지 않는다. 여기에서는 모든 것이 열려 있다. 우리가 이와 관련한 새로운 소여들을 끌어들이고 이에 의거하

34) (역주) 후설에게서 darstellen은 주로 감각내용이 대상(혹은 대상의 규정)을 우리 눈앞에 내보이고 드러냄을 가리킨다. 여기에는 (darstellen의 사전적 의미에 따라) 감각내용이 대상을 '표현'하고 '묘사'하거나 '상연'한다는 어감도 들어 있다. 여기에서는 이를 '현시(顯示)한다'라고 옮긴다. '감각자료'에 '파악'이 의미를 부여해 '대상'이 구성된다는, 지향성의 이른바 삼각 도식(Schema)에 있어서, 이 현시와 현출(現出, Erscheinung)은 동일한 기능을 하지만, (대상을) '현시'하는 것은 감각자료인 반면, '현출'하는 것은 대상이므로, 강조점이 다르다고 하겠다.

여 판단할 어떤 계기를 가지기 전까지는.

이제 우리는 분석에 착수한다. 우리는 어떤 집의 지각이라는 사례를 취한다. 우리는 이 집의 지각에서 현상학적으로 발견되는 것을 해명한다. (그러니까 여기에서 우리의 관심을 끌지 않는 것, 가령 자아, 집, 심리적 체험으로서의 집 지각은 현상학적으로 마치 아무것도 아닌 것처럼 놓는다.) 물음은 이 지각의 본질(Wesen)에 대한 것이며, 직관하여 본질을 동일자로 견지하는 의식에게 이 본질이 어떻게 주어지는가에 대한 것이다. 일회적 사실(Faktum), '여기 이것(dies da)'이라는 현상학적 독특성(Singularität)은 우리가 규명하려는 목표가 아니다. 말하자면 현상이 (설령 이것의 본질적 내용 전체가 동일하게 주어진다는 의식에서라도) 그저 되풀이 주어질 뿐이라면 하나의 새로운 현상인데, 가령 이러한 의미에서의 현상은 우리가 규명하고자 하는 목표가 아니다.

우리는 여기에서 벌써부터 현상학적 독특성이라는 문제를 제기해서 끝까지 밀고 가지는 않을 것이다. 우리는 늘 본질인식을 목표로 삼는데, 여기서는 우선 가장 쉽게 포착할 수 있는 본질인식을 수행한다. 여기에서 얻은 인식은 최종적이지 않다. 왜냐하면 아마 이를 훨씬 심화시켜야 할 것이고, 이후 예기치 않게 등장할 문제들도 해결해야 할 것이기 때문이다. 그러나 현상학은 표면으로부터 심층으로 층위별로 파고든다. 이는 일반적으로 현상학의 본성이다. 나는 이러한 관점에서 여러분이 우리의 도입부를 기억하기 바란다.

이 도입부[35]가 이런 관점에서 사례가 되기 때문이다. 첫 번째 분석에서 얻은 산물들은 다시 증류하여 순화해야 하고, 새로운 산물들도 또다시 그래야 하는데, 최종 산물이 완전히 순수하고 맑게 될 때까지 그렇게 해야 한다.

그러므로 우리는 지각의 다양한 사례들을 [상상에 의해] 재현함으로써 시작해야 하는데, 이들은 때로는 같은 사물에, 때로는 서로 다른 사물에 관계할 것이다. 이러한 독특한 소여들은 현상학적 소여들로서 심리학적 실존정립(Existenzsetzung)이나 여타 초재적 실존정립을 포함하거나 그 밖의 실존 태도를 취하지 않는다. 우리는 이런 독특한 소여들에서 절대적 소여인 어떤 일반적인 것을 포착한다.[36] 그것은 사물지각의 일반적 본질이며 그에 포함된 특징들이다. 여기에서 내가 강조해야 할 것은 우리가 활용하는 사례들이 현행적 지각임을 전제하지 않는다는 점이다. 유관한 개별자들의 현실적 체험들에 토대를 두고 본질 파악과 본질 일반화를 수행함이 현상학적 분석의 조건은 아니다. 물론 현행 지각들을 사례로 취할 수도 있다. 가령 분석을 시작할 때 이 벤치 지각과 이 들판 지각 등

35) (역주) 사물과 공간 강의의 도입으로 행해진 '다섯 강의'(『현상학의 이념』)를 뜻한다.

36) (역주) 여기에서 이미 현상학적 환원(대상으로부터 의식/대상 상관관계로의 환원)과 형상적 환원(사실로부터 본질로의 환원)이라는 현상학의 주요 방법론이 나타나고 있다.

에 의거할 수도 있다. 즉 현실적으로 지각하면서 이 지각을 반성할 수도(그래서 이른바 내적 지각을 수행할 수도) 있다. 우리는 이렇게 시작할 수도 있을 것이다. 하지만 이때 반성에서 일어나는 이러한 실존정립은 배제한다. 즉 사유작용(cogitatio)으로의 정립, 지금 있는 현행 지각으로의 정립은 배제한다. 이러한 정립은 여기에서 별 의미가 없기 때문이다. 지각에 대한 상상 재현들은 우리에게 [현행 지각과] 동일한 기능을 한다. 이 재현들 덕분에 우리 눈앞에 지각들이 나타나고, 따라서 우리가 포착하고자 하는 것을, 즉 지각의 본질이 무엇인가를, '지각'과 같은 말이 무엇을 의미하는가를, 이제 정말로 보고 명증하게 소여로서 포착할 수 있기 때문이다. 물론 현행 체험으로서의 소여는 단순한 재현보다 권위가 있지만, 여기에서 이러한 권위는 관심사가 아니다. (이제 우리가 단계적으로 수행할) 이러한 명증(Evidenz)을 가져오는 의식형태들이 어떻게 구성되는지는 우리의 관심사가 전혀 아닌 것이다.

우리는 명증에서, 즉 순수 자체소여(Selbstgegebenheit)의 구역에서 나타나는 지각의 본질적 특성들을 연구한다. 그러나 우리가 연구하는 것은 이러한 특성들이지, 여기에서의 연구가 이루는 명증 자체가 아니다. 이런 명증들의 현상학적 구성에 대한 연구는 당연히 또 다른 문제 층위에 속한다.[37]

---

37) (역주) 명증에 대해서는 §8절에서 언급한다.

또한 이미 앞서 나는 이러한 사례들에서 우리에게 주어지는 소여들이 독특한 본체(Essenz)[38]들임을 지적했다. 사례로 드는 지각들의 실존이 배제되고 이들의 사유작용으로서의 실존마저 배제된다면, 실존정립이 전혀 없는 한낱 상상되는 지각들만으로도 완벽하게 충분하다면, 여기에서 절대적 의미에서 소여되는 것은 실존하는 것(Existierendes)[39]이 전혀 아니지만 존재하는 것(Seiendes), 다시 말해 그때그때 독특한 본체(실존하든 하지 않든 여기 있는 이 독특한 지각)이다. 이런 독특한 소여들에, 상위 단계의 명증한 본질 일반화가 관련된다. 예를 들어 우리는 이 독특한 소여들에서 '지각 일반'이라는 일반적 본질(allgemeines Wesen)을 끌어내는데, 이 일반적 본질은 독특한 소여들에서 이러저러한 독특자가 되는(sich singularisieren) 것이다.

이제 지각에 대한 분석과 본질 규명의 첫째 층위에서 무엇이 명증하게 진술될 수 있는지 살펴보자.

---

38) (역주) Essenz는 Wesen(본질)과 구별하고자 '본체'로 옮기나, 여기에서는 의미상 차이는 없다. 일반적 본체와 대비되는 독특한 본체(singuläre Essenz)는 한 개체(독특자)의 본질을 뜻한다.

39) (역주) existieren은 보통 '존재하다'로 옮기지만 여기에서는 sein(존재하다)과 구별하여 쓰고 있으므로, 부득이하게 '실존하다'로 옮긴다.

§4 지각의 본질규정인 지향성

지각이라는 표현은 지각되는 것을 가리킨다고 우리는 이미 말했다. 우리는 어떤 의미로는 대상과의 관계가 지각의 본질 성격임을 순수 명증(혹은 순수 직관이나 순수 소여)의 구역에서 발견한다. 내가 이 의자를 지각하거나 저 집을 지각하면서, 혹은 이와 같은 지각을 재현하면서 발견하는 것은, 이 지각은 어떤 벤치에 대한 지각이고 저 지각은 어떤 집에 대한 지각이라는 등의 진술이 해당 지각의 본체에 속하는 무엇인가를, 곧 해당 지각에서 떼어낼 수 없는 무엇인가를 표현한다는 점이다. 바로 이런 직관을 지니고 다른 사유작용들, 다른 순수 현상들을 떠올린다면, 어떤 현상들은 지각으로 간주되지는 않으면서도 다음과 같은 점에서 지각과 비슷하다. 이들의 본질에도 역시 대상과의 관련이 속한다. 가령 어떤 벤치에 대한 상상 재현이나 어떤 집에 대한 상상 재현 등이 그렇고, 어떤 집에 대한 이미지(imaginativ) 현시나 사유 등이 그렇다. 순수 현상들의 이러한 본성에 대한 본질 탐구를 시작하지 않더라도, 여기에서 우리는 (어떤 집에 대한 상상 등에서) 사소한 단어인 '대한(von)'이 표현하는 대상성이 이들에게 본체적임을 명증하게 인식한다. 하지만 다른 한편 이것이 (우리가 지각이라는 말을 적용하며, 계속 거기에 제한하여 연구하고자 하는) 저 사례 범위들과는 다른 유형임도 명증하게 인식한다. 이때 최초의 고찰에서 지각의 고유 성격으로 나타나는 것은,

우리가 다음과 같이 평이하게 표현하는 것이다. 지각에서 대상은 몸소(leibhaft) 있다.[40] 더 정확히 말하면, 그것은 현행 현재의 대상이고, 현행 지금(Jetzt)[41]의 자체소여(selbstgegeben)[42] 대상이다. 이에 비해 상상에서는 대상이 몸소 있음, 실재, 현행 현재라는 방식으로 있지 않다. 상상 대상은 우리 눈앞에 있기는 하지만, 현행 지금 주어지는 것으로 있지는 않다. 상상 대상은 때로는 하나의 지금으로, 또는 현행 지금과 동시적으로 생각될 수도 있지만, 이러한 지금은 생각되는 지금이지, 몸소 있음이나 지각 현재에 속하는 그러한 지금은 아니다. 상상되는 것은 단지 '표상된다.' 그것은 단지 표상(vorstellen)하거나 현시(darstellen)할 뿐, 현행적 자체(Selbst)와 지금으로서 '스스로를 내어주지 않는다.'

마찬가지로 이미지(Bild)에서도 '주제(Sujet)', 즉 모사되는 것은

---

40) (역주) 지각에서 대상은 물질성(몸, Leib)을 지니고, 그 자체로서, 지금 여기 나타나는데, 이를 은유적으로 대상이 '몸소(leibhaft) 있다'고 표현한다.

41) (역주) 지금(Jetzt)은 과거로 밀려가거나 미래에 도래할 수 있는데 이때 지금은 각각 '과거 지금'과 '미래 지금'으로 표현된다. 이때에도 이 지금은 자신이 처음 등장하는 시간점(Zeitpunkt)을 유지하며 따라서 자신의 개체성(Individualität)을 유지한다. '현행 지금(aktuelles Jetzt)'은 이러한 '과거 지금' 및 '미래 지금'과 대비되는(나아가 '상상되는 지금' 등과도 대비되는) 개념이다.

42) (역주) selbstgegeben은 지각의 대상이 (이미지 등의 어떤 매개를 거치지 않고) 그 '자체'를 드러내는 것을 뜻한다. 이를 '자기소여'로 옮길 경우 '자기'가 지각 주체를 뜻하는 것으로 오인될 수도 있기에, '자체소여'로 옮긴다. 자체소유(selbsthaben) 등도 마찬가지이다.

몸소 있는 것이 아니라, 흡사(gleichsam) 몸소 있을 뿐이다. 이미지에서 주어지는 몸소 있는 것[이미지]은 몸소 있지 않은 소여[이미지 주제]를 현시하는데, 그것도 이미지성(Bildlichkeit)에 고유의 방식으로 그러한 것이다.

이러한 최초의 성격 기술은 상당히 조야하다. 대상들이 주어지는 이런 다양한 형식들 간의 관계, 혹은 대상들이 '눈앞에 있는' 이런 다양한 형식들 간의 관계를 더 정확하게 철저히 탐구하려면 포괄적이고 까다로운 연구가 필요하다.

물론 이러한 성격 기술에 있어서, 마치 지각되는 대상의 실존이, 곧 지각에서 몸소 있음의 방식으로 있는 것의 실존이 모든 지각 자체의 본체라고 이해해서는 안 된다. 그렇게 이해한다면 대상이 실존하지 않는 지각을 말함은 모순일 것이고, 그래서 착각인 지각은 아예 상상가능(denkbar)[43]하지 않을 것이다.[44] 하지만 지각의 본체

---

43) (역주) denkbar를 '생각가능'이 아니라 '상상가능'으로 옮기는 이유는 다음과 같다. 1. 기본적으로, 독일어에서 denken의 사전적 의미에는 '생각하다' 외에 '상상하다' 등도 포함된다. 2. 현대 철학의 상상가능성(conceivability) 논변과의 연관 관계를 드러냄으로써, 현상학을 현대 철학의 관점에서 접근할 수 있다. 3. 후설은 현상학적 분석에서 denkbar나 denken이라는 개념을 자주 쓰는데, 이런 맥락들에서 사실상 (현상학의 핵심 방법론인 본질직관의 구체적 방법인) '상상변양'을 실행하고 있다. 따라서 '상상가능'으로 옮기는 것은 현상학의 핵심 방법론인 본질직관을 이해하는 데 도움이 될 것이다.

44) (역주) 여기에서의 논변은 다음과 같다. 지각되는 대상의 '실존'이 지각의 본질에 속한다면, (실존하지 않는 대상에 대한 지각인) 착각은 상상 불가능하다.

적 성격은 대상의 몸소 있는 현전(Gegenwart)에 대한 '의식', 즉 이에 대한 현상(Phänomen)이다. 어떤 집을 지각함은 몸소 있는 집에 대한 의식을, 즉 현상을 가지는 것이다. 집의 이른바 실존은 어떠한지, 참된 존재는 어떠한지, 그리고 이런 실존이 의미하는 바가 무엇인지에 대해서는 여기에서는 아무것도 이야기되지 않는다.

§5 몸소 있음과 믿음직함. 직각과 태도 취함

'몸소(leibhaft)'와 '믿음직(glaubhaft)'의 차이를 곧바로 살펴본다면, 사태가 명료해질 것이다. 지각이라는 단어를 통상적 의미로 받아들인다면, 여기의 기본적 사례들에 있어 '믿음직'과 '몸소'는 융합되어 있다. 여기 몸소 있는 집이라는 지각 또는 현상은 동시에 이 집이 여기 있음에 대한 믿음(Glaube)이기 때문이다. 그러나 어떤 환각이 폭로되는 사례를 떠올려 본다면, 믿음 대신에 믿지 않음(Unglaube)이 등장한다. 또 다른 사례는, 우리가 일단 지각하면서, 이것이 지각인지 아니면 환각인지 의심스러운(zweifelhaft) 경우이다. 여기에서는 믿음과 믿지 않음이 모두 없고, 그 대신 의심이, 그

그런데 착각은 상상가능하다(그뿐만 아니라 현실적으로 일어난다). 따라서 지각 대상의 실존은 지각의 본질에 속하지 않는다.

리고 아마 태도 취함(Stellungnahme)의 전적인 보류(Suspension)가 등장한다. 이런 모든 경우에서도, 몸소 여기 있는 대상이라는 현상은 계속 존재하거나 계속 존재할 수 있다. 이러한 고찰에 있어서 자명한 현상학적 환원을 수행한다면, 통상적 의미에서의 지각의 본질 중에서 (지각 자체에 근본적으로 본질적인) 몸소 있음과 (여기 덧붙여 등장할 수도 있고 없을 수도 있는) 믿음직함이 구별된다. 믿음직함이 몸소 있음과 어떻게 관계하는지, 그리고 실존과 비실존의 의미라는 물음과 정당한 믿음과 부당한 믿음의 차이라는 물음이 이 믿음직함과 어떻게 관련되는지는, 새로운 연구들을 위한 기초가 된다.

지각(Wahrnehmung)의 개념은 종종 제한되어서, 원래 이렇게 불러야 할 ('현실적으로 참으로 간주함[das wirkliche Wahr-Nehmen]'은 물론이고) '참으로 간주함(Für-wahr-Nehmen)'을 배제한다. 즉 믿음 성격을, 믿음직한 방식으로 여기 있음이라는 성격을 배제한다. 여기에는 장단점이 있다. 어쨌든 내용[내포]이 더 적은(따라서 범위[외연]가 더 넓은) 이런 개념을 규명할 수 있는 명칭이 필요하다. 우리는 이를 직각(直覺, Perzeption)[45]이라고 부를 것이고, 가령 직각하는 믿음

---

45) (역주) 직각은 몸소 있는 대상에 대한 체험일 뿐 믿음 여부와는 무관하므로, 내용(내포)이 그만큼 적다. 그리고 이에 상응하여 범위(외연)가 넓어서, 믿는 직각, 믿지 않는 직각, 의심하는 직각을 포괄한다. 이 중에서 '믿는 직각' 만이 지각이므로, 지각은 직각에 비해 내용(내포)이 더 많고 이에 상응하여 범위(외연)가 더 좁다.

(perzeptives Glauben)(통상적 의미의 지각), 직각하는 믿지 않음이나 직각하는 의심 등에 대해 말할 것이다. 그러나 우리가 (믿음, 믿지 않음, 의심 등) 태도 취함의 차이라고 표현하는 이러한 새로운 성격들 [믿음, 믿지 않음, 의심 등]의 차이가 굳이 필요하지 않으며 그러한 구분이 없어도 되는 경우에는, 계속 지각(Wahrnehmung)이라고 부를 것이다. 이때 우리가 가진 것이 한낱 직각인지, 아니면 태도 취함을 지닌 직각인지, 아니면 우리에게는 아무래도 좋은 여타의 현상적 성격들을 지닌 직각인지 여부는 결정하지 않는 것이다. 그러므로 여기서는 기본적으로 직각에 대한 분석이 이루어지지만, 익숙한 독일어 표현[46]의 다의성이 혼동을 가져오지 않도록 주의하기만 한다면, 지각이라는 표현을 사용하는 것이 더 편하다.

§6 지각에 대한 진술과 지각 대상에 대한 진술. 지각의 내실적 요소와 지향적 요소

지각이 이 대상의 지각이거나 저 대상의 지각임은 명증한데, 이는 지각과 대상이 동일하지 않음을 이미 말해준다. 이에 상응하여 두 계열의 명증한 진술이 가능함은 실로 명증한데, 이는 지각에

46) (역주) 라틴어 어원을 가진 표현 Perzeption(직각)에 대응하는 독일어 표현 Wahrnehmung(지각)을 뜻한다.

대한 진술과 (지각의 의미에 있어서) 대상에 대한 진술이다. 그리고 이 진술들에서, 한편으로 지각과 (지각에서 여기 몸소 있는) 대상을 혼동해서는 안 됨도 명증하다. 지각이 사물이 아님은 명증하다. 평면에 대한 지각은 평면이 아니다. 그렇지만 이 지각에서 어떤 대상이 현출하며, 이 현출하는 대상은 평면이라는 성격을 지닌다. 그리고 이 평면은 다각형 등이지만, 지각은 다각형 등이 아니다. 지각되는(즉 몸소 현시되는) 대상에 대해 (그 실존과 비실존을 예단하지 않으면서도) 명증한 진술들이 이루어질 수 있으며, 이런 진술들은 이러저러한 대상이 지각됨(dass)을 표현하고, 이 대상이 어떤 것으로(als was) 지각됨을, 가령 검은 것으로, 다각인 것 등으로 지각됨을 표현한다. 지각과 관련하여, 나아가 그 본질에 '대상과 관계함'이 속하는 모든 현상과 관련하여, 작용내용(Aktinhalt)과 대상을 구별하는 것은 이제 유행이 되었다. 그러나 이러한 구별은 충분히 명료하지 않으며 만족스럽지도 않다.

우리로서는 현출과 현출하는 대상을 구별하고, 나아가 현출의 내용(현출의 내실적 성분[reeller Gehalt])과 대상의 내용을 잠정적으로 구별하고자 한다. 한편으로, 지각에는 어떤 '**내실적 내용**(reeller Inhalt)'이 있다. 다시 말해 (현상학적으로 명증하게 확인할 수 있는 바와 같이) 현상으로서 지각은 이러저러한 부분들, 내적 계기들, 규정들 일반을 포함한다. 다른 한편으로, 우리는 **현출하는 대상의 내용**에 대해 현상학적으로 논한다. 어떤 대상이 몸소 현시됨이 지각의 본질에 속한다는 점이 명증하고, 이 대상이 다른 부분들과 특징들이 아니라 바로 이러저러한 부분들과 특징들을 지니고 이 안에서 현시됨이 명증하기 때문이다. 따라서 우리는 서로 다른 내용을 구별한다. 왜냐하면 (이 대상을 몸소 현시하는) 지각의 부분들과 특징들은 (이 지각이 현시하는) 대상의 부분들과 특징들, 달리 말해 (이 지각이 이들을 가지고 대상을 현시하는) 대상의 부분들과 특징들이 아님이 명증하기 때문이다.

이들이 명증함은 확실하다. 우리는 다만 사례를 들어서 실제로 이러한 명증들을 보여주어야 한다. 다른 한편 우리는 여기에서 불만스러운 점을 하나 발견한다. 순수 직관에 주어지는 지각에 대해서는 분명 다음을 말할 수 있다. 즉 지각의 본질이 무엇인지, 이 본질에 무엇이 내실적으로 들어 있는지 말할 수 있고, 이에 의거하여, 독특하게 주어지는 지각에 무엇이 내실적으로 들어 있는지 말할 수 있다. 그러나 어떤 한 지각의 대상은 현출하는 '지향적(intentional)' 대상이지만, [이 지각이 주어지는 것과] 동일한 의미에서 주어지지는 않는다. 즉 현실적이고 완전하고 본래적으로 주어지지 않는다. 그러므로 이 대상의 개체적 본질도 본질 탐구에 의해 현실적이고 본래적으로 주어지지 않는다. 그럼에도 불구하고 우리는 대상에 대해 명증하게 판단해야 하고, 그것을 내실적으로 구성하는 것을 발견해야 한다. 엄밀한 의미에서는 전혀 발견할 수 없음에도 불구하고 그렇다. 내 눈앞에 있는 지각, 그에 있어 내가 현상학적 환원을 수행하는 지각은 절대적 소여이다. 나는 (이것을 본체적으로 이루는 모든 것들과 더불어) 말하자면 그것 자체를 가진다. 이 지각은 하나의 '내재(Immanenz)'이다. 그러나 지향적 대상은 바로 하나의 초재(Transzendenz)이다. 물론 이 지향적 대상은 몸소 나타난다.[47] 명증하게 이 대상을 몸소 현시하는 것이 지각의 본질이기 때문이다. 그러나 (이 대상을 내실적으로 구성하는 계기들을 포함하여) 이 대상 자체가 실제로 내게 주어지는가? 가령 (그 자체의 본질에 속하는 삼차원 연장[48]을 지닌) 이 책상이 내게 주어지는가? 나는 정말 이것의 본질을 가지는가? 하지만 내게는 이 책상이 이처럼 몸소 현시된다는 의미에서 삼차원적이라는 명증이 있다. 이 책상은 삼차원으로 나타나며, 그 밖에도 이러저러한 성격을 지니는 책상으로 나타난다.

어쨌든 지각 자체에, 현상 자체에 고유한 소여는 '지각되는 것 자체'에 고유한 소여와 다르다. 그러니까 이 두 명증의 성격은 서로

---

47) (역주) erscheinen은 문맥에 따라 '현출하다'나 '나타나다'로 옮긴다. 따라서 Erscheinung은 '현출'이나 '나타남'으로 옮긴다.

48) (역주) 후설은 사물의 (시공적) 연장을 여러 용어로 표현한다. 이 저작에서 이들의 의미 차이는 없지만, 원어 차이를 존중하여 최대한 구별하여 옮기고자 한다. Extension은 '연장', Ausbreitung은 (문맥에 따라) '확장', '펼침', '펼쳐짐', Ausdehnung이나 Dehnung은 '신장(伸張)', '늘림', '늘어남' 등으로, 가능한 한 구별하여 옮기지만, 때로는 문맥에 어울리도록 번역어를 혼용하기도 할 것이다. 다만, Dehnung 및 Ausdehnung은 (주로 주체의 움직임에 따라) 대상의 크기가 커지는 것('팽창')이나 혹은 크기가 커지거나 작아지는 것('크기변화')을 뜻하기도 하니, 주의를 요한다.

다르다. 동시에 이 [지각되는 것에 속하는] 두 번째 명증은 분명 [지각에 속하는] 첫 번째 명증의 얼개에 어떤 식으로든 속한다. 이러저러한 특징을 가지고 현시되는 하나의 대상을 몸소 현시함이 지각 자체의 본질이기 때문이다. 따라서 추가 연구가 필요하다. 우리는 이 난점을 해결할 수 있을 만큼 충분히 나아가지 못했다.

§7 이후 연구 방법에 대한 예비적 해명

성층(成層, Schichten)[49]의 방법을 엄밀하게 수행하는 길은 다음과 같을 것이다.

1) 우리는 현상학적 환원을 수행하고, 이제 지각과 관련해서 (그리고 당연히 모든 현상학적 연구 구역에서 이와 유관한 환원된 체험들과 관련해서) 발견하는 명증들을 차례로 서술한다. 그러니까 지각의 '본질'에 속하는 모든 것, 우리가 지각에 내재하는 것으로 발견하는 모든 것을 분석한다. 이때 우리는 여기에 대상과의 관계가 내재적으로 속함을, 즉 지각이 바로 이러저러한 대상을 지각한다는 사정을 발견한다. 그리고 우리는 지각이 이러한 대상을 표상하는 한에서 지각과 유관한 명증을 발견하고, 지각에서 의향(meinen)[50]되는

49) (역주) 성층은 분석 대상을 이루는 여러 층위(Schicht)들을 구분하여, 하나의 층위에서 다른 층위로 나아가며 분석하는 방법론이다.

대상 자체의 내용, 고유 특징, 그것의 부분 및 특성에서의 명증을 발견한다. 이제 우리는 지각의 내실적 내용을 지각의 '지향적' 내용, 곧 지각 대상의 내용과 관련짓는 명증한 가능성들을 발견한다. 이러한 대조를 통해 비로소 지각의 내실적 계기들이 명료하고 명증하게 드러난다. 즉 감각들이 대상의 속성들과 대조되고, 체험되는 색이 대상의 색과, 체험되는 음 내용이 대상의 음과, 거칢의 감각이 대상의 거칢과 서로 대조되는 식이다. 그다음에 지각 내에서 내실적으로도 감각(Empfindung), 파악성격(Auffassungscharakter),[51] 믿음성격(Glaubenscharakter) 등이 서로 구별된다.

2) 그러나 우리가 명증하게 진술하면서도 이런 명증한 진술들이 어떻게 가능한지 이해하지는 못하기 때문에, 이 모든 것은 문제적이다. 바로 현상에서 대상이 구성된다는 근본적 난점이 나타난다. 대상은 현상에 실제로 주어지지 않는데, 어떻게 이런 대상에 대한 명증한 진술들이 가능한가? 대상과 현상의 내재적 계기들의 비교는 어떻게 가능한가? 나아가, (지각되는 것의 현실적 존재에

---

50) (역주) 후설에게서 Meinung은 대개 지향(Intention)과 대동소이한 뜻이지만, 간혹 믿음이나 주의하는 지향을 의미하기도 한다. meinen은 영어에서는 주로 to intend나 to mean으로 번역된다. 한국어에서는 '사념'으로 옮기는 경우도 있으나, 여기에서는 의향(意向)으로 옮긴다.

51) (역주) 파악성격(Auffassungscharakter), 작용성격(Aktchakter), 작용성질(Aktqualität) 등의 표현은 체험(Erlebnis)의 유형들을 지칭하는데, 가령 어떤 체험은 지각함, 기억함, 슬퍼함, 판단함 등의 파악성격을 지닌다.

관계하는) 지각 믿음은 (대상을 '점점 더 완전하게' 내어주어, '이 대상이 실제로 무엇인가'를 늘 새로운 방향에서 보여주는) 새로운 지각들에 의해, 때로는 '입증(bestätigen)'되고 때로는 '반증(widerlegen)'되며, 때로는 더 상세히 규정되고 때로는 계속 새로 규정되는데, 이러한 지각 믿음은 어떻게 해명할 것인가? 인식 과정 전체에서 언제나 체험들의 연관만 경과(Ablauf)할 뿐, (적절하게 제한하면 대상 판단들에도 적용되는) 이 모든 명증에도 불구하고, 체험에 내실적인 대상의 자리를 적시할 수는 없는데, 이 모든 것을 어떻게 이해해야 하는가? 대상은 체험들에서 구성된다. 상이한 층위들에서 (의향되는 소여이자 단계적으로 증시되는 소여로서) 이러한 구성됨을 어떻게 이해해야 하는가? 구성됨은 어떠한 것인가? 이것을 명료하게 해야 한다. 다시 말해 나는 판단들의 저 모든 명증에 만족해서는 안 되고, 명증의식 자체가 (이것의 모든 계기들에 있어서) 순수하게 주어지도록 해야 한다. 그리고 이 의식의 모든 변화를 추적하고, 여기에 실제로 있는 것이 무엇이고 이런 체험 연관들의 본질에 있는 것이 무엇인가를 순수하게 직관하면서 서술하는 분석을 해야 한다. 나는 그저 명증 안에서 사는 것이 아니라, 명증을 고찰한다. 나아가 여기에 절대적이고 의심 불가능하게 주어지는 것(Datum)을 순수하게 고찰하고 순수하게 내재적으로 분석하는 태도를 취한다. 그러니까 초재적 의향과 타당성의 가능성을 가장 순수한 내재의 구역에서 연구해야 한다. 이 구역의 모든 규명은 (불명료한 것은 그야말로 아무것도 포함하지 않는) 그러한 유형의 소여를 직관해야 한다.

이것이 목표이다. 그리고 이것이 연구들의 더 높은 층위이다. 물론 이 층위 자체가 다시 성층에 의해 진행될 수도 있다. 나는 이제 이러한 구분에 의거하여 실로 일련의 첫 번째 자명성들을, 즉 명증들을 종합하고자 한다. 이들은 그다음에 더 높은 층위의 문제를 형성한다.[52] 그리고 오직 단계적으로 새로운 연구의 동기를 고려하고자 한다. 명증 내부에서 언제나 초재와 결부되어 있는 커다란 난점들이 바로 이 동기이다.

하지만 이러한 구분은 우리 강의를 매우 번거롭게 만든다. 첫 번째 단계에서 드러난 것들이 새로운 단계에 가면 문제를 품고 있기에 새로 서술해야 하기 때문이다. 우리는 조금 더 빠르게 진행할 것이다. 만일 우리가 불쑥 난점들로 단계적으로 들어서서 (그때그때 해결할 수 있는 한도까지) 이러한 난점들의 해결에 착수한다면, 시간이 부족할 것이다. 그러므로 지난 강의 초반에 우리의 이후 계획과 방법에 대해 내가 말했던 것은 수정해야 한다.

52) (역주) 후설의 초기 연구가 (현실적 대상을 배제함을 통해 지향적 대상도 배제되어) 체험의 내실적 요소들에만 국한되었다면, (현상학적 환원의 의미가 분명해짐에 따라 지향적 대상이 현실적 대상이 아님을 발견한 후에는) 지향적 대상이라는 더 높은 층위로까지 연구가 확장될 수 있었다. 따라서 성층에 의거한 연구의 순서는 먼저 내실적 요소들의 명증의 연구, 그다음에 지향적 대상의 명증의 연구이다.

2장

지각 분석의 방법적 가능성

§8 지각이 현상학적 반성에서 절대적으로 주어짐. 지각 개념의 확장

이러한 해결을 위한 한 가지 요소가 이제 이어질 고찰에 이미 들어 있다. 그것은 절대적으로 의심 불가능하고 절대적으로 주어지는 차이, 즉 내실적 소여와 단지 현출하는 비내실적 소여의 차이이다. 먼저 어떤 현행적 체험 사례를 취해서 응시(Hinblicken)해보자. 우리는 '그 자체로 그러한 바대로' 이것을 취하고, 이것을 넘어서 '초재'로 이끌어가는 모든 판단을 배제한다. 예컨대 우리가 지금 체험하는 감정, 지금 수행하는 지각이나 상상 표상 등이 그것이다. 이런 태도를 취하면, 우리는 이 체험을 심리적 체험으로서 가지는 것이 아니라, 우리가 응시하는, 그리고 이런 응시에 있어 주어지는 절대적이고 현상학적인 자료로서 가진다. 이것은 어떻게 주어지는가? 체험이라는 절대적 자료는 거기 몸소 있다. 이것은 가령 단지 상상되는 것이거나, 비유를 통해 생각되는 것이거나, 심지어 기호적이고 개념적으로 생각되는 것이 아니라, 그 자체가 현행적으로 지금 주어지는 것으로서 우리 눈앞에 있다. 우리가 알게 되는 것은, 어떤 체험에 대한 (여기에서 기술한 태도에서 수행되는) 이른바 '응시'의 근본 성격이 (가장 일반적으로 보아) 우리가 이제까지 고찰한 사물지각과 동일하다는 것이다. 그러니까 이 근본 성격이 꼭 사물들에 얽매이지 않는 더 넓은 지각 개념을 규정할 수 있다. 이에 따르면 사물지각은 그 자체는 어떤 사물이 아니지만, 그래도 이와 다른 어떤 '지각'의 대상이 된다. 즉 저 응시의 대상, (로크 이래로 논구되던 것처럼) 저 반성의 대상이 된다. 그리고 다른 모든 체험도 그것을 응시하기만 한다면 이와 마찬가지이다. 여기 언급한 태도를, 즉 현상학적 환원의 태도를 전제한다면, 해당 대상은, 다시 말해 이에 해당하는 체험이라는 순수 자료(지각, 표상, 감정 등)는 우리에게 의심할 수 없이, 즉 절대적이고 내실적으로 주어진다. 이 절대적이라는 말은 무슨 뜻인가? 외부지각에 있어서는 '믿음직'과 '몸소'가 서로 분리될 수 있다. 외부지각의 몸소 현시함은 믿지 않음이나 의심과도 결부될 수 있는 것이다. 그러나 여기[체험을 지각함]에서는 그렇지 않다. 환원된 체험 지각의 본질이 믿지 않음이나 의심과 양립할 수 없음은 명증하다. 이러한 체험 지각이라는 의식의 본질 성격은 [다른 지각이 그런 것처럼] 단지 대상의 현행적 현전에 대한 의식이라는 데에 그치지 않는다. 체험 지각은 나아가 절대적으로 내어주는 의식이라는 성격을 지니며, 대상을 실제로 그 몸소 있음에서, 믿지 않음과 의심을 배제하는 방식으로 가지는 의식이라는 성격을 지닌다. 어떤 의미에서는 믿음까지도 배제한다. 왜냐하면 통상적 의미의 믿음은 존재를 그저 겨냥함이기 때문이다. 그러나 여기에서는 겨냥하지 않는다. 과녁(Ziel)은 겨냥함(Zielen)에서는 아직 주어지지 않고 따라서 명중되어야 하는 어떤 것이다. 그러나 절대적으로 주어지는 지각에서는 지각하는 포착(Erfassen)이 곧 자체소여를 붙듦(Fassen)이다.

그러나 다른 한편 우리는 이런 사례[체험 지각]에서의 믿음 없음이 믿음이 결여된 외부지각에서의 믿음 없음과 다름을 놓치지 않는다. 어떤 대상을 단지 몸소 현시함인 지각[외부지각]과 (단지 현시하는 것이 아니라) 몸소 있는 대상 자체를 붙듦이 그 본질인 지각[체험 지각] 사이에는 근본적 차이가 있다. 이 둘의 공통점은 모두 대상의 몸소 현전함에 대한 '의식'이라는 것이다. 통상적 지각에서는 이 의식이 믿음 의식이고, 그래서 우리는 대상이 여기 몸소 있고 실제로 있다고 진술한다. 다른 한편 두 지각 유형은 서로 대조를 이룬다. 여기[체험 지각]에서는 자체소유(Selbsthaben)가 있고 이와 더불어 절대적 존재소여가 있으며, 단순한 소유와 보유에 있어서의 어떠한 존재 의심이나 믿지 않음이나 심지어 통상적 의미에서의 믿음(도크사[δόξα])까지도 배제한다. [이에 비해] 저기[외부직각]에는 현시가 있는데, 그것도 우리가 현행적 현전의 한갓된 현출이라고 부르는 방식으로 있다. 이것의 현상학적 성격은 한낱 현시이지, 절대적 존재소여가 현전하여 있음은 아니다.

이는 본질 포착과 보편적 직관 일반의 구역에서도 분명 타당하다. (적절한 수정이 가해진다면) [외부지각에 있어서] 집들에 대한 개별 직관을 직관적 토대로 삼는 추상화와 일반화는 어떤 집의 본질을 분명하게 만들며, 그 본질을 소여로서 현시한다. 여기에서 이 본질은 이 직관의 대상이고, 직관에서 이른바 몸소 현시된다. 그러나 그것은 단지 현시될 뿐이다. 다른 한편 [체험 지각에서처럼] 어떤 '본질' 혹은 어떤 보편자는 절대적이고 의심 불가능하게 주어질 수도 있다. 예컨대 현상학적 환원과 직관하는 추상에서, 체험 유형의 본질은 단지 현시되는 것이 아니다. 그것은 단순히 '……의 현시'가 아니라, 엄밀한 '내재적' 추상에서의 절대적 소여이다.

§9 자현 지각과 현시 지각. 자현 지각에서의 직각과 믿음의 분리 불가능

자현(自現, selbststellen)하는 지각과 현시(顯示, darstellen)하는 지각을 용어상 구별함이 가장 적절해 보인다. '자현'이란 표현을 나는 뮌스터베르크의 책[53]에서 읽었다. 그렇지만 그 책에서의 이 표현은

우리와는 전혀 다른 의미이므로, 혼동을 일으킬 염려는 없다.[54)]

자현하는 지각의 성격을 현상학적으로 규정함으로써 비로소 우리는 내재와 초재의 의미를 정의한다. 자현되는 것은 내재적이고, 현시되는 것은 (지각의 의미에서 몸소 있는 것, 즉 자체현시[selbstdarstellen]되는 것이라고 해도) 초재적이다.[55)] 자현되는 것의 부분들이나 계기들은 이 자현되는 것에 내재한다고 불리며, 나아가 양의성을 피하기 위해 내실적으로 내재한다고 불린다. 이 부분들이나 계기들이 명증하게 자현될 수 있다면 그런 것이다. 다시 말해, 전체 자현의 본질이 그 가능성에 있어서, (전체 자현의 대상과 명증하게 국부적으로 동일한 대상들[부분이나 계기들]에 대한) 새로운 자현의 토대가 된다면 그런 것이다.[56)57)] 그러나 자현되는 것은 지각이나 표상 등일 수 있는데, 그것은 내재적 대상성[58)]으로서 그 자신도 어떤 대상을 자현

---

53) (편주) H. Münsterberg, *Grundzüge der Psychologie Bd. I. Allgemeiner Teil: Die Prinzipien der Psychologie*, Leipzig 1900, S. 50.

54) (역주) 현시하는 지각(darstellende Wahrnemung)과 자현하는 지각(selbststellende Wahrnemung)은 다음과 같이 구분할 수 있다. 현시 지각은 (외부 사물과 같은) 초재적 영역에서 비충전적인 외부 대상을 지각하는 것으로서, 믿음 성격, 믿지 않음 성격, 의심 성격을 모두 포함할 수 있는 반면, 자현 지각의 경우는 내실적 영역에서 이루어지는 지각이므로 언제나 믿음 성격을 지니는 대상을 대상으로 하고 충전적이다.

55) (역주) 자현(selbststellen)과 자체현시(selbstdarstellen)를 혼동하지 않아야 한다. '자현'은 '현시'와 대립하는 개념이지만, '자체현시'는 '현시'의 일종으로 대상 '자체'가 현시되는 것이다.

하거나 현시한다. 그러면 [대상을 현시하는] 후자의 경우 이 현시되는 것은 원래의 자현에 내실적으로 내재하지 않고 초재한다(이것이 종종 한낱 지향적 대상이라고 부르는 것이다). 그러나 자현되는 지각이 다시 하나의 [대상에 대한] 자현이라면, 이 대상은 그 첫 번째 [자현되는] 지각에 내재한다.[59] 이 모든 것이 지각에 평행하는 대상화 현상, 즉 우리가 상상이라고 부르는 현상에도 적용된다. 우리는 상상을 상상 자현과 상상 현시로 구분하고, 상상 내재와 상상 초재에 대해 이야기할 것이다. 그러나 아직 이에 대해 말할 때가 아니다.

절대적으로 내어주는 지각들의 구역에서는 따로 분리되어 그때그때 믿음, 믿지 않음, 의심과 결합하는 어떤 직각에 대해 말할 수 없음을 이미 보았다.[60] 명증한 지각에서 자체소유는 하나의 소유

---

56) (원주) 이것이 자현 지각의 본래적 정의이다. 그것은 대상이 그것에 내실적으로 내재함이다. 이는 국부적 동일화이다.

57) (역주) 내적 지각(자현)의 대상인 체험은 부분을 지니며, 이 부분들도 지각(자현)된다. 이 체험과 그 부분들은 국부적 동일성 관계(전체와 부분의 동일성 관계)이다.

58) (역주) 대상/객체(Gegenstand, Objekt)와 대상성/객체성(Gegenständlichkeit, Objektivität)은 (때때로) 구별하지 않고 번역한다. 사물(Ding) 및 사물성(Dinglichkeit)도 마찬가지이다. 그러나 가령 대상성이 넓은 의미의 대상을 뜻하는 것으로서 반드시 구별이 필요할 때는 구별하여 옮긴다.

59) (역주) 가령 외부지각에 대한 반성의 경우, 외부지각은 이 반성에 자현되지만, 이 외부지각의 대상은 외부지각에서 현시된다. 그러나 내부지각에 대한 반성의 경우, 내부지각은 이 반성에 자현되며, 이 내부지각의 대상도 이 내부지각에 자현된다.

및 정립으로 이루어져 있으며, 이 소유 및 정립은 분석을 통해 나눌 수 없다. 그래서 자현의 소유는 내실적 소유이다. 정립은 믿음과 유사하여, 믿지 않음을 배제하는 것이다. 그리고 그것은 존재의식을 이루는 것이며 소여에서 절대적 존재를 구성하는 것이다. 이것이 모든 자현하는 지각들의 공통 성격이다. 이 [자현하는] 지각들이 서로 구별됨은 주어지는 것이 무엇인가에 따라서이다. 이들 모두가 공유하는 '내어준다(geben)'는 성격은 몸소 있음의 의식이고, 이것은 이들과 모든 지각의 공통점이다. 그러나 (마치 결국 모든 임의의 '내용'이 이러한 자현 및 몸소 있음이라는 인수[因數, Faktor]들과 하나로 정립될 수 있고, 그래서 모든 대상이 자현될 수 있다는 듯이) 단순한 몸소 있음이라는 인수들, 몸소 있음의 절대적 자현이라는 인수들, 몸소 있고 자현되는 것의 내용이라는 인수들을 단순히 곱해서는 물론 안 된다.[61] 그 반대로, 사물은 (비록 모든 개별 지각에게 몸소 있음으로 현시되기는 하지만) 필연적으로 초재하는데, 이에 대해서는 우리는 앞으로도 충분히 듣게 될 것이다. 여기에서 자현은 있을 수 없다. 다른 한편 우리는 지각 연관의 탁월성[의 정도들]에 대해서, 즉 (자현과 비슷한 것이 일어나는) 현시의 '완전성(Vollkommeheit)'이

60) (역주) 내재적 지각에서는 믿지 않음이 불가능하기(아니, 무의미하기) 때문이다.

61) (역주) 모든 대상이 자현될 수 있는 것이 아니라, 내적 대상 혹은 체험만 자현될 수 있기 때문이다.

증가하는 정도들에 대해서 들을 것이다. 여기에서는 우선 다음만 강조한다. 대상이나 내용이 처음에는 그 자체로 어떤 것이고, 그 다음에 임의적으로 이러저러한 인식 성격들이 거기 곱해질 수 있는 것이 아니다. 우리는 명증 분석에 있어, 다만 소여들을 고찰하고 분석하며, 이들에게서 다양한 측면들을 부각시키면서, 때로는 분리 가능성을, 때로는 분리 불가능성을 포착하는데, 이 모든 것을 본체들의 구역에서 수행하는 것이다.

§10 현시하는 지각에서의 동일성 의식과 차이의식

이제 우리는 현시하는 지각을 연구한다. 여기에는 분명 사물에 대한 지각이 속하지만, 그에 못지않게 자아에 대한 지각, 자아 체험에 대한 지각도 속한다. 그리고 우리는 이들을 집 지각 등의 사례에 의거하여 연구한다. 자현하는 지각에서는 대상의 동일성과 지각의 동일성은 하나이다. 다시 말해, 서로 다른 지각이면 서로 다른 대상을 가진다는 뜻이다.[62]

현시 지각은 다르다. 즉 여기에서는 두 개의 지각이 동일한 대상을 가진다고 해서 이들이 본질에 있어 같은 지각인 것은 아니며,

62) (역주) 가령 외부지각에서는 하나의 대상을 여러 번 지각할 수 있으나, 내적 지각에서는 그럴 수 없다.

하물며 [수적으로] 하나의 자기동일적 지각인 것은 더욱 아니다.[63] 그러니까 본질적으로 동일하지 않은 지각들이 그들의 본질에 의거하여, 하나의 동일한 대상에 관계할 수 있다.[64] 예를 들어 하나의 집에 대한 지각들은 내실적 내용에 있어서 서로 매우 다를 수 있지만, 그래도 같은 집의 지각들이다.[65] 내가 통상적 표현방식을 끌어들이는 것을 여러분은 양해해줄 것이다. 집은 때로는 앞면이 보이고, 때로는 뒷면이 보이며, 때로는 안이, 때로는 바깥이 보인다. 우리가 이 지각들을 현상학적 환원에 있어서, 혹은 (이제 우리가 이렇게도 말할 수 있겠지만) 자현에 있어서, 그것도 독특한 본질로서 고찰한다면, 각 지각은 말하자면 서로 다른 것으로 보인다. 각 지각은 [독특한] 본질에 있어서 서로 다른 지각이고, 또 다른 지각도

63) (역주) 하나의 동일한 대상을 지각하는 여러 현시 지각은 지향적 대상은 동일하지만, (지향적 대상을 현시하는) 내실적 내용들은 상이하다. 그런데 (어떤 현시 지각의 지향적 대상과 내실적 내용들의 총체가 바로 이 지각의 지향적 본질이므로) 이처럼 내실적 내용들이 상이한 여러 지각은 그 지향적 본질도 상이하다.("본질에 있어 같은 지각이 아니다.")

64) (역주) 즉 그들의 본질 중 (내실적 내용들은 다르지만) 지향적 대상이 동일하므로, 하나의 동일한 대상에 관계한다.

65) (원주) 그리고 이때 '객관적 사실'을 말하는 것이 아니다. 그것이 하나의 집이고 두 개의 지각이 사실적으로 그에 대한 지각들이라는 것이 아니다. 여기에서는 그들이 의식 안에서도 스스로를 동일한 것의 지각들로 드러내고 그러니까 현상학적 환원 내에서 내재적으로 스스로를 그것으로 증시하는 통상적 경우들을 말하는 것이다.

그렇다. 그럼에도 불구하고 우리는 어느 정도 명증하게, 이들이 동일한 집을 현시한다고 말한다.

어떻게 그런가? 우리는 이 지각들의 본질에서, 이들을 결합하는 어떤 것을, 혹은 어떤 결합을 허용하고 요청하는 어떤 것을 발견한다. 이 결합은 동일성 결합(Identitätsverbindung)이다. 이 동일성 결합은 다음에서 순수하게 표현된다. 서로 다른 지각들이 동일한 것을 의향하고 동일한 것을 현시한다. 동일성 의식이라는, 자현에서 주어지는 이 이채로운 현상은 지각과 지각을 서로 연결시킨다. 이 의식은 (비록 우리의 사례 구역들의 의미에서의 지각은 아니더라도) 어떤 의미로는 [지각과 같은] 내어주는 의식이다. 이 의식은 어떤 대상성에 관계하기 때문이다. 즉 여기에서 지각되는 것과 저기에서 지각되는 것의 동일성에 관계하는 것이다. 그리고 양자의 대상[동일성]이 지각이라는 의미에서 동일한 대상임이 명증하므로, 이 [동일성] 의식은 어떤 직관의 성격을, 혹은 넓은 의미의 지각의 성격을 지닌다.[66]

하지만 우리는 신중해야 한다. 먼저 주의할 것은 우리가 두 지각을 하나로 연결하고 이를 통해 이들의 대상을 하나의 동일한 것으

---

66) (역주) 두 지각 a′와 a″가 A라는 하나의 대상을 현시할 때, (두 지각과 구별되는 또 다른 의식인) 동일성 의식 i가 양자를 결합한다. i의 지향적 대상은 (a′와 a″의 대상의) 동일성 I이며, 이때 i는 I에 대한 직관, 나아가 지각이라고 할 수 있다.

로 의식하게 만드는 동일성 의식에 대해 이야기하는 것이지, 이 지각들을 동일화하는 것은 아니라는, 즉 이들을 동일한 지각으로 놓는 것은 아니라는 점이다. A와 B를 동일화함은 현상학적으로는 다음을 뜻한다. 동일성 의식이 (지각이든 상상 표상이든) A의 표상과 B의 표상을 연결한다. 그러니까 두 지각을 동일화하려면 이 지각들에 대한 표상들이 필요하고, 이 표상들을 연결하는 통일(Einheit) 의식이 필요하다. 하지만 이제 지각되는 대상 A와 지각되는 대상 B가 동일한 대상이라는 연결의식에서 이런 동일성에 대한 어떤 명증이 있다면, 이때 이 대상이 동일한 대상임이 명증하다고 본래적 의미에서 말할 수 있을까? 사람들은 이에 대해 즉시 반론을 제기할 것이다. 내게 대상이 그 자체로 그리고 본래적으로 주어지는 것이 아니라 이 대상의 현시들만 주어진다면, 어떻게 본래적 의미에서 동일성이 내게 주어질 수 있겠는가? 그리고 여기에 착각은 있을 수 없는가? 예를 들어 나는 하나의 지각을 가진다. 가령 어떤 집의 앞면에 대한 지각을 가진다. 그다음 나는 뒷면을 보기 위해 이동한다. 그리고 뒷면을 지각하면서 동일한 집이라고 말한다. 이전의 지각과 지금의 지각이 동일한 집을 포착한다고 말하는 것이다. 하지만 착각을 한 것이다. 어쩌면 그것은 다른 집인데, 나는 돌아가는 동안에 그것을 깨닫지 못했던 것이다. 그것은 틀릴 수도 있는 가상의 명증일 것이다. 이 반론은 완전히 올바르다. 그리고 실로 어떠한 개별 지각도 대상을 절대적으로 의심이 없는 상태에서 내어주지 않는다. 이미 말한 것처럼 다음과 같은 일반적 명제가 타당한 것이다. 모든 '외적으로' 현시하는 지각 또는 (정확히 말한다면) 직각은, 오로지 그 본질만 문제삼는다면, 그것의 대상성과 관련해서 어떠한 태도 취함 및 의심과도 양립 가능하다. (우리는 가령 여전히 굳건히 믿을 수도 있지만, 믿지 않음은 '상상가능'하며 직각과 명증하게 양립 가능하다.) 그리고 더 나아가 동일화가, 곧 두 지각들을 포괄하는 동일성 의식이 동일성에 대한 의식임은 물론 명증하고 이것의 본질이기는 하지만, 이러한 동일화는 어떤 의미에서는 다만 표상하는 동일성 의식이고 동일성에 대한 한갓된 의향함이다. 즉 이것은 이러한 동일성이 현실적임에 대해 믿지 않음 및 의심함과 명증하게 양립 가능하다.

그렇다면 지각들에 기초해 현행적으로 수행되는 동일성 의식 덕분에 명증한 것은 무엇인가? 우리는 지각들의 의미에 있어서 이 지각들의 대상이 하나의 동일한 대상이라고 말했다. 지각들의 의미 혹은 본질은 이와 어떤 관련이 있는가? 이렇게 생각해보자. 이 지각들이 동일성 종합에 있다는 것, 동일성 의식의 통일이 이 지각들을 포괄한다는 것이 우리에게 주어지는 자료(Datum)이다.

그러나 이것은 사유작용들로서의 우연적 사건들이나 유동적 지각들에 대한 말이 아니다. 우리는 '본질'에 주목한다. 이때 우리는 동일성 의식이 임의의 두 현상이나 임의의 두 지각을 함께 묶을 수 있는 노끈이 아님을 알아차리고, 이런 묶음이 가능한지 아닌지는 이 현상들의 본질에 달려 있음을 즉시 알아차린다. 코끼리에 대한 지각 및 표상과 돌에 대한 지각 및 표상은 이들의 본질에 있어 동일화에 어울리지 않는다. 이들의 본질은 그런 동일화를 배제한다. 이에 비해 우리가 동일한 대상의 지각들이라고 부르는 지각들은, 이들이 (자신들의 본질에 의거해) 정초하는 동일성 의식에서 통일됨이 드러난다. 여러 지각이 동일 대상을 명증하게 의향함이 뜻하는 바는, 이들이 그 본질에 있어 동일성 의식의 통일에 어울리며, 이러한 통일화(Vereinheitlichung) 가능성이 이들의 본질에 선험적으로 있다는 것이다. 달리 말해, 여기에서 지금 우리가 문제삼는 순수하게 본체적인 고찰에 따르면, 그러한 두 독특한 지각 본체들은 이들을 포괄하는 '동일성 의식'의 본체를 순수한 직관 안에서 정초한다. 즉 이 동일성 의식의 본질은 이 지각들의 본질들과, 순수 명증에 있어 결합된다. 그러니까 우리가 두 지각을 가지면서 이들이 같은 대상에 대한 지각들이라고 명증하게 말한다면, 그리고 이런 일이 오로지 연속적 종합에서 일어난다면,[67] 그중 한 지각의 '의미'와 다른 지각의 '의미'가 동일함 의식(Selbigkeitsbewußtsein)을 정초하는 것이다. 그리고 이 지각들은 이들의 의미와 본질을 통해 그러한

67) (역주) 만일 두 지각이 연속적으로 일어나지 않는다면, 즉 시간적 간격을 두고 일어난다면, 우리는 이 두 지각의 대상이 동일하다고 명증하게 말할 수 없을 것이다. 두 지각 사이의 시간 동안 대상이 다른 대상으로 교체되었을 수도 있기 때문이다.

동일함 의식으로 들어서며, 바로 이 때문에 동일 대상에 대한 지각들이라고 불리는 것이다. 물론 우리는 이런 지각들이 동일성 의식을 정초하지 않는다고, 이들이 각각 서로 다른 대상들을 지각한다고 말할 수도 있다. 그리고 거꾸로 임의의 지각들의 대상이 서로 완전히 무관한데도 이 지각들이 동일 대상을 표상한다고 말하고 생각하고 주장할 수도 있다. 그러나 그렇다면 이는 바로 그저 말하고 생각함에 불과하다.

그러나 여기에서 중요한 것은 우리가 자현하는 명증에서 포착하는 것처럼, 지각들이 실로 동일성 의식에 의해 연결된다는 점이다. 여기에서 우리가 이런 연결에 대해 말할 때, 이는 단지 그렇게 말하거나, 단지 공허한 의향에서 그렇게 추정하는 데 불과한 것이 아니다. 이런 말은 자현에서 절대적으로 주어지는 동일성 연결을 다만 표현할 뿐이다. 본질직관을 행하면서 우리는 본질적 사태연관(Wesenssachverhalt)을 포착한다. 이 사태는 동일성 의식이 그 본질에 있어서, 이를 통해 연결되는 지각들의 본질에 토대를 두고 있다는 것이다. 또한 [이 지각들이] 동일성 의식에 의한 통일에 어울린다(sich schicken)는 것이 본질에 토대를 둔 진술이라는 것이다.

이것을 반대 사례와 대조하면서 재차 살펴보자. 서로 다른 대상들에 대한 지각들 또는 (정확히 말한다면) 직각들에 대해, 우리는 이들이 바로 서로 다른 대상들에 관계한다고 말하고, 이들이 동일한 대상을 직각하지 않는다고 말한다. 물론 이것 역시 객관적 사실로 이해하는 것이 아니라 현상학적으로 이해하는 것이다. 이때 두 지각은 서로 다른 대상들을 표상한다(vorstellen)는 성격을 그 자체에 명증하게 지닌다. 여기에서 현상학적 사태에는 무엇이 놓여 있는가? 이제 자현하는 우리 눈앞에서, 이 두 직각은 각각 따로 놓여 있는 것이 아니라, 이들을 포괄하는 다름의 의식(Verschiedenheitsbewußtsein)에 의해, '같지 않음' 의식에 의해 연결되어 있다. 개관(Zusammenschauung)하며 취합하는 붙듦은 이들을 일단 하나로 묶는다. 하지만 순수 술어적으로(prädikativ) 볼 때, 우리가 동일성 의식이라고 알고 있는 성격은 가지지 않도록 묶을 수도 있는 것이다. 그러니까 이 지각들은 어떤 식으로든 "우리는 같은 것을 직각한다(perzipieren)."라고 부르는 그런 성격을 지니지 않는다. 하지만 이것[동일성 의식을 배제하는 묶음]은 아직 차이의식(Unterschiedsbewußtsein)이 아니다. 차이의식은 언제 나타나는가? 우리가 우선 지각 1과 지각 2를 결합하는 동일성 의식을 가지고 있다고 가정해보자. 이제 우리가 지각 2를 다른 대상과 관계하는 지각 1′으로 대체하면, [지각 1과 지각 1′의] 비동일성이 등장할 것이다. 동일성을 겨냥함(Absehen) 혹은 동일성을 초기정립(Ansetzen)[68]함은 지각 1과 지각 1′을 하나로 붙들지만, 이제 이러한 동일성에의 지향은 이처럼 개관할 때 주어지는 지각 1

68) (편주) 이 텍스트에서 Ansetzen 혹은 Ansatz는 대상이나 대상의 속성을 '처음' 정립한다는 의미로 주로 쓰이므로 '초기정립'으로 옮긴다.

및 지각 1′과 '충돌(Widerstreit)'한다.

또한 '동일성'은 (그 본질에 있어) 지각 2를 지각 1′으로 대체함과 충돌한다. 달리 말해, '동일성'과 (그와 함께 주어지는) 지각 1 및 지각 1′의 '충돌'은 그 본질 때문에 일어난다. 또 달리 말하면, 지각 1의 본질과 지각 1′의 본질은 '차이의식'의 본질에서 통일된다. 이 모든 것은 순수하게 자현하는 명증한 소여이다. 다른 한편, 지각 1과 지각 2가 동일성 의식의 가능성을 정초하면서 차이의식의 가능성을 배제함은 이들의 본질에 속한다. 더 나아가, 일반적으로 차이의식과 동일성 의식이 (이들이 연결하는 항들이 동일하다고 간주되면) 양립할 수 없음은, 즉 이들 자신이 다시 충돌 관계를 정초함은 이들 의식의 본질이다.

그러니까 이러한 '이제 동일성 의식에 어울림(sich Schicken)'과 다른 한편 '비동일성 의식에 어울림'은 상당히 중요하다. 그리고 바로 이것은 우리가 "두 지각이 동일한 대상을 표상한다."라거나 "서로 다른 대상들을 표상한다."라는 말로 가리키는 사태를 달리 표현한 것이다. 여기에서 얻은 이런 인식들은 모두 순수 자현의 구역에서 수행되었고, (어떤 면에서는 그 역시 순수 자현이라고 할 수 있는) 이와 유관한 본질직관에서 수행되었다. 실제로 우리는 이런 [두 가지] 표현과 표현의 의미를 완전히 서로 바꿔 쓸 수 있다.[69]

§11 난점의 해소—지각의 지향적 구성부분들까지 자현 방식으로 주어짐

"두 지각 A와 B가 동일한 대상을 현시하거나 상이한 대상을 현시한다."는 명증 유형은 전혀 신비스러운 것이 아니며, 의식이 자신에게 내실적으로 내재하는 것을 불가사의하게 넘어서지 않더라도 이해할 수 있다. 우리가 이 점을 인식한다면, 지각 및 지각 대상들과 관계된 첫 번째 명증에서 생겨났던 난점들을 해결할 전망이 곧 드러난다. 여기에서 외부지각이라는 유형에 속하는 모든 현시 지각이 (여기에 내실적 부분으로 들어 있지 않은, 즉 자현되는 대상이라는 방식으로 거기 주어지지 않은) 이른바 [초재하는] 대상을 현시함은 명증하다. 그리고 지각의 계기들 및 부분들과 대상의 부분들 및 속성들을 서로 비교하거나 여타 관계를 맺게 하는 명증한 진술들이 가능해야 한다. 이런 명증들은 존재한다. 이들은 어떻게 가능한가?[70] 우리는 애당초 어떻게 이 현시되는 초재 대상에 대해서, 그리고 이것에의 관계에 대해서 도대체 알게 되는가?

---

69) (역주) '동일성 의식에 어울림' 내지 '비동일성 의식에 어울림'이라는 표현과 '동일한 대상을 표상함' 내지 '서로 다른 대상들을 표상함'이라는 표현은 서로 바꿔 쓸 수 있다.

70) (역주) 여기에서는 이러한 명증을 회의하기보다는 명증의 구성, 혹은 가능조건을 묻고 있다.

이제 물론 다음과 같은 생각이 떠오른다. 하나의 대상성에의 관계는, 현상학적으로 보자면, 동일성 의식을 정초하는 데 어울림(Schicklichkeit)과 다르지 않다. 그리고 이 어울림은 대상화 체험의 본질에, 여기에서는 지각의 본질에 토대를 두고 있다. 더 낫게 말하자면, 어떤 대상성에의 관계는 지각의 본질적 고유성이다. 이것이 지각으로 하여금, 동일성 의식을 정초하고 바로 이와 더불어 차이의식을 배제하는 데 어울리게 하기도 하고, 또한 차이의식을 정초하고 이와 더불어 동일성 의식을 배제하는 데 어울리게 하기도 한다. 즉 (이러저러한 특성을 지닌, 현실적이거나 가능한) 다른 지각들과 동일성 연결을 맺을 이념적 가능성은, (각 자현이 증시하는 대로의) 각 지각의 본질에 토대를 두고 있다. 주관적으로 말해보자. 만일 우리가 지각의 독특한 본체들을 모두 눈앞에 가지고 있고, 자현에 있어서 이들을 주어진 A의 지각과 비교한다면, 그리고 이 [독특한] 본체들에 토대를 둔 모든 본질 통찰을 획득하고 확정할 능력이 있다면, 이 [독특한] 본체들은 두 집합으로 분류될 것이다. 그중 한 집합에 속하는 각 지각 본체는 A 및 A의 본질과의 (이 역시 본질로 취해진) 동일성 의식을 정초할 것이고, 다른 집합에 속하는 각 지각 본체는 [A 및 A의 본질과의] 비동일성 의식을 정초할 것이다. 가령 어떤 집에 대한 지각을 이야기한다면, 첫 번째 군은 같은 집에 대한 '가능한 지각들'의 이념적 총체를 포함할 것이다. 그다음, 이는 이 집에 대한 가능한 상상 표상들, 기억 표상들, 이미지 표상들의 이념적 총체에도 적용될 것이며, 마침내 공허한 지향 등을 포함하여 모든 다른 표상들에도 적용될 것이다. 이때 이들의 상호 관계에 있어서나 [이들과] 가능한 지각들과의 관계에 있어서 그러할 것이다.

여기에서 주의할 점은 표상되는 것이 현실적이냐 비현실적이냐, 실존하느냐 실존하지 않느냐에 대해서는 아직 묻지 않는다는 것이다. 여기에서 묻는 것은 오로지 표상에 귀속되는, 대상성에의 '지향적 관계'일 뿐이다. 이때 여기 관련하여 "이 대상이 실존한다."거나 "이 대상이 실존하지 않는다."라는 실존 판단이 이른바 권리를 지니는지 여부는 개의치 않는다.

그러니까 우리가 해명하는 것은, (각 표상 자체에 귀속되는 것이자 이 '의식'의 내재적 규정으로서) '바로 이러저러한 대상을 의향하고 표상함'이다. '의식' 중에서, 즉 가장 넓은 의미의 표상 중에서 어떤 종류를 문제삼든 간에, 그리고 대상성의 어떤 종류를 문제삼든 간에, 언제나 같은 말을 할 수 있다. 그래서 가령 동일성이나 비동일성, 어떤 특징을 지님이나 지니지 않음 등을 어떤 방식으로든 직관하거나 표상하거나 의향할 때에도 그렇다. 여기에서도 실존 물음(즉 여기에서 동일성이 정말로 있는가, 이러한 사태연관[Sachverhalt]이 정말로 있는가라는 물음)을 배제한 채, 해당 의향이 바로 동일성이나 특성 등을 의향한다는 것에 대한 명증이 가능하다. 이 동일성이나 특성이 그 안에 내실적으로 주어지지 않고 주어질 수도 없을 경우에도 그렇다. 그리고 이런 명증은 우리가 앞에서 개요를 서술한 것과 같은 유형에 의거하여 해명할 수 있다.

더 나아가 보자. 외부지각의 대상은 외부지각 자체에 내실적으로 포함되어 있지 않다는 명증을 취해보자. 물론 이러한 명증은 다시, 이 명증이 어떻게 가능한가, 또는 이 명증의 이른바 가능성이 대체 어디에 있는가라는 문제를 포함한다. 그리고 이것의 가능성이란 언제나 이것의 내재적 본질을 뜻하는 것이다.

여기서 우리는 (가령 어떤 집에 대한 지각을 우리에게 자현하는) 내재적 지각이 그 본질에 있어, 집 지각 자체와 동일성 의식의 통일에서 양립 가능(sich vertragen)하지 않으며, 집의 어떤 부분에 대한 지각과도 이러한 통일에서 양립 가능하지 않음을 다시 알게 된다. 물론 지각의 자현과 지각 자체가 (동일성 의식의 통일체에서 양립 가능하지 않다고 말하는 대신) 차이의식에서 양립 가능하거나 '어울린다'고 말할 수도 있겠다. 하지만 이 모든 것은 앞서 해명한 의미에서, 즉 본질과 관련해서 이해되는 것이다. 그렇다면 더 나아가 이와 같은 본질의 양립 가능성과 본질의 양립 불가능성은 (집 지각에서 충족되거나 집 지각과 동일화 통일을 이룰 수 있는) 모든 표상들에 존재한다. 물론 그 뒤에 숨어 있는 공리는, A가 B와 동일하고 B가 C와 동일하다면 A가 C와 동일하다는 것인데, 그것의 해명은 여기에서는 자명하다. 우리가 AB의 동일성 의식과 BC의 동일성 의식을 개관하며 연결시키는 데로 돌아가면, 우리는 이 연결의 본질에 AC의 동일성 의식이 가능성으로 포함됨을 발견한다. 혹은 우리는 이러한 연결이 AC의 차이의식과 양립 불가능함을 발견한다.

동일성 의식과 차이의식에 속하는 사태들에 대한 정확한 해명은 모든 대상 분석에 있어 근본적인데, 이를 위해서는 물론 더 많은 것이 요청될 것이다. 특히 주목할 것은, 우리가 선호했던 총체적 동일화(totale Identifizierung)가 유일한 동일화는 아니라는 점이다. 그리하여 앞서 우리는 지각의 자현이 집의 어느 부분에 대한 지각과 양립 불가능하며, 나아가 일반적으로 이 집에 고유한 하나의 계기에 대한 지각과 양립 불가능하다고 말했다. 여기에서 우리는 국부적 동일화(partiale Identifizierung) 내지 차이화(Unterscheidung)를 이미 활용한 것이다. 이는 경우에 따라서, 지각의 내실적 내용과 대상의 내용을 '비교(Vergleichung)'할 때 생겨나는 명증 가능성을 고려할 때에도 문제가 된다. '내용'은 지각의 부분 및 계기이거나 대상의 부분 및 계기이기 때문이다.

§12 현시하는 지각에서의 부분과 전체의 관계. 국부적 동일화와 총체적 동일화

부분이 주어진다면, 국부적 동일화에서 주어진다. 부분은 경우에 따라서는 절대적으로 주어지는데, 예컨대 우리가 내재적 분석을 수행할 때 이른바 자현하는 동일화에서 그렇다. 어떤 자현은 전체를 절대적 존재로 드러내고, 어떤 자현은 부분을 두드러지게 한다. 하지만 이러한 부분은 국부적 동일화를 거쳐야 비로소 전체의 부분이 된다. 국부적 동일화에 의해 어떤 대상과 다른 대상은 국부적 합치(Deckung)를 이룬다. 즉 우리가 부분과 전체라는 말로 지칭하는 방식으로 합치를 이룬다. 이런 표현들[부분과 전체]의 차이는 이미, 이런 동일성 의식에서 연결되는 [부분과 전체의] 표상들이 서로 바뀔 수 없음을 보여준다. 이는 (총체적 동일화도 [국부적 동일화와] 같은 형식인 '동일한 것'이라는 의식에서 존재하지만) 총체적 동일화의 경우와는 다른 점이다.[71]

그 밖에도, (좁은 의미에서 대상 합치의 통일성 의식인) 총체적 동일화가 ('하나의 동일한 대상'이라는 표현이 지닌 의미가 본래적으로 증시되는) 의식의 근본 형식 중 하나인 것과 마찬가지로, 국부적 동일화도 의식의 근본 형식 중 하나이다. 이것은 합치의식이기는 하지만, 이 합치의식에서는 합치하지 않는 '나머지(Überschuß)'가 부각될 수 있다.[72] (이러한 불합치의 부각 가능성이 이 사태의 본질에 토대를 둠은 명증하다.) 그리고 대상화 의식의 이 근본 구조에서 부분과 전체라는 표현, 포함됨과 포함함이라는 표현, 소유됨과 소유함이라는 표현이 지닌 의미가 생겨난다.

---

71) (역주) A와 B의 총체적 동일화에서는 양자가 서로 바뀌어도 무방하다. 즉 A는 B와 동일하고 B는 A와 동일하다.

72) (역주) 전체 중에서 국부적 동일화되는 부분(A)이 아닌 다른 부분이, (전체와 부분 A가 합치되는) 국부적 동일화의 '나머지'이다.

국부적 동일화는 다시 분화된다. 이는 [국부적 동일화라는] 일반성을 지니면서도, 그 이념적 가능성에 있어서 서로 다른 사례들을 아우르는데, 이런 사례들은 부분 관계의 (근본적으로 서로 다른) 종류들에 상응하는 것이다. 좁은 의미의 부분(Teil)은 이에 병렬하는 부분들에 의해서 바로 보충(ergänzen, 전체화)되며, 전체는 부분들로 '조합(zusammensetzen)'된다. 전체의 지절(肢節, Glied)이나 단편(Stück)[73]이 이러한 엄밀하고 좁은 의미에서 부분들이다. 다른 한편, 속성(Eigenschaft)이라는 내적 특성(Merkmal)은 전체를 자신의 주어이자 담지자로 가지되, 규정과 술어의 방식으로 그러하다.

물론 여기에서는 서로 다른 동일화 양태들을 구별해야 하는데, 이들은 서로 상당히 유사해서 우리가 '국부적 동일화'라는 표제로 묶을 수는 있어도 각각 고유한 양태로 간주해야 한다. 속성들은 (단편들이 전체를 조합하는 방식으로) 대상을 조합하는 것이 아니며, 넓은 의미의 성질(Beschaffenheit)에 포괄되는 외적 특성들은 더더욱 그렇지 않다. 이 외적 특성들은 주어에 귀속되고 주어는 이들을 가지지만, 이들은 주어에 순수하게 속하는 것은 아니다. 왜냐하면 이러한 외적 특성들은 어떤 다른 것과의 관계에서만 이 주어에

73) (역주) 단편(Stück)은 구체적으로 자립할 수 있는 부분(Teil)을 뜻한다. 이에 비해 계기(Moment)는 구체적으로 자립할 수 없는 부분을 뜻한다. 속성은 계기에 포함된다.

귀속되기 때문이다. 즉 오로지 또 다른 대상을 '포괄(umfassen)'하는 통일성 의식에서만 이 주어에 귀속되는 것으로 주어질 수 있기 때문이다.

이러한 본질들을 꿰뚫는 유사성은 '이다(ist)'에, 어디에서나 표준적인 통일성 의식에 있다. 어디에나 대상의 통일성, 절대적 동일성으로서의 통일성, 전체와 전체의 지절 내지 단편 간의 통일성으로서의 통일성이 있고, 주어와 속성 간의 통일성 및 주어와 상대적 규정 간의 통일성이 있다.

이 통일성 의식 혹은 연결하는 대상의식이라는 이념에는 또한 다양한 사건들이 속한다. 가령 하나의 전체가 품은 두 부분의 통일성과 같은 결합, 하나의 전체를 이루는 요소들의 양립 가능성과 양립 불가능성, 하나의 주어에 귀속되는 속성들 및 관계들의 양립 가능성과 양립 불가능성이 그렇다. 더 나아가 '이다'와 '아니다(ist nicht)'와 본질적으로 관계하는 명제적(apophantisch) 형식들이 그러한데, 여기에는 '그리고', '또는', 복수(Plural), '하나의(ein)' 일반, 독특한 '하나의' 등이 있다. 그러나 여기에서 이들을 모두 세세히 언급할 필요는 없다.

여기에서 주된 사태는 사물이라는 대상성에 대한 연구를 위해서, 그리고 곧 보게 되겠지만, 모든 대상성 일반에 대한 연구를 위해서, 애초부터 우리는 통일성을 부여하는 작용(Akt)들의 연구로, 즉 동일화 및 차이화로, 그리고 이들의 다양한 구분과 이와 유관한 형태들로 돌아가게 된다는 점이다. 그런데 이들은 가능한 진술의 선험적 형식들에서, 이들의 순수 문법 범주들에서 뚜렷하게 나타난다.

만일 타당성(Geltung) 물음이 우리 시야에 이미 들어왔다면, 우리는 순수 문법 형식뿐만 아니라 순수 논리 법칙도 이야기했을 것이다. 논리적인 것을 해명함과 인식의 객관적 옳음의 가능성을 설명함은 같은 것이다. 그러나 우리는 지각 내부에서의 사물 대상성 구성만을 다루고자 하므로, 우리가 오늘 했던 것처럼, 명제적인 것의 분석 안에서 몇 걸음 나아가는 것으로도 충분하다. 적어도 잠정적으로는 그렇다.

물론 우리의 구역 안에서 명증한 진술들의 가능성을 완전하게 해명하고자 했다면, 우리는 단어의 본질과 그 의미의 본질에 대한, 그리고 공허한 의미지향과 충족된 의미지향의 차이에 대한 일반적 분석을 상론해야 했을 것이다. 또한 명제에 속하는 모든 형식들의 의미에 대한 일반적 분석을, 그것의 객관성의 일반적 가능성 및 객관적 타당성의 일반적 가능성에 대한 일반적 분석을 상론해야 했을 것이다. 이들이 그 토대인 단적인 대상화의 특수성과 독립적이기 때문이다.[74] 이러한 분석의 시작과 주요 부분은 나의 저서인

---

74) (역주) 여기에서 단적인 대상화(schlichte Objektivation)는 명제적 대상화의 토대가 되는, 비명제적 대상화를 뜻한다.

『논리연구』에 있다.

우리가 여기에서 하는 일은 직관의 구역 안에서, 특히 지각의 구역 안에서 사물성의 소여를 연구하여, 이 소여가 자현되게 하는 것이다. 우리의 진술들은 여기에서 자현되는 것을 순수하게 표현하고자 한다. 우리는 이러한 표현함의 본질이 이미 알려지고 해명되었다고 가정하는데, 그 이유는 다른 방향으로 나아가는 포괄적 연구를 피하기 위함이다. 그러니까 우리는 사물 대상의 소여 자체에 속하는 동일화와 차이화만 연구할 뿐, 표현하는 진술에 속하는 동일화와 차이화는 연구하지 않는다.

동일화의 통일성 의식은 표상의식 내지 대상화 의식의 하나이며, 이런 의식이 다 그러하듯이 여기에도 다양한 변양들이 있다. 이런 변양들은 '의향됨(gemeint)'과 '주어짐(gegeben)'이라는 대립에서 암시된다. 대상성과 관계 맺고, 특수한 형상들에서 이 대상성을 절대적으로 주어지게 함이 이런 [대상화] 의식의 본질이다. 이미 말한 것처럼, 여기에서는 동일성 내지 사태연관, 전체와 부분의 관계, 주어와 규정의 관계가 대상성이다. 이제 동일화 의식은 여타 대상화 작용에서와 마찬가지로, 빈(leer) 지향일 수도 있고 찬(voll) 지향일 수도 있다. 즉 [빈 지향에서] 우리는 동일성을 ('본래적으로' 눈앞에 가지지 않으면서, 즉 본래적 동일화를 수행하지 않으면서) 가령 한낱 기호적 사유를 통해 의향할 수 있다. 또한 본래적 동일화에는 본래성의 단계가 다양하다. 본래적 동일화는 서로 연결되는 지절들을 공허하게 지향하는 토대 위에서 이루어질 수도 있다. 하지만 찬 지향들의 토대 위에서, 즉 (서로 통일성 관계를 맺은 대상성들에 대한) 직관들의 토대 위에서 이루어질 수도 있다. 이때에는 종합작용 자체가 직관의 성격을 가진다. 또한 다른 직관들에서 그런 것처럼, 이런 [동일화] 직관에도 충전적(adäquat) 직관과 비충전적(inadäquat) 직관[75]의 차이가 있다. 그리하여 동일성을 존재하는 것으로 정립하고 직관하는 지각의식과 동일성을 절대적으로 자체증여(selbstgeben)하는 명증적 지각의식의 차이도 있는데, 후자에서는 동일성의 절대적 자체소여가 드러난다. 또한 절대적 자체소여가 없는 곳에서는, 다양한 양태의 태도 취함과 한낱 표상(더 상세히는 한낱 직각)을 구별해야 함이 분명하다. [태도 취함은] 동일성이 있음에 대한 믿음, 믿지 않음, 의심 등이다. 나는 다음과 같이 말할 수 있으리라 믿는다. 절대적으로 자체증여하는 두 작용이 본래적 동일성 의식에 의해 서로 연결되면, 필연적으로 이 동일성 의식도 자체증여하는 의식이다.

75) (역주) '충전하다(adäquat)'라는 것은 대상의 모든 측면이 남김없이 지각되는 명증(Evidenz)을 뜻한다. 외부 대상에 대한 지각(외부지각)은 늘 그 대상의 한 면만을 드러내므로 충전하지 못하지만, 자기의 체험에 대한 지각(내적 지각)은 그 체험의 모든 면을 남김없이 드러내므로 충전하다. 그러나 외부지각의 이러한 비충전성도 이러한 지각의 본질에 속한 것으로서 나름의 명증을 지님에 유의해야 한다.

우리는 현상학적 분석에서 예를 들어 하나의 내재적 전체와 그것의 내실적 부분들을 자현에 있어서 [국부적 동일화에 의거하여] 종합한다. 이러한 종합은 절대적 소여들의 [전체와] 부분 관계를 직관하는데, 이 직관 역시 절대적으로 증여하는 직관이다. 그리하여 여기에 합치가 있다는 명증은, 즉 하나[부분]가 다른 것[전체] 안에 있다는 명증은 (연결되는 각 지절의 명증과 마찬가지로) 절대적 명증이다. 내가 동일성 의식에 대해 이야기한 것은 차이의식에도 물론 해당한다.

§13 오해에 대한 반박—증여하는 의식의 분절은 대상의 분절이 아님

나아가 다음을 반드시 유념함이 중요하다. 명증한 국부적 동일화에 있어서, 전체 안의 한 부분을 찾고, 이에 따라 절대적 권리를 가지고 이 부분을 전체에 귀속시키며, 이렇게 하여 전체를 그것을 이루는 부분들의 복합으로 해소하고 분석할 때, 소여를 구성하는 의식의 문제와 대상성 자체의 문제를 뒤죽박죽 섞어서는 안 된다. 그러니까 증여하는 의식의 흐름과 변화와 분절을 대상적인 것에 집어넣어서 해석해서는 안 된다. 가령 [의식과 대상을 혼동하는] 사람들은 이렇게 주장한다. 부분은 전체 안에 있다. 그런데 [이들에 따르면] 현상학적으로는 전체 안의 부분은 분석 이전과 분석 이후에 서로 다르다는 것이다. 전체는 나눠진다(geteilt). 부분(Teil)은 나누는 작용에서, 말하자면 부분을 따로 부각시키고 부분을 따로 주목하는 작용에서 비로소 대상화된다. 우리는 나눔 이전에 이미 부분이 전체에 '포함되어' 있었다고 말하면서, 마치 부분이 [분석] 이전에 이미 (분석 이후와 마찬가지로, 즉 특수파악[Sonderauffassung] 또는 부각 이후와 마찬가지로) 바로 그렇게 전체에 포함되어 있었다는 듯이 여긴다. 그렇지만 [나눔 혹은 분석으로 말미암아] 현상은 본질적으로 변하지 않았는가? 부각과 국부적 동일화가 일어나면 완전히 다른 일이 일어나지 않는가? 그러니까 분석 후에 단독(Fürsich)으로 드러나는 그것과 동일한 것이 분석 이전에 이미 전체 안에 '포함'되어 있었다고, 나는 어떻게 참된 권리를 가지고 말할 수 있다는 말인가? 분석은 변양시킨다. 분석에 의해 주관적 계기, 왜곡하는 계기가 들어가는 것이다. 우리는 부분 현상을 포함하는 전체 현상을 가지는 것이 아니다. 우리는 한 번은[분석 전에는], 분석 전의 전체라고 부르는 이른바 전체 현상을 가진다. 그리고 그 [분석] 후에는 완전히 다른 것을 가진다. 이 다른 것을 전체 현상에 끼워 넣을 권리가, 즉 부각되는 부분 현상이라는 명칭 아래에서 이 다른 것이 포함하는 것을 저 전체 현상에 끼워 넣을 권리가 우리에게는 전연 없다.

하지만 이런 말들은 모두 근본적으로 그릇된 잡담이다. 그것은 이치에 어긋나는 회의주의로서, 자신이 부정하는 것을 이미 전제하고 있기에 스스로 무효가 된다. 여기에서 주장하는 것이 참이 될 수 있으려면, 실로 이러한 참은 현상들에 대한 자현하는 고찰과 분석에서 증시되어야 한다. 분석 절차에 있어서 첫 단계로서 분석을 시작하면서 전체지각을 이야기하고, 그다음에 [두 번째 단계로서] (전체 안에서 부분의 동일화에 포함되어 있는) 부분의 부각에 대해 이야기한다면, 이것 자체가 바로 분석 절차를 [첫 단계와 다음 단계로] 분석하고 있는 것이 아닌가? 그렇다면 이런 주제넘은 진술들은 어떤 권리를 지닌다는 말인가? 이런 진술들은 실제로는 [분석 절차를 분석함에 의해] 전체 소여의식 중에서 부분들을 구분하고 있으면서도, 말로는(in thesi) (부분 부각과 부분 인식의 절차가 왜곡을 뜻한다는 교설을 내세우면서) 그런 모든 진술들에 객관적 권리가 없다고 하는 것이다. 이제 우리는 이러한 모순은 제쳐두고라도, 사태를 직접 고찰해보자.[76] 전체지각과 부분 지각은 자현하는 동일화에서 종합된다. 이 종합은 전체가 부분을 가진다는 절대적 명증이자 절대적으로 증여하는 의식이다. 그러니까 분석 전의 부분과 분석 후의 부분에는 어떤 차이가 있는지 묻는다면, 대답은 당연히 이렇다. 아무 차이도 없다.

---

76) (역주) 여기까지는 이러한 회의주의가 자기반박적(혹은 수행모순)이라는 반박이 이루어졌다면, 이제부터는 그릇된 견해가 대상과 의식을 뒤섞는 데서 나온다는 (사태 자체에 의거하는) 반박이 이루어진다.

물론 [분석에서는] 많은 일이 일어나지만, [구성되는 대상이 아니라] 구성하는 의식 쪽에서 그렇다. 그러한 구성하는 의식의 본질은 이러저러하게 경과하고 이러저러하게 분절(Gliederung)된다는 것이다. 그리고 이런 특징을 지니고 경과하는 전체로서의 이 의식은 전체가 부분을 가진다는 명증이다. 그러니까 이 의식은 명증인 것이다. 이는 단순하게 "전체가 부분을 가진다."라는 말이지, "전체는 분석 후에 비로소 부분을 가진다."라거나 "전체는 분석 전과 분석 후가 다르다."라는 말이 아니다. 오히려 이런 말들은 모두 완전히 무의미하다. 지금 문제되는 명증 의식을 자현에 있어 대상으로 삼아서, [한편] 이 의식의 계기들과 [다른 한편] 이 의식에서 주어지는 대상성인 부분이나 (이 부분이 속한) 전체를 이런 자현에서 비교해본다면, 우리는 그런 말의 무의미를, 충돌을 명증하게 볼 수 있다. 절대적으로 증여하는 의식의 흐름과 분절은 주어지는 대상의 흐름과 분절이 아니다. 앞서 언급한 유의 회의적 논변들은 의식과 대상을 뒤섞는다. '현상'은 변화한다. 나는 전체가 주어지는 의식으로 시작하는데, 이 의식은 불변이 아니다. 그리고 부분 의식은 (어떤 식으로든 분명 변화되는) 전체 의식과 국부적 동일화에 의해 합치된다. 이러한 부분 의식 자체는 원래의 [전체] 의식의 단편도 아니고 변화된 [전체] 의식의 단편도 아니다. 그러나 우리가 여기에서 주어지는 대상성의 몸소 있음이라고 부르는 것, [즉] "전체가 부분을 가진다."라는 것에서는 바로 그렇게 [부분이 전체의 단편인 것처럼] 보인다.

그리고 자현하는 직관이 [전체가 부분을 가진다는] 이 소여의식을 대상으로 삼는다면, 그것도 또한 절대적으로 주어지는 대상으로 삼는다면, 그리하여 이 대상[소여의식] 안에서 변화, 부분, 계기가 구별된다면, 이러저러하게 잇따라 아주 다르게 경과하는 (개별정립, 추출부각[Heraushebung], 국부적 동일화라는) 각 단계들도 구별된다. 또한 이런 특징을 지닌 경과의 본질이 바로 대상성과 그것의 부분들의 소여 혹은 절대적 소여를 이루는 것임이 명증하며, 이를 우리는 첫 번째 명증의식이라고 부른다.

우리가 반박한 견해는 분명 마치 모든 유형의 대상성과 존재가 그 자체로 의식과 무관한 어떤 것이라고 여긴다. 또한 의식은 때때로 우연히 대상성에 다가가서 대상성을 가지고 이리저리 조작하고, 바로 이러한 자연적 의미에서의 조작(Operation)이라는 방식으로 대상성을 가지고 이러저러한 변화를 꾀하는 것이라고 여긴다. 그 배후에는 이른바 자명하다는, 다음과 같은 생각이 숨어 있다. 사물들은 어떠한 생각 이전에 이미 그 자체로 존재한다. 이제 또 하나의 사물인 자아 주체가 다가와 이 사물을 가지고 무언가를 하고 만들며, 이 사물을 가지고 사유, 직관, 관계, 연결을 수행한다. 따라서 이를 통해 이 사물은 바로 [주체에 의해] 그것에 덧씌워진 형태에서만, 자아 주체에게 주어진다.

현상학적 환원을 시도하여 이러한 '자명함들'을 지닌 자연스러운 정신적 태도를 보류하면, 이런 생각은 곧 깨어져 사라진다. 대상과 대상의 존재에 관한 말은 모두 현상이며 뜻(Bedeuten)을 지닌다. 그것은 (현상학적 분석의 각 단계가 가르치듯이)[77] 의식이라는 용어가 지칭하는 또 다른 유형의 연관들을 가리키는데, 이런 연관들은 자현에서 절대적으로 주어진다. 그러나 궁극적으로 그것은 그때그때 주어짐이라는 절대적 현상을 가리키는데, 이 주어짐의 본질적 구조는 이것이 바로 여기에 몸소 있음의 의식이자 주어짐의 의식이라는 점이다. 그러니까 대상과 대상 존재라는 말이 지니는 모든 의미는 이러한 [의식] 연관에서 증시되며, 인식하는 주체, 사유하는 자아 등이라는 말도 그렇다. 이들도 하나의 대상성인 것이다. 하지만 우리는 여기에서 대상성이라는 이 용어에 있어 사물적 대상성을, 곧 사물, 속성, 사물의 사태연관 등을 생각한다.

그러나 '의식'도, 그리고 이 이름이 포함하는 모든 것들도, 즉 지각과 직관 일반, 판단 등도 넓은 의미에서는 하나의 대상성이다. 그리고 대상성의 의미가 지시하는 그러한 법칙에 종속된다. 하지만 이러한 [의식이라는] 대상성은 어떤 특전을 지니는데, 이 특전에 기초하여 의식과 좁은 의미의 대상을 근본적 방식으로 대조하는 것이다. 의식이라고 불리는 광의의 대상성들이 말하자면 모든 초재하는 대상성들의 근본토대(Urgrund)이고 담지자(Träger)이기 때문

77) (역주) 대상과 의식의 상관성이라는, 혹은 대상을 실마리로 의식으로 소급한다는 현상학의 원리를 뜻한다.

이다. 사물은 의식에서 구성된다. 사물과 이것의 '현실적 존재'에 의미를 증여하는 것은, 특정 종류의 의식 연관들에서 본질 법칙에 따라 드러나는 어떤 지향성(Intentionalität), 혹은 이 연관들에 본질적으로 고유한 어떤 지향성이다. 이런 지향성은 그 의미상 이러한 [의식] 연관들과 불가분하다. 하지만 의식 자체는 절대적 존재이고 바로 그래서 사물 존재가 아니다. 그것은 단적인 자현에서 절대적으로 주어진다. 그것은 순수 직관에 주어진다. 그것은 동일화될 수 있는 것이며 그래서 또한 대상이지만, 의식 연관들에서, 그리고 이 연관들을 종합하여 연결하는 의미에서 비로소 구성되는 것은 아니다. 그것은 단순하고 직관된다. 세계는 말하자면 의식에 의해 담지된다. 그러나 의식 자체는 그런 담지자가 필요 없다. 의향함은 다시 의향될 수 있지만, 그렇다고 이러한 의향함의 연관에서야 비로소 있으며 구성되는 것이 아니다. 또한 이 의향 연관도 다시 다른 의향 연관에서만 그렇게 존재하고, 이렇게 무한히 계속되는 것이 아니다. 그러나 사물은 오로지 지향 연관들 덕분에 그렇게 존재하는데, 이 지향의 유형과 형식들에 대해서는 앞으로 연구해야 한다.

그렇다면 사물은 나의 심리 작용, 표상, 지각, 판단 등의 연관에 불과하다는 것인가? 이렇게 묻는 사람은 물론 완전히 오해하고 있는 것이다. 현상학적 환원은 유아론적 환원(solipsistische Reduktion)이 아닌 것이다. [유아론이 전제하는] 자아 자체도 사물적인 것으로서, 지향적 연관과 그 본질적 형식들에서 구성되고 오로지 이를 통해서만 증시되는 것이다. 의식 형상들을 하나의 자아에게, 이러저러한 인격에게 관련시킬 권리는 대상화하는 사유와 논리에 의해서야 비로소 토대를 가진다. 그리고 이 권리가 어떤 의미인지는 현상학적 분석에서 증시된다. 그러나 이러한 분석에서 이야기되는 사유는 그 누구의 사유도 아니다. 우리는 (자아가 여기 있지만 다만 이것을 적시하지 않는다는 듯이) 그저 자아를 도외시하는 것이 아니다. 우리는 자아에 대한 초재적 정립을 배제하고, 절대자에, 즉 순수한 의미의 의식에 머무는 것이다.

2부

불변하는 외부지각의 분석

3장
지각 상관성의 요소들

§14 감각내용과 사물의 질

어떤 외부지각을, 가령 어느 집에 대한 지각을 고찰해보자. 그중에서도 그 자체로는 전혀 변화를 담고 있지 않은 지각들을 취할 수 있다. 가령 우리는 불변하는 대상을 고찰하고, 동일자로서의 그것의 본질을 견지한 채 그중 하나의 계기를 뽑아낸다. 외부지각의 내용을 그 대상의 내용과 비교하면, 감각되는 색과 지각되는 색(지각되는 집의 색), 감각되는 거칢과 지각되는 거칢이 서로 구별되고, [한편] 감각되는 연장, 감각되는 형태 계기 내지 형식 계기와 [다른 한편] 지각되는 공간적 연장, 공간적 크기와 형상이 서로 구별된다. 후자[공간적 연장, 크기, 형상]는 대상의 '감성적 질(sinnliche Qualität)'들로 이러저러하게 채워지고 덮여 있으며, 이러저러하게 잘리고 나눠져 있다. 이에 비해 감각되는 빨강은 지각 자체의 내실적 계기이다. 지각은 빨강 계기를 포함하지만, 그 자체가 빨갛지는 않다. 빨강은 지각의 '속성'이나 특성이 아니라, 지각 대상의 특성이기 때문이다. 그러나 지각을 사물이라고 부를 수 없음은 명증하다. 마찬가지로 지각은 연장 계기도 포함하지만, 지각이 연장된다고 말하는 것은 근본적 오류이다. 이 [연장이라는] 단어는 사물과 관련된 의미를, 어떤 공간적 양상이라는 의미를 지니기 때문이다. 공간은 사물성의 필연적 형식이지만, 체험의 형식, 정확히 말하면 '감성적' 체험의 형식은 아니다. [공간이] 직관의 형식(Anschauungsform)이라는 표현은 근본적으로 잘못된 것이고, 칸트에 있어서도 불운하게 그릇된 견해를 포함했다.[78] 감각과 지각이 서로 다르다는 것은, 그리고 감각되는 내용의 총체와 지각되는 대상이 정말로 구별되고 개별 감각내용들과 '이들에 상응하는' [대상의] 특성들이 정말로 구별된다는 것은 애초부터 명증하다. 지각되는 대상이, 가령 지각되는 집이 실제로 초재한다면, 이 집을 구성하는 모든 부분들과 특성들도 그렇다. 집이 존재하지 않는다면, 이것의 특질들 중 어느 것도 역시 존재하지 않는다. 그리고 집이 지각의 단편이 아니라면, 이것의 특성들 중 어느 것도 역시 지각의 단편이 아니다. 그럼에도 불구

78) (역주) 후설에 따르면, 공간은 직관함(의식)의 형식이 아니라, 직관되는 것(대상)의 형식이기 때문이다.

하고 감각되는 모든 내용마다 지각되는 대상의 한 계기가 상응한다. 그리고 이 상응 관계는 너무 가까워서, 우리는 양쪽 모두를 표현하는 데에 같은 단어를 사용할 수 있을 정도이다. 감각되는 색과 대상의 색채, 감각되는 음과 대상의 음, 감각되는 형태 계기와 사물의 형태 등이 그렇다.

다른 한편, 이것이 동일한 것을 그저 두 번 지시하는 것이 아님은 쉽게 명증해진다. 즉 마치 완전히 똑같은 내용 복합체가 한편으로 초재로 포착되면 사물이고, 다른 한편 내재로 감각되면 바로 감각 복합체인 것은 아니다. 지각에 내재적인 것과 사물로서 초재로 정립되는 것은 같은 것이 아니다. 이들이 정말 완전히 같은 것이라면, 우리에게는 두 사물이, 즉 내재적 사물과 초재적 사물이 있을 것이다. 그렇다면 이 내재적 사물에게 사물이라는 특출한 이름을 붙이지 않을 이유가 없을 것이다. 이것이 모순으로 이어짐은 이후 분석에서 드러날 것이다. 즉 사물은 단적인 지각에 내재적으로 주어질 수 있는 소여가 아님이 드러날 것이다. 그리고 사물과 마찬가지로, 사물의 부분, 속성, 성질도 그러하다. 여기에서는, 지각들은 (그것의 감각 복합체가 본질적으로 서로 다르더라도) 하나의 동일한 대상, 예컨대 어떤 집에 대한 지각이며 또 그럴 수 있다는 것을, 적어도 그런 가능성이 있다는 것을 보여주는 것으로 충분하다. 이는 우리가 여러 사례에서 분명히 밝힌 것이다. 여기에서 대상은 완전히 똑같이 규정되고 불변하는 것으로 간주될 수도 있다. 이러한 가능성이 사물성의 본질에 속하는 것은 아닌지, 그러니까 이러한 가능성이 필연적 가능성은 아닌지에 대해서는 나중에 언급할 것이다.

이러한 사례들에서 알 수 있는 것은, 서로 다른 지각들이 모두 동일 대상의 지각이기는 하지만, 어떤 한 지각은 이 대상의 어떤 한 '면(Seite)'만, 그리고 다른 지각은 '다른 면'만 보여준다는 점이다. 한 지각은 대상의 이 면을 보이고, 이 면 중에서도 이러저러한 특정한 특성군을 본래적 현시(eigentliche Darstellung)로 가져온다. 이에 비해 다른 지각은 이 특성군이 아니라 다른 특성군을 지각장(Wahrnehmungsfeld)으로 들여온다. 따라서 이 지각은 이와 다른 특성군들에게는 본래적 소여라는 특전을 부여하지 않는 것이다. 그리고 또 명증한 것은, 그때그때의 내재적 감각 복합체와 본래적으로 몸소 현시되는 [대상의] 특성 복합체는 특수한 관계를 맺는다는 점이다. 내가 집의 앞면을 본다면, 앞면 전체나 각 국부적 계기들에 있어서 이 앞면의 색채에 어떤 감각되는 색이 상응한다. 역으로, 각 감각계기에는 '본래적으로' 지각되는 앞면에서 현시되는 하나의 대상 성질이 상응한다. 그러나 이처럼 [감각계기와 대상 성질이 서로] 제약함에도 불구하고, 이들이 같을 필요는 없고 같을 수도 없음을 우리는 다음에서 알 수 있다. (로크가 든 사례이지만) 우리에게 균질하게 노란 공에 대한 지각이 있다면, 나아가 이 대상이 불변하고 지각도 지속하는 동안 불변한다면, 우리는 한편으로는 이렇게 말한다. 보이는 색채는 (물론 '본래적으로' 현출하는 앞면에서) 균질하다.

그러나 지각의 내재적 내용에 주목하면, 노랑의 연속적 음영(Abschattung)[79]을 발견한다. 그리고 이때 다음과 같은 필연적 연관이 존재함은 분명하다. 즉 균질한 색채를 지닌 공이 현시되려면 이러한 음영이 감각되어야 한다.[80] 그리고 다음도 지적해야 한다. 대상 규정의 동일성은 (본래적 지각 구역에서) 감각내용들의 교체나 연속적 변화와 양립할 수 있다. 그뿐만 아니라, 이는 여러 규정에 있어서는 필연적으로 요청되기까지 한다. 공이 가까워지거나 멀어질 때 우리는 연속적으로 계속 새로운 지각들을 가진다.[81] 이러한 다양

---

79) (역주) 음영(Abschattung)은 하나의 대상이 다양한 관점(음영)들 아래에서 동일자로 현출함을 가리키기 위한 용어이다. 가령 외부대상에 대한 지각에서, 대상의 한 면(앞면)은 의식에 직접 나타나고 다른 면들(뒷면, 옆면)은 가리어지지만, 우리가 이 대상 주위를 돌아가며 이 대상을 본다면 이번에는 다른 면이 나타난다. 이처럼 대상은 다양한 음영들에서 하나의 '음영지는 것(Abgeschattetes)'으로 나타난다.

80) (역주) 대상의 한 면만, 그중에서도 특정한 특성들만 (본래적으로) 보이는데, 이 본래적 지각에 대해서는 감각내용들이 대응한다. 이때 지각 대상의 성질은 균질해도, 대상의 이 성질을 현시하는 감각내용들은 (엄밀하게 말해) 균질하지 않을 수 있다. 나아가, 대상은 '음영지는 것'으로만, 즉 다양한 음영들에서 하나의 동일자로만 나타날 수 있다.

81) (역주) Annährung은 '주체와 사물의 거리가 줄어듦'을 뜻하므로 '가까워짐'이나 '접근'으로 옮긴다. 이에 비해 이 저작에서 Entfernung은 여러 뜻을 가진다. 1) '주체와 사물의 거리(중립적인 정적 상태)'를 뜻할 때는 '원근'이나 '거리'로 옮긴다. 2) '주체와 사물의 거리가 멂(가까움과 대비되는 정적 상태)'을 뜻할 때는 '멂'으로 옮긴다.(이 저작에서 이 용례는 드물다.) 3) '사물 간의 거리가 변화함(중립적인 동적 변화)'을 뜻할 때는 '원근변화'나 '거리변화'로 옮긴다.

한 지각들이 의식에서 (이것은 동일한 공이며, 그 연장과 형식이 변하지 않는다는) 통일성을 얻으려면, 감각에서의 연장 계기가 지속적으로 변화함이 요청된다.[82]

그러니까 객관적 특성의 동일성은 이에 상응하는 감각의 동일성을 뜻하는 것이 결코 아니다. 감각은 특성의 사본(Reduplikation)이 아니다. 그러니까 지각 안에 대상의 이미지가 있는 것이 아니다. '이미지'라는 말을 통상적 의미로 이해한다면, 즉 [원본과의] 유사성을 통해 원본을 재현하는 제2의 사물로 이해한다면, 그렇다는 것이다. 지각에서는 전체사물이 반복되지도 않고 [사물의] 개별 특성들이 반복되지도 않는다. 이미지 이론(Bildertheorie)에는 여러 면에서 모순들이 있다. 여기에서 말한 것이 [이 모순들의] 한 가지 측면이다.[83]

(이는 멀어짐과 가까워짐을 포괄한다.) 4) '사물 간의 거리가 멀어짐(가까워짐과 대비되는 동적 변화)'을 뜻할 때는 '이격(離隔)'이나 '멀어짐'으로 옮긴다.

82) (역주) 공의 가까워짐(접근)이나 멀어짐(이격)에 상응하여 감각에서의 연장 계기도 변화하지 않는다면, 이 다양한 감각들이 동일 사물을 현시한다는 의식을 가질 수 없을 것이다. 가령 공이 가까워지는데도 커지지 않는다면, 이 지각들이 같은 공에 대한 지각들이라는 의식을 가질 수 없을 것이다. 이에 비해, 우리는 공이 가까워지거나 멀어지면서 커지거나 작아지더라도, 아니 반드시 그래야만, 이 다양한 감각들이 동일 사물[이 공]을 현시한다는 의식을 가지고 공의 크기 자체는 객관적으로 변하지 않는다고 지각한다.

83) (역주) 여기에서 '이미지 이론'이란 지각에 대한 교설로서, 지각을 대상의 이미지(사본)를 가지는 것으로 간주하는 이론을 뜻한다.

§15 현시내용과 파악(직각)

더 나아가 보자. 감각이라는 말은 잠정적으로는 다만 다음과 같은 뜻이다. 지각에는, 지각 대상의 내용들과 모종의 관계를 맺는 어떤 상응하는 내용들이 내실적으로 들어 있다. 이때 우리는 지각의 자현에서 내실적으로 주어지는 계기로서의 색과 지각 대상의 색을 대립시킨다. 이 내실적 내용 자체를 우리는 감각내용(Empfindungsinhalt)이라고 부른다. 우리가 이미 논구한 바에 따르면, 지각을 이루는 성분(Gehalt)은 이 [감각내용들의] 복합체가 다가 아니다. 우리는 감각내용 복합체가 상당히 다르더라도 이에 대응하는 지각들은 그 본질에 있어 동일 대상의 지각들로 드러남이 명증하다고 이미 언급했다. 역으로 다음도 타당하다. 동일한 감각내용 복합체를 토대로 하여 서로 다르게 (즉 서로 다른 대상을) 지각할 수도 있다.[84] 가령 인형을 보면 알 수 있다. 여기 고정된 [주체의] 입지에서, 인형 사물의 직각과 현시되는 인간의 직각이라는 두 직각이 서로 충돌하지만, 둘 다 동일한 감각 토대(Empfindungsgrundlage)에 기초하는 것이다. 이러한 고찰을 통해 우리의 시선은 감각 복합체를 넘어 지각

---

84) (역주) 여러 감각이 한 대상을 현시할 수도 있고, 역으로 한 감각이 여러 대상을 현시할 수도 있다. 특히 후자의 경우, 감각내용들이 지각을 이루는 성분의 전체가 아니라 지각에는 감각 외의 어떤 여분(Plus)이 내실적으로 있기 때문이다. 이 여분이 파악성격이다.

에서 내실적으로 발견되는 저 여분(Plus)을 향한다. 이 여분이 감각되는 것에 매우 긴밀하게 뒤섞여 비로소 지각이 이루어지는 것이다. 감각내용들 자체는 아직 지각이라는 성격을 전혀 포함하지 않으며, 어떤 지각 대상으로의 향함(Richtung)을 전혀 포함하지 않는다. 이들은 아직은 어떤 사물 대상이 몸소 있도록 하는 그것이 아니다. 우리는 이러한 잉여(Überschuß)를 파악성격이라고 부르면서, 감각내용들이 이러한 파악을 겪는다(erfahren)고 말한다. 그 자체로는 마치 죽은 소재(Stoff)와 같은 감각내용들이 파악에 의해 의미를 얻으며, 이 의미가 [감각내용들에] 생기를 불어넣는다(beseelen).[85] 그리하여 이러한 감각내용들에 의해 하나의 대상이 현시되는 것이다. 이와 관련하여 우리는 이 [감각]내용을 [대상을] 현시하는 내용(darstellender Inhalt)이라고 부르는데, 이는 현시되는 규정, 즉 대상의 규정과 대비되는 것이다.

이미 앞서, 지각의 변화하는 계기로서 믿음이나 믿지 않음 같은 태도 취함의 계기를 강조했다. 따라서 자명한 것은, 우리가 파악(Auffassung) 개념을 좁게 잡기 때문에 이 개념에 대해 이러한 구별[믿음과 믿지 않음]을 하는 것은 부적절하며, 따라서 이 개념이 단순

---

85) (역주) 여기에서 beseelen은 파악성격이 감각내용에 어떤 '의미(생기)'를 부여하여 지각으로 만듦을 뜻하며, '생기를 불어넣음', '생기부여', '생기화' 등으로 옮긴다.

한 직각에 관련된다는 점이다.[86)]

그래서 자현하는 지각과 현시하는 지각은 파악에 있어서 구별된다. 지각 대상과의 관계는 현시 지각에서만 설정되는데, 이는 지각에 내실적으로 내재하는 내용이 현시내용으로 기능하기 때문이다. 이때 이 현시내용은 단순히 포착되는 것이 아니라, 그 자신이 아닌 무언가로서, 즉 그것에 대한 파악에 의해 현출하는 무언가로서 파악되는 것이다. 이것은 일단은 퍽 조야한 분석이다. 이 '파악'에 있는 것이 무엇인지를 앞으로 연구해야 할 것이다. 유념할 것은 이른바 외부지각이라는 유형, 즉 물리적 사물에 대한 지각이라는 유형에 국한한다는 점이다.

감각내용은 외부지각에서 현시내용으로 기능한다. 이러한 기능을 통해 감각의 한 가지 개념을 상정할 수 있다. 즉 지각과의 관계에 있어서 감각에 대해 이렇게 말할 수 있다. 지각되는 내용과는 달리, 감각되는 내용은 현시내용으로 기능하는 내용이다. 이는 매우 중요하고 근본적인 한 가지 감각 개념일 것이며, 우리는 이 개념을 사용하고자 한다. 다른 한편, 분명 외부지각에서 현시내용들은 이들에게 고유한 내적 성격에 의해 두드러진다. 즉 이 내용들은 색이

86) (역주) 여기에서는 파악성격(Auffassungscharakter)과 믿음성격(Glaubens-charakter)을 구별하고, (좁은 의미의) 파악은 (믿음이나 믿지 않음이나 의심 등의) 믿음성격을 배제한 개념으로서 직각(Perzeption)에 결부되는 것으로 간주한다.

나 음 등 매우 다양한 유에 속할 수 있지만, 이들 간의 차이가 아무리 크더라도 모두 하나의 사물지각을 위해 현시하는 것으로 기능할 수 있어야 하며 [따라서] 하나의 내적 친연성(Verwandtschaft)을 지니는 것이다. 이들은 하나의 최고 유 아래, 본질적으로 통일적인 참된 유 아래 있으며, 이 유로도 감각 개념을 정의할 수 있다. 여기에서 이런 유를 다른 이름으로, 즉 감성적 내용(sinnlicher Inhalt)으로 부르는 것이 차라리 나을 것인가? 하지만 '감성적 내용'이라는 이름은 불리한 감이 있다. 바로 이 이름이 기능적 해석을 암시하므로 [내적 대상을 현시하는 내용들로 기능하는] 내감(내적 감성, innere Sinnlichkeit)이라는 말도 쓰이기 때문이다. 그래서 [외부지각 혹은 외감에만 국한되는] 다른 이름[감각내용]이 더 나을 것이다.

브렌타노(Brentano)[87]의 천재적인 심리학 연구에서 물리적 현상(physisches Phänomen)이라는 표현을 쓸 때, 일부 동요가 분명 있었음에도 이 내용들을 염두에 둔 것이다. 그래서 [물리적 현상과 심리적 현상 양쪽을 다 가리키는] 현상이라는 애매한 표현을 피하기 위해, 우리는 이 유를 절대적으로 물리적인 자료(physisches Datum)라는 유라고 부를 수도 있다. 그러니까 절대적 소여들이라는 전체 구역 안에서, 정확히는 내실적 소여라는 전체 구역 안에서, 물리적 사

87) (편주) Franz Brentano, *Psychologie vom empirischen Standpunkt*, 1. Bd, Leipzig 1874.

물성을 현시하는 내용들로 기능할 수 있는 소여들이 구획된다. 그래서 이들 자신은 물리적 자료라고 불릴 수도 있다. 그렇지만 이들은 그 유에 고유한 내적 본성에 근거해서 이러한 현시 기능을 수행할 수 있는 것이므로, 우리는 그 유의 고유한 본성 자체를 지칭하는 이름을 쓸 수도 있다. 물리적 자료라는 유가 (아직 충분히 해명되지 않은 의미에서 의식이라고 불리는) 생기부여하는 파악, 의향, 믿음, 의심 등과 완전히 구별됨은 명증하다. 물리적 자료와 파악은 본질에 있어서 근본적으로 상이할 뿐 아니라 서로 기능을 교환하지 않음도 분명하다. 물리적 자료, 즉 감각내용은 파악으로 기능할 수 없고, 파악도 감각내용으로 기능할 수 없는 것이다. 파악은 적어도 외부지각을 위한 감각내용으로 기능할 수는 없는 것이다. 여기에서 의식이라는 모호한 명칭이 포함하는 것 자체도 파악을 겪을 수 있는지, 그래서 본질적으로 새로운 집합의 초재, 즉 심리적 초재를 구성할 수 있는지에 대해서는 추후에 고찰해야 할 것이다. 만일 그것이 맞는다면, 우리는 물리적 감각들과 심리적 감각들을 구별하여 이야기해야 하며, 이 구별은 외감(äußerer Sinn)과 내감(innerer Sinn)이라는 애매한 표현에 적어도 어느 정도는 상응할 것이다.[88)]

---

88) (역주) 파악은 외부지각을 위한 감각내용('물리적 감각')으로 기능할 수는 없으나, 우리가 이 파악 자체에 다시 반성적 시선을 향한다면, 물론 이 반성이나 내부지각을 위한 어떤 토대로 기능할 수는 있다. 그러나 이때 이 파악이 (감각내용이 외부지각을 위한 토대로서 기능할 때와 마찬가지로) 또 다른 파악

물리적 자료는 보통 생기부여하는 파악과 결합되어 있다. 이들을 자현의 대상으로 삼을 때, 물리적 자료와 파악의 통일체 전체를, 즉 직각 전체를 대상으로 취할 수도 있다. 아니면 파악은 도외시(absehen)하고 물리적인 것만 응시할 수도 있다. 그러나 이것을 추상(Abstraktion)이라고 말할 수는 없다. 즉 가령 음 높이 등을 추상한 음 세기처럼, 분리 불가능한 계기를 특수주목(Sonderbeachtung)하는 추상은 아닌 것이다. 어떤 물리적 자료가 반드시 파악을 요청한다고, 그러니까 반드시 현시내용으로 기능해야 한다고 [따라서 양자가 전체를 이루는 분리 불가능한 계기들이라고] 선험적으로 말할 수는 없기 때문이다. 마찬가지로, 지각에 있어서 해석하는 파악(deutende Auffassung)이 물리적 내용과 직접적으로 통일되어 있는가, 아니면 물리적 내용이 먼저 내재로 의식된 후에야 비로소 초재를 '파악함'이 추가적 의식방식[해석함]으로서 이 위에 쌓이는가라는 물음도 곧바로 결정할 수 없다. 한갓된 직각(Perzeption)과 통각(Apperzeption)의 구별은 다의적 의미를 가진 채 최근 심리학과 인식론에서 어떤 역할을 하고 있는데, 이러한 구별은 여러 측면에서 다음과 같이 이해되기도 한다. 즉 한갓된 직각 또는 한갓된 감각은

(반성의 파악)을 겪고 이를 통해 어떤 (심리적) 초재를 구성할 수 있는 일종의 '감각내용'('심리적 감각')으로 간주될 수 있을지, 그래서 ('외감'에 평행하게) '내감'이라는 용어가 유의미할지는 하나의 난제로서 여기에서는 아직 결정되지 않고 있다.

단적인 소유함이고, 그것도 내재적이고 직각적으로 어떤 내용을 의식에 소유함이다. 이에 비해 통각은 감각 위에 쌓이며 감각을 넘어서는 파악이다.[89)]

우리는 이러한 기술을 그대로 승인할 수는 없다. 물론 우리는 한갓된 직각이 [물리적 대상이 아니라] 오로지 물리적 내용을 향하는 지각임을, 즉 자현임을 알고 있기는 하다. 그렇지만 이를 반성해보아도, 통상의 사물지각에 이 자현이 들어 있음이 드러나지는 않는다. 전체지각은 물리적 내용과 (물리적 내용에 대한) 파악을 내재적으로 포함하는데, 물리적 내용은 이러한 전체지각이 이것을 체험하는 방식대로 존재한다. 그러나 이러한 '체험됨(erlebt)'이라는 말은 (심지어 파악에 있어서도) 이것이 어떤 내실적으로 내재하는 지각의 대상임을, 즉 자현의 대상임을 뜻하지는 않는다. '체험됨'은 알려짐(Gewußtsein)의 어떤 의미를 취하더라도, 그 자체가 곧바로 의식(bewußt)되는 것은 아니다. 여기에 대해서는 좀 더 이야기해야 할 것이다.

어쨌든 우리는 직각과 통각을 대비시키지 않을 것이다. 우리는

---

89) (역주) 여기에서 이 구별은 물리적 내용을 먼저 의식(직각)하고 여기에 파악(해석, 통각)이 덧붙여져서 사물지각이 일어난다는 후자의 입장을 함축한다. 왜냐하면 물리적 내용은 '전체지각이 이를 체험하는 방식대로 존재'한다는, 즉 [물리적 내용과 직접적으로 통일되는] 파악에 의해 규정된다는 전자의 입장도 가능하기 때문이다.

통상적인 말뜻에 입각하여, 직각을 그냥 지각이라고 부를 것이다. 다만 태도 취함까지 통째로 받아들이지는 않는다. 또한 다의적 단어인 통각은 차라리 쓰지 않겠다. 슈툼프가 이미 오래 전에 찬동했던 것처럼, 파악(Auffassung)이라는 말로 족하다.

우리가 직각이라고 부르는 그것이, 즉 파악됨에서 취해지는 파악내용이 전체로서 바로 (명료하게 규정된 개념인) '지각표상(Wahrnehmungs-vorstellung)'을 이룬다. 이는 종종 완전한 지각(Wahrnehmung schlechthin)이라는 개념에 대비되었던 개념이다. '한갓된 표상'은 아직 판단이 아니다. [이에 비해] 지각(적어도 통상적 지각)은 어떤 '믿음'이나 어떤 정립(Setzung) 등을 포함한다. 또한 우리의 직각 개념과 이와 관련한 분석은 현출(Erscheinung), 그것도 지각현출로 이해되는 현출의 한 가지 개념을 해명한다. '대상의 현출'이라는 표현은 현출하는 것(Erscheinendes)[대상]이 존재하는가, 존재하지 않는가에 대해 예단하지 않는다. 환각에서도 어떤 현출이 있기 때문이다. 그러니까 현출은 분명 직각과 다름이 없다.

§16 현상으로서의 파악 대상. 본래적 현상

그렇지만 앞서 암시한 구별, 즉 본래적으로 지각되는 것, 곧 정확히는 본래적으로 직각되는 것과 비본래적으로 직각되는 것의 구별을 본다면, 현출의 좁은 개념[본래적 지각에서의 현출]이 즉시 두드러진다. 우리는 집을 본다고 말하지만, 본래적으로는 그 앞면만 보는 것이다. 대상의 특정 규정들, 즉 바로 '앞면'이라는 명칭 아래 포괄되는 규정들만 본래적으로 지각된다. 이것이 뜻하는 바는, 오직 그러한 규정들만 본래적으로 현시된다는 것이다. 실로 이는 명증의 구역에 속하며 순수 현상학적으로 의미가 증시되는 사실들이라는 것이다. 집이 실존하든 하지 않든 그렇다. 우리가 직각의 내용을 물리적 내용들에 있어서 철저히 탐구한다면, 이 내용이 그것의 모든 부분과 계기에 있어서 현시 기능을 가지며 그것도 필연적으로 가지지만, 이 내용에 의해서는 (대상 규정 복합체들 중) 하나의 복합체만 한 단편씩 현시됨을 알게 된다. 바로 이 복합체가 우리가 사물의 현출하는 면이라고 부르는 것이다.

그리하여 우리에게는 특유한 사태가 드러난다. 어떤 전체에 대한 지각이 이것의 모든 부분들과 규정들에 대한 지각을 내함(implizieren)하지는 않는다.[90] 여기에 내함되는 지각은 특수지각으로서, 이러한 특수지각이 어떤 전체지각의 토대 위에서 가능하다

---

90) (역주) implizieren이 어떤 잠재성들을 주름처럼 접어서 자기 안에 품고 있다는 의미라면, explizieren은 이를 펼쳐서 드러낸다는 의미를 담고 있다. 문맥에 따라, 전자는 '내함하다', '함축(화)하다', '접다', '품다' 등으로 옮기고, 후자는 '외현(화)하다', '펴다', '펼쳐내다' 등으로 옮긴다. 이에 상응하여 implizit는 '함축적'이나 '암묵적'으로, explizit는 '외현적'이나 '명시적'으로 옮긴다.

는 것 자체는 명증하고 본질적으로 보장되어 있다. 그리고 이 특수 지각은 원래의 지각과의 국부적 동일화가 가능함을 명증하게 정초한다. 그런데 우리가 한갓된 직각에 머문다면, 전체파악이 실로 특정 부분파악들을 포함함은 명증한데, 이는 전체 물리적 내용이 이러저러한 부분 내용들을 내실적으로 자기 안에 담고 있음도 명증함과 마찬가지이다. 이 부분들 혹은 부분파악들은 다만 부각되고 추출되지 않을 뿐이다. 이러한 추출(Herausgreifen)에 대해서는 이후 더 이야기해야 할 것이다. 이제 우리가 감각내용을 한 걸음씩 따라간다면, (이와 필연적으로 관련하여) 이 감각내용의 각 계기가 이 계기에 각각 특별하게 속하는 현시 기능을 지님을 명증하게 알게 된다. 그리고 이 특별현시(Spezialdarstellung)들은 필연적으로 통일성을 이루는데, 우리가 이러한 통일성에 의거하여 이 특별현시들을 함께 취한다고 해도, 파악이 이들만으로 이루어지는 것이 아님이 드러난다. 지각된다는 의미에서의 사물에는 엄밀한 의미에서 직각되는 앞면(현출하는 앞면) 이상이 있다. 그리고 이 '이상(以上, mehr)'에 특별히 속하는 현시내용들은 없다. 지각에서 이 '이상'은 어떤 식으로든 [현시되는 것들과] 함께 취해지지만, 그 자신이 현시되지는 않는다. 감각내용들은 앞면을 현시하는 데 모두 소진되기에, 이 '이상'과 아무 관계를 맺지 않는다. 그리하여 지각에서 전체파악 및 전체현출은 본래적 현출과 비본래적 현출로 나뉜다. 본래적 현출의 상관자(Korrelat)는 본래적 의미에서 지각되는 대상면, 현실적으로 현시되는 대상면이다. 비본래적 현출은 본래적 현출에 덧붙은 부록(Appendix)으로서, 이것의 상관자는 대상에서 [본래적으로 현출되는 것을 뺀] 나머지이다. 비본래적 현출은 그것의 대상성을 어떤 식으로든 의식하게 하지만, 대상성을 현시하지는 않는다. 이러한 '돌아앉은(abgewendet)' 면 중의 어느 한 계기에 주목한다면, 이렇게 따로 취한 이 계기를 눈앞에 가진다거나 본다거나 지각한다고 더 이상 말할 수 없다. 현시되는 것만 보이고 '직관적으로' 주어지기 때문이다. 그러나 본래적 현출과 비본래적 현출은 서로 분리되지 않고, 넓은 의미의 현출에서 하나가 된다. 이 의식은 집이 몸소 현전함에 대한 의식이다. 이는 전적으로 전체 직각이라는 의미에서, 집이 현출한다는 뜻이다. 그러나 현실적으로 현시되는 것은 집의 한갓된 한 면뿐이고, 이 이상은 전혀 현시될 수 없다. 하지만 한 면은 오직 전체 대상의 한 면이다. 그것은 [전체 대상에서 분리되어] 따로는(für sich) 아무것도 아니고 따로 있음(Fürsichsein)으로 상상될 수 없다. 이러한 명증은 본래적 현출이 따로 떼어낼 수 없는 것임을 뜻한다. 본래적 현출이 파악 요소들의 어떤 여분에 의해 보충될 것을 요청함은 본래적 현출의 본질이다. 이때 물론 여분이라는 표현은 적절히 제한하여(cum grano salis) 이해해야 한다. 여기에서 총합(Summe)에 대해 이야기하는 것은 아니기 때문이다.

우리는 또 다른 특유한 점들을 깨닫는다. 하나의 지각은 다음과 같은 점에서 불완전할 수 있다. 대상의 [앞면 중에서도] 한 단편만 지각하면서도, 전체적이고 완전한 대상을 포착한다고 상정(vermeinen)하는 것이다. 예를 들어보자. 가령 어떤 나무라는 대상의 한 단편이 [어떤 다른 것에 의해] 가려져 있더라도, 우리는 나무를 보면서 나무가 여기 몸소(leibhaft) 있다고 의식한다. 여기에서도 파악은, 그리고 이와 더불어 지각하는 의향은 현시 너머까지 이른다(hinausreichen). 이때 현시되는 앞면만 넘는 것이 아니다. 본래적으로는 [앞면에서도] 나무의 한 단편만 지각되는데, 이러한 단편도 넘는 것이다.[91] 우리는 (본래적으로 현출하는) 앞면은 본래적으로 지각된다고 말하고, (본래적으로는 현출하지 않는) 뒷면은 비본래적으로 지각된다고 말한다. 그런데 여기에서는 이것과 유사하지만 다른 의미로, [나무의 드러난 단편은] 본래적으로 지각되고 나무의 가려진 단편은 비본래적으로 지각된다고 말하고 있다. 지각의 일면성(Einseitigkeit)이란 지각에는 사물의 한 면만 본래적으로 현시된다는 것이고 사물은 현출의 양각(陽角, Relief)을 매개로만 주어진다는 것이다. 이것이 [지각의] 근본적 불완전함이다. 이는 우리가 물리적 사물의 지각이나 외부지각이라는 명칭으로 포괄하는 지각 자체

91) (역주) 나무의 뒷면은 주어지지 않고 앞면만 주어진다. 그러나 앞면도 한 번에 다 주어지지 않고 앞면 중 한 단편만 주어질 수 있다. 하지만 우리는 이러한 한 단편을 넘어 앞면을 한 번에 다 '지각'하고, 나아가 앞면을 넘어 뒷면까지 '지각'한다.

의 본질이다. 다른 한편, 한 단편만 지각함은 이와 다르다. 나무에 있어서 [앞면의] 지금 가려진 단편들이 꼭 가려져야 하는 것은 아니기 때문이다. 이 차폐(Verdeckung)는 사라질 수도 있다. 그러면 나는 나무 전체를 볼 것이다. 하지만 어떤 경우에도 나는 나무의 한 면만 본다. 나무가 국부적으로 가려져 있다면, 나는 [가려지지 않은] 단편의 [한] 면만 본래적으로 본다. 그러나 파악은, 여기[단편의 한 면]에서 암시되는 [단편의] 모든 면들에 있어서 이 단편으로 향해가며, 그다음에는 이 단편뿐만 아니라, [이 단편을] 보충하여 온전한 나무를 이루는 [가려진] 단편으로 향해간다. 이때 이 보충하는 단편은 어떤 '면'도 현출하지 않는다.

파악에 있어 [가려진] 단편의 보충은, 현출하는 면을 넘어 완전한 사물로 우리를 이끄는 [면의] 보충과는 다른 구성이다. 면은 비독립적이고 단편은 독립적이기 때문이다. 더 상세하게 말한다면, 단편은 따로 존재할 수 있다. 사물은 하나의 단편으로 줄어들더라도 여전히 사물일 것이다. 그러나 사물은 면으로 줄어들 수는 없다. 면이 면으로 존재할 수 있는 것은 오직 [사물의] 면으로 있을 때뿐임은 명증하고 필연적이다. 물론 이 사물이 면에서 현시될 때 이러한 파악에서 파악된 것과는 여러 가지로 다를 수도 있다. 이 사물의 내부에 있어서나 [현출하는 면 외의] 여타 '면들'에 있어서, 이 사물의 규정은 (현출하는 면은 동일하게 견지되는 가운데) 파악이 품은 의미에서 규정되는 것과 매우 다를 수 있는 것이다. 그러나 어떤 보충하는 면(또 다른 비독립적 규정들의 연관)들이 파악에서 항상 구성되어야 함은 필연적이다. 그래야 현출하는 면에서 애당초 하나의 대상이 현시될 수 있는 것이다.

그러니까 모든 개별 외부지각이 지닌 본질적 비충전성(Inadäquation)은 이 [일면성] 때문이다. 이런 지각은 공간사물에 대한 지각이며 그 자체로 일면적일 수밖에 없다. 삼차원 직관은 불가능하다고 말할 수도 있겠다. 사물을 구성하는 모든 부분과 계기에서, 외부와 내부에서, 앞면과 뒷면에서 사물의 온전한 내용을 단번에 현시하는 본래적 직관인 삼차원 직관은 불가능하다. 공간직관은 비본래적 직관일 수밖에 없다. 이런 말은 공간형상(Raumgestalt)[92)]이라는 계기에 있어서도 옳고, 공간형상에 토대를 둔 공간채움(Raumfülle)[93)]에 있어서도 옳다. 이는 적어도 우리에게 현상학적으로 주어진 현시매체(Darstellungsmittel) 및 현시형태(Darstellungsform)와 관련해서는 옳은 것이다. 즉 현상학적 직관에서 발견되며 외부지각이라는 우리의 관념을 한정하는, 그러한 물리적 내용들과 물리적 파악형식들

92) (역주) 이 저작에서 사물의 공간적 모양을 뜻하는 여러 단어들은 이러한 문맥에서 의미 차이가 거의 없으나, 여기에서는 Gestalt는 '형상', Form은 '형식'이나 '형태', Figur는 '모양'으로 구별하여 옮긴다.

93) (역주) Fülle나 Füllung는 문맥에 따라 (한갓된 빈 지향을 직관으로 채우거나, 빈 형식을 내용으로 채운다는 의미의) '채움'으로 옮기거나 (채우는 재료, 즉 직관이나 감각자료의 의미로서) '채우는 것'으로 옮기거나, (채워진 상태라는 의미로서) '채워짐'이나 '충만'으로 옮긴다.

의 종별적 본질에 있어서는 옳다. [그러나] (현시하는 지각의 감각 토대인) 물리적 내용들이 필연적으로 일면적인 사물지각만을 정초할 수 있음이 물리적 내용 일반의 본질이라고 과감히 주장할 수는 없다.

지각의 일면성 때문에, 사물의 단편을 포착하는 것도 반드시 불완전하기 마련이다. 우리는 사물의 모든 단편을 한 번에 본래적으로 지각할 수 없다. 나무의 뒷면에서만 보이는 단편들은 앞면을 지각할 때는 현출할 수 없고, 그 역도 마찬가지이다. 하지만 이것은 일면적 현시라는 [외부지각의] 본질에 딸린 비충전성이다. 그래서 일면성이 일차적이다. 다른 면에서 현시되는 단편들이 본래적으로 보이지 않음은 이차적인데, 이는 바로 온전한 사물과 마찬가지로 단편도 현시를 필요로 하고 따라서 하나의 '면'에서만 현출할 수 있기 때문이다. 이때 유념할 것은 우리가 나눔(Teilung)에 의해 사물에 끌어들이는 분할(Zerstückung)과 사물이 파악 의미에 의거해 자기 안에 품고 있는 분할은 분명 구별되어야 한다는 점이다. 가령 나무는 지각될 때 분절(Gliederung)된 전체로, 즉 줄기, 가지들, 잎들로 분절된 전체로 있다. 이는 전체파악에서 애초부터 보이는 분절이다. 나무는 분절된 전체로서 '의향'된다. 그리고 이 분절들이 의향된다면, 이 분절들이 파악의 분절함에서 구성된다면, (물론 사후적 나눔의 가능성이 전체파악의 본질에 뿌리내리고 있기는 하지만) 이 분절들은 사후의 나눔을 통해 [나무에] 끌어들여지는 것이 아니다.

물론 나는 줄기를 응시할 수 있다. 한 점씩, 한 단편씩 떼어내어 보면서, 이 점들과 단편들 각각이 모두 전체 안에 있다고 판단할 수 있다. 그러나 그렇다고 해서, 단적이고 근원적인 지각이 이 모든 분절을 의미에 두면서 나무를 의향하고 이러한 분절들을 파악하면서 나무를 대상으로 삼는 것은 아니다. 따라서 우리는 단지 사물의 앞면을 [단적이고 근원적으로] 볼 때 이 사물의 한 단편(우리를 향해 있는 사물의 이 단편)만 본래적으로 보고, 나머지 단편들은 그렇게 보지 않는다고 말해서는 안 된다. 원리적으로 보아, 우리가 어떻게 구획(Abgrenzung)하느냐에 따라, 앞면을 이루는 단편의 수는 임의적이다. 그러나 이러한 구획은 사후적이고 사고를 통해 들여온 것이며, 본질에 근거하는 잠재성이지 현행성은 아니다. 오히려 앞면은 본래적으로 현출하는 사물 규정들의 전체 통일체이다. 앞면과 더불어 현출하는 것은 이 사물이지, 임의적으로 가정되는 사물의 앞쪽의 단편(Vorderstück)이 아니다. 그러나 (생기화 파악에 의거해 지각의 의미에서 사물에 속하는) 단편들 중에서 일부는 '앞면'에서 현시되고 일부는 현시되지 않는다. 그리고 그때그때 사정이 어떤지는 바로 그때그때의 지각에 달린 문제이다.

이처럼 외적 직각에서 서로를 요청하는 두 계기를 우리는 본래적 현출과 비본래적 현출이라고 불렀다. 이 두 계기를 부각하기 위해서 추가 고찰이 필요하다.

본래적 현출에서는 (지각에서 현시 기능을 하는) 감각 복합체 전체가 통합되어 있다.[94] 즉 지각을 위하여 감각으로 기능하는 물리적 자료들의 총체가 통합되어 있다. 이를 매개로 대상의 면이, 대상의 현출 양각이 현시된다. 우리는 이러한 현시가 [감각자료와 대상 규정의] 유사성에 의거한 현시라고 말하려는 유혹을 느낀다. 그러나 여기에서 유사성이라는 말은 전적으로 자연스러운 의미로 사용하는 것이 아니므로 주의할 필요가 있다. [감각된] 색은 [대상의] 색을 현시하고, 감각되는 거칢은 대상의 거칢을 현시한다. 하지만 우리가 이미 잠시 언급했고 앞으로 더 깊이 이해하게 될 것이지만, 이 현시되는 것은 가령 (초재적이고 물리적이지만 그래도 내용인) 제2의 내용이 아니라, 대상적인 것이다. 그리고 이 대상적인 것은 그 본성에 있어 결코 내용이 될 수 없고, 내용과는 근본적으로 구별되는 것이다.

§17 감성적 자료의 특정 유들과 대상 규정의 특정 유들 사이의 본질적 공속

그러니까 이러한 [감각자료와 대상 규정의] 유사성 관계가 기본적으로 뜻하는 바는, 물리적 자료의 어떤 종류들과 이에 상응하는 대상

94) (원주) 여기에서는 공간의 파악을 지도하고 이러한 파악을 동기화하는 감각군들에 대해서는 전혀 고려하지 않는다!

규정의 종류들이 그 본질에 있어서 서로 묶여 있다는 것이다. 즉 음이라는 종류에 속하는 물리적 자료는 색이라는 종류의 대상 특성을 현시할 수 없고, 색이라는 물리적 자료는 온도라는 종류의 대상 특성을 현시할 수 없다는 등이다. 이처럼 서로 공속(zusammengehören)하는 종류들은 현시 기능에 있어 본질적으로 상호 연관되며, 같은 이름으로 불린다. 내가 이렇게 표현하는 이유는, 그리고 이것이 지나치게 꼬치꼬치 따지는 것이 아님은 이후 분석에서 드러날 것이다.

다른 한편으로 (지각의 전체현출을 온전하게 만드는) 비본래적 현출에는 현시가 전혀 없다. 비본래적으로 현출하는 대상 규정들은 [본래적으로 현출하는 대상 규정들과] 더불어 파악되지만 '감성화(versinnlichen)'되지 않는다. 감성적인 것, 곧 감각재료(Empfindungs-material)를 통해 현시되지 않는다는 것이다. 이러한 대상 규정들이 더불어 파악됨은 명증하다. 그렇지 않다면 우리 눈앞에는 대상이 전혀 없을 것이고, (대상이 있어야 비로소 면이 면일 수 있으므로) 한 면조차 없을 것이기 때문이다.

이전 강의들에서 나는 비본래적 현출은 주어진 감각들에 의하여 직접적이 아니라 간접적으로, 유사성(Ähnlichkeit)이 아니라 인접성(Kontiguität)에 의해, 직관적이 아니라 기호적으로 재현된다고 표현하고는 했다. 여러 지각 연관이 종합될 때에는, 지각이 파악하는 본질이 어떤 식으로 계속해서 새롭게 노정되거나 발현되는데, 이런 식의 표현은 어느 정도 이러한 지각 연관의 종합에 근거하고 있다.

그러나 나는 이제 이런 표현 방식이 상당히 문제가 있다고 본다. 우리가 종합적 연관을 고찰하더라도, [비본래적 현출의] 감각내용들에는 (매개적이라고 할 현시까지 포함하여) 어떠한 현시도 딸려 있지 않기 때문이다. 상호 연관된 다양한 지각들이 경과하면서 대상소여를 구성하도록 돕는, 앞으로의 지시(Hinweise)와 뒤로의 지시(Rückweise)는 그저 감각에 해당하는 것이 아니라, 통일적 의식에서의 전체현출에 해당한다.

§18 비본래적으로 현출하는 규정들의 소여방식

그렇다면 비본래적으로 현출하는 규정들이 표상됨은 어떻게 이해해야 하는가? 여기에서 우리는 엄밀한 현상학적 분석이 아직 없을 때에나 생길 수 있을 견해를 앞서 반박해야 한다. 이는 본래적으로 현출하지 않는 것도 (직각이라는 의미에서만 현출하지 않을 뿐) 여기 수반하는 상상 형식에서는 반드시 현출한다는 견해이다. 아직까지 우리가 상상현출의 본질을 분석하지는 않았지만, 상상현출이 지각현출과 아주 친연적이면서도, 지각현출에 대해 철저한 변양을 보임은 처음부터 분명하다. 이러한 변양이 어떤 것인지 막론하고, (우리가 앞으로 좀 더 면밀하게 논구하겠지만) 상상현출이 사물을 현출시키는 것도 사물을 현시함에 의해서, 그것도 (직각현출과 똑같이) 반드시 일면적으로 현시함에 의해서 이루어질 뿐이다.

이제 지각되는 사물에서 (사물의 내면이나 뒷면 등) 비본래적으로 현출하는 계기들을 상상 현시가 드러낸다고 보아도 좋을까? 의심할 여지없이, 우리는 때때로 어떤 사물에 대한 (지각에서가 아니라) 지각과 연관하여, 이 사물의 돌아앉은 면들을 상상하기도 한다. 그래서 감지되지 않는(unbemerkt) 현출들이나 심지어 의식되지 않는(unbewußt) 현출들을 가지고 작업하기를 좋아하는 사람은, (상상이 존재하지 않는) 여타 경우에도 이런 상상을 상정하는 일을 당연시한다. 그러나 우리는 이것이 현상학적으로 상당히 순진한 사변임을 다음 고찰을 통해 쉽게 확신할 수 있다. [우리가 어떤 사물을 상상한다면] 상상현출이 사물을 현시할 때, 앞면은 본래적으로 현시하고 뒷면은 비본래적으로 현시한다. 그렇다면 이 뒷면은 어떻게 현시되는 것인가? 또다시 [상상 속의] 상상을 통해서 현시한다는 것인가? 하지만 그렇다면 [앞면과 뒷면 모두 상상에서 현시되므로] 차이는 사라질 것이다. 사실 상상에서도 [지각에서와 마찬가지로] 집의 앞면과 뒷면을 한꺼번에 표상할 수 없다. 우리 눈앞에 앞면이 있으면 뒷면은 없고, 그 역도 마찬가지이다. 그러니까 상상에서도 본래적 현출과 비본래적 현출의 차이가 있고, 이와 더불어 현시에 내재한 파악요소(Auffassungskomponente)들도 차이가 있다. 그렇다면 집을 지각할 때 비본래적으로 현출하는 면을 설명하기 위해 상상 표상에 호소하는 것이 대체 무슨 도움이 되는가? 집의 앞면은 직각 현시이고, 다른 면들은 이미지 현시라고 말할 수도 있을 것이다.

그러면 이렇게 물을 수밖에 없다. [앞면과 다른 면들의] 통일은 어떻게 주어지는가? 앞면은 뒷면을 지시하고, 뒷면은 앞면을 지시한다. 다시 말해, 앞면의 직각 현시는 이것을 넘어 뒷면을 지시하는 파악요소들과 결합되어 있다. 이와 마찬가지로 [뒷면의] 이미지 현시도 앞면을 지시하는 파악요소들을 지닌다. 하지만 이것은 이미 다음을 말하는 것이다. 이런 [뒷면의] 이미지화(Imagination)는 모두 온전한 상상이다. 이는 한갓된 상상으로서 [직각 없이] 따로 있을 수도 있으며, 현시에 [현시를] 초과지시(hinausweisen)하는 요소들을 결합한다. 또한 직각도 상상 없이도, (초과지시 요소들을 지닌 앞면을 현시함으로써) 온전한 표상을 내어준다. 만일 이제 (종종 일어나듯이) 정말로 어떤 뒷면의 모양에 대한 상상 표상이 직각과 더불어 주어진다면, 바로 이 두 표상, 즉 직각 표상과 상상 표상은 서로 '합치'한다. 이들은 동일화 종합을 이룬다. 이 동일화 종합은, 정확히 말하면, 여기[직각 표상]에 등장하는 파악의 빈 단편(Leerstück)들과 저기[상상 표상]에 등장하는 파악의 빈 단편들을 충족한다는 성격을 지닌다. 지각되는 사물의 주어지지 않은 면들에 대한 직관화로서 상상이 등장했다가 다시 사라지는 사례들에 대한 현상학적 분석에 의해, 이것도 분명 완벽하게 입증된다. 여기에 보충해서 말할 것이 더 있다. [상상의] 재생 표상들은 아주 흐릿할 수도 있다. 예컨대 단속성[을 띠고 등장하는 지각]의 휴지기에 등장하는 상상이 그렇다. 이러한 흐릿한(dunkel) 상상이나 명료한(klar) 상상이나 모두 흐릿한 현출(Dunkelerscheinung)을 통해 현시한다는 것, 그리고 일면적으로 현시한다는 것 등은 타당하다.[95)]

그러니까 비본래적으로 현출하는 대상계기들이 전혀 현시되지 않음은 이러한 고찰에서의 명료한 귀결이다. 다르게 표현하자면, 직각은 찬 지향(파악 빛살[Strahl][96)])과 빈 지향(파악 빛살)의 복합체이다. 찬 지향 혹은 찬 파악은 본래적으로 현시하며, 빈 지향은 바로 어떤 현시 재료도 없이 비어 있다. 빈 지향은 해당 대상계기들로 향하기는 하지만 실로 아무것도 현시하지 않는다. 직각에 의해 현시되지 않는 대상계기들을 상상으로 재현하는 사례가 있기는 하지만, 그렇다고 해도 위의 말은 원리적으로 전혀 달라지지 않는다. 이러한 사례에서는 바로 직각과 이미지화가 결합되며, 서로 분리가능한 현상들이 특이하게 종합되는 것이다. 그러니까 저 지각에서의 빈 파악이라는 의미에서의 빈 표상과 흐릿한 표상이라는 의미에서의 빈 표상도 혼동해서는 안 된다. 직각이 비었다는 말은 실은 할 수 없고 다만 파악요소들이 비었다는 말만 할 수 있다. 직각에 대해서는 흐릿한 직각이라는 말만 타당하다.[97)]

---

95) (역주) 여기에서 흐릿함에는 두 가지 의미가 있다. 1) 상상은 그 본질상 (지각과는 달리) 흐릿한 현출만을 산출한다. 2) 이러한 상상 중에서도 다시 흐릿한 상상과 명료한 상상을 구분할 수 있다.

96) (역주) 지향성이 주체로부터 대상으로 나가는 선(線)을 뜻하는 Strahl은 '빛살'로, 이들의 통일체를 뜻하는 Strahlenbündel은 '빛다발'로 옮긴다.

이제 우리는 방금 이야기한, 지각 내부에서의 찬 파악과 빈 파악의 구별에 또 하나의 구별을 덧붙인다. 그것은 규정적 파악과 미규정적 파악이라는 구별이다. 찬 파악과 빈 파악의 구별과 교차하는 이 구별은 대상과의 관계 방식에 있어서 아주 다른 차원에 있는 새로운 구별이다.

투명한 공기 중에서 햇빛을 받고 있는 집을 내가 보고 있다면, 나를 향해 있는 면의 색은 내게 규정적으로 현출한다. 이 집을 어둠이나 안개 속에서 본다면, 이 색은 어느 정도 미규정적으로 현출한다. 복잡한 물체(Körper)[98]의 형상은 그때그때 상황에 따라, 규정적으로 현출한다. 이 형상은 명료하게 파악될 수도 있고, 불완전하게 파악되어 더 규정될 것들을 남길 수도 있다. 이러한 구별은 여기에서 이렇게 이해될 수 있다. 즉 이는 개념적 분류가 아니라, 지각(정확히 말하자면, 파악 자체)에 고유하고 본질적인 성격이다. 이러

---

97) (원주) 우리는 이제까지의 고찰을 통해 최근 그렇게 칭송받는, 작용내용(Aktinhalt)과 대상의 구별이 대상화 작용의 본질, 특히 지각의 본질을 해명하는 데 얼마나 불충분한지 이미 알게 되었다. 우리 역시 지각의 내실적 내용과 대상을 대질하고, 내실적 내용 중에서는 다시 감각내용과 파악을 분리하는 것으로 시작했다. 하지만 이것으로는 멀리 나가지 못하며, 지각의 의미와 수행을 이해하는 데 아직 전혀 도움을 주지 못한다.

98) (역주) Körper는 그때그때 문맥에 따라, '몸', '몸체', '물체' 등으로 옮기며 Leib도 '몸', '신체' 등으로 옮긴다. 가령 '사물의 물체'라는 번역은 어색하므로 '사물의 몸체'로 옮긴다. 한편, 후설의 유명한 구별, 즉 Körper(육체)와 Leib(신체)의 구별은 이 저작에서는 아직 분명하게 나타나지 않음에 유념해야 한다.

한 성격이 동일화, 충족(Erfüllung), 실망(Enttäuschung)을 다루는 곳에서도 필요함은 이후에 증시될 것이다. 왜냐하면 서로 다른 기능을 지니는 규정(Bestimmtheit)과 미규정(Unbestimmtheit)이라는 파악 양태들에 의거하여, 동일화와 구별의 가능성에 본질적 제한과 방향이 주어지기 때문이다. 정도에 있어 규정과 미규정의 구별은 다양한 점차적 계조(階調, Abstufung)[99]를 지니는데, 이러한 구별은 비본래적 현출의 계기들에서 특히 눈에 띄는 역할을 한다. 내가 어떤 상자를 파악한다면, 이 파악에서 상자에는 애초부터 뒷면과 내면이 있지만, 이들은 대개의 경우 상당히 미규정적이다. 가령 상자가 채워져 있는지 비어 있는지, 뒷면이 광택이 나는지 그렇지 않은지 등은 대답되지 않는다. 하지만 빈 지향도 규정적일 수 있는데, 내가 이 대상의 해당 면을 잘 알고 있는 경우에 그렇다. 미규정은 파악에 내재한 성격이다. 그리고 미규정이라고 해서 가령 어디에서나 똑같은 성격, 즉 이른바 단색의 성격인 것은 아니고, 다양한 색조와 계조들을 지님에 반드시 유념해야 한다. 미규정은 결코 절대적이고 완전한 미규정이 아니다. 완전한 미규정이란 터무니없는 말이다. 미규정은 이러저러한 방식으로 범위가 있는 미규정이다.

---

99) (역주) Abstufung은 대상의 현출이 미세한 차이의 단계들로 이루어짐을 뜻한다. 여기에서는 그림 등에서 밝은 부분부터 어두운 부분까지 변화해가는 농도의 단계를 뜻하는 '계조(階調)'로 옮긴다.

내가 뒷면의 모양이 어떤지 정확히 모르더라도, 이 모양은 하나의 모양이고 이 물체는 하나의 물체이다. 색채, 거칢과 매끄러움, 따뜻함과 차가움에 있어서 이 사물이 어떤지 내가 모르더라도, 이 사물이 어떤 색채와 표면 규정 등을 가진다는 것은 사물 파악의 의미에 속한다. 사물을 응시하면 이것은 사물로서 여기 있다. 파악은 사물의 의미에 맞게 이 사물에 '하나의' 형상과 색채 등을 준다. 앞면뿐 아니라 보이지 않는 면에 대해서도 그러하다. 여기에 대해서도 '하나의' 형상과 색채 등을 주는 것이다. 다시 말해 그것[형상과 색채]은 파악에서 '규정적으로' 밑그림(Vorzeichnung)이 그려지지 않는다. 규정적이고 일반적인 구역 안에서 유동하는 이러한 [형상과 색채 등의] 계기들과 관련하여, 파악의 성격은 '미규정성'이다. 이는 동시에 다음을 뜻한다. 이 미규정성의 본질에는 규정가능성(Bestimmbarkeit)이, 즉 공간형상, 색채 등과 같이 고정적 범위를 지닌 일반적 구역 내부에서의 규정가능성이 속한다. 여기에서 말하는 규정가능성은 주어지는 현출에 대해, 공간형상, 색채 등의 일반적인 낱말을 적용할 가능성이 아니다. 곧 이들에 상응하는 술어적 종합(prädikative Synthese)을 수행할 가능성이 아니다. 또한 (대상성에 상세한 규정을 부여하도록) 형상, 색의 특수한 종류를 더 정확히 적시함을 통해, 개념을 특수하게 규정할 가능성도 아니다. 여기서의 규정가능성은 [이러한 술어화 가능성이 아니라] 정확히 표현하고 규정하는 술어화(Prädikation)의 전제조건인 규정가능성이며,

어떤 직각적 현출의 형식을 지닌 규정가능성이다. 이러한 직각적 현출은 미규정적이던 지향의 자리(an Stelle)에[100] 이제 규정적 지향을 포함하므로, 하나의 현출에서 다른 현출로 바뀔 때 두 번째 현출이 규정하는 현출(bestimmende Erscheinung)로 드러난다. 예컨대, 뒷면이 색에 있어 미규정적이라고 해보자. 내가 대상을 돌리더라도 이것은 여전히 그 대상이지만 이제 색에 있어서는 규정적이 된다. 여기에서 [이후의] 규정적 색 파악은 [이전의] 미규정적 색 파악과 합치 통일체(Deckungseinheit)를 이루는데, 이 미규정적 색 파악의 대상성은 이를 통해 규정을 얻는 것이다.

우리는 다음을 보게 된다. 상세규정(nähere Bestimmung), 빈 지향의 충족, 찬 지향의 확인(Bekräftigung)의 진척은 모두 지각의 종합적 연관의 구역에 속한다. 이제 우리는 지각의 종합 연관을 다룰 것이다. 직접적 명증에 근거한 인식을 통해, 우리는 지각의 내재적 계기 및 구성요소가 무엇인지 점점 더 알게 된다. 그러나 앞서 상론한 것처럼, 이 직접적 명증은 총체적 동일화 및 국부적 동일화의 연관을 돌이켜 가리킨다. 이에 따라 우리의 분석은 실은 언제나 지각을 다른 지각과 합치시키거나 부각시키는 연관들 안에서 움직이

100) (역주) an Stelle는 통상적으로 '……의 대신에'로 옮기지만, 이 맥락에서는 후설이 이 표현에 특별한 의미를 부여하고 있으므로(§29 참조), 그 의미를 살려 '……의 자리에'로 옮긴다.

는 것이다. 그리고 이를 통해 이러저러한 특유한 계기들이 두드러지는데, 지각의 본질에 속하는 이러한 계기들은 통일과 차이의 해당 양태들의 토대가 된다.

4장

현출하는 것의 시간적 연장과 공간적 연장의 구성

§19 현출의 시간적 연장. 선경험적(선현상적) 시간성

우리는 이미 동일화 종합과 차이 종합에 대해 가장 일반적으로 분석하여 규명했다. 그러나 이제 우리는 지각이라는 지대에서 만나는 특수한 종합적 사건들에 대해서, 그리고 사물이라는 구역에 속하는 특수한 대상화들에 대해서 논구할 것이다. 동일성과 비동일성, 전체와 부분, 주어(Subjekt)와 규정에 대한 매우 일반적인 진술로는 아직 이들을 샅샅이 다루지 않은 것이다. 문제가 되는 것은 단지 이산적(離散的, diskret) 현출들을 더 높은 단계에서 통일하는 좁은 의미의 종합뿐만이 아니라, 연속적 통일이기도 하다. 이 연속적 통일은 (개별적이고 구체적이며 그 자체로 단적인) 지각의 내재적 본질에 이미 속하는 것이고, 이를 나누었다가 다시 연결할 때에야 비로소 종합으로, 그것도 동일화 종합으로 넘어가는 것이다. 바로 후자 때문에, 즉 연속적 통일들이 동일화 종합으로 넘어간다는 정황 때문에, 이 연속적 통일은 본래적 종합(eigentliche Synthese)과 관련하여 다루어야 한다. 여기[본래적 종합]에서 내가 염두에 두고 있는 것은 현출의 연장(Erscheinungsextension)이라는 성격을 지닌 저 놀라운 현상학적 현출 형식들이다. 사물 대상성의 본질에 속하는 공간적 신장(Ausdehnung)과 시간적 신장이 저 현출의 연장 안에서 구성된다. 그러니까 모든 시공간적 술어(Prädikat)들의 원천이 이 현출 연장에 있다.

이제까지 우리 분석에서는 가장 단순한 사례들을 선호해서 다루었다. 그러니까 이 분석은 그대로 모든 지각들에 관련되는 것이 아니었다. 이 분석은 불변하는 대상성들에 대한 지각에 제한되었고, 나아가 이 지각 자체도 그 자체가 완전히 불변하는 것으로 상정되었던 것이다. 후자는 추상적 허구일 것이지만, 이 허구 탓에 우리 분석의 명증이 흔들리는 것은 아니다. 왜냐하면 이 명증이 의거하는 계기들은 지각에서 그때그때 사실적으로 일어나는 동요(Schwankung)들에도 불구하고 흔들리지 않기 때문이다. 예를 들어 나는 몸의 자세를 움직이지 않으면서 어떤 집을 본다. 집은 불변하며 계속 동일한 것으로 저기 있다. 여기에서 우리가 규명한 것은 현시하는 내용들, 파악 성격, 본래적 현출과 비본래적 현출 등이었는데, 이들은 가령 물리적 자료에 있어서 감지되지 않는 동요들이 일어난다고 해도 분명 영향을 받지 않는다. 마찬가지로 지각이 짧은 시간에 일어나는지, 아니면 긴 시간에 걸쳐 일어나는지, 혹은 대상 자체가 오래 지속하는지, 아니면 잠시 지속하는지도 아무 상관이 없다. 그러나 우리는 이런 말을 하면서, 여기에서 묘사하고 분석한 구역에서조차 우리 분석 자체가 완전한 분석이 아니었음을 명심한다. 우리는 시간적 연장이라는 계기를 무시했기 때문이다. 이 계기를 고찰의 범위 안으로 끌어들이면, 모든 지각의 본질에 일종의 지각 연관이 있음을 알게 된다. 그러니까 지각의 본질에는 어떤 연장이 속한다. 집 지각은 예컨대 1분 동안 지속하고, 이 지속은 예컨대 두 개의 30초로 분할될 수 있다. 그리고 이러한 지속의 단편마다 지각의 한 단편이 대응한다. 분할(Abstückung)이 현실적으로 이루어질 경우, 이 [지각의] 단편은 말하자면 그 자체로도 완전히 구체적인 지각이다. 이러한 분할 가능성이 보장됨은 명증한데, 그 이유는 지각이 하나의 전체(Ganze)임이 명증하기 때문이다. 다시 말해, 나뉠 수 있는, 그것도 그 자체로 완전하고 전체적인 지각들로 나뉠 수 있는 하나의 구체자(Konkretum)이기 때문이다. 우리가 현상학적 환원을 수행한다면, 대상적 시간(objektive Zeit)[101]은, 즉 1분이나

101) (역주) 후설의 시간성 분석에 있어서, objektive Zeit는 대체로 문맥에 따라 (의식 흐름에 대해 초재적인) 대상의 시간을 뜻하면서, 나아가 (한 주체의

30초 같은 규정은 떨어져 나간다. 그러나 이때 연장과 분할 가능성은 절대적으로 주어지며, 현상학적 자료로서 지각에 내재적으로 속한다. 시간이라는 단어가 대상적 시간이라는 의미에서 이해된다면, 우리는 이런 [현상학적 자료로서의] 연장을 시간적 연장이라고 불러서는 안 될 것이다. 우리는 현상적 시간성(phänomenale Zeitlichkeit)과 대비하여, 선현상적 시간성(präphänomenale Zeitlichkeit)이나 초월론적 시간성(transzendentale Zeitlichkeit)이라고 부를 것이다. 이에 비해 현상적 시간성은 대상성에 덧붙는 것으로 해석되는 시간성이며, 사물 파악에 의해서 사물의 시간(dingliche Zeit)으로 구성되는 시간성이다.

그러니까 각 사물지각은 선현상적 전체인데, 이는 선현상적 시간성이라는 관점에서 다시 여러 지각들로 나뉠 수 있다. 즉 지각은 지각들로 분할될 수 있다. 한 사물에 대한 지각은 단절되지 않은 통일체이지만, 지각 단편들의 연속적 통일체이자 지각 위상(Phase)[102]들

시간성을 초월하는) 상호주관적 시간을 뜻하기도 한다. 문맥에 따라, 전자의 경우 '대상적 시간'으로, 후자의 경우 '객관적 시간'으로 옮긴다. 여기에서 후설은 대상적 시간은 현상적 시간성으로, 이에 비해 의식 흐름에 내재하는 시간성은 선현상적이고 초월론적인 시간성으로 명명한다. 즉 후자는 현상적 시간성에 선행하는 선현상적 시간성이며, 현상적 시간성의 가능성의 조건(Bedingung der Möglichkeit)으로서 전자를 구성하는 초월론적 시간성이다.

102) (역주) Phase는 '위상(位相)'으로 번역한다. 이 개념은 후설에서 통상적으로, 연속체에서의 '위치'나 '단계'를 의미하면서, 또한 하나의 동일한 대상이

의 연속적 통일체이다. 그런데 이 지각 위상들 자체도 지각이라는 성격을 지니며, 따라서 우리가 지각에 있어서 구별해낸 모든 계기들 [감각자료와 파악 등]을 내포한다.

우리는 선현상적 시간성을 지각에 주어지는, (더 상세히 말하면) 지각현출에 주어지는 연장으로 생각했다. 실제로 이 연장은 (이제까지 구별한 그것의 모든 계기들에 있어서) 전체현출에 균등하게 해당한다. 우리는 (파악을 겪는 감각내용들인) 물리적 자료들에서 [시간적] 연장을 발견한다. 이제까지 우리는 불변하는 사물성을 현시하는 불변하는 지각들을 사례로 들었는데, 이러한 사례 범위에 있어서 모양이라는 계기, 이 모양을 덮는 색이라는 계기, 거칢이라는 계기 등은 선현상적 시간을 가로질러 불변하면서 신장(Dehnung)한다. 각 물리적 자료, 그리고 이 자료에 속하는 형태는 시간적 연장을 지니고, 이 연장과 관련하여 분할 가능하다. 이 모든 [시간적] 단편도 각각 다시 색, 형태 등이고, 그 내용에 있어서 불변이다. [물리적 자료뿐만 아니라] 파악도 그렇고, 본래적 현출과 비본래적 현출 전체도 그러하다. 선경험적 시간연장을 분할하면, (이러저러한 사물 규정들과 관련된) 파악요소들도 분할된다. 다시 말해 파악의 각 [시간적] 단편들은 사물의 동일 특성과 동일 부분을 표상한다. 혹은 (전체파

(연속체를 이루는) 각 현상들에서 다르게 나타나는 '양상'도 의미하기 때문이다.

악에 있어서 말한다면) 사물의 동일 내용에 의거하여 같은 사물을 표상한다. 이때에는 다만 이채로운 신장이 일어나는 것인데, 이는 전체파악이라는 신장으로서, 전체파악의 모든 요소들을 관통하여 철두철미하게 일어난다. 다른 한편, 이는 현시되는 사물성과 무관한 임의의 신장이 아니다. 왜냐하면 이러한 신장 역시 대상화하는 의미를 지니기 때문이다.

사물현출의 모든 각 시간위상에서 (내용이 같은) 사물이 현출한다. 그리고 이는 사물내용(Dinginhalt)을 이루는 각 규정에 있어서도 그러하다. 그런데 사물은 자신의 시간을 지닌다. 사물은 어떤 시간을 가로질러 신장하며, 자신의 내용의 있음(inhaltliches Sein)으로 이러저러한 시간구간(Zeitstrecke)을 채운다. 그러니까 시간은 (채워진) 형식인데, 이때 채우는 것(Fülle)은 우리가 방금 사물의 내용이라고 부른 것이다.

그러나 지각에서 사물이 한갓된 사물내용으로 현출하는 것은 아니다. 이것이 한낱 추상임은 명증하다. 오히려 사물은 시간적으로 이러저러하게 펼쳐진 사물로, 시간을 이러저러하게 채우는 사물로 현출한다. 사물은 (완전하고 전체적으로 보면) 시간적으로 늘어난 사물이고, 어떤 시간을 사물내용으로 채우는 구체화(Konkretion)이다. 사물내용은 선현상적 현출 연장의 각 위상에서 현상학적으로 구성된다. 즉 각 단면(Querschnitt)은 감각과 파악이라는 계기를 포함하고, 본래적 현출과 비본래적 현출을 포함한다. 다른 한편 (위상이

[어떤 연속체의] 위상인 한) 위상에서, 그리고 위상들의 연속체에서, 마지막으로 선현상적 연장 전체에서, 사물의 시간성이 구성된다. 사물의 시간성 역시 현출하며, 직각의 방식으로 현출한다. 시간적으로 펼쳐진 사물을 현출시키는 것이 구체적 지각의 본질이다. 그런데 이 지각은 구체적 지각으로서, 바로 (사물성의 시간 형식을 구성하는) 선경험적 신장 혹은 선경험적 시간 형식을 지닌다. 그러니까 우리는 직관 형식에 대해서, 그리고 여기에서는 [그중에서도] 지각 형식에 대해서 말할 때, 두 가지 형식을 뒤섞어서는 안 된다. 그중 하나는 내실적으로 내재적이고, 다른 하나는 지향적이고 대상적이다.

이러한 [직관 형식 또는 지각 형식이라는] 표현은 오로지 지각현출 자체의 내재적 연장에 들어맞는다. 우리에게는 직관이라는 말이 직관되는 것을 뜻하거나, 지각이라는 말이 지각되는 것을 뜻하지 않기 때문이다.[103] 형식은 형식이 주어지는 것(Geformte)에 통일성을, 그것도 질서정연한(geordnet) 통일성을 준다. 따라서 시간적 지각 형식은 모든 위상에서의 감각내용과 파악위상에 하나의 통일성을, 그것도 연속적 계열들로 이루어진 통일성을 준다. 내가 되풀이 말하건대, 이 통일은 연속적 통일, 즉 단절되지 않은 통일이다. 여기에서 단편들과 추상적 위상들이 구별될 수 있지만, 이 위상과

103) (역주) '직관 형식'이라는 표현이 불러오는 오해에 대한 비판은 §14 참조.

단편은 원래 따로 있다가 사후의 종합에 의해서 접합되는 것이 아니다. 통일이 일차적이다. 지각은 언제나 그리고 필연적으로 연속적 통일이다. ([단편으로] 분할하고 위상을 추상하는) 구별 가능성은 물론 그 본질에 토대를 두지만, 바로 한낱 가능성일 뿐이다. 우리가 이런 구별을 수행하면, 그러니까 지각에서 두 위상을 추출하면, [그때에야 비로소] 이 위상들은 동일화 종합으로 들어선다. 더 정확히 말해, 이 위상들의 본질에는 종합적 동일화에 의해 함께 통일될 가능성이 놓여 있다. 즉 두 위상은 '동일한' 사물에 속하며, 이때 이 사물은 연속적 지각의 통일에 있어서 연속적 일자로서 있다. 사물이 불변하는 사물이면, 두 위상이 현시하는 사물내용들은 같으면서도, 현출하는 시간의 서로 다른 점들을 채우는 것이다. 그리고 지각의 같은 선현상적 시간구간에서 추출된 단편들도 이와 비슷하다.

이것이 [불변 사물에 대한 분석으로서] 현상학적 시간 분석의 첫 출발이지만 아직은 전적으로 조야하다. 이러한 출발은 아직 멀리 나아가지 못한 것이고, 시간의식의 어두운 심연들 깊숙이 들어가 비추지 못하는 것이다. 이러한 점은 변화(Veränderung)라는 사례를 아주 피상적으로 살펴보더라도 이미 드러난다.

변화도 시간적으로 신장된 지각에서 현출하는 소여임은 변화의 본질이다. 그러나 여기에서는 [불변에서처럼] 지각 단편들과 지각 위상들에, 같은 감각내용 혹은 같은 파악내용이 상응하는 것은 아니다. 사물은 변화하는 사물로 현출한다. 따라서 각 지각 위상들에서 이 사물은 (역시 동일한 사물이기는 하지만) 다르게 규정되는 사물로 현출된다. 여기에서 무엇이 사물의 동일성을 구성하고 무엇이 매 순간 다름을 구성하는가? 모든 지각 위상이 (적어도 시간성 계기를 도외시한다면) 동일한 시간내용(Zeitinhalt)[104]을, 즉 동일한 감각재료와 같은 파악을 제공한다면, 특별한 어려움이 없는 것으로 보인다. 그러나 감각재료와 파악이 변하고 필연적으로 변해야 하는 경우에는, 이러한 연속적 다름에 있어서 어떻게 통일체가 구성되는지 묻게 된다. 물론 정지(Ruhe)[105]의 경우에도 모든 것이 그렇게 명료하지는 않음이 곧 드러날 것이다. 왜냐하면 (사물의 시간연장이 거기에서 구성되는) 지각연장이라고 그저 말하는 것으로는 이러한 구성이 아직 명료하지 않기 때문이다. 지각의 각 위상은 실로 하나의 시간점(Zeitpunkt)[106]을 정립한다. 그러니까 (이 위상에 대한 파악에 있어서) 이 위상은 (시간을 채우는 내용에 있어서) 사물의 규정들과 관련된 계기를 가질 뿐 아니라, 시간점이 구성되는 계기도 가진다.

---

104) (역주) 여기에서 시간내용은 시간적 형식을 채우는 모든 (비시간적) 내용들을 뜻한다.

105) (역주) 후설이 Bewegung('운동', '움직임')에 대비하여 사용하는 용어인 Ruhe는 문맥에 따라, '정지', '멈춤', '부동', '움직이지 않음' 등으로 옮긴다.

106) (역주) Zeitpunkt는 '시점(時點)'으로 옮기는 것이 자연스러우나, '시점(視點)'과의 혼동을 피하기 위해, 그리고 공간점과 대비하기 위해, '시간점'으로 옮긴다.

이는 너무도 단순한 사태여서 더 이상의 물음은 필요하지 않은가? 파악계기에 있어서 시간점과 시간채움과 같이 곧 깊은 차이가 나타는데, 이러한 파악계기에게 이처럼 근본적으로 서로 다른 지위를, 본질적으로 서로 다른 성격을 주는 것은 무엇인가? 무엇이 '지금'과 '막 지나간' 사이의 경이로운 차이를, 늘 새롭게 산출되는 지금과 늘 새롭게 과거로 가라앉는 지금의 영원한 드라마를 이해하게 만드는가? 이때 모든 지금과 모든 과거는 영원한 운동에 사로잡혀 있고, 그것은 계속 점점 더 뒤로 가라앉으며, 과거로부터 더 먼 과거로 가라앉는다. 그리하여 시간은 모든 시간적인 것을 과거의 심연으로 추락시키는 영원한 흐름으로 현출하면서도, 다른 한편 영원하게 응고된 형식이기도 하다. 모든 존재하는 것은 자신의 시간위치(Zeitstelle)를 유지하기 때문이다. 과거 사건들의 시간위치 자체는 신조차 변경할 수 없다.[107]

여기에 어마어마한 어려움이 있는데, 이는 이제까지 가장 위대한 자들의 예리한 통찰도 극복하지 못한 어려움이다. 우리는 이 어려움들을 해결하기 위해 노력할 것이다. 그러나 일단은 이들을

107) (역주) 시간위상에서는 상이한 계기들, 즉 시간점과 (비시간적) 내용('시간채움')이 함께 구성된다. 한편 한 번 구성된 이 시간점(혹은 시간위치)은 과거로 밀려가더라도(과거라는 위상에서 현출하더라도) 불변하는 개체성(Individualität)을 지닌다. 이 시간점의 개체성이 곧 객관적 시간성을 구성하는 토대가 되는 것이다.

피해가도록 하자. 우리는 다만 언제나 대강의 주요 노선만 드러내려고 노력하고 추구할 것이다. 우리는 아직 다른 층위에서 움직이고 있기 때문이다.

§20 현출의 공간적 연장—일차질료와 이차질료

시간적 연장은 공간적 연장의 자매이다. 이제 공간적 연장에 대해서도 살펴볼 차례이다. 시간성과 같이 공간성도 현출하는 사물성의 본질에 속한다. 현출하는 사물은 불변하든 변화하든 간에, 지속한다. 이 사물은 하나의 시간을 채우고, 또한 하나의 공간을, 자신의 공간을 채운다. 서로 다른 시간점마다 서로 다른 공간을 채울 수도 있지만. 우리가 시간을 사상하여 사물의 지속의 한 점을 뽑아내면, 시간을 채우는 사물내용에는 사물의 공간적 신장이 속한다. 여기에는 다시 하나의 공간형식(Raumform)과 하나의 공간채움(räumliche Fülle)이 있다. 공간을 채우는 것은 질료(Materie)인데, 여기에서는 이 단어를 아주 소박한 의미에서 취해야 한다. 즉 지각이 지정하는 의미에서 취해야 하는데, 이것은 지각에 있어서 공간을 채우는 것으로 있다는 것이다.

분명 공간형식과 질료(공간채움[Raumfülle])라는 두 명칭이 (지각의 의미에서 사물에 배당되는) 시간채움(Zeitfülle)의 모든 규정을 포괄하지는 않는다. 달리 말하면, 우리가 공간을 채우는 질료를 엄밀하게 받아들이느냐 그렇지 않느냐에 따라서, [두 명칭 아래] 모두가 포괄된다고도 할 수 있고 그렇지 않다고도 할 수 있다. 여기에서는 매우 중요한 차이가 나타난다. 우리는 우선 공간형식과 질료를 대비했다. 그러니까 한편으로는 몸체형상(Körpergestalt)과 이 형상의(면, 꼭짓점, 모서리 등의) 규정들이 있다. 다른 한편으로 공간을 덮고 채우는 질(Qualität)들이 있다. 면 위에서 신장하고 모서리들에서 끊기는 색채가 그것이고, 매끄러움, 거칢, 끈적끈적함 같은 촉각 규정과 온도 규정 등이 그것이다. 사물에서 이들은 시각적 지각에서는 보이고 촉각적 지각에서는 만져지며 대상을 더듬을 때는 공간을 채우는 것으로 발견된다.

그러나 현출하는 사물의 감성적 규정은 이들이 다가 아니다. 청각적 규정들은 어떤가? 이들은 지각에서 대상과 관계하며 그 의미에 있어 이 대상에 속하지만, 대상을, 즉 이 대상의 공간을 일차적이고 본래적 의미에서 채우지는 않는다. 예를 들어 바이올린 음은 단지 들리기만 하는 것이 아니라 바이올린 음으로 파악된다. 하지만 이것이 바이올린과 맺는 이러한 관계는, 시각적 지각과 촉각적 지각에서 시각적 규정들과 촉각적 규정들이 바이올린과 맺는 관계와는 매우 다르다. 하나의 대상이 현상적으로 이미 있어야, 음이 이 동일 대상에 관계할 수 있다. 여기에는 어떤 매개성(Mittelbarkeit)이 표현되고 있다. 물체의 신장은 어떤 규정들에 의해서는 일차적이고 본래적 의미에서 질료화(materialisieren)되는데, 이 규정들의 복합이 일차질료(materia prima)이다. 이에 의해 이미 온전한 사물적 대상이 구성된다. 이에 의해 이미 우리는 공간을 채우는 통일체를 가진다. 그러나 이제 여기에 덧붙여서 또 다른 규정들이 등장하는데, 이는 대상에 수반하는(anhängen) 규정들로서 어떤 의미에서는 이차질료(materia secunda)를 이룬다.

일차성질(primäre Qualität)과 이차성질(sekundäre Qualität)을 구별하는 매우 중요하고 진정한 의미가 여기에 있을 것이다. 그러나 우리는 이러한 그릇된 역사적 용어를 필요로 하지 않는다.[108] 하지만 이를 구별하기는 해야 하므로, 질료화하는 규정(materialisierende Bestimmtheit)과 한낱 수반하는 규정(bloß anhängende Bestimmtheit)이라고 표현할 것이다. 질료화 규정은 공간형식의 일차질료로서 공간형식을 채우고, 근본적 의미에서 구체적 사물을 형성한다. 왜냐하면 공간형식은 질료화 규정이 없이 따로는 아무것도 아니고 아무것도 아닐 수밖에 없기 때문이다. 구체적 사물은 이미 구성된 다음에 (소리, 소음, 냄새, 심지어 무게나 여타 경험적 특징들 같은) 수반 규정들을, 고유하고 원초적인 감각내용으로 환원되지 않는 수반 규정들을 취할 수 있다. 사물에서 '덧보이는(angesehen)'[109] 우연적

108) (역주) 여기에서는 로크(J. Locke)의 일차성질(물체의 크기 등 관찰자와 무관하게 존재하는 성질)과 이차성질(색깔 등 관찰자와의 관계에서 존재하는 성질)의 구분을 가리킨다.

109) (역주) ansehen은 '덧보다'로, angesehen werden은 '덧보이다'로 옮긴다.

'활동', 상태, 능동과 피동의 특징은, 이미 다른 식으로 현출에서 구성된 사물을 전제해야만 바로 이 사물에서 덧보일 수 있다.

우리는 (본성상 본래적 공간충족일 수 없는) 수반하는 속성들에게 공간충족을 귀속시킴으로써, 이 수반하는 속성들의 토대를 놓는 것(Substruktion)이다. 그러나 혼동해서는 안 된다. 이 소리가 바이올린으로부터 '나온다면' 우리는 공간에서의 이 발산점(Ausstrahlungspunkt)을 이 소리에 귀속시키며 이에 의해 수반하는 정위(anhängende Lokalisation)를 귀속시킨다. 그러나 그뿐만 아니라, 우리는 공간 및 공간충족을 가로지르는 이동(Wanderung)도 이 소리에 귀속시킨다. 소리는 (가령 강당 같은) 어떤 공간에서 어디에서나 들린다면, 이 공간을 채우는 것이다. 그러나 여기에서 중요한 것은 음이라는 질이 채우는 공간은 (듣기에서나 지각 일반에서나) 지각되지 않고 지각될 수도 없다는 것이다. 강당의 공간은 시각적으로 이러저러하게 규정되고 이것의 경계몸체들과 경계면들에 의하여 현출한다. 바닥, 벽, 천정은 시각적 질들로 덮여 있다. 그렇게 이들은 현출한다.

원래 한국어에서 '덧보이다'는 '보이는 것 위에 겹쳐 보이다'라는 의미로 쓰인다. 우리는 '보이는 것', 즉 질료화 규정들 위에 겹쳐 보이는 수반 규정들의 지각을 지칭하기 위해 이 용어를 차용한다. (이는 이후에는, 시각 규정과 촉각 규정이라는 질료화 규정들 중에서 하나의 규정이 결여되더라도 비본래적으로 현출되는 것, 가령 '촉각적 규정들을 눈으로 보는 듯하는 지각'도 의미한다.)

그러나 음의 덮음이나 여타 음의 채움은 어디에서도 현출하지 않는다. 음이 퍼진다거나 공간을 채운다고 말하는 것은 비유일 뿐이다. 그것은 가령 유체(流體)에의 비유(Bild)이다. 이는 시각적이거나 촉각적인 이미지(Bild), 어떤 흐르는 것의 이미지이다. 이 흐르는 것은 공간을 정말로 채우는 방식으로 표상되는데, 이제 음의 작용이 공간에서 전파된다는 유비에 활용된다.[110] 현출의 사물적 대상성과 관련된 이러한 명증은 다시 문제들을 야기한다. 그것은 이 서로 다른 대상 규정들이, 이 구성하는 공간적 규정들과 수반하는 규정들이 현상학적으로 어떻게 구성되는가이다.

여기에서는 먼저 통일성 형식을 고찰하는 데 있어 특별히 관심을 끄는 것부터 확인하는 것이 중요하다. 그것은 지각의 공간적 연장 역시 어떤 현출의 연장에서 구성된다는 것이다. 이 연장은 전체 현출의 각 시간점에 속하지만, 시간성을 구성하는 연장과는 본질적으로 구별되는 것이다. 이 연장 역시 [시간적 연장처럼] 연속적으로 통일적이다. 이 연장에서는 단편들을 구별하고 위상들을 구별할 수 있다. 이때 [단편들과는 달리] 위상들이 현시하는 경계들은 단지 추상적으로만 획정된다. [이에 비해] 전체현출의 단편들은 분할에 의해 생겨나는데, 이들은 구체적으로 독립적인 현출들을 제공할 수 있다. 그리고 우리가 현출에서 시간성 구성에 속하는 것을

110) (원주) 이러한 유비는 지각들의 연관에서 등장하는 새로운 사건이다.

도외시하기만 하면, 이런 [공간적] 분할은 계속하여 나아간다.

§21 사물 질 및 현시내용의 공간적 확장

여기에서 우리는 우선 물리적 자료의 구역, 즉 감각내용의 구역에서 연장을 발견한다. 그러나 여기에서 공간을 채우는 일차적 규정과 한갓된 수반 규정의 구별이 중요함이 드러난다. 후자는 일단 제외해야 한다. 우리는 다만 사물을 본래적으로 채우거나 덮는 질만 끌어들이고, 이런 질을 현시하는 감각내용만 끌어들일 것이다. (가령 현출하는 색을 현시하는 색 감각과 같은) 이 감각내용은 그 자체로 연장을 지니고, 전체현출이 분할됨과 더불어 자신도 분할된다. 색 자료들은 여기저기 흩어진 채 서로 무관한 것이 아니라, 견고한 통일성과 견고한 형식을, 즉 선현상적 공간성의 형식을 가진다. 이 감각자료들이 본래적으로 공간을 채우는 질을 현시하는 내용이라면 모두 그렇다. 여기에서도 선현상적으로 충족된 신장이 분할됨에는 객관적으로 채워진 신장이 분할됨이, 즉 사물이 공간적으로 분할됨이 상응한다. 다시 말해 사물의 공간은 분할되지만, 이와 더불어 이 사물의 공간채움도 분할된다.

그리고 물리적 자료들의 연장 위에서, 하나의 파악연장(Auffassungs-extension)도 연속하며, 그렇게 전체현출이 연장된다. 전체 사물현출은 이것이 공간적 현출이라는 관점에서, 하나의 현출연장이다.

이 현출연장이 분할되면, 이와 더불어 (이것의 객관적 공간성이라는 관점에서, 그리고 이와 더불어 이것의 본래적 공간채움이라는 관점에서도) 현상적 사물이 분할된다.

물론 여기에서는 상황이 더 복잡하다. 그 이유는 공간성이 부분적으로는 본래적 현출에서, 부분적으로는 비본래적 현출에서 구성되기 때문에, 매우 많은 분할 가능성들이 실현될 수 있기 때문이다. 한편으로, 감각자료들로 이루어진 음영연장과 여기 대응하는 본래적 현출이 분할될 수 있다. 이는 내가 나를 향한 사물 면 중에서 어느 한 부분을 추출하고, 이 부분에 사물의 한 부분을 대응시킬 때 그러하다. 그러나 다른 한편으로 분할이 비본래적 현출이라는 부문에서만 일어날 수도 있다. 아직은 다음을 지적하는 것만으로 충분하다. 현출의 시간적 연장은 말하자면 하나의 실을 따라 흘러가지만, 공간성은 삼차원이어서 분할 가능성이 매우 많고 다양하고 복잡하다. 물론 우리는 (기하학적 표상들에 평행하는) 현상학적인 것을 기하학적 표상들에 밀어넣어서는 안 될 것이다. 하지만 어림짐작으로 살펴보아도 우리는 이것[공간성의 분할 가능성]이 훨씬 복잡다단함을 알게 된다.

공간을 충족하는 방식에 대해서는 이야기할 것이 몇 가지 더 있다. 질료화하는 규정들은 공간을 연속적으로(stetig) 충족할 수도 있고 이산적으로(diskret) 충족할 수도 있다. 더 정확히 말하면, 모든 곳에서 연속적일 수도 있고, 모든 곳에서 연속적이지 않고 몇몇 공간 경계들에서, 즉 몇몇 '점'이나 선이나 평면에서 이산적일 수도 있다. 채우는 규정은 이런 위치들에서 '도약(Sprung)'한다. 이에 평행한 사건이 (선현상적 신장과 선현상적 신장의 채움이라는 견지에서) 이 도약에 상응한다. 예를 들어 공의 현출이 균질하게 노란 공의 현출이라고 전제한다면, 선경험적 색은 특수한 질이라는 견지에서 도약과 불연속 없이 연속적으로 음영진다. 이에 비해 공이 (서로 다른 색들로, 서로 꽤 상이한 색들로 채워지는) 여러 장(Feld)으로 나뉜다면, 우리는 이 공의 현출에서는 불연속성의 선인 선현상적 경계선(Grenzlinie)들을 발견한다. 이 선들에서는 하나의 색이 상당히 다른 색으로 뛰어 넘어간다. 이때 색이 균질하게 덮는다는 사례는 연속성의 한계사례(Grenzfall)로 간주할 수 있다. 여기에서는 색이 도약이나 변화 없이 [같은] 색으로 넘어간다. 이처럼 색이 연속적으로 자신으로 넘어감과 대조되는 사례는, 특정 종의 질에 속하는 (늘 새롭지만 두드러지지는 않는) 색조(Nuance)들의 연속적 음영이라는 사례이다.[111] 이때 두 가지 연속성(Stetigkeit)을 구별해야 한다.

1) 공간적 연장 자체에 속하는 연속성. 이 연속성은 우리가 불변이 변화로 넘어가게 할 때, 가장 분명하게 내재적 계기로서 우리에게

---

111) (역주) 여기에서는 불연속성(도약)과 연속성을 구별하고, 후자에서는 다시, 균질한 색의 연속성(연속성의 한계사례)과 동일한 색의 상이한 색조들의 연속성을 구별하고 있다.

의식된다. 예컨대, 질의 어떤 불연속성이 (이러저러하게 통일적으로 채워진 신장 위에서) 연속적으로 이동할 때 그렇다.[112] 우리는 [이 연속적 공간적 연장에서는] 점에서 점으로, 선에서 선으로 연속적으로 넘어간다.

2) [공간적 연장을] 충족하는 규정들 자체의 연속성. 예를 들어 가령 빨간색이 심홍색을 거쳐서 보라색으로 넘어가는 것처럼, 질이 질로 흘러 넘어감(Überfließen). 아직은 부차적으로 지적해야 하지만, 충족하는 규정들에는 연속체를 이룰 수 있는 다양한 측면들이 있다. 이는 좁은 의미의 질이라는 측면 및 강도라는 측면이 그렇고, 색 규정에서는 채도(Sättigung)의 측면 및 명도(Helligkeit)의 측면 등이 그렇다.

공간적 연장의 연속성 또는 대상적 연장의 연속성은 도약과 틈(Lücke)을 허용하지 않는 한결같은 연속성인 반면, 채움의 연속성은 비연속성에 의해 단절될 수 있는 연속성이다. 즉 색조(Farbton)의 측면에서나 명도의 측면에서의 도약에 의해 단절될 수 있다. 이것에 대해 현상학적으로 연구하고 언급할 것이 많기는 하지만, 이 자리에서 지나치게 상론할 수는 없다. 다만 두 가지 주요 논점만

---

112) (역주) 가령 하나의 사물이 지닌 어떤 공간적 연장이 서로 불연속적인 질들로 채워지고 이 불연속성이 움직이는 경우, 이 공간적 연장 자체는 연속적임이 분명하게 의식된다.

강조하겠다.

1) 연속성은 연장이고, 질적 연속성은 질적 연장이다. 그래서 본질적으로 여기에는 [단편들로의] 분할 가능성이 있고, 나아가 위상들을 추상적으로 구별할 이념적 가능성이 있다. 모든 각 위상에는 하나의 질적인 종(Spezies)이 상응한다. 그리고 이[분할 가능성과 구별 가능성]는 공간을 채우는 질료와 수반하는 질료의 모든 측면에도 해당한다. 그럼에도 불구하고 [하나의 연속성을 이루는] 위상들은 모두 필연적으로 하나의 동일한 본질적 유(Gattung)에 속한다. 연속적 이행은 색조와 색조 사이에서, 명도와 명도 사이에서, 음과 음 사이에서만 일어날 수 있다. 이에 반해, 서로 다른 유들 사이에서는, 즉 색과 음 사이, 색조와 명도 사이, 음과 냄새 사이 등에서는 연속적 이행이 본질법칙에 있어서 불가능하다. 당연히 이는 선현상적 차원에서도 타당하다.

2) 공간적 연장이 어떤 질들에 의해 본래적으로 덮이거나 질료화된다면, 이 질적 충족은 일반적으로는 반드시 연속적인 충족이어서, 몇몇 위치에서만 도약할 수 있다. 이때 하나의 동일한 종에 의한 연속적 덮음은 연속적 덮음으로 간주된다. 도약의 본질은 연속체가 자신과 동일한 유의 [다른 종에 속한] 연속체와 부딪혀서 '경계'에서 도약한다는 것이다.[113] 도약은 [연속체를] 분할하고 이때 비로소 '경계'가 창출된다. 브렌타노가 이미 수십 년 전 강의에서 말한 일반적 법칙은, 하나의 연속체가 다른 어떤 유의 규정들에 의해 채워

짐은 여기서 기술한 방식으로만 일어날 수 있다는 것이다. 다시 말해, 몇몇 도약들만 허용되며 이 도약들 사이에는 연속적 덮음이 있다는 것이다.[114] 이는 쉽게 통찰되는 방식으로, 선현상적 영역에도 적용된다. 그러나 이런 일이 일어나는 더 상세한 방식을 연구할 필요가 있다.

§22 본래적 소여와 비본래적 소여에 있어서의 공간채움의 상이한 의미. 현출의 시각적 요소와 촉각적 요소

우리는 지난 번에 질료화 규정과 수반 규정에 대해 말했다. 전자는 일차적이고 근본적 의미에서 채운다. 다시 말해, 질료화 규정에 의해 사물은 순전히 정적으로(statisch) 공간이 충족된 질료로서 구성된다. 이에 의하여, 또 다른 규정들이 이처럼 이미 구성된 사물에 수반하고 이 사물에 정위되고 이 사물을 이차적 의미에서 채울 가능성이 마련된다.

사물의 질료화의 본질은 사물이 하나의 통일적 형상을, 곧 통일

---

113) (역주) 가령 노란색은 자신과 동일한 유('색')의 다른 종에 속한 연속체('빨간색')와 부딪히고 그 경계에서 빨간색으로 넘어간다.

114) (원주) 그러나 이는 현상적이거나 선현상적이거나 공간적 연장과 시간적 연장 모두에 속한다.(또 다른 물음은 선현상적인 것과 현상적인 것의 관계, 현출자의 연속성과 현출의 연속성의 관계가 무엇인가이다.)

적 공간을 지니며, 이 하나의 동일한 공간에 모든 채움이 속한다는 점이다. 일차적으로 질료화하는 채움의 종류는 다양하며, 이러한 종류의 채움들을 모두 통일시키는 것은 사물의 공간이다. 이 채움들은 바로 이 공간 안에서 확장되고, 이 확장 덕분에 이 공간 안에서 하나의 통일적 질료를 형성한다. 예를 들어 색이라는 종류에 속하는 채움은 색채의 통일체에 접합하며, 촉각 규정이라는 종류에 속하는 채움은 촉각 가능한 성질의 통일체에 접합한다. 이 일차적 채움에 결합하고 이에 의해 매개되어 정위되고 확장되어야만, 수반 규정들도 냄새, 맛, 통증과 같은, (그리고 앞으로 이에 대해 이야기하겠지만[115]) 온도와 같은 정합적 통일체를 이룬다. 그러나 우리는 [일차적으로 질료화하는] 근본채움(Urfülle)에 제한하여 논의하도록 하자. 그러니까 이러한 규정은 모두 그 규정이 속한 종류 덕분에 그 자체로 연장되고 따라서 연속한다. 이러한 규정은 그 자체로 신장되고, 사물이 분할되면 분할된다. 그러나 다른 한편 [하나의 사물에서] 색채 연장과 거칢 내지 매끄러움의 연장(나아가 촉각적 질료 일반의 연장)은 동일한 연장이다. 다양한 종류의 질료화 규정들의 통일성은 몸체의 동일한 통일성에, 곧 사물 공간의 동일한 통일성에 토대를 둔다. 이 몸체는 색과 촉각 규정으로 충족되는 것이다.

선현상적 지대로 넘어간다면, 여기에도 위와 동일한 사태가 반영

115) (역주) §23 참조.

된다고 성급하게 말해서는 안 될 것이다. 그러니까 선경험적 색의 선경험적 연장과 [촉각 규정 등] 여타의 선경험적 채움의 선경험적 연장이 동일하다고 성급하게 말해서는 안 될 것이다. 선경험적으로 색 계기에 속하는 확장과 촉각 계기에 속하는 확장을 고찰한다면, 이들이 똑같은 동일한 계기라고 말할 수 없다. 하지만 이 사태를 상세히 살펴보자. 이를테면, 우리는 우리 앞에 놓인 종이를 시각적으로 지각한다. 이 지각은 공간을 채우는 시각적 규정들을 얻는다. 따라서 지각현출은 (시각적 감각질료로 충족되는) 시각적 확장을 포함한다. 우리가 만지지 않는다면, 즉 (불변하는 지각을 얻기 위하여) 가령 손을 종이 위에 가만히 올려놓아 두께움 감각, 저항 감각, 매끄러움 감각 등을 얻지 않는다면, 이 지각은 단순한 시각적 지각이다. 이와 달리, 우리가 종이를 보면서 손을 그 위에 놓는다면, 우리는 이 두 견지에서 혼합된 지각을 가진다. 그러나 이때 종이의 보이는 부분들은 촉각적으로 지각되지 않고, 촉각적으로 지각되는 부분들은 보이지 않는다. 그러니까 우리는 혼합된 채움을 가지지만, 본래적으로 현출하는 동일 평면 부분들에는 언제나 한 종류의 채움만 속한다. 이 현출하는 평면은 객관적으로 단 하나인데, 국부적으로는 [보이는 부분에서는] 시각적으로 덮이고 국부적으로는 [보이지 않는 부분에서는] 촉각적으로 덮이는 것이다. 그리고 그 종류에 있어서 근본적으로 서로 다른 이 채움들은 뒤섞여서 단 하나의 일차질료(materia prima)로 융합한다. 이는 이들이 서로에게 연속적으로, 즉 공간적으로 연속적으로 나란히 접합되는 한에서 그렇다. 이들은 바로 이 현출하는 면 전체를 덮는다. 다른 한편, 시각적 덮음이 말하자면 촉각적 덮음을 관통하고, 그 역도 성립한다. 다만 본래적 현출에서 그런 것은 당연히 아니다. 손이 덮은 곳에도 색이 있지만, 이 색은 본래적 의미에서 보이는 것은 아니다. 그리고 [손이 덮지 않고] 보이기만 하는 곳에서도 저항, 거칢이나 매끄러움 등이 있지만, 이들은 본래적으로 지각되는 것은 아니다. 이들은 촉각적으로 감각되지 않고, 다른 한편 보이지도 않는다.

이는 분명 현출 구성에 대해 다음과 같은 것을 알려준다. 먼저 본래적 현출과 비본래적 현출의 구별과 관련하여, 이 구별이 일차 질료의 이른바 다양한 층위들의 구별과 교차함에 주목해야 한다. 일차질료에서 시각층과 촉각층이라는 근본적 구별을 한다면, 각 층위마다 고유한 통일성이 있다. 그리고 양자는 다시 하나의 통일체를, 즉 공간을 채우는 근본질료(Urmaterie) 전체라는 통일체를 함께 이룰 것이다. 지각이 단지 시각적 지각이라면, 공간을 채우는 시각적 질료로부터 (본래적으로 현출하는 공간적인 음영에서의 하나의 정합적 공간채움으로서) 하나의 '면'이 본래적으로 현출한다. [이처럼 시각만 있다면] 이에 평행하는 촉각적 공간채움은 이와 동일한 사물면과 관련하여 비본래적 현출의 구역에 속한다. 이에 따라 비본래적 현출은 두 개의 계기 혹은 부분으로 나뉜다. 1) 하나의 계기는 대상에 있어서 [시각적으로든, 촉각적으로든] 전혀 본래적으로 현출하지 않는 것[뒷면 등]을 포괄한다. 2) 다른 계기는 시각적으로는 본래적으로 현출하지만 촉각적으로는 그렇지 않은 것[보이기만 하는 앞면]을 포괄한다. 앞면은 보이므로 본래적으로 현출하지만, 촉각적으로 지각되지는 않는 것이다. 다시 말해, 앞면에서는 시각 규정들의 복합체만 본래적으로 현출할 뿐 촉각 규정들의 복합체는 그렇지 않다. 우리는 [한편으로] 보이지도 않고 만져지지도 않는 뒷면 현출의 비본래성과 [다른 한편으로] 보이기는 하지만 만져지지는 않는 앞면 현출의 (촉각 규정에 있어서의) 비본래성이 본질적으로 서로 다름도 알게 된다. 우리가 비본래적 현출의 이러저러한 규정들을 비교할 때 일단 눈에 띄는 것은 아마 '명료함(Klarheit)'의 차이일 것이다.

우리가 종이에서 덧보는(ansehen) 매끄러움이나 [쇠를 깎는] 줄에서 덧보는 거칢은 본래적으로 지각되는 매끄러움이나 거칢이 아니다. 그렇더라도 시각적으로 현출하는 사태(그리고 정확히는 이 사태 중 본래적으로 현출하는 앞면)에서 매끄러움이나 거칢은 덧보인다. 물론 뒷면은 어떤 의미에서는 이와 마찬가지로 [앞면과 함께] 공동지각(mitwahnehmen)[116]된다. 다시 말해 빈 지향들에서 공동

---

116) (역주) 'Mit-'와 'Leer-'를 모두 '공(共, 空)-'으로 옮기는 것이 통상적이지만, 여기에서는 이들을 구별하기 위해 'Mit-'는 '공동-'으로, 'Leer-'는 '공허-'로 옮긴다.

의향(mitmeinen)된다. 그러나 사물에서 뒷면이 덧보이는 것은 아니다. 적어도 여기에서 고유하게 드러나는 이러한 의미에서는, 덧보이는 것이 아니다. 덧보이는, 다시 말해 시각적으로 현출하는 앞면에서 덧보이는 줄의 거칢은 어떤 의미에서는 본래적으로 현출하되, 다만 덧보이는 것일 뿐이다. 거의 보이는 것과 같지만, 그래도 보이지 않는 것이다. 이는 [본래적 현출에 있으므로] 뒷면의 명료함보다 비교할 수 없을 정도로 훨씬 명료하다. 그러나 여기에서도 명료함이라는 말은 물론 현상학적으로 증시되는 차이에 의해서 의미를 지닐 뿐이다. 특히 사람들은 여기에서 추가통각되는 것(Hinzuapprehendierte)을 상상이라고 여기는 경향이 있다. 다시 말해, 이는 [현출과] 합치되는 공동현출(Miterscheinug)의 한 양상(Modus)이며, 이 양상은 본질적으로 (여기 놓인 맥락과 추가적 분석에서 더 파헤칠 맥락에 의해 특수한 성격을 얻는) 상상이라고 할 수 있다는 것이다. 여기에서 이런 해석은 꽤 일리가 있다. 그럼에도 불구하고 나는 현상학적 고찰에 기초하여, 우리에게 종종 떠오르고는 하는 상상 직관이, 그리고 이 상상 직관과 (이에 평행하는 층위의) 시각적 직관의 합치가 이 사태를 남김없이 해명한다고 공언하고 싶지 않다. 여기에서도 상상 재현은 필수불가결한 사태일 수 없다. 그리고 여기에서 문제가 되는 [종이의 매끄러움과 줄의 거칢에 대한] 공동지각(Mitwahrnehmung)은 뒷면에 대한 공동지각보다 명료한데, 이러한 명료함에는 또 다른 원천들이 있을 것이다. 비유적으로 말해보자. [보이는 층위와] 평행하는 이 층위는 보이는 층위로부터 어떤 힘(Kraft)을 길어 올리는데, 이 힘은 뒷면이 앞면으로부터 길어 올리는 힘보다 훨씬 더 크다.

[보이는 층위와 촉감이 덧보이는 층위 간의] 층위 평행성은 공간적 침투(Druchdringung)를 요청하는데, 이러한 공간적 침투가 지닌 힘은 [앞면과 뒷면의] 공간적 인접성에는 없다. 이는 신화적인 표현이기는 하지만, 이 배후에는 (현상학적 사태에 침잠할 때 그야말로 볼 수 있는) 어떤 현상학적인 것이 놓여 있다.

명료함의 차이는 주목할 만한 것이기는 하지만, 그래도 이차적인 것이다. 이는 층위를 이루는 어떤 [일차적인] 것에 토대를 두고 있기 때문이다. 현출하는 대상에는 이것의 일차질료(공간을 본래적으로 채우는 규정들의 복합체)의 견지에서, 여러 층위가 있다. 각 층위는 그 자체로 닫힌 공간채움을 형성하면서도, 다른 층위와 합치를 이룬다. 이 층위들은 서로의 위에 쌓이는 것이 아니라, 서로에게 침투 또는 침습(浸濕, durchtränken)한다. 몸체 공간의 동일성 덕분에 이 층위들은 철두철미 서로 합치한다. 이 공간은 현출에서 구성되는데, 따라서 이 현출에서도 이러한 성층(Schichtung)에 따라 진행되는 어떤 나눔이 허용된다. 우리가 [위의 사례에서, 보이는 것이라는] 본래적 현출에만 제한한다면, 이러한 현출에는 (선경험적 확장과 감각채움의 견지에서) 이러한 성층이 없다. 한낱 시각적인 지각에는 하나의 감각 층위만, 곧 시각적 감각 층위만 있으며, 여기에 속하는 하나의 확장만 있는 것이다. 이 확장은 시각적으로 선경험적인 채움의 확장이다. 여기에서 현출의 성층은 분명 파악이 하는 일이고 경우에 따라서는 여기 함께 얽힌 상상현출들이 하는 일이지만, 후자의 경우라면 또한 상상현출들의 파악을 매개로 그러하다. 지각이 (시각적 감각들과 촉각적 감각들이 모두 파악재료로서 그 감각 토대에 포함되는) 혼합된 지각이라면, 시각적 재료에는 시각적 파악층위가 대응하며 이 층위에서 완전한 시각적 사물이 구성된다. 촉각적 재료에는 촉각적 파악층위가 대응하는데, 이 층위에서 완전한 촉각적 사물이 구성된다.

나는 종이를 보면서, 종이에 손을 얹어 종이의 저항 감각이나 촉각적 지각을 느낀다. 보이는 부분들에 속하는 감각들이 파악되면, 종이의 시각적 속성들에 의거하여 종이가 구성된다. 더 정확히 말한다면, 이 시각적 속성들이 공간을 완전하게 채운다. 앞면 중에서 보이지 않는 부분들도, 그중에서 종이 위에 얹은 손으로 덮인 부분들도 역시 시각적으로 채워진다. 이 채움은 다만 본래적으로 현출하지 않는 시각적 채움일 뿐이다. 역으로, 앞면에서 [보이기만 할 뿐] 촉각에서 현출하지 않는 부분들은 촉각의 견지에서는 이와 마찬가지이다. 나아가 이러한 시각적 감각들과 촉각적 감각들에는 각각 선현상적 연장이 대응한다. 그러나 우리는 [시각적 연장이라는] 하나의 연장과 [촉각적 연장이라는] 이와 다른 연장이 그 자체로 서로 어떤 관련을 맺는다고 말할 권리는 전혀 없다. 이 연장들이 직각적으로 함께 주어지는 방식은, 대상의 한 동일한 평면단편(Flächenstück)에 상응함이 아니라, 다만 대상의 이접적(disjunktiv)인 평면단편들에 각각 귀속함이기 때문이다. 이때 이들은 가령 하나의 동일한 선경험적 연장으로 조합(zusammensetzen)되지 않는다. 보이는 평면 단편과 거기 연접(angrenzen)하는 만져지는 평면단편은 사물에서는 하나의 정합적 평면으로 조합되며, 서로 연접한다. 그러나 여기[시각과 촉각에] 귀속되는 감각들과 감각 확장들은 감각에 있어서는 서로 조합되지 않는다. 이보다는 다음과 같은 기술이 올바르다. 사물 앞면의 보이는 부분에는 정합적인 시각적 감각 연장이 상응한다. 사물을 만지는 손이 덮은 곳에서도 시각 연장은 끊이지 않는다. 시각 연장은 연속적으로 계속 이어진다. 물론 시각 연장의 [보이지 않는] 정합적 단편은 이 [보이지 않는] 사이에 있으면서 이 '만지는 손'의 파악에 대응한다. 그러나 (우리의 사례에서 하얀 종이의 파악인) 사물 파악은, '만지는 손 밑'에서도 사물이 계속 이어지게 하고 이 손으로 '덮이게' 한다. 따라서 사물의 현출하는 앞면에는 시각적 틈이 없다. 다만 사물에 속하는 감각들이나 본래적 현출들에 있어서 틈이 있을 뿐이다. 이 틈들은 바로 우리가 비본래적 현출이라고 명명한 것으로 꽉 채워져 있다. 나는 방금 [감각들이나 본래적 현출들이] 사물에 속한다고 말했다. 왜냐하면 빈틈없이 이어지는 선경험적 색과 색 연장은, (앞서 말한 것처럼) 그 정합적인 [보이지 않는] 부분에서는 '만지는 손'의 구성에 속하기 때문이다.

그러나 여기에서 이런 백지의 지각은 이중지각(Doppelwahrnehmung)인가? 어떤 의미로는 그렇고 어떤 의미로는 그렇지 않다. [이중지각이 아닌 이유는] 올바른 의미에서 하나의 지각이, 곧 감각과 파악의 끊이지 않는 하나의 통일체가 있으며, 여기에서 사물의 자체현존이 구성된다. 다른 한편 [이중지각인 이유는] 이 통일체 내부에는 그 자체가 정합적인 층위가 둘 있는데, 이 중 한 층위는 시각적 사물에, 다른 한 층위는 촉각적 사물에 대응한다. 그러나 이 사물도 두 개의 사물이 아니라, 여러 겹의 채움을 지니는 유일한 사물이다. 즉 동일 공간이 여러 겹으로 채워지거나 덮이는 것이다. 그러나 이때 이 채움들은 서로 침투하며, 더 적절히 말하면 서로 합치한다. 서로의 사이에 끼어드는 것이 아니라, 철두철미 서로 합치한다. 아무리 좁은 범위의 부분이라도, 어떠한 면, 선, 점이라도, 각각 이와 똑같이 다양하게[117] 채워진다. (이런 말을 써도 좋다면) 기하학적으로 나누면 채움도 나눠진다. 채움의 나눔마다 전체 연장의 나눔이 합치하기 때문이다.

이에 상응하여, 현출 자체 내에서 한편으로는 시각적 현출과 촉각적 현출이라는 두 현출에 대해 이야기하는 것이 가능하다. 그러

117) (역주) Mannigfaltigkeit는 문맥에 따라 '다양체', '다중체'로 옮기고, mannigfaltig는 '다양한', '다중적인', '여러 겹의' 등으로 옮긴다. mehrfältig 및 vielfältig는 주로 '다중적인', '여러 겹의' 등으로 옮기고, 이에 대비되는 einfältig는 '홑겹의', '단일한' 등으로 옮긴다.

나 이 두 현출은 (아직 좀 더 자세히 연구해야 할) 어떤 고유한 방식으로 서로 침투하고 합치한다. 이러한 침투가 뜻하는 바는 다음과 같다. 감각재료의 질서는 그에 고유한 선경험적 신장에 의해서만 이룩되는 것이 아니다. 이것으로는 시각적 재료와 촉각적 재료가 더불어 질서를 이룩하지 못하기 때문이다. 오히려 촉각적인 것 사이에 시각적인 것이, 시각적인 것 사이에 촉각적인 것이 질료적으로 끼워지는 것처럼 보인다. 그러나 이러한 사이에 끼워짐(Zwischensetzen)은 감각이 아니라 파악이 하는 일이다. 이는 시각적 감각의 연장적 계기에 현출하는 공간성이라는 가치(Wert)를 부여하고, 촉각적 감각의 연장적 계기에도 공간성이라는 가치를 부여하는 파악에 의한 것이다. 이때 때로는 이 [시각적] 질료가, 때로는 저 [촉각적] 질료가 공간을 채우는 대상화된 질료로서 질서를 이룬다. 더 나아가 이러한 침투 덕분에, 이러한 합치에서 이중파악이 일어나서, 신장, 곧 전체신장이 (본래적으로 현출하는 신장을 넘어) 시각적 몸체와 촉각적 몸체 전체를 아우르는 하나의 동일한 신장이며, 하나의 동일한 (그러나 다양하게 덮이는, 곧 다양하게 충족되는) 몸체를 구성하는 것이다. 이러한 구성이 상세하게 어떻게 이루어지는가는 여기에서 커다란 문제를 제기한다. 여기에서는 이것이 이미 결정된 것으로 설정되었다. 우리는 최소한 이 해법의 단편이나 단초라도 얻을 수 있는 길을 이후에 찾고자 할 것이다.

§23 본래적 현출(면)과 수반 규정

일차질료와 이차질료의 구별에 의해, 대상의 현출하는 면의 엄밀한 의미를 규정할 수 있다. 본래적으로 현출하는 규정들의 복합체 내부에서, 사물의 몸체(물상[物像, Phantom])[118]에 관계하는 규정 및 이것을 채우는 질료에 관계하는 규정들을 추출할 수 있다. 이들은 그 자체로 정합적인 유일한 통일체를 이루거나, 그 자체로 정합적인 다수의 통일체들을 이룬다. 그리고 이들은 현출하는 시각적 면과 현출하는 촉각적 면으로 구분된다.[119] 내가 사물의 앞면을 보

---

118) (역주) 물상(物像)으로 옮기는 Phantom은 『사물과 공간』과 『이념들 II』에서, (다른 사물과의 인과 연관을 도외시하고) 연장성의 견지에서만 사물을 가리키는 개념으로서, 사물이 구성될 때의 한 층위를 뜻한다. 사물은 시간적 사물(res temporalis), 연장적 사물(res extensa), 물질적 사물(res materialis)의 세 층위를 가지는데, 사물 구성에 있어 앞의 층위가 뒤의 층위의 토대가 된다. 사물은 시간에서의 일정한 위치와 지속을 가지고(시간적 사물), 공간에서의 일정한 위치와 크기 및 형태를 지니며(연장적 사물) 나아가 다른 사물과의 인과연관 속에서 현출한다(물질적 사물). '물상'은 이 중에서 두 번째 층위인 '연장적 사물'을 뜻한다.

119) (역주) 사물 규정들은 다음과 같이 정리할 수 있다.

1. 물상 규정 = 크기, 형태
2. 채우는 질료 규정
    2.1. 본래적 규정 (일차질료)
        2.1.1. 시각적 규정 = 색
        2.1.2. 촉각적 규정 = 촉감
    2.2. 수반 규정 = 청각적 규정, 온도 등 (이차질료)

면서 뒷면을 만진다면, 하나의 시각적 면과 이와 분리되는 촉각적 면을 가지는데, 이는 본래적 현출이라는 견지에서 분리된다. 만일 만지는 손이 [대상을 덮어서] 대상의 시각 이미지를 분리된 두 부분으로 나눈다면, 시각적 면은 바로 분리된 두 단편으로 이루어진다. 이 단편들은 이들을 통일시키는 단편(촉각적 면)을 사이에 두고 지향적으로 서로 결합한다. 이 단편들은 더불어 하나의 폐쇄적이고 통일적인 면을 이루는 것이다. 여기에서 가능한 다양한 사건들의 사례를 드는 것은 이것으로 충분하다. 중요한 점은 면이 하나의 충족된 신장이라는 것이고, 그것도 (삼차원적으로 충족되는) 몸체의 경계를 이루는 평면신장(Flächenausdehnung)이라는 것이다. 몸체는 오로지 충족된 평면들을 통해서만 현출한다. 이때, 경우에 따라서 홀로 충족되어 등장하는 '점'이나 '선'도 평면(Fläche)이라는 명칭으로 아우른다. 물론 여기에서 수학적인 것에 대해서 이야기하는 것은 아니다.

수반 규정에도 면이 있는가? 나는 수반 규정이 본래적이고 일차적 의미에서 사물성을 구성하는 규정이 아니라고 표현했다. 이 수반 규정은 이미 구성된 사물성을 전제로 하여, 이 [사물성 구성] 다음에 사물성에 수반할 수 있기 때문이다. 또한 나는 이것이 본래적 의미에서 채우는 것이 아니라, 바로 수반할 뿐이라고 말했다. 이제 좀 더 정확히 말해야 할 것 같다. 그리고 내 생각에는, 몇몇 이차적 규정에는 진정한 채움이 있음을 인정할 수도 있을 것처럼 보인다.

일차질료의 본질적 특성은 채움 일반이 아니라, 구성하는 채움이기 때문이다. 나는 여기에서 [구성하는 채움은 아니지만 진정한 채움인 수반 규정으로서] 온도 규정을 염두에 두고 있다. 이미 나는 지난 시간 강의에서 이를 (어떤 식으로든 언급했다면) 질료화 규정들과 더불어 언급하면서 마음이 편치 않았다. 먼저 물체가 있어야, 이 물체가 따뜻하거나 차갑게 현출할 수 있다. 내가 금속 공을 손에 들고 있다면, 그 온도는 빠르거나 느리게 변하여, 가령 따뜻하다가 차가워질 수 있다. 물체에 대해 구성적인 촉각적 공간 규정은 변하지 않는 채로 [온도 규정을 사물에] 정위하는 기초가 된다. 그러니까 따뜻함과 차가움은 공간을 충족하며, 물체의 현행적으로 현출하는 촉각 공간 위를 말하자면 흐르면서 이 공간을 덮는다. 온기는 채우는 것으로서 있지만, 그 자체는 고유한 공간을 지니지 않으며, 촉각 공간에서 펼쳐지고 촉각 공간에 묶여 있다. 이러한 표현은 어느 정도는 선경험적 지대를 이미 넘겨보는 것이다. 선경험적 연장은 촉각 계기에 속하며, 이러한 효력범위가 이른바 이전되어야 비로소 온기와 냉기 계기에 속한다. 통증 감각도 비슷하다. 이 감각은 칼날이나 칼끝 위에 정위되지만, 본래적으로 그리고 그 자체로 어떤 장소적 계기나 어떤 연장을 지니지는 않는다.

그러니까 수반 규정들에 이차적 의미에서라도 공간채움을 귀속시킬 수 있다면, (이 규정들이 실제로 펼쳐져 있으면) 면이라는 개념도 적용할 수 있다. 그러나 이러한 적용은 여전히 매개적인데, 면 개념 형성의 토대가 (일차질료가 현출한다면) 일차질료에 있기 때문이다. 그러나 면 개념을 원래의 연장을 정확히 뒤따르는 규정[가령 온도 감각]뿐만 아니라, 다만 느슨하게 그것과 정위 관계에 놓이는 규정 [가령 소리 감각]에까지 적용하는 것은 더 멀리 나아가는 것이다. 이는 북소리가 눈에 보이는 북 가죽과 연관되어, 이제 북 가죽과 더불어 현출하는 경우이다. 물론 이런 것들에 있어서의 관심은 이러저러한 단어 사용에 있지 않고, 우리 분석을 통해 드러나는 현상학적이고 존재론적인 사건들에 있다.

§24 사물둘레와 지각 연관

이제까지 연구를 규정하던 사례 범위를 넓히기 전에, 지각되는 사물을 고찰할 때의 어떤 절연(Isolierung)을 제거하고, 이와 연관하여 지각에서 시도했던 어떤 추상을 제거하고자 한다. 우리는 어떤 의미로는 마치 그때그때 지각되는 대상이 (특히 지각의) 세계에 홀로 있다는 듯이 고찰해왔다. 그러나 지각되는 사물은 결코 홀로 있지 않고, 어떤 직관적 사물들이 이루는 둘레 가운데에서 우리 눈앞에 있다. 예를 들어 전등은 책들, 종이들, 그리고 여타 사물들 가운데에서 책상 위에 있다. 사물의 둘레도 [사물과] 마찬가지로 '지각' 된다. '가운데(inmitten)'라는 단어와 '둘레'라는 [공간적] 용어가 뜻하는 것처럼, 특별히 지각되는 사물을 공동지각되는 다른 사물들과 합일시키는 것은 공간적 연관이다. 방금 우리가 특별한 의미에서 지각되는 것이라고 부른 이 사물에는 그것의 공간이 있다. 그러나 이 공간, 이 몸체는 더 포괄적인 전체공간 안에 배속(einordnen)되며, 이 전체공간은 모든 사물 몸체들을 내포한다. 그리고 여기에서 공동지각되는 이러한 사물성 중에는 언제나 내 몸(Ichleib)도 있다. 내 몸은 자신의 몸체를 지닌 채 역시 공간 안에, 전체지각의 공간 안에 있다. 내 몸은 언제나 준거점으로 머물며, 모든 공간적 관계는 이와 관계 맺으며 현출한다. 내 몸은 현출에 있어 오른쪽과 왼쪽을, 앞과 뒤를, 위와 아래를 규정한다. 그러니까 내 몸은 지각적으로 현출하는 사물 세계에서 탁월한 위치를 차지한다. 추출지각(herauswahrnehmen)되어 따로 취해지는, 다시 말해 현출하는 사물들로부터 특별히 추출지각되는 각 사물이 각자의 둘레를 지님은 물론이고, 모든 현출하는 것은 각자의 둘레를 가진다. 이 모든 것은 현상학적으로나 인식비판적으로나 중요하다. 구성의 일반적 문제와 관련하여, 여기에서 일련의 어떤 새로운 문제들이 나타난다. 그리고 우리가 이 문제들로 다가서고 이들을 정식화하기만 하면, 곧바로 몇 가지 새롭고 의미 있는 구별이 떠오른다.

우리는 특별한 의미에서 지각되는 사물에 대해 이야기한다. 가령 "우리는 이 집을 본다."거나 "우리는 저 나무를 본다."라고 말할 때 그렇다. 다른 한편 우리는 이 집이 그 안에 배속되는 사물성의 '전체지각(Gesamtwahrnehmung)'에 대해서, 달리 말해 그로부터 사물이 추출지각되는 사물둘레의 지각에 대해 이야기한다. 전체지각, 배경지각(Hintergrundwahrnehmung), 특별지각(Spezialwahrnehmung)은 같은 종류의 지각인가? 아니면 이 단어들은 이들에게 여러 공통점이 있으면서도 본질적이고 현상학적인 차이가 있음을 시사하는가? 이러한 차이가 있음은 확실하다. 특별한 의미에서 지각되는 것은, 우리가 특별하게 주목하는 것, 주의를 기울이는 것이다. 사물의 배경이 거기 있어도, 우리는 이것에는 우대하는 주의를 기울이지 않는다. 그러니까 어찌 되었든, 여기에서, 그리고 지각 구역 일반에서 주의의 역할에 관심을 기울이는 것이 과제가 되어야 할 것이다. 따로 주목되는 것과 부차적으로 공동으로 취해지는 것(공동감지되는 것)의 구별이 주어진 물음을 해결하는 데 충분하지 않음은 확실하다. 주의가 지각되는 사물을 넘어 뻗어나가면서 이 하나의 사물과 그 옆에서 현출하는 사물을 함께 아우른다고 해도, 이는 예컨대 두 단편을 지닌 한 사물이 현출하는 것과는 다르다.[120] 또한 주의는 이 사물의 한 면이나 한 특성으로 특별히 향할 수도 있다. 그렇다면 하나의 통일적 사물의 구성에서는 어떠한가? 그리고 하나의 전체공간(Gesamtraum)으로 둘러싸여 있으나 (하나의 개별 사물에서처럼, 자신의 공간이 질료로 채워지는) 하나의 전체사물은 아닌 다양한

120) (원주) [한 사물의 단편과는 달리] 개별 사물은 둘레의 사물들로부터 독립적으로, 따로 운동하고 변화할 수 있다.

(mannigfaltig) 사물성의 구성에서는 어떠한가? 학문적 사유에 있어서 아마 세계를 일종의 전체사물(Gesamtding)로 바라볼 근거도 있을 수 있다. 다수의 개별 사물들과 이에 연관된 사건들이 통일적 법칙에 의해 포괄되기 때문이다. 그러나 지금은 이 세계가 [학문적 사유가 아니라] 지각함에서 단적으로 무엇으로 있는지, 세계가 이러한 지각함의 의미에서 무엇인지가 문제이다.

우리가 이제까지 했던 구별들이 개별적이고 현실적인 사물성의 구성을 설명하는 데 부족한 것은 어쨌든 확실하다. 왜냐하면 이런 구별들은 전체지각에 적합한 구별들이기 때문이다. 이런 전체지각은 사물과 더불어 사물 다양체(Dingmannigfaltigkeit)도 주어지게 하고, 물체와 더불어 전체공간도 주어지게 한다. 물체는 이 전체공간 안에서 특수질료(Sondermaterie)들로 채워지면서 특수사물(Sonderding)들로 따로 결정화(結晶化, kristallisieren)되는 것이다.

더 나아가 확실한 점은, 우리가 지각되는 사물에 있어서 (사물현출의 통일체로 합일되는) 현시하는 물리적 내용들과 파악을 구별한다면, 이와 동시에 다음을 인정해야 한다는 것이다. 이 현출은 따로 절연된 것이 아니라 현출 연속체에 감입(嵌入, einbetten)된 것인데, [현출과 마찬가지로] 이 현출 연속체도 다시 파악내용들과 파악으로 구별할 수 있고 전체현출(Gesamterscheinung)의 통일체로 융합된다는 것이다. 또한 본래적 현출과 비본래적 현출이라는 구별이 이러한 전체현출에도 적용된다는 것이다. 사물의 감각내용들은 이 사물에 대한 감각으로 기능한다. 그러나 다른 한편 이들은 (다른 사물들을 현시하는 기능을 하는) 다른 감각내용들과 연관을 지닌다. 이와 마찬가지로 사물에 유관한 파악도 연속적이므로, 이 파악은 (새로운 물리적 자료들과 관련된) 또 다른 파악들에 의해 말하자면 연속적으로 매개된다. 그리고 이런 모든 일은 하나의 전체파악(Gesamtauffassung)이 생겨나고, 거기에서 다수의 개별 사물을 내포하는 전체공간이 현시되는 방식으로 일어난다. 또한 지각의 전체공간 및 사물적 세계는 단지 국부적으로만 그리고 단지 한 면에서만 본래적으로 현출한다. 이 본래적 현출이 완전하다면, 지각하는 동일한 시선이 포착하는 모든 개별 사물의 모든 본래적 현출을 하나의 통일체로 포괄한다. 그리고 세계의 현출하는 면은 바로 동일한 지각함에서 지각되는 모든 사물의 현출 면을 포괄하고 빈 공간을 포괄한다. 그리고 여기에는 우리의 이제까지의 모든 기술과 맞아떨어지는 하나의 통일성이 있다.

§25 시각장과 촉각장

시각적 전체현출에서 현시하는 내용들은 연속적으로 연관되어 있다. 우리는 이 연관을 시각장(visuelles Feld)이라고 부른다. 이 장은 하나의 선경험적 신장이며, 이러저러하게 규정되는 시각적 채움을 지닌다. (그때그때 동일한 전체지각에서 주어지는) 모든 사물을 현시하는 토대를 제공하는 모든 선경험적인 시각적 신장들은 이 장의 단편으로서 이 장 안으로 배속된다. 또한 역으로 시각장의 각 단편은 (지각 자체에 속하는 직각적 파악에 있어서) 각각 어떤 사물성을 현시한다. 시각장의 물리적 자료들 중에서 어떤 자료들은 이 집을 현시하고, 다른 자료들은 저 들판을 현시하고, 또 다른 자료는 창궁(蒼穹, Himmelsgewölbe)[121]을 현시한다.

물론 이는 [시각장과 마찬가지로] 사물성에 대해 일차적으로 구성적이며 [시각장에] 평행하는 또 다른 장에 대해서도 타당하다. 이것은 촉각장이다. 물론 이 두 장들을 아무렇게나 분할한다고 해서, 이와 유관한 파악에 의해 하나의 사물현출이 등장하는 것은 아니다. 각 장은 특정 방식으로 나눠지기 때문이다. 그리고 사물현출이 있어야 비로소 이 내부에서, 각 분할을 통해 다시 사물성들이, 곧 사물단편(Dingstück)들이 구성된다고 말할 수 있다. 앞서 말한 일차적이고 본래적인 두 장 이외에도 비본래적인 의미에서 청각장, 후각장, 온도감각장도 말할 수 있다. 그러나 이 경우 우리는 (그때그때 사물에 속하는 것으로 파악되는) 다양한 유의 여타 물리적 자료들을 포착할 뿐, 이들이 공간과 사물을 일차적 의미에서 구성할 수는 없다. 이들에게는 근본적이고 선경험적인 연장이 없기 때문이다. 그러니까 이들에게 고유한 여타 융합 형식들이 있을 수도 있지만,

121) (역주) 창궁의 현시에 대한 분석은 §74를 참조할 것.

이들은 본래적으로 장을 구성하지는 않는다. 다시 우리는 일단 본래적 장들을 취하는데, 파악들은 말하자면 이 장들 위에서 펼쳐져서 하나의 파악통일체(Auffassungseinheit)가 된다. 이 파악통일체는 그 자체가 특유하게 분절되어 있어서, 이것의 각 지절(특유하게 구성되는 각 파악복합체[Auffassungskomplex])에는 현출하는 한 사물이 상응한다. 하나의 사물 파악의 내적 성격이 무엇인지가, 즉 (전체현출에 감입되어 있으나 그 자체의 범위는 제한된) 하나의 사물현출의 내적 성격이 무엇인지가 또다시 문제이며, 이를 넘어서 (모든 물체를 내포하지만 그 자신은 물체가 아닌) 전체공간의 통일체가 지각에서 어떻게 구성되는지가 또다시 문제이다.

더 나아가, (사물 및 전체 환경[Umwelt]의 상관자이자 준거중심인) 자아의 저 경이로운 특수지위가 현상학적으로 어떻게 구성되는지가 하나의 문제이자 [앞의 문제를] 보충하는 문제이다. 공간적 둘레로서의 사물둘레에는, 또는 (지각되는 사물의 몸체가 그 안에 있는 것으로 나타나는 한, [한 사물에 대한] 모든 특수지각에서 공동지각되는) 하나의 온 공간(All-Raum) 구성 문제에는 이와 평행한 [시간성 구성의] 문제가 있다. 이 평행하는 문제는 시간적 둘레 및 하나의 시간의 구성을 드러낸다. 사물의 시간성은 이 하나의 시간 안에 있고, 사물의 지속은 이 안으로 배속되며, 사물둘레의 모든 사물들의 지속과 사물 사건들의 지속도 이 안으로 배속된다. 이와 같은 시간 안으로 자아도 배속되는데, 자아의 신체뿐 아니라 자아의 '심리적 체험들'

도 배속된다. 이러한 각 사물성에 속하는 시간은 그 사물성의 시간이다. 그럼에도 불구하고 우리에게는 하나의 시간이 있을 뿐이다. 하나의 유일한 선형(linear)의 [시간적] 연장 안으로 사물의 시간들이 나란히 배속될 뿐만 아니라, 다양한 사물들 혹은 사건들이 동시에 있는 것으로 현출하기도 한다. 그러나 이들에게는 (서로 평행한 채 서로 똑같은) 여러 시간이 있는 것이 아니라, 하나의 시간이, 수적으로(numerisch) 하나의 시간이 있다. 이는 시각적 채움과 촉각적 채움이 서로 합치하는, 다중적 공간채움과는 다르다. 여기에서 사물성들은 서로 합치되지 않고 분리되어 있으면서도, 동일한 시간구간에 있으면서 지속하는 것이다.

3부

운동적 지각 종합 분석.
지각 변화와 현출 변화

5장

정지한 사물이 지각의 연속적 경과에서 주어짐

§26 지각 변화의 여러 가능성

이제 우리는 (구체적이고 개별적인 지각의 통일체에 속할 수 있는) 새로운 형식의 연속적 종합을 살펴보자. 그러나 이제 사례 범위를 넓혀서 새로운 지각 유형을 고찰한다.

이제까지는 현상학적으로 불변하는 지각을 다루었다. 그리하여 불변하는 지각에서는 불변하는 대상이 현출함은 금방 알 수 있었다. 왜냐하면 대상의 변화가 현출의 변화에서만 구성될 수 있음은, 즉 (선현상적 의미에서) 그 자체 변화하는 지각에서만 주어질 수 있음은, 쉽게 통찰되고 명증해지기 때문이다. 불변 지각에는 시간적 연장이 있으나, 이 시간적 연장은 연속적으로 동일한 내용으로 채워진다. 이제 우리는 변화하는 지각을 취한다. 이런 지각에도 (선현상적 시간연장을 뜻함을 새삼 되풀이할 필요는 없음) 시간연장이 있으며, 이 연장에서 대상의 시간성이 구성된다. 그러나 변화의 일반적 성격은 그것의 시간성이 (적어도 일반적으로는) 새로운 내용으로 연속하여 충족된다는 것이다. 그래서 단지 몇몇 위치(서로 이산적으로 떨어진 시간점)들에서만, 비연속이라는 도약이 있을 수 있다. 여기에서 우리는 연속성(Stetigkeit)에 대해서 [공간에서와 마찬가지로] 재차 이중적 의미에서 이야기한다.[122] 한편으로 연속성은 (모든 신장 일반과 마찬가지로) 시간적 신장 자체의 본질이다. 다른 한편 연속성은 신장을 채우는 것에 관계하며, 여기에서는 시간을 채우는 것에 관계한다. 지각이 변화할 때, 이 변화는 순간적 도약일 수도 있다. 이때에는 현출하는 질에서 다른 질로 갑자기 건너뛴다. 이에 따라 이 대상에서의 도약을 구성하는 지각 자체에서도, 현시하는 물리적 자료와 (경우에 따라서) 파악이 순간적으로 이산적 변이를 일으킨다. 그러나 [지각의] 변화는 연속적 변화일 수도 있다. 그리고 다시 이 연속적 변화는 한결같을 수도 있고, 몇몇 도약들에 의해 단절될 수도 있다. 사물대상(Dingobjekt)의 운동이나 연속적 질 변화에 대한 지각이 그 사례이다.

이제까지 살펴보았던 불변하는 지각은 [변화하는 지각의] 한계

122) (역주) 공간적 연속성의 이중적 의미(공간적 연장 자체에 속하는 연속성과 공간적 연장을 충족하는 규정들의 연속성)에 대해서는 §21을 참조.

사례로서, 일종의 이념화하는 허구로 보인다. 왜냐하면 위치와 자세의 변화들이 없을 수는 없기 때문이다. 적어도 [안구] 조절(Akkommodation)[123]에서 움직이는 시선에서의 변화는 결코 없을 수 없기 때문이다. 그러므로 이전 서술들은 좀 더 조심스럽게 이해해야 한다. 시간을 채우는 것은 매 순간마다 진정 동일할 필요는 없다. 그래서 절대적 같음의 자리에 단적인 같음(Gleichheit schlechthin)을 두어야 하는데, 이러한 같음이 내포하는, 감지되지 않는 다름(Verschiedenheit)이나 비슷함(Ähnlichkeit)에서는 간극들이 감지될 만큼 드러나지 않는다.

그래도 우리는 다른 한편으로는 아주 올바르게 탐구해왔다. 우리가 불변하는 지각의 사례에서 발견한 현상학적 사태에 따르면, 불변 지각은 변화 지각과는 다른 유형인 것으로 특징지어졌다. 이러한 현상학적 사태에 대한 순수한 표현은, [불변] 지각에 있어서 추출된 단편들 또는 위상들은 서로 같다는 것, 즉 이들은 (차이를 전혀 드러내지 않는) 합치의식에서 종합된다는 것이다. 이와 대조적으로 변화 지각의 성격은, 지각에서 추출된 단편들이 차이의 종합의 기초가 된다는 것이다. 우리는 이러한 같음과 다름의 종류를 더

123) (역주) 대상의 원근변화 등에 따라, 초점을 맞추기 위해(망막에 선명한 상이 맺히게 하기 위해) 안구가 수정체 두께나 동공 크기 등을 자동적으로 조절하는 현상.

자세히 연구하면서 다음에 유념한다. 이러한 다름과 같음은 서로에게로 연속적으로 넘어간다. 다름에서도 합치가 일어난다. 이러한 합치는 같음의 방향으로는 커지고 그 반대 방향으로는 연속적으로 거꾸로 변화한다. 이에 유념할 때에야 비로소, 같음에서는 합치 증가의 어떤 한계점(Grenzpunkt)을 요청함이 드러나는데, 이는 강도(Intensität)들이 커지는 계열에서 강도의 영점(Nullpunkt)과 유비적이다. 그러나 현상학적 고찰의 첫 번째 층위에서는 우선 (가시적 차이 없는 합치인) 단적인 같음(schlichte Gleichheit)이 (비슷하지만 서로 떨어진 차이들의 부각인) 다름으로부터 부각되는 것이다.

사물의 사건이 선경험적 흐름 중에 변화한다면, 이러한 사물 사건에 대한 지각에서는 무엇이 현시되는가? 지각이라는 이름으로 (특수한 의미에서 지각되는 사물이나 사건뿐 아니라, 자아와 환경까지 지향적으로 함께 아우르는) 전체지각을 뜻한다면, 지각이 변화하면 현출하는 사물세계(Dingwelt)의 변화도 늘 현출한다는 명제는 타당하다. 그러니까 오로지 불변 지각만 불변을 표상하는데, 이때 하나의 사물만 정지하는 것으로 표상하는 것이 아니라, 이 사물을 둘러싼 현출하는 환경도 정지하고 불변하는 것으로 표상한다.

변화하는 지각에서 현출하는 개별 사물대상에 있어서는, 다음의 가능성들이 있다. (단순한 주의의 변화도 현상학적 변화이기는 하지만, 이는 도외시한다.)[124]

I. a) (공간을 일차적으로 채우는 속성들이나 이차적으로 채우는 속성

들, 곧 수반하는 속성들을 아우르는) 사물의 질료적 특질들은 변하지 않는다. 사물의 몸체도 변하지 않으며 움직이지 않는다. 이에 반해 자아는 불변하지 않는데, 특히 대상에 대한 자아의 상대적 위치가 변화한다. 가령 나는 대상 주위를 돌거나 대상으로부터 멀어진다.

b) 사물이 운동하고, 그 외에는 변하지 않는다. 자아는 움직이지 않는다.

c) 자아도 운동하고 사물도 운동한다.

이처럼 오직 (대상 쪽에서나 지각하는 자아 주체 쪽에서의) 운동적(kinetisch) 변화에 대해서 말할 수 있다.

II. 대상이 (운동적 규정이 아니라) 대상을 구성하는 규정에 있어 변한다. 이러한 견지에서, 이 대상은 그것의 '기하학적' 몸체에 속하는 내적인 기하학적 규정이 변할 수도 있고, 다른 한편 (공간을 채우며 공간적으로 정위되는) 질료적 규정이 변할 수도 있다. 첫 번째 [기하학적 규정 변화] 측면에서는, 대상은 변형(Deformation)될 수도 있고, 형상은 유지하지만 크기가 변할 수도 있다. 이에 비해 [형상과 크기가 변하지 않는] 한갓된 회전(Drehung)과 이동(Verschiebung)

124) (역주) 변화하는 지각에 대한 이하의 분류를 요약하면 다음과 같다. I. 운동(a. 자아 운동, b. 대상 운동, c. 자아 및 대상 운동) II. 대상의 성질 변화(기하학적 규정 변화 또는 물질적 규정 변화). III. 대상의 운동 및 성질 변화

은 운동적 규정이다.

III. 대상은 [운동적 규정과 대상을 구성하는 규정에 있어] 모두 함께 변할 수 있다.

여기에 덧붙여, (지각의 변화에 유관한) 다른 변화들이 이제까지의 모든 변화들과 교차한다. 내가 염두에 두는 것은, 조절(Akkommodation)이나 수렴(Konvergenz)[125]의 형식이나 (대상을 만지거나 쥘 때) 강하거나 약한 근육 장력(Spannung)의 형식 등으로 자아에게 일어나는 어떤 변화들이다. 지각현출의 변화는 이들과도 연관된다.

보다 완전하게 서술하려면, 사물지각에만 관심을 가져서는 안 될 것이다. 사물은 시간에서 존재하고 자신의 시간을 지닌다. 사물은 이 시간 속에서 지속하고 생성하고 소멸하며 움직이거나 질적으로 변한다. 사물은 시간 안에 있지만, 시간을 본래적 의미에서 충족하는 것은 아니다. 시간성은 사물을 구성하는 규정이 아니다. 이에 비해 시간성은 시간적으로 펼쳐진 대상들, 사건들, 변화들을 구성하는 규정이다. 우리가 변화하는 대상이 아니라 대상의 변화를 지각의 대상으로 삼을 때 그러하다. 여기에서는 이를 도외시하도록 하자.

---

125) (역주) 양안시(兩眼視)에서 두 눈의 주시선이 한 대상으로 모이는 현상. 이와 반대로 두 눈의 주시선이 분산되는 현상을 발산(Divergenz)이라고 한다. 조절(Akkommodation)은 단안시에서도 일어나지만, 수렴과 발산은 양안시에서 일어나는 현상이다.

우리는 이제 다양한 사례들에서 일어나는 현상학적 사건들을 연구한다. 특히 가장 일반적이고 매우 중요한 사건들을 먼저 부각하고자 한다.

§27 불변 사물의 다양한 현출, 상세규정의 과정

우리는 [변화하는 지각현출 중에서도] 이제까지 다루었던 불변하는 지각현출 사례와 최대한 비슷한 사례를 우선 선택한다. 이는 연속적으로 통일적인 현출 다양체(Erscheinungsmannigfaltigkeit)를 고찰하는 것인데, 이 다양체에서는 불변하는 대상이 연속적으로 현시된다.[126] 그러니까 (눈을 움직이지 않고 체위도 전혀 변화시키지 않으면서 특정한 조절과 수렴에서 사물을 보는 것이 아니라) 시선을 사물 위에서 끌고 가면, 지각은 다양하게(mannigfaltig) 변화한다. 또는 우리는 대상 주위를 돌아가면서 (시선은 움직이거나 움직이지 않는 상태에서) 대상의 전체 면을 살펴본다. 이때 우리 자신의 상대적 위치를 변경하는지, (공간에서의 우리의 위치는 유지한 채) 대상이 움직이고 돌고 뒤집는지,[127] [이 차이는] 대상의 현출에 있어서는 본질적이지 않다.

---

126) (역주) 앞서 §26의 서술에 따르면, 지각의 변화는 1. 순간적 도약이거나 2. 연속적 변화이며, 이때 연속적 변화는 2.1. 한결같은 연속적 변화이거나 2.2. 몇몇 도약에 의해 단절된 연속적 변화이다. 여기에서는 불변과 최대한 비슷한 사례로서, 도약이 없는 한결같은 연속적 변화를 취하고 있다.

물론 [대상이 움직이는] 한 경우에는 대상은 움직이면서 현출하고, [우리가 움직이는] 다른 경우에는 대상은 움직이지 않으면서 현출하지만, (대상의 장소 변화에 대한 파악을 제외하면) 대상 현출의 내재적 성분은 [두 경우 모두에서] 동일한 것이다.

우리는 여기에 관련된 종류의 지각 변화가 진행할 때, 변화 구간들 사이에는 정지 구간들이 끼어 있다고 생각한다. 달리 말해, 우리는 대상을 '한 걸음씩(schrittweise)' 응시한다. 예를 들어, 가령 나는 눈을 움직여서 대상의 한 점을 주시(fixieren)[128]하다가 다른 점을 주시하고, 그다음에는 눈을 멈춘 채로 이 정지 대상을 응시한다. 그 다음에 대상의 이 새로운 점으로부터 다른 점으로 다시 눈을 움직인다. 또는 나는 머리를 움직이고, 그다음에는 다시 한동안 머리를 멈춘 채 머리가 이른 이 자리에서 대상을 응시하며, 이를 되풀이한다. 그러면 우리는 연속적 통일체인 전체지각을 불변 지각들이 이루는 하나의 사슬(Kette)로 간주할 수 있다. 이 사슬은 [각각의 불변 지각들을 잇는] 연속적 이행현상(Übergangsphänomen)들에 의해 이어지는데, 이 이행현상들 자체도 지각이라는 성격을 가진다. 왜냐하면 이런 현상들이 일어나는 동안에도 이 대상성은 계속 현출하기

---

127) (역주) 후설이 대상이 도는 현상을 표현하는 데 사용하는 용어들 중 Drehung은 '회전'이나 '돌기'로, Wendung은 '선회'나 '뒤집기' 등으로 구별하여 옮긴다.

128) (역주) 안구의 초점을 하나의 대상이나 장면에 고정시키는 것을 말한다.

때문이다. (이 이행현상들이 이어주는) 불변 지각들에서도 이 동일 대상성이 현출한다.

우리의 전제들에 따르면, 이 대상은 이 시간 내내 계속 동일한 것으로 현출할 뿐만 아니라, 그 자체로는 불변하는 것으로 현출한다. 다른 한편 이 대상은 [시선이 움직이는] 변화 구간들에서나 [시선이 멈춘] 불변 구간들에서나, 늘 새로이 다른 방식으로 현출한다. 이 대상의 다른 면들이 늘 새로이 나타나거나, 동일 면이 현출하더라도 다르게 주어지면서 현출한다. 이 대상이 한 단편씩 지각된다면, (가령 '가려졌거나' 이제까지 아직 시야에 들어오지 않던) 새로운 단편이 처음으로 본래적으로 현출되기도 한다.

여기에는 현상학적으로 무엇이 놓여 있는가? 우리가 지각 통일체에서 두드러지는 구간들을, 그것도 일단 불변하는 구간들을 서로 비교한다면, 무엇보다도 이들 구간에서 대상은 동일하다. 달리 말해, 이들 구간은 총체적 동일화(totale Identifikation)라는 종합의 토대가 된다. 그러나 [지각 대상이 아니라] 지각 자체를 (정확히 말하면, 현출들을) 비교하면, 이에 관련된 지각의 시선들은 동일화 종합이 되지 않는다. 오히려 현출들은 내용적으로 '다른 현출'로 있다. 이러한 현출들의 차이는 단지 어떤 현출은 대상의 이 특성에, 다른 현출은 저 특성에 특수하게 주목하여 이를 따로 추출지각하는 데에 있는 것이 아니다. 국부적 동일화(Partialidentifikation)에 대해 일반적으로 이야기할 때 이미 언급했지만, 불변 지각에 대한 이론에서 다음을 재차 강조할 수도 있었을 것이다. 즉 불변 현출의 토대 위에서 (방금 우리가 대상의 어떤 부분이나 계기의 강조[Pointierung]라고 칭한) 일련의 변양이 선험적으로 가능하다는 것이다. 본질에 있어 동일한 현출의 내부에서도, 주의를 기울임에 따라서 대상의 상이한 계기들이 (상이한 단계에 있어서) 주어질 수 있다는 것이다. 그리고 특출하게 만드는 특수주목(Sonderbeachtung)에 의해, 상이한 계기들이 차례대로 특수지각될 수도 있다. 후자의 경우에는, 국부적으로 동일화하는 종합이라는 사건이 암시되어 있다.

전체현출이 그 토대에 놓여 있다. 주시와 특수지각에서도, 전체현출이 분열되는 것은 아니다. 그러나 특수파악이 부각되면, (그것의 토대인 전체파악과 여전히 연속성을 이루는) 이 특수파악은 (동일성의식의 종합에 의해) 이 전체파악과 통일된다. 물론 이러한 변양들과 평행하여, 대상 파악에서도 변양들이 일어날 수 있으며 충분히 자주 일어난다는 점을 부정해서는 안 된다. 심리학적으로 말한다면, [잠재적] 성향(Disposition)들이 새로이 각성되면 이 성향들에 대응하는 새로운 파악계기들이 덧붙여지며, 이에 의해 대상 표상이 풍부해진다. 그러나 이러한 풍부화(Bereicherung)는 전혀 원리적으로 필연적이지 않으므로 도외시할 수 있다. 또한 주의의 변양이 초래하는 것은 무엇이고 이것이 의미하는 것은 무엇인지에 대한 기술도 일단 도외시하자.

방금 기술한 주의의 변양들 및 이와 교직(交織)되는 국부적 동일화에서는 대상의 세목들이 전체현출의 대상 안에서나 이 대상에 덧붙여져 현출하는데, 이러한 주의의 변양들 및 국부적 동일화는 (불변하는 지각에서나 변화하는 지각에서나) 지각 과정에 (그것의 서로 다른 국면들에서) 동반한다. 대상 면들이 새로이 현출하거나 이전의 대상 면들이 새로운 방식으로 현출하면, 이들은 주의를 끄는데, 때로는 이 면이, 때로는 저 면이 그렇다. 이 면들은 특수주목과 더불어 특수지각도 되는 것이다.

§28 현시내용의 변화와 파악의 변화

이제 이러한 변양들은 도외시하자. 우리에게 더 중요한 것은 다른 변양들이다. 이들은 새로 현출하는 면들이라는, 혹은 새로운 방식으로 현출하는 이전 면들이라는 표현에서 방금 드러났다. 여기에서 우리가 발견하는 현출 변화들은 분명 현시하는 내용들의 변화이면서 파악의 변화이다. 나의 눈에 대한 대상의 상대적 위치가 새로워지면, 또 (여타 상대적 위치는 변하지 않더라도) 시선이 움직이면, (대상의 동일 면에 속하든 그렇지 않든 간에, 대상의 동일 규정에 속하든 그렇지 않든 간에) 현시하는 내용들은 변화한다. 이러한 파악내용의 변화에 평행하여 파악 변화도 일어난다. 어떤 하나의 현출에서 '명료하게'(직관적이고 본래적으로) 파악되던 것이 다른 현출에서는 '흐릿하게'(비직관적이고 비본래적으로) 파악된다. 가령 주사위라는 대상을 예로 들어보자. 하나의 현출이 제공한 주사위의 빨간 면이 다른 현출에서는 더 이상 본래적으로 현출하지 않는다. 이 두 번째 현출에서는 이 면을 현시하는 내용들이 없을 뿐 아니라, 이 면이 명료한 현출이 되도록 생기화하는 파악도 없다. 두 번째 현출에 대응하는 비본래적 파악 복합체에, 주사위의 동일 면[빨간 면]에 관계하는 하나의 요소가 있을 수도 있다. 그러나 이것은 바로 비본래적 파악으로서, 본래적 파악과는 다른 것이다. 이는 현시하는 내용들의 결여에 의해 함수적으로(funktionell) 제약되는 것이지만, 이러한 단순한 부재 때문만은 아니다. 그러나 나아가 비본래적 현출은 어떤 견지에서도 규정 성격이 없으며, 명료한 파악(본래적 현출)에서 규정적으로 눈앞에 있는 그것을 미규정적으로 표상할 수 있다. 이 모든 일에 있어서, 동일화 종합이 (상이한 지각 단계들을 개관하고 비교하면서) 지각과 지각을 결합한다. 이 지각들은 내재적 내용이 서로 다르지만, 그럼에도 말하자면 서로 합치한다. 허구이기는 하지만, 대상이 완전히 알려져 있다고 해보자. 그러면 이에 대한 지각의 그때그때 흐릿한 구역에서도 미규정적 요소는 전혀 없다. 그리고 여기에서 동일화 합치는 전체현출들뿐 아니라, 전체현출에서 가능한 각 국부현출에도, (전체현출에서 발견할 수 있고 특수응시에 의해 부각시킬 수 있는) 각 파악지절에도 관계한다.

그러니까 이는 상호적이고 일의적(eindeutig)인 조응(Korrespondenz)이다. 그리고 그때그때 조응하는 국부파악들 혹은 파악계기들은 서로 '합치'한다. 이들은 "대상이 동일하다."는 의식을 정초한다. 이는 동일한 면, 동일한 면 형태, 동일한 색채, 동일한 모서리 등에 대한 의식이다. 그리고 바로 동일 대상 규정이 양쪽에서 명료하게 현출된다면, 이 명료한 현출에서 서로 대응하는 계기들은 서로 합치한다. 또는 한편에서 본래적으로 현출하는 계기(찬 단편[Vollstück])가 다른 편에서 비본래적으로 현출하는 계기(빈 단편[Leerstück])와 합치한다. 우리는 모든 합치는 서로 합치하는 현출들의 본질에 토대를 두고 있음을 이미 알고 있다. 그리고 동일 대상의 현출은 (동일화를 가능하게 하는) 이 해당 현출들의 본질적 특질과 다르지 않음을 알고 있다. 우리들의 사례에 있어서는, 동일화 종합 일반(현출의 관점에서 대상에의 관계의 동일성)만 있는 것이 아니라, 대상에의 관계의 의미의 동일성도 있다. 왜냐하면 각 현출은 말하자면 동일 대상을 일반적으로 의향하는 것이 아니라, 이 대상을 동일 방식으로 규정된 대상으로서 의향하기 때문이다. 어떤 현출이 빨간 정방 평면을 이 대상[주사위]에 속하는 것으로 의향하고, 다른 현출도 그렇게 한다. 그러나 이때 정방 평면은 이처럼 동일 규정으로 의향되면서도, 때로는 이 음영에서 나타나고 때로는 저 음영에서 나타날 수도 있다. 또는 때로는 현실적으로 현출하고 때로는 흐릿하게 현출할 수도 있다. 하나의 현출에서, 정방 평면이 빨간지 아니면 다른 색인지가 '열려 있다'고 해보자. 또는 하나의 현출에서, (다른 현출에서는 규정적으로 의향되던) 몸체 형태의 상세규정이 규정되지 않는다고 해보자. 그렇다면, 대상에의 관계는 동일하더라도 의미에는 차이가 있을 것이다. 그러나 두 현출이 대상의 동일한 계기를 미규정적으로, 그리고 같은 규정가능성에 있어서 의향한다면, 다시 의미의 동일성이 나타날 것이다. 이런 모든 경우에 있어서, (일반적으로 두 표상에서와 같이) 두 현출이 동일한 대상성을 동일한 방식으로 규정된 것으로나 규정될 수 있는 것으로 의향한다면, 두 현출에 의미 동일성이 있다고 할 수 있다. 전체현출들이 서로 의미가 동일하지 않더라도, 이러저러한 현출요소들의 견지에서 의미가 동일하다고 말하거나, 이러한 요소들의 견지에서 전체현출들의 의미 동일성을 말할 수도 있다.

§29 상세규정과 재규정

대상에의 향함은 동일하지만 대상 의미가 동일하지 않다고 해보자. 다시 말해 "절대적으로 알려져 있다."라는 허구를 '제거'해보자. 이 경우에, 두 현출에 있어서 (동일한 의미를 지닌 요소들 외에도) 서로 상응하면서 [한 현출이 다른 현출을] 상세규정(Näherbestimmung)하는 관계에 있는 요소들이 나타나기만 하면, 두 현출들은 서로 부합(Übereinstimmung)하는 어떤 의미를 가질 수 있다. 그러니까 해당 대상계기로, 한 현출은 규정적으로 향하고 다른 현출은 미규정적으로 향한다. 아니면, 둘 다 미규정적으로 향하더라도, 그중 한 현출은 더 좁고 더 정확히 규정하고, 다른 현출은 더 넓고 덜 정확하게 규정한다. 그러니까 예컨대 '정사각형'과 '사각형'의 관계, 사각형과 모양의 관계, 혹은 진홍과 빨강의 관계, '빨강'과 '색'의 관계 등이 그렇다. 그러나 이때 (이러한 개념어들의 선택에서 암시되는 대로) 매개적이고 개념적인 의식을 떠올리기보다는, 해당 현출들의 순수 관계를 떠올려야 한다. 이 현출들은 어떤 충돌의식도 없는 부합 관계에 있는데, 이러한 부합 관계는 (미규정에서 규정으로 넘어가면) 상세규정이라는 특유한 의식 성격을 지닌다. 물론 이는 현출의 요소들이 서로 합치할 때도 성립한다. 이 특정 요소들은 서로 '부합'한다고 할 수는 있어도, 총체적이고 규정적으로 합치한다고 할 수는 없다. 미규정성의 의식은 해당 대상계기의 내용과 내용의 종류를 (추가적 상세규정을 위해) '열어둔다.' 이 해당 계기에 할당되는 어떤 파악요소가 있다면, 이 계기는 공동의향된다. 하지만 이 파악이 이 계기의 내용과 맺는 관계는 (이 내용의 채움 전체에 있어서) 일의적이 아니라, 여러 가지 규정이 가능한 그러한 관계이다. 그러나 해당 대상계기는 '그 자체로는' 규정적인 계기이다. 즉 이 계기를 본래적이고 온전하게 증여하는 지각에서는, 온전하게 규정하는 어떤 파악요소가 이 계기에 대응하는 것이다. 그리고 이 요소는 '동일' 대상의 다른 지각현출들에서의 저 미규정적 요소와 부합하는데, 이를 통해 우리는 저 [다른] 현출이 동일 계기를 이미 표상했으나 미규정적 방식으로 표상했다고 말한다. 그러나 이전에 미규정적으로 표상되었던 계기가 '본래' 어떠한가는 이 본래적 현출에서야 비로소 증시된다. 즉 이전에 미규정적 일반성으로 포착된 대상을 '상세히 보면' 어떤 모양이고 어떤 색채인지가 증시되는 것이다. 내가 방금 쓴 '미규정적 일반성(unbestimmte Allgemeinheit)'이라는 표현은 물론 우리 분석의 구역을 넘어간다. 실제로 모든 미규정성에는 일반성이 있는데, 이는 ('개념'에 의해 경계를 지을 수 있는) 가능한 규정들의 범위이다. 이 범위는 여기에서 특수한 규정으로 기능할 수 있는 것들의 일반적 종류를 (구성되어야 하는 어떤 개념적 사유의 형식에 있어서) 표현한다. 그리고 이러한 논리적 종속관계(Subordinationsverhältnis)에는, 한갓된 지각 구역 내부에서의 상세규정과 규정가능성이라는 현상학적 관계가 대응한다. 비규정적 모양 파악은 (또 다른 지각들이 진행됨에 따라) 오직 (규정적 삼각형 현출이나 사각형 현출 등의) 규정적 모양 현출이라는 형식으로만 상세규정될 수 있으며, 이는 이 비규정적 모양 파악의 본질이다.

여기에서 상합(相合, Zusammenstimmung)과 상세규정의 어떤 가능성들, 곧 법칙성들은 본질에 토대를 둔다. 이러한 법칙성은 (가령 모양 파악의 계기가 어떤 색 현출 계기와 합일됨에 의해 규정 가능하다는 등의) 우연을 배제한다.

그러니까 우리는 (파악이나 지각현출과 관련하여) 의미의 동일성과는 다른, 의미의 부합에 대해 이야기한다. 그리고 때로는 더 정확하게, 한 의미가 다른 의미에 종속(Unterordnung)된다고 이야기한다.

이때 이러한 종속에 관련된 부합 종합에서, 하위 의미가 상위 의미를 상세규정한다. 물론 의미 동일성에 비해서나 의미의 종속 및 포섭(Überordnung)에 비해서, 부합이 더 일반적이다.

부합은 불합(不合, Nichtübereinstimmung)에 대립한다. 이에 의해 (우리가 여기에서 탐구하는, 하나의 지각으로 통일되는 지각 다양체에서) 새로운 중요한 사건이 암시된다. 불변하는 동일 대상이 서로 다른 면에서 나타날 때, 이 면들은 (다양하면서 통일적인 지각 내부에서) 한 걸음씩 본래적으로 현출한다. 모든 걸음마다 '동일' 대상이 있다. 우리는 이 대상을 외현적(explizit)인 동일성 의식으로 가져오는데, 이러한 의식이 가능함은 이 모든 걸음들의 본질에 토대를 둔다. 그래서 '대상에의 향함'은 늘 동일하지만, 그렇더라도 의미의 부합이 필연적으로 늘 있는 것은 아니다. 다시 말해 현출하는 대상이 동일하더라도 불합도 있을 수 있다. 앞서 우리는 전체 면이 완전히 알려진 대상이라는 허구를 잠시 상정했다. 이제 이러한 알려짐(Bekanntheit)이 실제로 있는 만큼 부합도 있다고 말할 수 있다. 그리고 해당 규정들의 개체적 특수성이 정확히 알려진다면, 심지어 의미의 동일성도 있다. (알려짐이 여기에서 우리에게 문제되는 것은, 대상적 파악의 어떤 규정이 이 알려짐의 본질에 들어 있기 때문이다. 개체적 재인[再認, Wiedererkennen]처럼 이를 넘어서는 것은 여기에서 우리의 관심사가 아니다.)

이제 모든 사물지각에는 본래적으로 현출되는 것을 넘어서는 초과이해(Hinausgreifen)가 들어 있다. 그리고 아주 당연히 이 초과이해는 오해(Vergreifen)일 수 있다. 첫 단계에서는 앞면이 본래적 현출에서 현시되고 뒷면은 비본래적 방식으로 공동파악된다. ([본래적 지향과] 더불어 야기되는 비본래적 지향들에서) 대상 중에서 본래적으로 주어지지 않은 여러 가지가 이 대상에 귀속된다고 해석된다. 다음의 지각 단계에서는 대상의 다른 면이, 이 면이나 저 면이 본래적으로 현출한다. 그런데 여기에서 대상은 첫 단계에서 '덧보인 것'과는 '다름'이 드러난다. 이 대상은 (혼돈된 지향들을 내포한) 첫 파악과 상응(entsprechen)하지 않고 모순된다(widersprechen). 저 '다름'과 '모순됨'은 물론 어떤 충돌(Widerstreit)의 종합을 가리킨다. 즉 어떤 충돌 의식의 가능성이 첫 단계와 새 단계의 현출들의 본질에 토대를 두고 있음을 가리킨다. 이때 이 현출들은 (모든 단계들이 그런 것처럼) 정합적 지각의 통일성에 속하는 것이다. 그러나 [충돌 의식에도 불구하고] 모든 단계에서 동일 대상이 있다. 동일 대상이 한 번은 이렇게 규정되는 대상으로 현출하지만, 다른 때는 (첫 파악이 이 대상을 파악했을 때와는) 다르게 규정되는 대상으로 현출한다. 그러니까 현출의 본질에 토대를 둔 [대상] 동일화가 가능하고 이에 의해 증시되는 대상에의 향함의 동일성이 가능함에도 불구하고, 아니 바로 이를 본질적 전제로 하여, 충돌 의식이 확립된다. 우리는 첫 단계에서는 균질하게 빨간 공을 본다. 그리고 우리는 이 공 주위를 돌아간다. 이 동일한 공, 이 동일한 사물이 다른 면에서는, 우리가 그것을 파악했던 것처럼 균질하게 빨갛지 않다. 그것은 가정과는 달리 얼룩이 있고 그 형태에는 움푹 들어간 곳이 있다. 불합과 부합의 경우를 대조함으로써 다음과 같이 말할 수 있다. 첫 단계에서 수행되는 파악은, (통일적 지각이 진척됨에 따라) 이후 단계들에서 수행되는 파악들에 의해 입증되거나 반증된다. 그리고 첫 단계에서 본래적 현시에서 이루어진 지향은 충족이나 실망을 겪는다. 그러나 이후에 더 정확히 구별해야 할 것은, [한편] (정합적인 지각 통일체에 감입된) 부분지각들에 내재적으로 속하는 통일성 형식들과 [다른 한편] 외현적인 동일화와 충돌의 종합이다. 후자는 저 통일성에 힘입어 이른바 추출 강조되는 지각 단계들에 토대를 둔 가능성이고 나중에 확립된다. 어쨌든 명증한 것은, 충돌은 부합을 전제로 하고 실망은 충족을 전제로 한다는 점이다. 모순이 있다고 해서 대상의 통일성이 사라지지는 않는 것이다. 즉 충돌 계기나 실망 계기도 대상의 계기로 있으며, 원래 파악된 어떠함(Sosein)[129]의 자리에(an Stelle) [이를 대신하여] 특정한 다름으로서 이 대상에 속하는 것이다. 이 '자리에'라는 말은, 이러한 실망 계기에 이와 다른 계기들이 (해소 불가능하게) 교착되어 있음을 내포한다. 이 다른 계기들은 [실망 계기와는 달리] 새로운 지각에서 충족되고

129) (역주) Dasein/Sosein은 보통 '실재/본질', '정재(定在)/상재(相在)' 등으로도 옮기지만, 여기에서는 '있음/어떠함'으로 옮긴다.

입증되며, 이러한 견지에서는 부합과 합치가 일어난다. 원래의 파악을 반증하는 어떤 것의 특수한 규정은, 일반적 종류나 결합 형식에 있어서는 그래도 원래의 파악에 부합한다. 다름과 충돌의 일반적 본질은 이들이 부합이라는 토대를 전제로 한다는 것이다.

예로 든 빨간 공에서 뒷면이 보이게 될 때, (이 빨간 공이 첫 지각 단계에서는 균질하게 빨간 것으로 파악되었기에) 내가 앞면을 볼 때는 전제하지 않았던 얼룩을 발견한다고 해보자. 그러나 그렇다고 해도 이것이 하나의 공이고 통일적 색채로 덮여 있으며 얼룩을 '빼면' 일반적으로 빨갛다는 것은 맞다. 이 얼룩은 여전히 (파악에 필연적으로 속하는) 저 전체 색채 통일체에 끼워지는 것이다. 이 [얼룩] 자리에서는 색이 다르지만 그래도 어떤 색이다. 충돌하는 변형이 드러나더라도, 이것이 통일적인 몸체임은 여전히 옳고, (바로 국부형상이 전체형상에 들어맞듯이) 이 변형이 이 몸체의 통일적 형식에 들어맞음은 여전히 옳다. 여기에서 우리는 모든 견지에서 절대적으로 다름은 절대적 미규정성만큼이나 불합리함을 알게 된다. 일반적으로 충돌에 의한 초기정립은 상세규정에서와 비슷하다. 어떤 상황에서도 새로운 지각은 이전의 지각에 맞아야 하고 그것과 부합해야 하되, 말하자면 일반적으로 그래야 한다. 일반적 부합에 토대를 두고, 그다음에 서로 다른 사건들이 일어날 수 있다. 즉 총체적 부합, 의미의 종속 및 포섭, 규정적 다름, (일반적으로 보아 본질적으로 포함되는 가능성들과 관련하여) 소여의 다른 차이화(Differenzierung)

가 그것이다. 이러한 차이화는 꼭 최종적이지는 않다. 새로운 지각은 ('다르게' 현출하는 계기라는 견지에서) 아직 미규정적일 수 있고 추가적인 상세한 차이화를 아직 열어둘 수 있기 때문이다. 가령 내가 공의 뒷면이 실은 공이 아님을 이미 포착했더라도, 아직 그 형태가 명료하게 포착되지는 않는다. 그 형태를 명료하게 포착하려면, 새로운 지각에 의해 추가 규정이 여전히 필요하다.

여기 서술한 모든 사건은 지각의 본질에 토대를 둔 일반적 가능성이다. 다음과 같은 것들은 일반적으로 명증하다. 우리는 어떤 사물을 한 면부터 지각할 때, (본래적 현출은 유지하는 가운데) 다른 면들에 대한 상세규정을 (사물성의 이념이 밑그림 그리는 일반적 얼개 내에서) 다양한 방식으로 변주할 수도 있고 [미규정성으로] 열어둘 수도 있다. 그러니까 모든 본래적 현출은, 다양하지만 본질적으로 제한된 방식으로 (규정성의 의미에서나 미규정성의 의미에서나) 하나의 완전한 사물지각으로 전개될 수 있다. 더 나아가, 모든 일면적 지각은 (이념적 가능성에 있어서, 즉 그 본질에 있어서) 입증되지 않고 반증될 수 있다. 즉 앞면은 그 본질에 있어 뒷면에 대해 결정하지 못한다. 사물 뒷면은 언제나, 앞면에서 공동파악된 것과 '다르게' 상상가능하고 직관 가능하다. 이것은 (우연히 선정된 사례들에나 속하는) 우연적 사건이 아니다.

이제까지는 정합적 지각의 특정한 개별 단편들을 서로 비교하고, 동일화 내지 구별에 의해서 이러한 지각의 본질을 끌어냈다.

그러니까 우리는 이 지각이 (이행현상들을 가로질러 통일되는) 정지한 지각들의 사슬이며, 한 걸음씩 수행된다고 생각했다. 이런 정지 지각들에서는 사물의 다양한 면들과 부분들이 안정적 방식으로 현시되는 것이다. 이것의 장점은 이와 더불어 (하나의 동일 대상에 대한 지각들임이 증시되는) 정지 지각들의 상호 관계도 연구할 수 있다는 것이었다. 정합적 지각의 여러 정지점들은 (이 [정합적 지각의] 연관을 제외하면) 동일한 대상적 향함을 지닌 임의의 여러 정지 지각들이나 마찬가지이기 때문이다.

§30 다양한 지각들의 연속적 종합

이제 보충적 분석을 수행해야 한다. 이 분석은 [정합적 지각의] 연관의 여타 부분들과 관련되고 연관 자체의 통일성과 관련된 것이다. 지각의 정지한 단편에서 다른 정지한 단편으로 이행함은 연속적 매개이다. 이 이행에서는 현출이 변화하는데, 이 변화는 빠르거나 느리다. 이때 이러한 변화 속도는 (모든 연속체에서 그런 것처럼) 하나의 동일한 연장을 채우는 것의 연속적 밀도(Dichtigkeit)가 다양할 수 있음에 기인한다. 달리 말해, (종별적 차이들로 이루어진) 하나의 동일한 연속체가 펼쳐질 때, 때로는 더 늘어날 수도 있고, 때로는 덜 늘어날 수도 있음에 기인한다. 물론 시각적으로 포착되는 전체 신장에서 타당한 것은 그것의 모든 부분에도 타당한데, 이 부분들 자체도 신장이기 때문이다. 그리하여 새로운 가능성이 계속 나타난다. 서로 다르게 합치하며 서로 다른 밀도로 합치하는 (수학적 연속체가 아닌) 연속체들의 이러한 사건에 대해 더 정확히 서술할 수는 없다. 이러한 사건들은 연속체에 대한 일반적 현상학에 속하는 것이다.

우리의 사례에서, 선경험적인 시간적 신장은 현출 연속체에 의해 충족된다. 나는 처음 자리에서 정지해 있는 육면체를 본다. 그리고 내가 움직인다. 이제 하나의 동일한 사각형 평면이 이전과는 다른 음영에서 주어진다. 하나의 음영이 연속적으로 변화하면서 다른 음영으로 이행한다. 그리고 내 움직임의 속도에 따라, 동일한 변화 간격이 채우는 시간구간의 길이는 다를 수 있다.[130] 이처럼 시간구간들에서 서로 다른 밀도로 늘어나는 채움은 그대로 유지되더라도, 시간관계들의 변주(Variation)가 가능하다. 이것은 연속적이고 통일적인 사물지각의 일반적 본질이다. 이러한 [시간관계 변주] 가능성은 대상 구성에 있어 의미를 가지는데, 이는 사물 자체의 고유한 구성과 관련해서가 아니다. 이 사물은 여전히 불변하는 것으로 전제되어 있기 때문이다. 이 의미는 운동 자체의 현출 및 (빠르거나 느리고, 균일하거나 균일하지 않은) 운동 속도의 현출과 관련된

130) (역주) 내가 빨리 움직일수록, 동일한 변화 간격이 채우는 시간구간 길이가 짧아진다. 거꾸로 말해, 동일한 시간구간 동안 변화 간격이 더 커진다.

것이다. 이제 이러한 변주는 논외로 하자. 달리 말해, 이러한 시간 관계들은 아무래도 좋은 것으로 치부하자. 그리고 서로 다른 위상들에서의 채움 및 그 통일성의 일반적 형식을 살펴보자.

채움은 여기에서는 (시간연장의 위상들에 대응하는) 현출위상들을 뜻한다. 이러한 견지에서도 나는 대략적 서술에 만족할 것이다. 현상학적으로 정밀하려면 꽤 번거롭기 때문이다. 운동이 '아주 느리면', 나는 움직이면서도 현출 연장의 개별 부분들에 주목할 수 있고, 더 이상 변화가 감지되지 않을 만큼 작은 부분들까지 주목할 수 있다. 그러면 이 부분들은 정지한 현출 구간들과 비슷하다. 다만 이들에는 (물론 수학적으로 이해해서는 안 되는) 한갓된 '시간점'이 대응한다. 가령 매 지금점마다 나는 지금점에서 현출로 드러나는 것을 주목한다. 그래도 나는 불변하는 현출을 가지는 것은 물론 아니다. 내가 현출의 본질을 포착할 때, 이것은 곧 다시 다른 것이 되고, 연속적으로 늘 새로이 다른 것이 된다. 그러나 나는 서로 다른 위상들에서 움직임을 멈추고 (그때그때 위상의 변화가 제한되고 이 위상 자체가 정지한 현상으로서 하나의 시간 지속으로 펼쳐짐에 의해서) 이 위상을 견지할 수도 있다. 이러한 사건에 대한 탐구에서 드러나는 것처럼, 현출 변화가 이런 방식으로 다양하게 정지하고 불변에 의해 제한될 수 있음은 현출 변화의 본질이다. 달리 말해, 현출 변화가 위상들로 이루어져 있고 이 위상들은 불변 지각들에 상응하여 배정될 수 있고, 따라서 (시간적 확장을 제외하면) 양자의 본질이 동일함은 이러한 현출 변화의 본질이다. 역으로, 지각의 정지 구간이 (그 시간연장이 한 점으로 수축됨에 따라) 위상으로 전환하여, 이제 정합적 지각 전체가 (정지라는 휴지기를 더 이상 품지 않는) 연속적 변화인 것도 상상할 수 있다.

우리가 추상적으로 부각시키는 각 위상과 정지 지각의 본질이 동일하므로, 이 위상에서도 [정지 지각에서와 마찬가지로] 본래적 현출과 비본래적 현출을 구별할 수 있다. 그리고 어떤 두 위상이 서로 관계 맺을 가능성도 (어떤 중간단편[Zwischenstück]을 사이에 두고 분리된) 두 불변 현출이 서로 관계 맺을 가능성과 전체적으로 같다. 그러니까 두 위상이 추출 강조되면, 동일화의 종합과 구별의 종합을 수행할 수 있다. 가령 대상적 향함의 동일성, 의미의 부합, 상세규정 등을 인식할 수 있다. 이때 (어떤 한 위상에서 미규정적으로 파악된) 대상적 계기에 대한 상세규정은, 이 계기에 다른 위상에서의 규정적 파악의 계기를 종속시킴으로써 일어난다. 이러한 종합들이 위상의 본질에 토대를 두고 일어나기 때문에, 이러한 위상들의 본질적 성격규정도 함께 이루어진다. 하지만 이런 종합들은 한낱 가능성일 뿐이다. 이러한 종합은 연속적 지각의 통일성에서 반드시 수행되는 것은 아니다. 이제 연속체에 있어서 위상에서 위상으로 이행해보자. 현출 변화는 (적어도 일반적으로는) 연속적 변화이다. 몇몇 불연속성도 있을 텐데, 이는 현출 연관의 연속적 통일성에서 등장하되 말하자면 지양된다. 이러한 불연속성은 일단 도외시하고, 현실적 연속체의 구간들을 계속 살펴보자.

그리하여 현출은 늘 새로이 다른 현출로 점차 변화한다. 여기에는 현출이 겨우 감지될 만큼 변한 현출로 이행하고, 겨우 감지되는 차이들, 곧 거의 같지만 이미 구별되는 '작은' 구별들에 있어서 계속 나아갈 가능성이 들어 있다. 우리가 위상에서 위상으로 이행하면, 본래적 현출은 연속적으로 변화한다. 우리는 이제 이 본래적 현출을 특별히 주목하고자 한다. 본래적으로 현출하는 각 대상계기마다, [이 대상계기를] 구성하는 현출 계기들의 연속체가 대응한다. 이 연속체는 (미소한 차이들을 지니며 계속 나아가는) 위상 계열에서 드러난다. 예컨대 내가 육면체에서 (가령 기하학적 형태라는 견지에서) 지금 주목하는 정사각형의 음영이 그렇다. 하나의 음영이 최종적으로 있는 것이 아니다. 오히려 정사각형에는 음영들의 연속체가 대응하는데, 이 음영들은 '연속적으로' 서로에게 넘어간다. 다시 말해, 이는 동일한 본래적 유 내부에서 최소 차이들의 진행이다. 사각형을 덮은 통일적 색채도 마찬가지이다. 이 통일적 색채는 하나의 색 음영에서가 아니라, 색 음영들의 연속체에서 현시된다. 여기에도 유적 통일성 및 최소 차이들의 계조(Abstufung)가 있다. 그리고 이러한 현시는 필연적 현시이다. 바로 이런 구조를 지닌 음영 다양체가 연속적으로 경과해야만, 현출하는 운동이 속행될 때 '육면체의 불변하는 동일 정사각형'이라는 의식이 현출로 드러날 수 있다. 음영들의 질서는 연속체에서의 질서이며 현실적 질서이지,

한갓된 모음(Kollektion)에 의한 공재(共在, Zusammen), 마음대로 교체할 수 있는 공재가 아니다. 음영들의 질서는 하나의 융합된 통일체에서의 질서이다.

그러므로 정사각형 평면(Fläche)에도 어떤 의미에서는 '면(Seite)'들이 있으며, 정사각형 평면은 '면'들이라는 형식, 곧 음영들이라는 형식에서만 소여되고 소유된다. 이 평면은 다양체에서의 통일성이며 연속체에서의 동일성이다. 이 평면은 (대상성의 음영 연속체인) 현출 연속체에서 현시되며, 오직 이런 현시에서만 이 평면으로서 증시되고 소여된다. 이때 현시하는 내용들은 연속적으로 변화한다. 그러나 이 내용들은 또한 파악들을 적재(tragen)한다.[131] 이 파악들 덕분에 육면체의 정사각형 평면 자체의 현존이 부단히 계속 구성되며, 그것도 각 위상에서, 각 변화단편과 변화미분(Veränderungsdifferential)(초기정립[Ansatz])에서 구성된다. 즉 정사각형 평면은 관점적 음영 형식을 지닌 채 자체현존한다. 파악들이나 현출들 전체는 연속적으로 흘러가면서 부단한 부합 관계를 맺음이 분명하다. 이러한 부합은 대상에의 향함의 동일성을 전제하고 포함하는 것이다. 그리고 우리가 정사각형의 현실적 현시에 국한하기 때문에, 이는 단순한

131) (역주) 파악이 파악내용에 의미를 부여('생기화')하여 대상을 구성할 때, 파악내용은 파악을 '적재한다(tragen)'거나 '겪는다(erfahren)' 등으로 표현할 수 있다.

부합이 아니라 의미 동일성이다. 이는 연속적이고 동일화하는 합치라고, 그것도 의미 합치라고 말할 수 있다. 그러나 현실적 동일화가 일어나는 것은 아니고, 다만 동질적 흐름의 어떤 통일성만 일어나는 것이다. 이 통일성은 그 본질에 있어서, 다양한 강조가 가능함과 이 강조된 것들의 동일화가 가능함을 내포한다. 그런데 본질에 기초하고 있는 바로 이러한 가능성 때문에 다음과 같이 말하는 것이 정당하다. (본래적으로 현출하는 규정에 대응하며, 본질적으로 서로 융합되어 연속체를 이루는) 현시들을 지배하는 것은 연속적인 의미 통일성이다. 이 의미 통일성에 의하여, 동일한 정사각형 평면, 지속하면서 동일한 불변의 정사각형 평면에 대한 의식이 구성된다. 그러나 이러한 현시의 본질에는 더 많은 것이 들어 있다.

지각에서 현출 계열이 연속적 통일을 이루며 경과할 때, 변화의 최초의 초기정립, 곧 이른바 운동미분이 이미 이러한 경과의 '방향'을 규정한다. 이와 더불어 연속적으로 시작되고 충족되는 지향들로 이루어진 하나의 체계가 주어진다. 정상적 지각에서 이 지향들은 예상 지향들이다. (현출 계열은 어떤 목적론[Teleologie]에 의해 철저히 지배된다.) 각 위상은 다음 위상을 지시한다. 물론 이것은 우리가 이 현출들을 바라본다는 의미는 아니다. 지각의 흘러감에 있어서 우리는 [이 현출들이 아니라] 대상적인 것을 향해 있기 때문이다. 하지만 모든 음영은 바로 정사각형의 음영이고, 모든 음영은 '정사각형을 현출시킨다.' 하지만 각 위상이 그렇게 하는 방식은 서로 다르다. 각 위상은 이전 위상이 (바로 그렇게는) 아직 가져오지 못한 어떤 것을 가져온다. 그리고 각 위상은 앞을 향해 지시한다. 다시 말해 우리는 현출들의 흐름에서, 대상 음영들의 흐름에서, 음영에서 음영으로 이끌려감을 느낀다. 각 음영은 연속성을 지닌 채 대상적으로 앞을 향해 지시하며, 그러한 앞으로의 지시에서 각 음영은 이제 올 것에 대한 예감이다. 이 예감, 이 암시, 이 지향은 충족된다. 그러면 일면적 조망(Anblick)은 '전면적' 조망으로 확대된다. 우리는 (비록 단일 규정이 자체소여되더라도) 단일 규정에서조차, 이 규정이 무엇인지를 단일 음영을 지닌 하나의 조망에서 경험하는 것이 아니라, 음영들이 다 흘러가야 비로소 경험한다. 이 단일 규정은 음영들이 다 흘러가야 비로소 완전하고 '전면적'으로 주어지는 것이다. 그리고 이러한 완전한 소여는 통일성 의식에서 구성되는데, 이 의식은 지향과 충족의 연속적 상호내속(Ineinander)이다.[132)]

그러나 우리는 신중해야 한다. 완전성에는 다양한 정도와 단계가 있는 것이다. 연속적 계열 중 큰 단편은 작은 단편 및 불변 현출보다 소여가 풍부함을 뜻하다. 그렇지만 우리가 육면체의 정사각형을

132) (원주) 이러한 상황을 고려한다면, 끊임없는 충족에 있어서 "그것은 이러하고 현실적으로 이러하다."라는 의식이 있음이 드러난다. 그러면 우리는 절대적으로 불변하는 어떤 지각이 어떤 소여의식이라고 이미 주장될 수 있을지 의심할 수 있다. 이러한 지각은 허구이다. 눈이 아주 미세하게 흔들리기만 해도 이미 지향과 충족이 작동하는 것이다. 그러나 폭풍우 치는 밤의 번개는?

(보이기 시작하는 순간에서부터 다시 사라지는 순간까지) 따라간다면, 이는 (닫힌 계열이기는 하지만) 절대적으로 완전한 소여를 구성하는 연속체는 아니다. 육면체는 다양한 방식으로 다르게 움직일 수 있기 때문이다. 이것은 다양한 축을 중심으로 회전할 수 있고, 가까워지거나 멀어질 수 있으며, 이동하면서 회전할 수 있다. 현출은 언제나 다르게 변화할 수 있다. 더 좁혀 말하면, 우리가 사례로 든 정사각형 평면의 음영들은 언제나 다른 방식으로 변화할 수 있다. 이 모든 연속적 계열들은 서로 간에 법칙적인 본질 연관을 맺고 있다. 이 계열들 자체가 서로에게 연속적으로 이어지고 있는 것이다. 이러한 계열들을 모두 아우르는 통일체에서야 비로소 정사각형은 현실적으로 '전면에서' 완전하게 주어진다.[133] 이 정사각형이 이 정사각형인 것은 오직 이 음영들 혹은 음영 가능성들의 체계적 통일체에서 동일한 것으로서 그러하다.

---

133) (역주) 하나의 가능한 현출 계열은 그 자체로 다수 현출들의 연관이지만, 이 현출 계열은 또 다른 가능한 현출 계열과도 어떤 연관을 맺고 있다. 이후에 상론하는 것처럼, 이러한 현출 계열들은 키네스테제 계열들(가령 '가까워짐'이나 '멀어짐')에 의해 동기화되므로, 현출 계열들 간의 연관은 키네스테제 계열들 간의 연관과 함수 관계를 맺고 있다. 이러한 가능한 현출 계열들을 모두 아우르는 어떤 이념적 통일체에서야 비로소 하나의 대상이 완전하게 주어질 텐데, 물론 이는 하나의 이념(Idee)일 뿐이다.

§31 시간 대상성과 달리 공간 대상성에서의 현출 계열의 역전 가능성

다음을 확인하는 것이 중요하다. 모든 변화 방향이 역전(Umkehr)될 수 있음은 여기에서 본질적 근거를 지니는 가능성이다. 정사각형이 오른쪽에서 왼쪽으로 회전하거나 왼쪽에서 오른쪽으로 회전해도, 내가 이쪽으로 움직여 돌거나 저쪽으로 움직여 돌아도, 마찬가지이다. 어찌 되었든 동일 정사각형이 도는 것이고, 내 움직임이 역전되어도 동일 정사각형이 여기 있다. 현상학적으로 말해보자. 연속적 질서가 역전되더라도, 다시 말해 정확히 역전된 일련의 현출들이 시간의 진행을 채우더라도, (현출 연속체에 있어서 주어지는 것으로서) 현시되는 대상성은 여전히 동일하다. 더 낫게 표현해보자. 이 구성하는 현시의 본질은, 역전된 현시가 동일 대상성을 내어주는 것이 이념적으로 가능하다는 것이다. 나아가 역전되는 현시는 완전한 소여 구성을 위한 본질적 요소이다. 그러나 모든 지각 대상에서 그렇지는 않음을 곧바로 이 자리에서 말해두어야 한다. 가령 우리가 '선율'이라고 부르는 대상(그러나 정적 통일체로서의 선율이 아니라, 음들의 통일적이고 개체적인 잇따름[Folge])과 같이 시간을 채우는(시간에 분산된) 대상성들은 현출 연속체에서, 또는 현출 계열에서 구성된다. 그러나 여기에서는 일반적으로 [현시가] 역전되면 이 대상은 유지되지 않는다. 나아가 무엇보다 이러한 대상은 완전한 소여를 위해서 역전이 전혀 필요하지 않다. 그러니까 이는 우리가 공간사물(Raumding)이라고 부르는 대상성들의 종별적 특유함이다.

우리가 예로 든 음들의 잇따름은 수반 규정이라는 방식으로 대상성들과 관계를 맺을 수도 있다. 이 때문에 우리는 사물에 있어 본래적으로 구성적인 규정들(공간적 규정들과 공간을 본래적으로 채우는 규정들)로 서술을 제한해야 하는 것이 아닌지 궁리하게 된다. 이런 서술은 일차적으로는 사물성을 애초에 가능하게 하는 이런 규정들에 대한 것이기 때문이다. 넓은 의미에서 채우는 수반 규정들은 제외하는 편이 낫다. 물론 이들에게도 몇 가지 서술은 마찬가지로 적용된다. 예를 들어, 증기기관이 계속해서 똑같이 불변하는 새된 소리를 낸다면, (우리가 가까워지다가 멀어지거나, 아니면 다시 거꾸로 멀어지다가 가까워지거나) 이 소리는 동일하다. 여기에도 음영 연속체가 있으며, 이 연속체는 역전될 수 있고 역전된 채로 소여를 함께 구성할 수 있다. 그러나 우리의 관심은 모든 사물성의 핵(이른바 근본사물[Urding])에 있는데, 이는 수반 규정이 없다고 치부해도 이미 완전한 사물성을 이루는 것이다.

6장

공간사물의 충전적 지각의 가능성과 의미

§32 지각 과정에서의 지향과 충족. 소여의 채움의 증가와 감소

연속적 현출 다양체에서 정사각형 평면의 소여나 이 소여의 한 노선(Linie)이 일어날 때, 이러한 현출 다양체를 기반으로 하여 우리는 또 다른 관찰을 할 수 있다. 파악 연속체에는 끊임없는 지향과 충족의 놀이(Spiel)가 일어난다. 우리는 이를 다음과 같이 이해한다. 이행에 있어서 운동미분에 의해 방향이 지시되자마자, 예기(Vordeutung)들과 예기들에 대한 충족이 끊임없이 일어난다. 이때 운동이 어느 방향으로 일어나더라도, 이 예기들은 하나의 전체현시로부터 다른 전체현시로 향하고, (이와 더불어 두드러지는) 각 현시계기로부터 이에 연속적으로 이어지는 각 계기로 향하면서, 연속체를 따라서 계속 나아간다. 정사각형은 늘 새로운 음영을 가지면서 늘 새로운 방식으로 주어진다. 새로운 각 음영은 이러한 진행 방향에 '속하며', ('지향적으로' 여기 속한 것으로서) 이 경과 방향에 배속된다. 그러나 여기에서 서로 얽힌 지향과 충족의 놀이에는 보다 좁은 다른 놀이도 있음을 유의해야 한다. 육면체라는 시각적 근본사물을 특별히 고찰하면서, 특히 정사각형 평면을 주목해보자. 가령 육면체가 회전할 때 정사각형은 새롭게 본래적으로 현출하는데, 이는 덜 명료하고 '불완전하게' 현시에서 일어나는 희미한 암시(Andeutung)이다. 회전이 더 진행될수록, 이 현시는 더 명료해지고 더 완전해지며, 마침내 최고점 또는 정점에 도달한다. 정사각형은 이러한 변화 방향에 있어서는 여기에서 '최선으로' 현시되는 것이다. 그러나 이런 변화가 계속되면 이 현시는 다시 덜 완전해지고, 이렇게 계속해서 나아가면 희미한 암시가 되었다가 완전하게 사라진다.

이는 눈으로 포착하는 정사각형 평면에 있어서, 기하학적 형태, 시각적 채움, 색채라는 모든 관점에서 타당하다. 이러한 상황에서 다음과 같이 말할 수 있다. 우리는 처음부터 색채를 보지만, 색채는 '점점 더, 정말 그러한 대로' 드러난다. 우리는 색채를 점점 잘 보고 마침내 가장 잘 보게 된다. 즉 (유리한 경우에는 바로 이렇게 표현할 수 있는데) 정말 그러한 대로 보게 된다.

이런 표현들 뒤에는 분명 (대상에 대한 현시인 현출들에 속하며 이 현출들의 본질에 기초를 둔) 특수한 통일성의 형식들이 숨어 있다. 이 형식들에는 우리가 (사정에 따라서) 소여의 채움(Gegebenheitsfülle)의 증가(Steigerung)나 감소(Minderung)라고 부르는 것, '지각에서 주어짐'이 연속적으로 더 완전해지거나 덜 완전해짐이라고 부르는 것이 속한다. 그러나 우리는 이것 이상을 이야기한다. 우리는 한 번 완전함을 누린 후에는 불완전한 것에 결코 만족하지 않는다. 불완전한 것은 무언가를 결여하고 있으며, (그것이 체험된다면 우리를 만족시킬) 어떤 완전한 것을 지시하는 것이다. 여기에서도 마찬가지이다. 우리의 사례에서는 불완전한 것도 이미 소여의식이다. 사물의 계기는 지각의 방식으로 현출하는 것이다. 그러나 이 소여의식은 완성된 것으로 간주되지 않고 단적으로 타당하지 않으며, 스스로를 넘어 지시한다. 이는 본래적으로 의향되는 것에 대한 암시이다. 이에 따라 이 소여의식은 (더 완전한 현시들을 향하여 지시하고, 대상이 더 완전한 방식으로 주어질 때의 '대상 자체'를 지시하는) 지향들을 품고 있다. 그리고 이 지향들은 (그 본질에 있어서 매개하는) 현시들의 매개(Medium)를 통해 지시하며, 이러한 현시들의 경과는 하나의 일관적 지향에 의해 지배된다. 이 지향은 끊임없이 충족되며 유리한 경우에는 결국 목표에 이른 후 만족하며 이 소여에서 멈춘다. 여기에서는 소여의 채움이라는 관점에서 더 이상 부족함이 없다. 역방향의 경과에는 이러한 충족의 상관자가 있는데, 이는 목표로부터 끊임없이 멀어지는 '비움(Entleerung)'이다. 이때에도 이 목표는 여전히 각 현시 위상에서 '지향되는 것'이다.

충족의 증가 계열 혹은 소여의 완전함의 증가 계열은 그때그때 한계점 또는 한계지대에서 끝난다. 이 한계점 또는 한계지대는 증가가 감소로 바뀌는 전환점이다. 감소 계열의 견지에서 보면, 현출의 영점이 감소한계인데, 실은 이 점에서 비로소 해당 계기의 현출이 시작되는 것이다. 우리는 이러한 지향과 충족이 앞서 이야기한 것과는 완전히 다르며 이것의 통일성 형식도 완전히 다름을 알게 된다. 앞서 이야기한 것은 임의의 변화 계열로서, 이 계열 자체에 지향들(그때그때 위상들을 따라가며 위상에서 위상으로 나아가는 지시들)의 연관이 속했다. 그것은 친숙한 연관에서, 연속적 공속의 노선에서, '앞으로 이끌림'이었다. 그리고 이 움직임은 이리로 갈 수도 있고 저리로 갈 수도 있었으며, 좋은 소여나 나쁜 소여를 실현할 수 있었다. 여기에서 (일관적 지향의 토대를 제공하는) 통일성 형식은 모든 연속적 종합 일반의 본질에 속하는 일반적 형식이었다. 그러나 지금의 사례에서 지향은 이와는 다른 방식으로 현출의 '의미(Sinn)'를 장악하고 이 의미를 지배하며 관통하는 지향들이다. 처음 떠오르는 현출도 이미 뜻(Bedeutung)이고 이미 소여를 뜻한다. 그러나 이 현출은 아직 어떤 것을 향해(auf) 가리키고자(deuten) 한다. 어떤 것을 향해 가리키는가? (비록 이미 첫 현출과 그다음의 각 현시 위상들에서 대상적으로 현시되지만) 아직 그것이 현시되어야 하는 그대로 현시되지 않은 어떤 것을 향해 가리킨다. 다시 말해, 아직 완전히 현시되지 않았으며 (물론 이어지는 위상들에서 점점 완전하게 현시되기는 하지만) 특정 위상(증가를 겨냥해 움직이는 방향의 최고점)에서야 비로소 상대적으로 가장 완전하게 현시되는 어떤 것을 향해 가리킨다. 불완전한 위상은, 이렇게 주어지는 대상성을 향해 가리키고자 한다. 만일 상상에서 불완전한 위상이 떠오른다면, ("바로 그렇지."라는) 충족의식에서 이 상상 현시는 살아 있는(lebendig) 현시와 합일된다. 그러나 상상이 이 놀이에 끼어들든 말든, 아니 심지어 이러한 움직임이 현행적으로 일어나든 말든, 뜻은 있다. 그리고 이 뜻의 본질에는, (구성이 증가하면서 현시 연속체가 [함축된 잠재성을] 외현하는 가운데) 가능한 충족을 향하는 '지시(Hinweis)'가 들어있다. 그러나 이 지시는 잠재적일 따름이다. [이에 비해] 현행적으로 경과하는 증가 계열(연속적인 지각 종합)에서는 이 지시는 단순한 뜻 이상이다. 이 지시는 뜻 안에 살아 있으면서 뜻을 관통하고 뜻 연속체를 관통하는 지향이며, (해당 방향과 관점에서 스스로를 드러내고 또 드러내야 하는) 완전한 '자체'를 향한 지향이다. 해당 현출 연속체를 관통하고 이 연속체의 의미 통일체를 관통하는 이 지향은 소여의식의 연속적 증가에서 연속적으로 충족된다. 그러나 최대점인 한계점에서야 비로소 증가의 목표에 도달한다. 즉 이 상태에서의 지향은 더는 충족을 지시하지 않는다. 지향적 운동의 이 위상에서는 지향이 곧 도달한 목표의 의식이다. 지향과 충족의 이러한 놀이가 연속적 종합 내부에서 특별한 통일성 형식들에 기초하여 이루어짐은 곧바로 분명해진다. (일반적으로든, 주의라는 태도가 지배하든 간에) 연속적 종합의 모든 구간이 우리가 소여의식 증가라고 잠정적으로 이름붙인 이러한 특유한 구조를 지니는 것은 아니다.

상술한 지향과 충족의 관계에 대한 또 다른 사례는 가까워짐과 멀어짐이다. (가령 멀리 있는 궁전의 정면과 같은) 어떤 규정이 처음 보이고, 가까워짐에 따라 현출이 연속적으로 변하다가, 결국 대상이 가장 잘 현시된다. 해당 변화 계열 중 가장 유리한 하나의 음영에서, 전체는 최선의 형태로 현시된다. 그렇다고 해도, 이 음영이 반드시 대상의 모든 부분에 대해서 최선의 음영인 것은 아니다. 예를 들어, 내가 점점 가까이 다가간다면, (벽의 이러저러한 부분에서) 정면의 표면 성질은 더 잘 보이지만, 정면의 전체 조망은 잃게 된다. 내가 각 부분에 대해 이렇게 행동할 때, 이로부터 가장 유리한 전체음영으로부터 국부음영들로의 여타 변화 계열들이 생겨난다. 이 국부음영들은 (연속적 통일체 의식에서의 이러한 변화 계열들에서) 벽의 동일 부분들로 포착되고 어떤 의미로는 전체음영 안으로 등록된다. 말하자면, 여기 짜 넣어지는 국부파악들은 여전히 (완전성의 증가라는 방식에서 충족될) 지향들을 담지하고 있는 것이다.

(벽면들이 지닌 고유한 규정만이 아니라) 벽면들의 집 전체에 대한 공간적 관계를 다룬다면, 또는 애초부터 집 자체나 (돌출한 발코니의 형상 같은) 집 자체의 전적으로 공간적인 부분을 다룬다면, 단순한 '접근'만으로는 아직 모든 지향을 충족하지 못한다. 이러한 변화 방향에 있어서 최선의 조망에 도달했다고 하더라도, 새로운 변화

의 길들이 필요할 것이다. 우리는 이 물체 주위를 이리저리 돌아서 움직여보아야, (상대적으로 최선인 이 현시들의 구역에서) 물체의 형상과 물체의 색채에 대한 명료한 소여의식을 얻을 수 있다. 이러한 현시들 중에서 또다시 하나의 현시나 하나의 연속적 구역이 특출한데, 이들이 이러한 견지에서 최선의 것을 제공하기 때문이다. 그러면 우리는 지향적 지시들에 있어서 이들을 향해 이끌릴 것이다.

나아가 여기에는 주시(fixieren)하는 눈의 움직임에 대응하는 변화 다양체가 있는데, 이 주시하는 눈은 가령 정지한 사물의 이쪽 면의 모든 부분을 한 점 한 점 가장 명료하게 보는 것이다. 이 경우 이쪽 면에 대응하는 것은 (하나의 음영이 아니라) 이차원적이고 연속적인 음영체계이다. 각 음영에는 경계가 없고 작은, 명료한 부분이 있는데, 여기에서는 이에 대응하는 사물 계기가 상대적으로 완전하게 현시된다. 이 부분은 점점 넓어지면서 덜 명료해지는 구역들과 경계 없이 이어진다. 가령 나는 내 앞에 놓인 인쇄면의 한 단어를 주시한다. 이 단어는 상대적으로 명료하게 나타나고, 그중에서도 한 글자가 가장 명료하게, 그것도 눈에서 거리가 정상적인 경우 완벽하게 명료하게 나타난다. 그 옆 글자와 또 그 옆 글자만 해도 벌써 덜 명료해진다. 이렇게 계속 이어진다. 즉 월등하게 대다수의 것은 모호한 '무어라 말할 수 없음(je ne sais quoi)'인데, 이는 시야의 테두리(Rand)로 갈수록 계속 덜 명료해지며, 미규정적 일반성으로서 어떤 활자로는 파악되지만 규정적 세목은 포착되지 않는다.

이제 한 글줄을 따라 눈을 움직여보자. 그러면 시야가 바뀌는 연속적 계열이 일어나는데, 이 시야들은 의미 통일성에 의해 서로 연관된다. 명료하지 않던 것이 계속해서 명료해지고, 새로운 단어들이 계속해서 밝은 빛의 권역(Kreis) 안으로 들어선다. 반면에 이미 밝은 빛을 받던 단어들은 계속해서 다시 어스름하거나 캄캄한 배경으로 들어선다. 그리고 항상 지향과 충족의 놀이가 벌어진다. 명료하지 않은 것은 다가올 명료한 것을 지시한다. 즉 원래 명료하지 않은 것이 의향하고 현시했던 것이 이제 명료하게 증시되는데, 적어도 상대적으로라도 그렇게 증시된다. 왜냐하면 해당 변화 방향에서는 최선의 현시이더라도 다른 변화 방향에서는 여전히 불완전하므로, (충족 증가를 요구하고 때로는 겪기도 하는) 지시들을 아직도 담지하고 있을 수 있기 때문이다.

이런 관계는 촉각 사물에도 없지 않다. (책상 위에 손을 올려놓고 글을 쓸 때 이 손이 촉각적으로 지각하는) 바로 이 책상을 더 잘 지각하려면, 손가락 끝으로 책상 표면을 만지면서 훑어야 한다. 여기에서도 각 대상성이 현시할 가능성은 여럿이며, 여기에는 (최선의 전체현시이거나 최선의 국부현시이거나 간에) 최선의 현시가 있다. (손바닥으로 움켜쥔 공을 최선으로 명료하게 파악하려면 손가락 끝으로 한 점씩 만져야 한다.) 그러나 여기에서 (여러 현시들이 단지 그 자체로 서로에게 연속적으로 넘어감이 아니라) 서로 다른 현시들의 동일성을 포착하는 데에는, 시각 공간의 연속체 및 (이와 더불어 일어나는) 변화 계열의 연속체가 상당히 유용한 매개가 된다.

§33 상세규정 과정에서의 비본래적 현출의 역할. 충전적 지각이라는 이상

그러나 그러한 복잡한 논의는 제쳐두도록 하자. 연속적 종합의 구조를 더 완전하게 연구하려면, 우선 이제까지 고려하지 않은 비본래적 현출 계기들을 끌어들여야 한다. 연속적 종합의 흐름에서는 비본래적 현출 계기들에서도 의미 부합이 일어남은 두말할 나위도 없다. 이러한 계기들의 복합체는 이제 흐르면서 계속 비본래적 현출로 남을 수도 있는데, 이때 변하거나 변하지 않을 수 있으며, 변하는 경우에는 풍부화나 상세규정이라는 형식일 수 있다. 이것이 풍부화인 이유는, 파악의 전체 틀에 새로운 파악계기들의 채움이 끼워지기 때문(심리학적으로 말한다면, 새로운 연상 성향들이 각성되기 때문)이다. 그러나 이는 기존 파악의 변양이라는 의미에서만 그럴 수 있는데, 이 기존 파악은 계속해서 구체적 대상성을 나타나게 하는 것으로 전제되는 것이다. 이 구체적 대상성은 (비록 모호하고 여러 면에서 미규정적으로 파악되더라도) 그 자체로는 완전하게 규정된 어떤 것이다. 그러니까 풍부해진 파악의 의미에서 이 대상성은 더 많은 규정들과 결부될 뿐만 아니라, 변화하지는 않았더라도 어떤 관점에서는 '다른 것'이며 이전과는 다르게 나타나는 것이다. 색채는 동질적으로 나타나고, 이제 색채의 통일성에 다채로운 색채의 특수성들과 불연속성들 등을 끼워 넣는다. 즉 이제 색채는 처음 나타났을 때보다 더 풍부해진 색채이다. 그러나 이 색채는 [처음 색채와] 다른 색채이기도 하다. 왜냐하면 사실 [처음 색채와] 동질적이지 않기 때문이다. 그러므로 풍부화는 필연적으로 상이규정(Andersbestimmung)이기도 하다. 속성에 있어서 그럴 수 있는데, 이 속성은 기하학적 몸체는 동일하게 유지하면서도 이 몸체를 상이한 방식으로 질적으로 규정하는 것이다. 또는 몸체 자체에 있어서도 그럴 수 있는데, 경우에 따라서는 이 몸체의 확대(Erweiterung)나 축소(Verengung)에 있어서 그렇다. 이런 일이 진행됨에 따라, 원래 파악되었던 것이 한갓된 단편임이 드러날 수도 있다. 즉 단순한 단편으로 간주되고 단순한 단편으로 (비본래적 파악이더라도) 파악될 수도 있다. 그러니까 이런 변양들은 현출하는 대상이 선행하는 파악에서와는 다른 대상으로 현출하게 하는데, (이 대상의 부분들과 규정들이 더 많이 채워지기 때문에) 대상을 풍부하게 하는 변양들이기도 하다. 그뿐만 아니라, 더 상세하게 규정할 수도 있다. 즉 현출흐름이 진행되면서 파악들이 변양되어, 넓은 규정을 좁은 규정으로 전환시킨다. 상이규정과 상세규정의 현상학에 대해서는 이미 앞서 언급했다. 물론 앞서 말한 것은 연속적 종합이라는 현재 사례에 곧바로 적용된다. 우리는 이러한 변양들을, 비본래적이고 계속 비본래적으로 머무는 파악계기들의 흐름 안에서의 가능성들로 생각해본 것이다.

그러나 또 다른 종합의 사건은 [이를테면 뒷면의] 비본래성이 본래성으로 전환되는 것이다. 빈 지향이 찬 지향으로 전환된다. (적어도 그것의 선경험적 확장이라는 견지에서는 필연적으로 연속적인) 그때그때 현시하는 내용 복합체가 변양하여 빈 파악요소들을 채우고, 비본래적 파악 자리에 본래적 파악을 만든다. 그러나 이와 마찬가지로 필연적으로 (그때그때 변화 계열의 유형에 따라) [이를테면 앞면의] 본래적 현출계기들이 비본래적 현출계기들로 거꾸로 전환할 수 있고 전환해야 한다. 즉 현시하는 채움이 사라진다. 처음에는 이 채움은 줄어들며, 이 채움의 본래적 현시계기들은 더 빈약해지고, 이 채움의 본래적 현출 내부에 이미 비본래성의 계기를, 혼동(Verworrenheit)을 담고 있다. 그다음에 이 채움은 완전히 사라지고 빈 파악만 남으며, 이때 (적어도 가능한 일이지만) 규정도 점차 줄어든다.

이 모든 사건은 우리가 더 좁은 영역에서 소여의 증감이라고 불렀던 것에도 해당된다. 다시 말해, 우리는 먼저 본래적 현출의 계기들에만 유의했고 소여의식의 증가가능성들에만 유의했다. 자세히 살펴보면, 여기[비본래적 현출의 본래적 현출로의 전환]에서도 부분적으로는 내적 규정의 풍부화 혹은 차이의 풍부화가 증가하고, 부분적으로는 상세규정이 증가한다. (이때 이 연관에서 그때그때 새로운 것에의 동기가 있으며, 이 새로운 것이 이 연관에 속하는 것으로서 끼워 넣어진다.) 어쩌면 우리가 말해야 할 것은, 여기 덧붙여서 채움의 지향에서 어떤 증가가 있다는 것이다. 이런 일이 분명하게 드러나는 것은 가령 다음과 같은 경우이다. 동질적 색채를 지닌 평면이, 관점적 현시(Perspektivdarstellung)가 점점 넓어지는 가운데 현출한다. 이 평면은 내적 차이와 파악 규정이 커지지 않으면서도, 상응하는 연속적 현출 계열에서 '그 진정한 존재에 있어' '최선으로' 현시되는 그러한 현시에 점점 더 다가간다. 그러니까 이러한 커지는 지향도 여기에서 본질적으로 함께 작동하는 계기이다.

따라서 우리는 연속적 종합의 내적 구조를 연구하면 (풍부해지거나 빈약해지거나, 연속적 이행의 모든 위상들에서) 언제나 어떤 견지에서는 이것[풍부해짐]을, 다른 견지에서는 저것[빈약해짐]을 발견한다. 소여의식은 어떤 견지에서는 더 완전해져서 대상적 계기를 더 잘 나타나게 하지만, 다른 견지에서는 더 나빠진다. 그러나 (가능한 연속적 종합들 중에서) 어떤 종합이나 이 종합의 몇몇 구간이 두드러지는데, 이들에서는 때로는 (눈으로 포착되는 대상적 계기들의 견지에서) 완전성이 계속 증가하거나, 때로는 (위상에서 위상으로 이어지면서) 소여의 채움과 완전성이 계속 감소하고 줄어드는 것이다. 그러나 전체적으로 연속적 종합은 그때그때 마치 증가와 감소의 국부종합들로 짜인 편물(Geflecht)과 같은데, 이때 물론 이 편물을 이루는 개별 실들은 독립적이지 않고 독립적일 수도 없다.

더 완전한 소여에서 덜 완전한 소여로 계속 나아갈 때, 연속적 종합은 소여 채움이 비워지고 줄어든다는 특징을 지닌다. 다른 방향에서는, 충족의 통일형식(Einheitsform)이 있다. 즉 한편으로는 비어 있고 포화되지 않은 소여의식이 통일적이 되고, 다른 한편으로는 차 있고 (적어도 상대적으로) 포화된 소여의식이 통일적이 된다. 현출에는 증가 계기, 상대적 포화(Sättigung) 계기, 상대적 충만이나 공허의 계기가 있는데, 이들이 대상성을 주어지게 하는 방식과 관련하여 그러하다.

우리는 방금 충족(Erfüllung)이라는 단어를 현출들의 통일형식이라는 견지에서 사용했다. 그러나 이 단어는 이러한 통일형식을 주재(主宰)하고 이러한 통일형식을 가로질러 지배하는 '지향(Intention)'에 관계할 수도 있다. 이 지향은 이제 (종합에서 더 풍부하게 채워지고 충족되는) 현시 자체로 간주되는 것이 아니라, 증가 방향의 의미를 따라가는 의향으로 간주된다. 예상이 (그것의 기초가 되는 표상에 의하여) 다가올 것을 향하고, 특정한 표상 경과를 가로질러 충족되는 것처럼, 여기에서 증가 노선을 관통하는 지향도 그러하다.

완전한 소여에서의 대상성으로 '향함을 느낌'은 (현출들이 연속적으로 경과하는) 앞서 서술한 통일형식을 전제할 뿐만 아니라, 이러한 형식에 의해서 필연적으로 함께 주어진다. 다만 전제는, 증가 계열에서 현시되는 계기가 주의에 의해 두드러진다는 것이다. 그러나 어쨌든 이 통일형식 자체는 이 형식에서 주재하고 있는 '무엇에의 지향(Intention auf)'과는 구별해야 한다. 물론 이 구별은 어렵다. 가장 먼저 할 일은, 파악 자체는 의향하는 지향으로서 고정해두고,

증가 의식이나 감소 의식 자체를, 현시들의 유관한 통일형식을, 여기서 문제가 되는 유일한 것으로 보는 것이다. 이때 사태를 상세히 고찰하면 내게는 목표를 향하는 의향이, 앞서 서술한 구성에서의 현시 연속체와는 다른 새로운 것으로 보인다.

그 밖에도 의향의 이 계기는 분석의 상위 층위에 속한다. 이 의향의 계기라는 명칭 아래에는 (주의 외에도) 현상학적으로 반드시 구별해야 할 다른 것들이 많이 있음을 우리는 보게 될 것이다. 여기에서 우리에게 주요한 문제이고 이제까지 우리의 성찰의 주요 특성이었던 것은 (외현하는[explizieren] 지각의 연속적 연관에서) 한갓된 현출들의 통일형식이다. 저 높은 층위의 '무엇에의 지향'을 강조함이 이러한 견지에서 유용한 것은, 바로 현출들 자체의 통일형식이 어떤 것인지를 우리에게 순수하게 드러내기 때문이다.

소여의 포화 차이들은 (외현하는 지각 다양체에 대응하는) 현출들의 비교를 통해 드러난다. 이러한 포화 차이들이 낳는 물음은, 절대적 포화(모든 견지에서 포화된 어떤 한계점)로 이끌어가는 지각 다양체를 상상할 수 있는가이다. 사물지각은 모두 비충전적이다. 정지한 사물지각은 그것이 단지 일면적이라는 이유 때문에라도 이미 비충전적이다. 변이하는 사물지각은 (물론 점차적으로나 단계적으로 점점 더 다양하고 더 풍부하게 대상을 내어주지만) 절대적 소여라는 목표에 결코 이를 수 없기 때문에 비충전적이다. 이러한 사물지각에서 주어지는 것은 무엇보다도 산발적 방식으로 주어질 뿐이다. 연속하는 현출 다양체는 어떤 현출에서는 이 계기를, 다른 현출에서는 저 계기를 내어준다. 그리고 어떤 한 규정의 견지에서는 완전성 단계까지, 포화의 정도까지 오르더라도, 이전 현출들에서 이미 주어졌던 포화는 잃는다. 하나의 면에서 풍부해지면 다른 면에서는 빈약해진다. 멀리 있어서 아주 불완전하게만 나타나는 대상에 우리가 가까워진다면, 처음에는 우리는 오직 얻기만 한다. 그러나 이것도 물론 딱 이 대상에 있어서만 그렇다. 왜냐하면 사물둘레에 관계하는 전체지각만 해도 이미 빈약해지기 때문이다. 시각장의 좁은 한계는 늘 동일하므로, 이러한 시각장에 들어오는 이 사물의 둘레는 점점 줄어드는 것이다. 하지만 사물 자체에만 국한하면, 우리는 계속해서 더 얻게 된다. 하지만 단순히 가까워진다고 해서 완전히 포화된 소여를 얻을 수는 없다. (질적으로 이러저러한 특징을 지닌) 현출하는 앞면이 완전히 포화된 채 주어진다고 가정해보자. 그러면 다른 면들의 지각이 필요하고, 이 다른 면들로 넘어가면 우리는 첫 번째 변화 계열에서 얻은 것을 잃어버린다. 앞면의 소여를 충만하고 포화된 채로 유지하는 동시에 다른 면들을 볼 수는 없고 최대한 완전한 방식으로 볼 수는 더더욱 없다. 그러니까 완전한 몸체 형상과 (이 형상을 질료화하는 규정들을 지닌) 몸체 표면만 하더라도, 절대적 소여를 향한 이러한 지향이 도달할 수 없는 것이다. 하나의 정지한 지각은 '충전적'일 수 없다고 말한 것이 애당초 옳았다면, 이것은 당연한 것이다. 모든 면에 있어서 절대적으로 증가하는 지각의 다른 위상은 (모든 위상이 그런 것처럼) 확장되어 하나의 정지한 [비충전적] 지각이 될 수 있는 것이다. 이는 인간의 지각이 지닌 우연인가? 아니면, 이러한 사태는 우리가 '외부지각'이라는 명칭으로 포괄하는 지각 유형의 본질인가? 비충전적 지각은 충전적 지각의 가능성을 (우리가 도달할 수 없는 이상으로서) 지시하지 않는가?

이러한 물음의 저변에는 포화 관계라는 견지에서 구축된 어떤 이상(Ideal)이 놓여 있다. 이 이상은 지각 소여에 대한 (우리의 친숙한 삶을 지배하는) 소박한 해석에 의해 정향된 것이다. 사물에서 멀리 있으면서 일면을 보는 입지에 제한되어 사물의 모든 면을 볼 수 없을 때, 그리고 어둡거나 안개가 끼는 등 불리한 지각 조건에서 사물을 지각할 때, 사물은 나타나지만 '정말 그런대로' 나타나지는 않는다. 우리가 그리로 가까워질 때, 그 주위를 돌 수 있을 때, 내부를 들여다보고 여기저기 만져볼 수 있을 때, 쪼개볼 수 있을 때, 빛이 잘 들게 하고 정상적 지각 조건을 만들 때, 비로소 사물이 원래 어떤지를 보고 사물의 참된 성질들을 포착한다. 이제 우리는 이제까지 그랬던 것처럼, 지각 조건과 이에 속하는 변수들을 도외시하여 지각 조건을 애초부터 정상으로 생각하고 절대적 상수처럼 다루거나 절대적 상수로 전제할 수 있을 것이다. 그리고 우리가 운동적 변화에 제한하여 사물을 [운동 외에는] 불변하는 것으로 전제한다면, 실로 포화 차이를, 더 완전하거나 덜 완전한 소여 차이를 발견하고, 특정 방향에서는 완전함의 최대점을 발견한다. 그러니까 그 결과로 어떤 현출이 등장하는 것으로 보이는데, 이 현출은 적어도 대상의 견지에서는, (소여가 증가하는) 대상적 규정의 견지에서는, 더 완전한 소여로, 가장 완전한 소여로 이끌어간다. 곧 해당 지각 계열에서는 최선인 소여로, 달리 말해 일반적으로 보면 상대적으로만 최선인 소여로 이끌어간다. 그러나 현출 계열을 유리하게 선택하더라도, 왜 해당 대상 규정의 절대적으로 최선의 소여, 즉 절대적 소여에는 이르지 못하는가? 사물이 완전하고 전체적으로 주어지지는 않더라도, [사물의] 규정은 그 자체대로 우리에게 주어지고, 충전적으로 주어질 수 있을 것이다. 이에 따라 이제 이 이상은 가능하고 정당한 이상으로 보인다. 이것은 이와 같은 것을 모든 규정들에 있어서, 전체적이고 완전한 사물에 있어서 성취하는 소여라는 이상이다. 모든 견지에서 절대적으로 포만하고 이 대상을 그 자체로, 이것을 그러한 대로 충전적으로 보여주는 현출이라는 이상이다.

그러나 사태를 좀 더 자세히 살펴본다면, 회의적이 된다. 충족연관으로부터 저 이상적 현출을 추출하여 시간적으로 연장해보면, (어떤 사물의 절대적 소여인) 완전하게 구체적인 현출을 가지게 된다. 이러한 소여는 어떤 유형일 것인가? 이 소여에는 비본래적 소여라고는 전혀 없을 것이어서, 뒷면도 없을 것이고 현시 없는 내부도 없을 것이다. 이것에는 미규정성도 없을 것이고, 이것은 철두철미 본래적 현출이자 완전히 규정하는 현출일 것이다. 그렇다면 여기에도 현출, 현출하는 것, 이로써 정립되는 초재자라는 구별이 여전히 있을 것인가? 여기에서 현출은 한갓된 음영이 아니고, 충족되지 않으며 말하자면 스스로를 넘어가는 파악계기가 조금도 들어 있지 않을 것이기 때문이다. 언뜻 보기에 이는 전적으로 상상 가능해 보인다. 다시 말해, 내실적으로 내재적인 지각의 방식으로 그렇다. 시각장에서 시각적 내용들의 확장에 주목하고 이들이 지금 주어지는 대로 대상화할 때, 우리는 이러한 지각을 가진다. 이렇게 상상할 수 있을 것이다. 무한하게 완전한 지성이라면 사물과 세계 전체에 대해 순수한 직관을 가질 것이다. 이 지성의 시각장에는 질적으로 이러저러하게 다 채워진 이러저러한 형상들이 있는데, 이들이 사물이다. 물론 우리의 시각장은 이차원이지만, 이제 무한한 지성의 시각장은 삼차원이다. 이는 '객관적 공간'이다. 이 공간은 여러 방식으로 구획될 수 있다. 다시 말해, 분리하는 질의 펼침에 의하여 서로 달리 구분될 수 있고, 각 시간계기에 대응하여 서로 달리 구분될 수 있다. 꽉 채워진 형상들로 이루어진 이 다양체는 해당 시간계기에서의 '세계'이다. 그렇지만 이런 사태에는 심각한 의문이 제기된다. 시각장은 공간이 아니고, 이러한 장의 절편(Ausschnitt)은 사물이 아니다. 우리에게도 그렇고 전능한 신에게도 그렇다. 그렇지만 운동에 있어서는 어떠한가?

§34 장에서의 운동과 위치—객관적 운동과 위치

사물의 한낱 운동적 변화 계열에 있어서, 사물 자체는 전적으로 불변이다. 전체로서나, 그것을 구성하는 모든 규정에 있어서나, 이 사물은 개체적으로 동일자이다. ('외부지각'에서 자신의 의미를 증시하는) 사물성의 의미에 의거해, 이는 명증하다. 언뜻 보기에, 이는 공간에 대한 저 '장 해석(Feld-Interpretation)'에 있어서도 맞는 것 같다. 그러나 그렇게 보이는 것은 오로지 우리가 그럴듯한 유혹에 넘어갔기 때문이다. 이는 시각장에서 현시하는 내용의 (현출하는 운동에 평행하는) 변화까지 운동으로 간주하려는, 여기에 공간적 의미를 부여하려는 유혹이다. 이는 우리에게 (가령 선경험적 색 등의) 대상적 성질을 현시하는 것을 (가령 대상적 색 등의) 성질 자체와 같다고 간주하거나, 다르더라도 비본질적으로만 다르다고 간주하는 경향이 있는 것과 같으며, 이러한 경향의 결과이기도 하다. 색으로 이러저러하게 덮인 시각장의 절편을 추출 강조하고 내재적으로 지각할 수도 있다. 그러나 이 시각장의 절편은 운동을 겪을 수 있을 사물 대상이 아니다. 이 절편을 매개로 현시되는 사물은 운동하는데, 우리는 이에 평행하게 이러저러한 형태를 지닌 이 내재적 내용도 운동한다고 여긴다. 여기에서 우리는 이미 장을 공간의 한 평면으로 바꿔치기하여, 이 장의 내용이 마치 종이 면 위의 유색 그림자처럼 움직인다고 생각하는 것이다. 그러나 내용은 움직이지 않는다.

왜냐하면 내용의 개체성은 이 충족된 장 단편의 개체성이고, 장 단편은 이 장 단편이지 [운동을 통해 다른 곳에서 나타나는] 다른 장 단편이 아니기 때문이다. 이제 장에서의 유사운동(quasi-Bewegung)이라는 의미에서 내용이 변한다면, 시각장에 있어서 계속 새로운 부분들이 두드러지는 것인데, 이 새로운 부분들은 다른 부분들과 유사할 수도 있고 때로는 선경험적 형상과 색에 있어 똑같을 수도 있다. 그러나 같음(Gleichheit)은 동일함(Identität)이 아니다.[134] 나는 여기에서 심지어 다음과 같은 허구를 허용할 용의도 있다. 즉 분명한 봄과 불분명한 봄의 차이가 모조리 사라지고, 장 전체가 가장 분명한 봄의 순수한 점들로 이루어져 있다는 허구이다. 이러한 절대적으로 동질적인 장에서, 유사운동하는 선경험적 모양이 완전히 똑같다고 해보자. 그렇다고 이 유사운동에서는 운동하는 것의 개체적 동일성은 결코 나타나지 않으며, 다시 말해 진정한 의미의 운동은 결코 나타나지 않는다. 다음과 같은 때라야 비로소 운동이 나타난다. 즉 (매 순간 시각장 절편인) 유사운동하는 내용 자체는 사물이 아니라 사물의 현시이고, 사물은 이러한 현시들의 연속적 변화 중에도 동일한 것일 때라야 비로소 운동이 나타난다. 그러므로 장은

134) (역주) 이 저작에서 대체로 Gleichheit는 질이나 상태의 동일성을, Identität는 수적 동일성을 뜻한다. 따라서 각각 '(똑)같음'과 '동일함'으로 구별해서 옮긴다.

그 자체가 공간이 아니라, 모든 공간적인 것과 (이를 통해) 모든 사물적인 것을 위한 현시장(Darstellungsfeld)이다.

그렇다고 해도 충전한 지각이라는 이상은 아직 박탈되지 않은 것처럼 보인다. 이렇게 말할 수도 있을 것이다. 선경험적 형상을 지닌 내용이 유사운동할 때, 어떤 현시하는 기능이 이 내용을 생기화한다. 이 기능에 의해 이 유사운동에서 개체적 동일자가 구성되어 이 동일자가 각 변화 위상에서 현시된다는 것이다. 그런데 현시는 충족을 요청하거나 허용하지 않는 한에서 충전적 현시일 수 있다. 하지만 나는 그렇게 성급하게 여기에 만족하지 못한다. 우리는 이런 현시로 충분한가? 선경험적 내용의 유사운동을 가로질러 동일한 어떤 현시를 상정하는 것으로 이미 충분하게 운동과 정지, 불변과 변화를 모든 견지에서 구성할 수 있는가? 그리고 이로써 객관적[135] 공간위치를, 공간 일반을 구성할 수 있는가? 저 유사운동의 의미에서 시각적 현시내용이 변양되고 (이와 더불어) 장의 나머지가 변양될 때, 저 동일자는 움직이는가? 아니면, 멈춰 있는가? 그리고 운동의 현출은 어떻게 보이며 정지의 현출은 어떻게 보이는가? 가령 (우리가 지금 계속 '유사운동'이라고 부른) 저 해당 현시 변화는 곧바로 동일

135) (역주) 이 부분에서 객관적(objektiv)은 '대상적(대상에 관련한)'이라는 뜻으로 새겨야 한다. 시각장은 대상 구성의 단계에 아직 이르지 않은 현출들의 복합체이므로, 대상들의 관계를 나타내는 '객관적/대상적' 공간이 아직 아니다.

한 것의 운동을 뜻하고, 현시하는 것의 유사정지(quasi-Ruhe)는 객관적 의미에서 정지를 뜻하는가? 그리고 이와 관련하여, 사물의 위치는 어떠한가? 사물의 위치는 장에서 현시하는 내용의 유사위치(quasi-Lage)에 현시되는가? 그러나 여기에서 우리는 공간이 무한하다는 난점에 봉착한다. (칸트가 말한 대로, 공간은 무한한 양으로 주어지는 것으로 표상된다. 어쨌든 우리는 무한성이 명증함을 의심하지 않는다.) 그러나 장은 유한하다. 이제 전능한 신을 끌어들여 보자. 그렇다고 해도 다음과 같은 명증은 흔들림이 없을 것이다. 즉 하나의 현출, 하나의 전체지각이 무한하게 많은 단편들로 분할될 수 없음은 명증하다. 그리고 모든 무한성은 '직관의 속행에서의 한계 없음'과 같은 것으로, 다시 말해 연속적 지각 다양체들의 이념적 가능성으로 현상학적으로 소급되어야 함도 명증하다.

그리하여 유한한 장의 현시매체(Darstellungsmittel)들은 언젠가 끝에 이른다. 또한 우리는 어쨌든 (바로 이러저러한 장 부분을 통한, 그리고 장 부분의 유사운동이나 유사정지를 통한) 현시로는, 현시되는 것의 객관적 위치, 정지와 운동이 전혀 이루어지지 않음을 알게 된다. 그리고 실로 우리 자신의 시각장은 제한되어 있고 여기에 온갖 선현상적 사건들이 있다. 그러나 객관적 위치는 유사위치를 통해서 곧바로 현시되는 것은 아니다. 사물의 정지는 때로는 불변 현출을 통해서, 그러나 대개는 현출의 변화를 통해서 현시되는데, 이때 현시하는 내용들은 시각장에서 끊임없이 소요한다. 그리고 마지막으로 운동은 시각장의 현시내용들의 유사정지와도 실로 양립 가능하다. 물론 나는 “양립 가능하다.”라고만 말한다. 분명 해당 현시들의 본질에는 오히려 다음이 속한다. 이 현시들은 각각 정지와 운동을 위한 성질을 지니며, 이들이 다른 성질을 지니면 정지는 정지로 현시될 수 없고 운동은 운동으로 현시될 수 없을 것이다.

어쨌든 이러한 고찰로부터 우리는 한갓된 장과 거기에서 가능한 현시매체들(선경험적 질, 이러저러하게 질로 충족되는 선경험적 모양, 선경험적 위치)로는 공간사물을 구성할 가능성이 완전하게 마련되지 않음을 알게 된다. 이러한 가능성에는 바로 공간이 속하고, 모든 방향으로의 무한한 운동 가능성과 특정 위치에서의 정지 가능성 등이 속하는 것이다. 우리가 선경험적 확장과 채움에다 (그때그때 장에 주어지고 유사운동하면서 개체적 동일성을 정립하는) 어떤 현시를 부가한다고 하더라도, 사물 구성 문제를 해결하지는 못한다. 그러나 충전적 현시라는 이상의 실현은 이렇게 (일단은 그럴듯하게) 제공된다. 그런데 이러한 현상학적 실현 방식은 이상 자체의 필연적 귀결이 아닌가? 하지만 잘 생각해보자. 사물이 충전적으로 주어진다고 하자. 그 기하학적 몸체가 하나의 현출에서 본래적 질료화 규정들로 (모든 면, 부분, 점, 점의 채움 등에서, 완전하고 전체적으로) 충족된 채, 음영지지 않고 현실적으로 현시된다고 하자. 그러면 당연히 이른바 사물 전체가 현상에 속한다. 그러면 [사물을] 채우는 계기들이 한 점 한 점 현시에서 대리(vertreten)됨은 명증하다. 즉 연장된 각 질에는 하나의 유사질이, 다시 말해 각 질을 선경험적으로 현시하는 계기가 반드시 대응한다. 확장도 당연히 그렇다. 보이고 나타나는 연장에는 현시매체인 선경험적 확장이 대응한다. 그러니까 사물 전체가 그것의 현시와 말하자면 맞아 떨어진다(zusammenfallen). 즉 선경험적인 감성적 자료들의 연장과 맞아떨어지며, (상호침투하는 감성적 근본사물들 중에서 각 근본사물에 대응하는) 충족된 장 단편과 맞아떨어진다. 그러면 이제 우리는 사물이 아니라 장 단편을 가질 것이다. 아직 무엇이 남아 있는가? 소요하는 장 단편을 하나의 사물현상으로, 개체적 동일자의 현시로 전환시키는 현시만 남는다. 그러나 이러한 현시는 있을 수 없다. 우리는 이렇게도 물어야 한다. 다양한 장에 속하는 장 단편들이 어떻게 동일 사물의 현시들일 수 있는가? 다양한 근본사물들이 어떻게 상호침투하기에, 시각적 사물과 촉각적 사물이 (개체적으로 하나의 공간몸체를 지닌) 동일한 공간사물일 수 있는가? 하나의 사물이 지닌 (질료화하는) 근본질들의 군은, 이념적으로 말한다면 매우 상이할 수 있다. 하지만 (각 군에 속하는 질들을 매개로 완전하게 질료화되는, 즉 장들이 있는 그만큼 다양하게 덮이는) 하나의 동일한 몸체를 지님은 사물의 본질이다. 이러한 난점이 다 해결되더라도, 운동의 난점은 여전히 극복되지 않을 것이다.

§35 유한한 현시매체인 장. 사물지각은 필연적으로 비충전적임

공간은 가능한 위치들로 이루어진 무한한 다양체이고, 따라서 무한히 큰 운동 가능성을 제공한다. 선험적으로 각 사물은 충족된 공간몸체(Raumkörper)이며 운동할 수 있고 그것도 무한히 그러하다. 그러니까 운동이 주어진다는 점, 즉 운동이 현시된다는 점은 선험적으로 보장되어야 한다. 이러한 무한한 위치들 및 무한한 위치변화들을 현시하는 매체들은 어디 있는가? 장이 제공하는 현시매체의 수가 유한함은 확실하고, 장은 두 가지 견지에서 현시매체로 충분할 수 없음이 확실하다. 첫째, 하나의 장 단편에서는 하나의 연속적 몸체가 현시되는데, 장 단편은 구별 가능한 점들의 내적 무한성을 제공할 수 없으므로 (이 장 단편이 매개하는) 기하학적 몸체는 비충전적으로 현시할 수밖에 없다. 이 몸체가 온전히 지각장에 들어온다고 해도 마찬가지이다. 그리고 현시라는 목적을 위해서는 '접근과 이격'과 비슷한 것이 주어져서, 여기에서 (유사크기가 연속적으로 변화하는) 장 단편이 동일한 몸체 계기의 현시로 간주되어야 함을 예견할 수 있다. 여기에 더해서, (부분 및 부분의 부분이 무한하게 겪을 수 있는) 이른바 음영 팽창(Dehnung)[136] 과정이 원칙적으로는 계속 이루어질 수 있다. 전체의 도식에 [이 부분 및 부분의 부분을] 동일화하며 등록시킴으로써, 각 전체현시는, 그리고 최종적으로 각 국부현시는, 계속하여 (완전해질 수 있는) 불완전한 현시로 있게 된다. 우리는 사물 몸체의 연속성이 (계속 풍부화되고 상세규정될 수 있는 음영들을 매개로 한) '비충전적' 지각을 전제함을 알 수 있다.

이와 마찬가지로 장 범위의 외연적 유한성 때문에, 두 번째 종류의 비충전성이 요청된다. 다시 말해, 대상은 운동하면서 장에서 나갈 수 있고 다시 장으로 들어올 수 있으며, 국부적으로는 장으로 들어오고 국부적으로는 그렇지 않을 수도 있다. 물론 이는 계속 가까워지는 과정에서, 하나의 동일한 몸체 단편을 현시하는 장 단편이 계속 더 커질 때에도 해당된다. 결국 우리가 가지는 장 단편은 완전한 현시를 위해 충분히 크지 않게 된다. 우리가 이 '접근'을 우리에게 친숙한 접근과 같은 것으로 생각하든, 아니면 다만 비슷한 것으로 생각하든 간에, 어쨌든 공간의 내포와 외연에서의 (모든 사물이 나름의 방식대로 거기 참여하는) 무한성은 충전적 방식으로 현시될 수 없음이 분명하다. 가능한 각 현시는 제한된 현시매체를 경제적으로 이용해야 한다. 이는 다양성에 있어 유한한 동일한 현시매체가 되

136) (역주) Dehnung은 이 저작에서 다음과 같은 여러 뜻을 지닌다. 1) 사물이 이차원으로 펼쳐져 있는 상태. 이때는 '신장(伸張)', '늘림', '늘어남' 등으로 옮긴다. 2) 크기가 커지는 것과 작아지는 것을 포괄하는 변화. 이때는 '크기변화'로 옮긴다. 3) 크기의 양(陽)의 변화(커짐). 이때는 '팽창'이나 '커짐'으로 옮긴다. 한편, 우리말에서 팽창은 주로 삼차원 부피의 신장을 뜻하지만, 여기에서는 주로 이차원 면적의 신장을 뜻한다. 그러나 다른 역어와의 중복을 피하기 위해 '팽창'으로 옮긴다.

풀이 활동하고, 이런 작동들의 질서가 지닌 순서형식(Reihenform)에 의해 무한성이 현시될 때에야 가능하다. 여기에는 비충전성이 반드시 결부된다. 즉 단일 현출은 가능한 작동들과 현시들의 무한함을 지시할 수 있으나, 그렇게 한다면 이는 바로 이 단일 현출이 [충전성이라는] 지도적 이상의 의미에서 비충전적이라는 것이다.

이러한 고찰은 어떤 면에서는 선험적 고찰이다. 우리는 충전성의 이상을 분석했고, 공간사물성의 본성인 현상학적 구성가능성들을 숙고했다. 이는 사물성이 현상학적으로 구성될 수 있으려면 보장되어야 하는 가능성들이고 필연적 가능성들이다.

이제는 마치 후험적인 방식으로 탐구할 것이다. 나는 "마치(gleichsam)"라고 말했는데, 이는 우리가 여전히 본질 분석에 머물기 때문이다. 그러니까 이제 우리의 이른바 인간적인 공간 직관을 고려할 것인데, 이는 공간 직관이 이른바 충전적 지각이라는 이상을 (자기 안에 포함된 이상적 가능성으로서) 정말로 지시할 수 있는가를 보고자 함이다. 내가 인간적인 공간 직관이라고 말한다고 당혹하지 않기 바란다. 현상학적 환원을 거치면 인간적인 공간 직관은 당연히 더 이상 인간적이지 않다. 다른 한편, 이러한 공간 직관의 이념이, 혹은 경험적 의미의 사물성 구성인 사물 직관이, 더 높은 유 아래의 하나의 종임이 충분히 가능하다. 이 유에는 (이 유의 상관자로서) 더 일반적 의미에서의 사물성이 대응할 수 있을 것이다. 이제까지의 고찰들에 있어서는, 예를 들어 사물 공간이 삼차원인지,

사차원인지 또는 몇 차원인지는 무관하며, 더 나아가 사물 공간이 편평한지 굽어 있는지 등도 무관하다. 여기에서 전제되는 것은 오로지 운동의 의미에 반드시 속하는 자체 조화(Kongruenz)와 연속성이다. 그러니까 이제 '우리의' 사물 직관을, 우리의 사물성을, 그리고 사물성을 현시하는 우리의 방식을 고찰할 것이다. 여기 속하는 현상학적 종들에 유의해야 한다. 먼저, 사물 현시의 본질에는 충전화의 가능성이 포함되어 있음이, 즉 충전화의 가능성이 사물 현시의 이념에 의해 필연적으로 요청됨이 정말인 것으로 보인다. 나는 가능한 증가 계열들에서 최대점에 대해 말한 것을 여러분에게 상기시키고자 한다. 이전에는 나 자신이 여기에서 쉽게 생기는 착각에 빠졌으며, 2년 반 전의 강의에서 이에 대해 잘못된 것을 말했다.[137)]

우리를 애초부터 의심스럽게 만드는 것은 다음과 같은 상황이다. 최대점이 정말로 충전적 소여를 뜻한다면, 사물의 충전적 소여는 아니더라도 사물의 어떤 면이나 어떤 계기의 충전적 소여를 뜻한다면, 우리는 고약한 불충분함에 직면할 것이다. 우리는 사물 직관은 충전적이지 않다고, 전체로서의 사물은 결코 최종적으로 주어질 수 없다고 말했다. 하지만 이러저러한 사물 계기들에 있어서

---

137) (편주) 여기서 말하는 것은 후설이 1904/05년 겨울학기에 행했던 강의 〈현상학과 인식론 개요〉이다. 이 강의의 일부는 『후설전집』 10권 『내적 시간의식의 현상학』으로 출간되었다.

는 점점 더 완전한 현시가 일어날 수 있고, 이는 (그때그때 시작되는 변화 방향에 있어서) 하나의 최선의 현시에서, 추가적 증가가 불필요한 하나의 현출에서 정점에 이르는 것으로 보인다. 좋다. 이러한 최선의 현시를 해당 계기의 충전적 소여로 간주해보자. 하지만 그것은 어떤 계기란 말인가? 하나의 단편일 수는 없다. 왜냐하면 단편은 분명히 하나의 완전한 사물로 따로 독립할 수 있는데, 이러한 하나의 사물에 있어서는 (지각 연관과 현출 연관이라는 형식으로서) 소여의 계속적 외현(Explikation)은 있어도 단일 현출에서의 충전적 외현은 없기 때문이다. 그러니까 그것은 비독립적인 사물 계기일 수밖에 없다. 그렇다면 사물로부터 분리 불가능한 비독립적 계기가 홀로 충전적으로 주어질 수 있을까? 여기에 난점이 있지 않은가? 이와 동시에 여기에는 (충전적 소여를 지각의 내실적 존재로서 간주하는) 소여의 '장 이론'에 반대하는 매우 훌륭한 논변이 놓여 있다. 어떻게 계기는 내실적으로 내재하는데, 이로부터 분리 불가능한 것[사물]은 내실적으로 내재하는 것이 전혀 아닐 수도 있단 말인가?

다음을 고찰해보면 명료해진다. 사물지각의 본질은 사물이 몸소 이러저러하게 나타나는 것으로서, 따라서 이러저러한 규정들을 지닌 것으로서 있다는 것이다. 현출은 현출의 의미에 힘입어, 충족가능성을, 연속적이고 통일적인 현출 연관을 지시한다. 이 현출 연관 안에서 현출 의미는 매 견지에서 실현되며, 따라서 규정들은 '더 완전하게' 주어질 것이다. (자세히 살펴보면, 이러한 가능성이 명증함은 지각현출에 대응하는 상상현출의 가능성이 명증함을 뜻한다. 지각현출의 상상변양인 이 상상현출은 "이러저러한 것이 더 완전하게 주어질 것을 떠올린다."는 것이다. 해당 현출을 연속적인 상상현출 다양체 안으로 배속할 수 있음은 명증하다. 이 다양체 안에서, 지각현출의 연속적 충족은 이 현출의 내재적 의미에 입각하여, 가능성으로, 즉 상상의 충족으로 놓여 있다. 여기에서 충족의 본질적 가능성이, 소여의식 증가의 본질적 가능성이 직관된다.) 이러한 사태를 상세히 고찰하면, 다양한 규정들의 견지에서 최대점 혹은 최대지대를 발견한다. 다시 말해, 매 규정에는 (이것이 '완전하게 주어짐'으로 간주될 수 있는) 하나의 현출 혹은 현출지대가 이념적 가능성으로서 대응한다. 이에 따르면 모든 다른 현출은 (그것이 체험이라면) 이 지대에서 탁월하게 충족되며 이 지대에서 충족의식과 합일된다. 이 충족의식은 이 규정이 실은 이렇다고 말하거나, 여기에서 이 규정이 (더는 혼란스러운 예기나 불분명한 음영이나 심지어 빈 지향으로 주어지는 것이 아니라) 본래적이고 완전하게 주어진다고 말하는 것과 같다. 본래적 현출의 구역에서는 어디에나 현시가 있다. 각 현시를 음영이라고 부른다면, 여기에서는 어디에나 규정의 음영이 있다. 그러나 여기에서 이는 이 음영들이 증가의 의미에서 색조들을 지니며, 이 새로운 의미에서의 음영을 스스로 가짐을 뜻한다. 그리고 이는 소여가 명료하고 완전한 한계구역에, 그리고 이 음영들에서 목표가 이루어진 한계구역에 도달했음을 뜻한다. 이는 (최종적으로 충족하는 현시로서 더 이상 추가적 충족을 지시하지 않는) 가장 본래적인 자체현시(Selbstdarstellung)이다. 그러니까 본래적 현출들의 다양체 어디에서나 소여의식이 있으나, 그중에서도 한 지대에서 가장 본래적인 소여의식이 있다. 이 지대는 가장 높은 의미에서 규정 자체를 내어주며, '이 규정이 의향의 의미에서 정말 그러한 대로' 이 규정을 내어준다. 모든 다른 현시는 이러한 규정을 겨냥하며, 모든 다른 소여의식도 말하자면 이를 겨냥한다. 이것 역시 가능성의 의미에서 이해해야 한다. 내가 하나의 현출을 가진다면, 이 현출은 대상적인 것을 이렇게 규정된 것으로서 의향한다. 그리고 이 '의향'의 본질은 유사충족하는 상상현출이, 또는 오히려 현출연속체가 가능하다는 것이다.

§36 최적 소여와 관심 방향

우리는 지난 시간 강의에서 충전적 지각이라는 이념을 다루었고, 사물지각의 본질에 이 이상의 실현가능성이 들어 있는가, 들어 있지 않은가라는 물음을, 특히 다음의 의미에서 다루었다. 사물이 절대적 소여로서 절대적으로 충족되는 방식으로 구성되는, 그러한 현출(유한하게 완결된 현출연속체라고도 해도 무방하다.)을 상상할 수 있는가? 이러한 이상이 불가능함은 일반적 근거들로부터 명백하게 드러난 것으로 보인다. 그러나 이제 우리가 확인한 최대점 혹은 최대구역을 다루는 일이 아직 남아 있다. 이런 견지에서 명료한 인식을 얻기 위해 지난 시간에 다음과 같은 고찰을 시작했다.

지각의 본질은 사물이 이러저러하게 규정된 것으로서 몸소 있다는 것, 사물이 충족가능성을 지시하는 어떤 의미를 지니며 이를 통해 한 걸음 한 걸음 완전한 소여로 가게 될 것이라는 점이다. 여기에는 다음이 상응하는 듯하다. 사물지각은 다양한 규정의 견지에서 최대점 혹은 최대지대를 지시한다. 다시 말해 (이것이 현실화된다면 해당 규정이 '완전하게' 주어진다고 간주될) 하나의 현출 혹은 (좁은 한계를 지닌) 현출지대를 그때그때 지시한다. 이러한 현출구역으로 이행하면, 초기 지각에 속한 지향은 충족된다. (빈 지향이든 혼란한 음영이든 간에) 저 혼란한 예기에 있던 것이 이제 완전한 소여의 방식으로 있다. 그러니까 본래적 현출도 그렇게는 하지 못한다. 물론 본래적 현출에서는 여기 본래적으로 나타나는 것에 대하여 소여의식이 늘 있다. 그러나 이러한 현출 계열에 있어서 본래적 현출은 증가의 의미에서의 색조들을 지니며, 우리는 (증가의 목표가 달성되고 소여가 완전하며 그 자체로 있는) 그러한 한계점이나 한계구역을 향해간다. 그리고 지각들이 그때그때 흘러갈 때, 지향은 이러한 한계를 향해, 이러한 가장 본래적인 소여의식을 향해 나아간다. 이는 이러한 흘러감이 해당 규정을 증시하는 흘러감, 해당 규정을 완전한 소여로 노정하는 흘러감이라는 성격을 지니기 때문이다. 이러한 가장 본래적인 소여의식이 지각의식의 목표이다. 이러한 겨냥함은 개별 지각에도 이미 있는데, 우리는 이것이 무엇을

'의향'하는지 탐문할 수 있다. 그러면 이것이 말하자면 최대로 증가한 현출이라는 성격을 지닌 어떤 현출을 향해 다가가려 한다는 명증한 답변을 발견할 수 있다. 더 정확히 말하면, 이러한 의향의 본질은 그 종점(Terminus)에 유사충족하는 상상현출이 있을 수도 있다는 것이다. 상상현출 연속체는 이 종점을 향하여 나아가는데, 이 연속체의 종점은 충족하는 최종목표로서 최대 소여 자체를 떠올리게 한다. 상상이라는 형식의 변양된 충족에서는 본질적으로 다음과 같은 가능성이 명증해진다. 즉 현출이 연속적 현출흐름 중에서 이러한 소여에 의해 충족될 것이고, 불완전한 소여로서 불완전하게 현시되는 것은 여기에서 완전하게 현시되고 완전한 소여에 의해 나타날 것이라는 가능성이다.

예를 들어 내가 육면체의 한 평면을 불완전한 방식으로, 한갓된 '투영(Projektion)'에 의해 본다고 하자. 내가 (상상에서) 육면체를 적절하게 회전시킬 때, 나는 이 평면이 정면의 평면과 평행한 위치에 올 때 (물론 빛이 잘 들 경우에) 나타날 방식으로 이 평면을 표상함으로써, 이 의향을 이해하고 내게 분명하게 만든다. 이렇게 나타나는 평면이 곧 현행 현출에서 의향되는 평면임은 명증하다. 현행 현출은 우리에게 이러한 평면을 (본래적 자체소여에 대한 노정으로서) 지시한다. 이 본래적 자체소여는 이 면이 근원적 현출이라는 의미에서 본래적으로 어떻게 있고 어떻게 보이는지를 내보이되, 완전하고 전체적으로 내보인다. (혹은 어둠 속의 육면체와 밝은 낮의 육면체.)

주의할 점은 (사물 전체의 관점에서나 개별 규정들의 관점에서나) 우리가 물론 개별 최대점에 대해서가 아니라, 연속적 현출 계열에서 연관되어 있는 정합적인 최대점 군 혹은 최대점 구역에 대해 말한다는 것이다. 성냥갑이 책들 사이 침침한 구석에 있으면 나는 그 몸체의 형태를 명료하게 보지 못하고 색도 명료하게 보지 못한다. 또한 내가 그로부터 꽤 멀리 떨어져 있는 경우 등에도 그것을 정말 그러한 그대로 인식하지 않는다고 할 것이다. 그러나 성냥갑이 내 앞의 책상 위에서 가려지지 않은 빛을 받고 있다고 하자. 유의할 점은, 내가 이것의 모든 면을 살펴본다면, 그리고 이렇게 돌리고 뒤집으면서 이 연속적으로 정합적인 현출들이 최대의 소여의식이라는 성격을 가지게 된다면, 나는 만족할 것이다.

또 주의할 점은, 최대 소여들의 이러한 권역은 고착된 것이 아니라, 어떤 한계 안에서 자유롭게 변이할 수 있다는 것이다. 물론 각 최대 소여 현출의 차이들도 감지될 수 있지만 사소한 것으로 간주된다. 왜냐하면 이들은 완전성의 증감이라는 견지에서 무의미하기 때문이다. 나아가 성냥갑과 관련하여 '빛이 알맞다면', 해가 높이 떠 있든 낮게 떠 있든, 구름이 해를 가렸든 가리지 않았든 아무 상관이 없다. 내가 적절한 거리에 있더라도 이 거리는 절대적으로 고정된 거리가 아니다. 나는 내가 있는 지점을 (상당 정도의 간격 안에서) 가까워지거나 멀어지도록 변양할 수 있는 것이다. 그러면 물론 현출에서는 감지할 만한 상당한 차이들이 생긴다. 그러나 성냥갑의 일반적 형태와 전체 색채가 문제이고 이들을 겨냥하고 있다면, 달리 말해 사물을 바로 (실천적 삶의 어떤 일반적 관심이라는 의미에서) 보통의 사물로 받아들인다면, 충족에 있어서의 이 증가 차이들은 유효하지 않다. 의향하는 지향은 우대받는 지대로 뻗어 들어간다. 하지만 이 지향을 충족하는 데 있어서는 이 지대의 모든 현출이 (어떤 변이 한계를 넘지 않는 한) 좋은 현출이다. 그리고 모든 변이는 똑같이 좋은 현출들을 내어준다. 하지만 관심이 변하면, 이제까지 완전하게 간주되던 현출에 있어서 어쩌면 어떤 '암시'가 새로운 방향을 현시하면, 완전히 충분하던 현출 권역은 불충분한 권역으로 전환한다. 경우에 따라서는, 이전에는 무관했던 현출 차이들이 이제 유관(relevant)하게 된다. 이 권역은 (가령 성냥갑의 마찰면 같이) 이제 내가 관심을 가지게 된 것을 (완전히 충분하게) 내어주지 못하는 것이다. 이 마찰면의 상세한 속성은 어떻고 어떤 재료가 발라져 있는가 등이 그렇다. 또는 어떤 집에 대해 건축적 형태와 관련하여 관심을 가진다면, 어떠한 현출들에서 이것이 가장 잘 주어지는가를 묻게 된다. 이에 비해 건축자재가 관심 대상이라면, 기둥이 사암으로 되어 있는지 시멘트로 되어 있는지, 그리고 그것의 '상세한' 속성은 어떤지 묻는다면, 더 가까이 다가서야 한다. 그러면 이 새로운 지각 계열들은 새로운 증가의 한계들에서 정점에 이르는데, 그러면 이 한계들은 다시 이 관심에 대해서는 무관함의 지대가 된다.

꽃에 대한 자연스러운 관심은 식물학자의 관심과는 다르다. 그래서 양자[자연스러운 관심과 식물학자의 관심]에게 최선의 현출은 서로 다르다. 또한 관심을 충족하는 완전한 소여는 양자에게서 본질적으로 매우 상이하다. 이때 꽃은 같은 꽃이다. 하나의 동일한 현출 연관 및 (정확히는) 지각 연관에서, 이 꽃은 소여로 구성된다. 또한 이 연관 안으로, 일상적 관심이라는 의미에서의 완전한 소여와 형태학적이고 식물학적인 관심에서의 완전한 소여가 배속된다.

그래서 우리는 관심의 차이를 만난다. 어떤 '지향'의 차이 혹은 (이렇게도 말할 수 있겠지만) 어떤 '재현(Repräsentation)'의 차이가 이러한 관심의 차이에 결부된다. '불완전하다'고 불리는 꽃의 각 현출은 완전한 현출들의 권역을 향하는 지향을 품고 있다. 이 현출들이 질서정연하게 현실화될 때 우리는 꽃이 원래 어떤지, 다시 말해 꽃이 특정 관심의 의미에서 어떤지를 보게 된다. 관심의 방향에 따라 '재현'은 달라진다. 그러면 이에 따라 이 관심의 충족이나 만족이 종결(terminieren)되는 현출도 서로 다르다. 완전한 소여의 권역이 서로 다르다. 이때 충족이라는 명칭하에서 분명 두 가지를 구별해야 한다.

1) 목표에 도달했다는 의식. 이 의식의 토대는 충족 과정을 종결시키는 현출들이다. 이는 이 현출들이 '재현자(Repräsentant)'인 한에서 그렇다. 다시 말해, 현출하는 대상이 바로 이 현시 방식에서 의향되는 대상이고, 이처럼 의향되는 대로 이제 자체소여되는 한에서 그렇다.

2) 관심 자체에 속하는 만족(Befriedigung). 이 만족은 (이에 대한 가능한 부정적 상관자인) 결핍이 전혀 없다는 의식에 토대를 둔다.

§37 관심 방향과 개념 형성

의향과 (의향 목표를 규정하는) 관심을 구별함에는 분명 경험적인 개념 형성이 본질적으로 연관되어 있다. 꽃이라는 개념, 즉 이 단어의 뜻은 어떤 것을 의향하고, 이 의향에서 이것을 지시한다. 이 어떤 것은 의향을 충족하는 (지각현출이든 상상현출이든 간에) 현출들에서 주어지는데, 이 현출들은 의향된 것에 대한 직관이다. 그러나 최종적으로 무엇이 의향되는가는 (의향되는 대상성을 구성하는) 현출 다양체를 관통하는 지향에서, 혹은 완전성 의식에서의 이 지향의 충족에서 드러난다. 따라서 단어의 뜻에서의 의향, 현출들에서의 의향, 현출들에서 최종 충족하는 의향이 각각 있다. 이러한 최종 충족은 현출 내용을 통해서 일어나는데, 이 현출 내용은 의향의 의미를 (이와 유관한 충족 과정에 있어서) 최종 충족하는 명료한 의미로 전환시킨다. 물론 최종 충족하는 의향은 유일한 현출 위상에 관계하는 것이 아니라, (이미 상술한 것처럼) 하나의 탁월한 현출 권역에 관계하는데, 이 권역 자체는 다시 어떤 무관성의 구역 내부에서 변이 가능하다. 개념의 방향을 정하는 것은, 개념 형성을 지배하고 일반성 의식의 구성을 지배하는 관심이다.

더 나아가 보자. 우리는 다음을 확인했다. 각 사물지각에는 의향이 있는데, 이 의향은 파악되는 것이 말하자면 무엇으로 간주되는가를, 지각이 말하자면 무엇을 향하려 하는가를, 다시 말해 가능한 충족의 의미를 결정한다. 다른 한편, 동일 사물의 지각에서도 이 의향은 변할 수 있다. 그러나 이로부터 다음과 같은 견해가 나오는 것으로 보인다. 즉 완전함의 구역(최대점과 최대지대)은 현출 자체의 본질이 아니라, 여기 기초하는 관심과 이에 유관한 지향에 달려 있다는 것이다. 이 견해를 밀고 나가보자. 그러면 이렇게 말해야 할 것이다. 현출 자체에는 한계가 전혀 없다. 현출의 본질은 통일적 경과의 가능성들을 미리 지정하는 것이다. 하나의 현출이 앞서 전제되면, 이와 더불어 (하나의 동일한 사물의 현출 계열들일) 현출 계열들의 가능성은 무한히 크게 열려 있다.

가능성이 무한히 큰 현출이라고 해서 모든 가능한 현출 일반인 것은 아니다. (해당 현출들이 그 안으로 편입되어야 하는) 어떤 가능한 지각 종합 일반의 통일체는 이러한 통일체에서 가능한 현출들의 규칙과 법칙을 미리 지정한다. 이 규범이 준수된다면, 우리는 언제나 (지각 종합의 위상인 각 현출에 선험적 가능성으로 속하는) 다양한 사건들을 생각해야 한다. 여기에는 풍부화와 상이규정이 있는데, 각 현출은 현출 다양체가 흘러감에 따라 (원칙적으로) 이렇게 될 수 있다. 나아가 새로운 미규정적 계기들을 수용하고, 이 계기들에 의거하여 상세규정 가능성들이 늘 새로이 드러날 수 있다. 이것만 고려하더라도, (아무것도 더 이상 열어놓지 않고, 상이규정, 풍부화, 상세규정의 가능성을 열어놓지 않는) 절대적 소여로서의 현출이라는 의미에서, 어떤 사물에 대한 충전적 지각을 말할 수 없음이 명증하다. 언제나 열려 있다. 이 동일 사물이 새 규정들을 가질 가능성은 언제나 열려 있는데, 이 새 규정들은 지금 현출에서는 현시되지 않은 규정들이다. 또는, 적어도 다음과 같은 [완전한] 방식으로 현시되지는 않았던 규정들, 즉 아무리 새로운 현출에서도 여태 직관되지 않은 풍부한 내적 차이들을 지니고 현시될 수는 없을 만큼 [완전한] 방식으로 현시되지는 않았던 규정들이다. (경험 연관에서 생겨날 수 있을) 가능한 수반 규정들의 다양체는 무제한이다. 이와 관련하여 근본규정들을 지닌 근본사물로 돌아가는 것은 도움이 되지 않는다. 왜냐하면 어떤 의미에서는 여기에서도 (현출의 본질에 토대를 둔) 이러한 무제한성이 지배하기 때문이다. 우리는 다음을 구별해야 한다. 한편으로는, 현출을 주재하는 (달라지는) 의향에 관련된 충족 관계가 있다. 다른 한편으로는, 현출의 본질에서 나오는 증가와 감소로 짜인 편물이, 그중에서도 우리가 포화라는 명칭으로 다룬 연속적 증가가 있다. 이 현출의 본질에는 절대적 포화의 가능성이 없다. 이념적으로 말하자면, 모든 포화는 추가적 포화의 가능성을 열어둔다. 그러나 물론 증가되는 계기, 증가되는 현출, 또는 이와 유관한 현출 권역은, 이와는 전혀 다른 관심의 포화 및 탁월한 의향의 충족에 의해서 탁월해질 수 있다. 우리는 미규정성들 중에서 가령 팽창

(Ausdehnung)을 취한다면, 현상학적으로 '접근'이라는 이름 아래 현시들의 연속적 증가가 있음을 안다. 그러나 접근은 지각의 의미에 놓여 있는 (그 자체도 지각인) 어떤 한계를 지니지 않는다. 우리의 사물지각의 의미에는, 자아라는 공간적 중심에 관련한, 대상의 공간적 위치가 들어 있다. 이 공간적 자아 중심은 모든 공간적 정향(Orientierung)들의 준거중심이며 모든 가능한 현시들의 준거중심(따라서 모든 현시들에서 공동파악되는 준거중심)이다.

접근은 대상이 이 정향점[자아 중심]으로 접근하는 것이다. 이는 원리적으로 무한하게 일어날 수 있다. 실천적으로는 정상 시계(視界) 등 때문에 접근에 한계가 있다. 하지만 정상 시계가 현출의 본질과 무슨 상관이 있는가? 이제 접근에는 그래도 한계가 있다고 말할 수도 있을 테지만, 왜 접근은 원리적으로 거리가 정말로 영이 될 때까지 이루어질 수 없단 말인가? 그렇다면 촉각 공간에서는 어떤가? 우리는 사물 자체를 만지며, 그 사물에 거리가 영이 될 때까지 가까워지지 않던가? 그렇다면 눈은 왜 사물 위에 놓인 채 거리가 영인 상태에서 그것을 보면서 포착할 수 없단 말인가? 이는 사실상 불가능하다. 하지만 원리적으로는 상상 가능하다. 그럼에도 불구하고 제일 먼저 유의할 점은 촉감과의 비교가 적절하지 않다는 것이다. 대상의 접근과 이격은 촉각에 있어서는, 만지는 손가락으로 대상이 다가오거나 멀어지는 것이 아니다. 이 손가락은 촉각적으로 나타나지 않기 때문이다. 유비는 대상을 붙잡아서 이리 가져올

때 팔을 먼저 뻗었다가 구부리는 데에 그칠 것이다.

나아가 시각의 사례에서 유의할 점은, 접근을 구성하는 내재적 현출 변화는 (순수하게 내재적으로, 즉 현상학적으로 고찰하면) 증가의 한계가 없으며, 그 본질에 있어 오히려 무한하게 증가할 수 있다는 것이다. 가령 (음의 강도가 정적의 한계점에 가까워지거나, 명도가 검은 색에 가까워지는 것처럼) 이미지 변화가 어떤 한계에 가까워지지 않음은 명증하다.

§38 지각사물의 소여에서의 명료함과 분명함

이러한 고찰에서 어떤 의심스러운 면이 남아 있다면, 아마 단지 저 포화 차이가 그럴 것이다. 이 포화 차이는 본래적 현출 영역 내부에서 명료함(Klarheit) 내지 불명료함이라는 어떤 규정적 개념을 구획하는 것이다. 물론 불명료함의 의미는 다양하다. 지금 우리의 고찰의 틀에서는, 한편으로는 (명료하고 본래적인 현출과 대조하여) 비본래적 현출은 불명료하다고 할 수 있다. 다른 한편, 불완전하게 규정하며 상세규정을 남겨두는 현출을 불명료하다고 말할 수도 있다. 이런 불명료함은 본래적 현출 구역에도 있는 것이다. 그렇다면 이 본래적 현출 구역 안에는 나아가 '명료함'의 차이가, 더 나은 표현으로는 분명함(Deutlichkeit)의 차이가 있다고 할 수 있다. 이 분명함은 현시의 내적 풍부함에 관련된다. 다시 말해 대상에의 가까움과 멂의 차이, 대상에 대하여 유리한 위치와 불리한 위치의 차이 등에 관련된다. 이들을 통해 (내포[Intension]까지 포함하는) 대상 규정이 때로는 더 현시되고 때로는 덜 현시된다. 여기에는 먼저 (자세히 살펴보면 이미 어떤 고유한 것인데) 물리적 정황(Umstand)[138]의 특수성에서 나오는 불명료함도 포함된다. 가령, 나쁜 조명, 밤, 안개 등이 그렇다. 지금 나는 이 모든 것들을 염두에 두지 않는다. 이보다는 (이들과 마찬가지로, 현시되는 규정들의 풍부함에 관계되기는 하지만) 특별한 주의를 요하는 명료함의 차이를 염두에 두고 있다. 내가 말하는 것은 시각장에서 가장 분명하게 보이는 구역과 (시각장 테두리로 가면서) 분명함이 점점 줄어드는 계조들 사이의 차이이다. 이와 비슷한 차이는 촉각장에도 있다. 여기에서는 가장 분명한 접촉 구역들이 여러 개이다. 이 구역들 사이를 이어주는 것은 (때로는 더 분명해지거나 덜 분명해지는) 불분명한 접촉 구역들이다. 여기에서 이러한 분명함 또는 명료함이, 그 자체로 초월론적 의미를 지니는 (범위가 고정된) 특전이 아닌가라는 의문을 가질 수 있다. 이러한 특전은 아마도 공간의 객관화를 가능하게 하는 것이기 때문인데, 이에 대해서는 앞으로 고찰할 것이다. 어쨌든 우리가 언급할 수 있는

138) (역주) 후설은 정황(Umstand)과 상황(Situation)을 일반적 의미로 사용하기도 하지만, 때로는 특히 '키네스테제 상태'를 지칭하는 개념으로 사용하기도 함에 유의해야 한다.

것은, 가장 분명하게 보이는 구역으로 대상이 말하자면 입장하는 것은, 더 이상 증가할 것이 남지 않은 변양이라는 점이다. 이는 경험적일 뿐만 아니라, 본질적으로도 그러하다. 이에 비해 불분명함의 계조는 무한정(in indefinitum)이라고 할 수 있다. (이러한 [장 내부의 중심에서 테두리로 나아가는] 명료함의 계조들은 대상을 현시하는 뜻을 지니지 않기 때문에, 앞서 언급한 본래적 현출에 속하는 계조들[원근, 위치의 유불리, 명암 등]과는 아주 다른 노선에 있음에 주의해야 한다. 어두워짐에는 대상적이고 물리적인 뜻이 있다. 이미지의 팽창이나 수축에는 공간적 뜻이, 즉 접근과 이격이 있다. 그러나 시각장 안에서의 불분명함의 변양은 그렇지 않다. [중심이나 테두리를 막론하고] 시각장의 모든 곳이 명료하더라도, 현시에서 변하는 것은 아무것도 없을 것이다. 이는 유사운동의 가능성에만 관련된다.)

이제 다음을 언급할 수 있을 것이다. (특출한 이론적이거나 실천적 관심들을 모두 도외시한다면) 시각장 안에서 불분명한 각 현출은 이에 대응하는 분명한 현출에 대한 지시를, 또는 분명하게 만드는 어떤 현출들 권역에 대한 지시를 품고 있다. 이 권역은 동일한 대상을 (가장 분명하게 보이는 권역 내부에서) 완전히 분명하게 만들 것이다. 이 분명한 권역에 주어지는 소여로서의 본래적 소여는 근원적으로 특출하다. 그러나 다른 한편 대상의 본질은, 대상이 모든 분명한 현출마다 주어지며, (이 대상이 전체 면에 있어서 완전하게 증시되려면) 분명한 현출이 있어야 한다는 것이다. 완전한 소여를 구성하려면, 아주 이상적이고 무제한의 현출 연관이 필요하다. 이 소여가 대상 자체의 소여이든, 이 대상의 (자아 및 다른 대상들과의) 공간적 관계나 여타 관계들의 소여이든, 그렇다. 내 생각에는 여기에 대해서는 이의를 제기할 것이 거의 없다. 우리의 고찰을 통해 이제 이해하게 된 것은, 신칸트주의가 궁극적 대상 규정을 무한한 과제(unendliche Aufgabe)라고 부른 것이 어디까지 정당한가, 그리고 이러한 규정의 현상학적 근거가 어디 있는가이다. 왜냐하면 각 현출에는 신규규정(Neubestimmung)이나 풍부화 등이 선험적으로 가능하기 때문이고, (이에 대해서 대상 측면에서는 기하학이 통달하고 있는) 가능한 운동 규정들의 무한함이 선험적으로 있기 때문이다. 또 각 현출에는 무한히 많은 수반 규정들도 선험적으로 가능하기 때문이다. 이러한 규정들은 대상에 현실적으로 속하는 규정들이라는 성격을 지니며, 경험 연관으로부터 경험 동기에 의해 생겨난다. (대상이 현출에 있어서 어떠한지, 그리고 대상이 얼마나 풍부한 규정들에 의해 파악되고 경험 믿음에 의해 존재하는 것으로 정립되는지 막론하고) 현출이 거기 배속되는 모든 새로운 경험 배치(또는 사물이 그 안에 현상적으로 있는 사물 정황들의 모든 변화)는 새로운 경험 동기를 끌어들이며, 이 경험 동기는 사물 파악에 필연적으로 영향을 미친다. 그리하여 사물 규정에는 무한히 많은 가능성과 늘 새로운 가능성이 선험적으로 있는데, 물론 나는 이러한 사물 규정을 무한한 과제라고 부르고 싶지는 않다. 바로 이러한 사태 때문에, 우리는 어떤 사물을 절대적으로 규정함을 이성적 목표라고 부를 수 없을 것이다. 사물 규정은 이성적으로 실천적인 관심들에 의해 인도되고 제한되어야 하는 것이다. 이는 개체적 사물 규정이 아니라 일반적 사물 규정의 (여기에서 상론할 수 없는) 또 다른 이상에 있어서도 그렇다. 사물성을 지배하는 형태론적 '법칙들'에 대한 탐구가 그러한 이상이다. 그러나 '물리학'의 정밀한 자연법칙들이 이와 다른지에 대해서는 새로운 연구가 필요하다.

§39 요약: 사물지각은 원칙적으로 종결되지 않는 과정임

우리는 지난 시간 강의에서 최대점과 최대지대의 특출함이 현출 자체의 고유한 본질에 대응하는 것이 아니라, 현출을 지배하는 관심에 대응한다는, 혹은 이 관심에 귀속되는 지향에 대응한다는 점을 밝히려고 했다. 현출 자체는 (완전한 소여의 한계라고 간주될 수 있는) 한계에서 종결되지 않는다. 마치 그 한계가 실현되어서 완전한 사물이 주어지거나 적어도 완전한 사물의 어떤 규정이라도 최종적으로 주어질 것처럼, 마치 이를 통해 하나의 현출 자체가 (아주 사소한 어떤 대상적 계기의 견지에서라도) 충전적 의미에서 소여를 생산할 수 있을 것처럼, 그렇게 종결되지는 않는 것이다. 사물에 반드시 속하는 연속적 종합으로부터 한 현출지대로 관심이 조율되면, 이 관심 (그리고 여타 현출들에 수반하는 지향)은 (바로 이 지대의 현출들이 정합적으로 경과할 때) 이 지대로 나아가며 충족된다. 그러나 그때그때 지배하는 관심에 들어맞고 완전히 충분한 현출이나 현출군이 있다고 해서, 즉 이 관심이 요청하는 것을 사물로부터 내어주고 충만하고 규정적으로 현시하는 현출이나 현출군이 있다고 해서, 사물 자체가 있는 그대로, 그리고 이것에 귀속되는 모든 것들에 있어서 충전적으로 소여되는 것은 아니다. 이는 개별 현출도 할 수 없고 (이념적으로 무한하게 나아가는 종합 중에서) 하나의 현출군도 할 수 없으며, 다만 이 전체 종합만이 할 수 있다. 그리고 이 종합은 결코 완결되거나 완성되지 않는 무한한 종합이다. 왜냐하면 더 상세하고 더 완전하고 더 내용이 풍부한 현시가 원리적으로 항상 가능하기 때문이다. (가능한 운동적 변화의 다양체로 들어와 이에 상응하여 현시되지도 않는) 절대적으로 불변하는 사물이라는 허구를 꾸며본다면, 첫 번째로 말할 것은 다음과 같다. (이제 부동[starr]으로 상상하는) 기하학적 사물 몸체가 연속적이므로, 그리고 현출에서 (우리가 무엇을 추출하든 간에) 구별 가능한 계기들은 유한하므로 우리는 무한한 전진에 의존한다.

그리고 실로 현출의 본질에 있어서, 현출의 유사연장은 연속적 변양을 무한하게 겪을 수 있다. (시각적 현출의 팽창이라는 특유한 변양으로 이해되는) '접근'은 원리적으로 무한하게 일어날 수 있다. 그리고 이 팽창은 현출하는 대상에게 추가적 구별 가능성을 계속 제공한다. 이 구별 가능성은 질적 차이를 포착하거나 상상으로 이입

(hineinphantasieren)하고, 이를 통해 현출하는 평면을 나누는 가능성이다. 다른 한편, 파악이 미리 주어지더라도 다음의 가능성은 제거할 수 없다. 즉 현행 지각의 진전에 따라 신규규정 및 상이규정이 딸려오고, 예상은 실망을 겪으며, 동질적으로 파악된 것에 (상이규정이나 때로는 상세규정에 의해) 이질성이 끼어들어야 할 가능성은 제거되지 않는다. 우리가 절대적으로 알려진 사물이라는 허구를 꾸며보더라도, 이 사물에 귀속되는 것, 이 사물이 그것이라고 절대적으로 알려지는 것은 결단코 최종적으로 주어질 수 없다. 그것은 우선 증시되어야 하고, 연속적 지각이 진전됨에 따라 소여로서 드러나야 한다. 그리고 이 소여는 결코 완결된 최종의 소여가 아니다. 왜냐하면 지각의 진전이 비로소 파악의 허용 가능성, 정확히 말하면 파악의 한정이나 변화를 결정하기 때문이다. 다시 말해, (현출의 시작에 속하면서 이 현출을 보충하여 완전한 지각이 되도록 하는) 믿음의향(Glaubensmeinung)이 타당한지를 결정하기 때문이다. (사물의 미소한 평면 단편에서부터 이미) 사물 공간은 증시하는 팽창(Dehnung)과 구분이라는 무한한 과정에서만 완전하게 주어질 수 있는데, 여기에서는 팽창되지 않은 것이 팽창되는 것과 계속적이고 연속적으로 통일된다. 신장(Ausdehnung)을 질료화하는 것도 이와 똑같은 과정[팽창과 구분]에서 그렇게 일어난다. 사물이 절대적으로 불변한다는 것도 결국 허구이자 가정이다. 우리에게 사물이 먼저 주어지고 현출계열과 지각 계열은 나중에 오는 것이 아니다. 오히려, 가령 처음에

불변하는 것으로 현출한 사물은 이에 유관한 지각 다양체의 구성에서야 비로소 그러한 것으로 증시한다. 그리고 이 증시는 최종적으로나 단번에 충전적으로 주어지지 않고, 일반적으로는 상대적이고 유보적으로만 주어진다. [처음에 불변하는 것으로 현출한] 사물이 실은 변화한다는 것은 원리적으로 늘 가능하다. 그리고 불변의 파악이 (아무리 계속되는 입증에 의해 상당히 강화되더라도) 새로운 현출 동기들에 의거하여 변화의 파악에 밀려남은 원리적으로 늘 가능하다. 물론 역으로, 사물이 앞서 변화로 파악된 경우에도 마찬가지이다.

설령 연속적 종합 내부에서 어떤 현출변양들이 (이들 자체가 한계들을, 그것도 완전함의 한계들을 정초하기 때문에) 우리가 일반적으로 확립한 것에 들어맞지 않더라도, 이러한 결론은 흔들리지 않는다. 지난 시간 강의 말미에 내가 끝맺지 못했던 서술의 의미는 이것일 것이다. 이러한 맥락에서 나는 시각장에서 현시의 저 명료함의 계조들을 언급했는데, 이는 (불분명하게 보이는 지대인) 시각장 테두리 지역으로부터 가장 분명하게 보이는 지대까지 이어진다. 가장 분명하게 보이는 지대는 이러한 독특한 변양 계열들과 관련하여 하나의 한계이다. 이 한계는 소여의식의 완전성에 있어서의 한계이다. 밝음의 조건이 같을 때, 이러한 '분명한' 시각적 내용들이 현시하는 것이 불분명한 내용들이 현시하는 것들에 비해 특전을 가지는 것이다. (물론 어둠 속에서는 망막의 중간 부분보다 테두리 부분에서 더 잘 보이기는 한다.[139]) [안구] 조절에서의 분명함과 불분명함에도 이와 유사한 것이 해당한다. 따라서 불분명한 것은 분명한 것에 대한 지시를 (앞서 언급한 의미에서) 일반적으로 품고 있지만, 현시의 분명성도 절대적 의미의 소여를 뜻하지는 않는다. 왜냐하면 우대받는 소여 구역에야말로 (지각현출들의 본질이며, 지각현출들에 토대를 두고 정립하는 지향들, 즉 믿음지향[belief-Intention]들의 본질인) 상대성들이 무한히 흐르기 때문이다. 현출 계기들은 절대적 소여를 뜻하는 계기들과 이를 뜻하지 않는 계기들로 갈라지지 않고, 선험적으로 그렇게 갈라질 수도 없다.

오히려 사물성의 본질은 (그것의 모든 계기들에 있어) 무한정한 연속적 흐름이며, 선차적으로(a parte ante) 열린 가능성들의 무한정한 영토이다. 이 가능성들은 후차적으로(a parte post) 계속해서 상세히 규정되고 한정되고 풍부해질 수 있지만, 또다시 무한성에 직면한다. 이는 모든 규정들과 모든 종의 규정군들에 해당된다. 이는 질료화 규정들에 있어서는 앞서 서술한 것으로부터 이미 귀결된다. 여기에 덧붙여 유의할 것은 '감성적 질'이 '정황'에 의존하기 때문에 철저하게 상대적이라는 것이다. 이는 수반 질들에도 해당함을 곧 알 수 있다. 모든 수반(Anhang)의 원천도 경험동기에 있음을

139) (역주) 어둠 속에서 흐릿한 빛에 반응하는 막대세포(간상세포)들이 망막의 주변부에 주로 위치하고 있음을 시사하고 있다.

알 수 있는데, 이 동기의 근거는 (하나의 지각의식에 함축된) 모든 개별 지각 다양체들이 지닌 본질적 특유성에 있다. 이 특유성은 이들의 대상들이 상호의존적이고 경험적으로 상호규정한다는 것이다. 이러한 동기력(Motivationskraft)은 선험적으로 '같은 정황'에서 같은 대상성이 나타나는 사례들의 수에 의존한다. 이로부터 일차적으로 질료화된 사물성에 수반 규정인 경험 규정들을 병합할, 무한정하게 많은 가능성들이 확실히 드러난다. 물론 여기에는 언뜻 보기에는 사물에 직접 속하는 청각적 규정이나 여타 감각적 규정들만 속하는 것이 아니라, 모든 능동 및 수동 규정, 모든 인과 규정, 물리학이 물리적 속성으로서 객관적으로 규정하고자 하는 모든 것도 속한다.

물론 모든 소여 증시가 이처럼 무한정함이 인식에 대해 어떤 귀결을 가지는가라는 물음이 곧 생겨난다.

사물(그리고 사물성 구역 일반에 속하는 모든 것)은 결코 최종적으로 주어지지 않고 주어질 수도 없다. 그것은 오직 경험의 무한한 전진에서만 주어진다. 그렇다면 인식은 목표 없는 시도가 되지 않겠는가? 아니면, 우리는 '무한한 과제'라는 말에 만족해야 하는가? 오로지 무한한 과정을 통해서만 해결할 수 있는 과제를, (더 적절하게 표현한다면) 그 본질상 결코 해결할 수 없는 과제를, 이성에 의거해 받아들이는 사람이 있겠는가?

물론 이 과제가 절대적으로 완전한 소여의 생산에 있다면 이것이 해결 불가능함은 선험적이다. 그것은 비이성적으로 제기된 과제이다. 그러니까 우리가 이로부터 이끌어낼 것은 실재에 대한 인식이 애당초 이런 이상을 가질 수 없다는 점이다. 왜냐하면 우리는 인식이 진정 이성적인 것을 수행한다고, 그리고 이성적 목표를 세우기 때문에 그렇게 한다고 믿어도 좋기 때문이다.

이런 방향에 있어서 커다란 문제들이 놓여 있다. 이런 문제들로 진입함은 여기에서 우리의 과제일 수 없다.

7장

정리—현상학적 환원의 틀 안에서의 지각분석

§40 현상학적 지각분석의 의미

연속적인 지각 종합이라는 구역에서 너무도 두드러지게 나타나는 어떤 특수한 특질들(현출들이 지닌 포화 차이들과 함께 흐르는 듯 보이는 저 최대지대들) 때문에, 우리는 일반적 고찰을 행할 수밖에 없었다. 이러한 고찰을 마치고 나서, 이제 과제는 기술을 속행하는 것이다. 다시 정리해보자. 우리는 지각에서 사물 대상의 구성에 대한 분석적이면서 철저하게 명료한 이해를 꾀했는데, 이는 지각에 속하는 지향성에 대한 이해를 꾀한 것이고 여기에서 일어나는 사물 소여에 대한 이해를 꾀한 것이다. 우리는 저 바깥에 사물이 있다고 말하지 않는다. 그에 대해 어찌 알 수 있다는 말인가? 칸트는 1772년에 말했다.[140] 우리가 우리 안의 표상이라고 부르는 것이 그 자체로

(an sich) 있는 대상과 맺는 관계는 어떤 토대 위에 있는가? 우리는 이렇게 말하지 않는다. 우리는 저 바깥의 사물이 우리의 감각기관에 자극을 주고 이 자극에 정신물리적 감각이, 그다음에는 표상과 여타 마음의 움직임이 연결된다고 말하지 않는다. 의식에서 우리 앞에 놓인 이 결과로부터 어떻게 그것의 원인으로 거슬러 추론할 수 있겠는가? 우리는 사물에 대한 모든 주장과 추정이 경험으로 돌아가고 최종적으로는 지각으로 돌아간다고 말하지도 않는다. 이런 주관적 체험은 우리에게만 주어지는 것이다. 이것 자체는 (주관 바깥에 있어야 하는) 사물이 아니므로, 우리가 저 바깥의 사물을 받아들이도록 만들고 그것을 정당화하는 것은 추론(Schluss)임에 틀림없다. 이런 추론은 어떻게 정식화해야 하는가? 주관적 지각 체험이라는 홀로 주어지는 구역 내부에서 이러한 추론의 근거는 어디에 있는가? 주관적인 것의 현실성은 (오직 가설로만 받아들여야 할) 객관적인 것의 현실성, 외부세계에 있는 것의 현실성을 어떻게 보장하는가?

이런 물음들이 분명 정당하고 절실하다고 이야기들을 하지만, 우리는 이런 물음들을 전혀 고려하지 않는다. 이는 우리의 물음들과는 다를 뿐만 아니라 (우리가 알고 있듯이) 거꾸로 제기되는 물음

140) (편주) 칸트가 마르쿠스 헤르츠(Marcus Herz)에게 보낸 1772년 2월 21일 자 편지를 참조.

들이다. 우리는 형이상학에서 제기하는 사물 자체에 대해서는 미결로 둔다. 물리학의 사물들과 (마음, 인격, 성향과 체험 등) 심리학의 현실성들에 대해서도 미결로 둔다. 일상생활의 사물들도 마찬가지이다. 미결(dahingestellt)이라는 것은 현실적 실존에 대한 판단을 모두 삼간다(enthalten)는 뜻이다. 말하자면 우리의 세계는 절대적 소여들의 세계이고 절대적 의심 불가능성들의 세계이며 '현상들'의 세계이자 '본질들'의 세계이다. 한마디로, 현실적 실존이나 비실존의 정립과 무관한 것이다. 우리는 그 어떤 학문의 명제도, 일상생활의 의견도, 지각이나 기억이나 예상도 전제나 인식근거로 고려하지 않는다. 다시 말해, 이들을 학문이나 생활이 뜻하는 대로 받아들이지 않는다, 즉 어떤 사태연관의 참된 정립으로, 존재한다고 정립되는 어떤 대상에 대한 지각 등으로 받아들이지 않는다. 다른 한편, 우리는 이 모든 것을 현상학적 환원에 의거해 다시 고려한다. 즉 명제(Satz)는 현상이나 판단본체(Urteilsessenz)로 고려하고, 지각은 현상이나 지각본체(Wahrnehmungsessenz)로 고려하는 등이다. 지각되는 것의 실존, 그리고 어떤 현실적 실존 일반에 대해 묻지 않으며 어렴풋하게라도 전제하지 않는다. 오히려 지각의 본질, 판단의 본질, 명증의 본질 등에 대해, 그러니까 심리학이나 생리학이나 형이상학이 아니라 현상학에 대해 묻는다. 그리고 여기에서 우리가 특별히 관심을 기울이는 것은 존재현상학(Onto-Phänomenologie)[141]이며, 그것도 그것의 첫 번째 층위이다.

사물이 현출한다. 사물이, 사물의 규정이, (과정, 사물 간 관계 등과 같은) 사물의 사건이 현출한다. 이들은 개별 지각 및 지각 연관에서 주어진다. 이들은 기억에서 다시 재현된다. 이미지에서 묘사된다. 상상에서 상상된다. 여기에는 어떤 '현상'이 있다. 가장 근원적 의미에서 '경험'의 현상이 있고 (그와 연관된) 허구와 상상의 현상이 있다. 우리는 경험하는 인격과 경험되는 사물성에 대한 판단에 의한 정립을 모두 배제(ausschalten)한다. 우리는 현상학적 환원과 본질 고찰을 수행한다. 우리는 경험의 본질에, 경험의 원본적 '의미'에 무엇이 놓여 있는지 묻는다. 어떤 경험되는 대상과의 관계는 (절대적이고 현상학적인 소여들의 총체인) 경험의 본질에 속하며 경험의 본질 자체이다. 지각은 그 자체로 어떤 지각되는 것에 대한 지각이다. 지각의 본질은 대상성을 현출하게 하고 현출하는 것을 믿음에 있어 정립하는 것, 존재하는 현실성으로 정립하는 것이다. 이것을 어떻게 이해해야 하는가? 이러한 지각의 지향성을, 경험의 지향성을, 그리고 허구와 상상이라는 용어가 가리키는 [지각 및 경험에] 평행하는 변양된 현상들의 지향성을 어떻게 이해해야 하는가?

우리는 경험이 (곧 경험적 인격의 체험들과 체험성향들로 이루어진 현실적 연관 안에 얽혀 있는, 심리적 체험들의 총체로서) 어떻게 생성하는

141) (역주) 이 분석은 실재하는 존재에 대한 분석(존재론)이라기보다는 '존재의 나타남'에 대한 분석이기 때문에 '존재현상학'이라고 명할 수 있다.

지 묻지 않는다. 그 대신 경험에 무엇이 '놓여 있는지', 경험의 본질에 의거하여 경험으로부터 어떤 절대적 소여를 추출할 수 있는지, 순수 현상학적으로 경험의 고유한 내용과 의미로서 무엇이 증시되는지를 묻는다. 경험 안에 본질적으로, 즉 지양할 수 없이 놓인 것을 이론적 가정을 가지고 넘어설 수는 없으며, 경험 심리학과 형이상학의 이른바 자명한 판단을 가지고 침해할 수도 없다. 왜냐하면 그러한 침해는 모두 배리(Widersinn)이기 때문이다. 경험에, 지각과 기억 등에 본질적으로 놓여 있는 그 의미가 (실재적 존재에 대한 모든 해석의 정당한 의미를 가늠하기 위한) 최종 규범을 제시해야 한다. '경험의 가능성'의 조건들이 최초의 것이다. 하지만 여기에서 경험의 가능성의 조건들이란 경험의 본질에, 그것의 본체(essentia)에 내재하고 지양 불가능한 모든 것만 뜻하고 뜻해야 한다. 현상학적 경험분석이 연구하는 경험의 본체는 경험의 가능성과 다름이 없다. 그리고 경험의 본질과 가능성에서 규명되는 모든 것은 그 자체로 경험의 가능성의 조건이다. 사물 경험으로서의 경험의 본질에 상충하는 어떤 것을 경험에 부당하게 기대하는 것은, 또는 (경험에서 그것의 의미에 의거해 구성되는 것, 곧 경험대상으로서의) 경험대상에 상충하는 어떤 것을 경험대상에 부당하게 기대하는 것은, 즉 경험과 경험대상성을 배리적으로 해석하는 것은 부조리(Absurdität)이다.

이제 우리가 경험의 본질을, 그중에서도 먼저 지각의 본질을 탐구한다면, 주된 목표는 지각이 어떻게 어떤 (사물) 대상이 주어짐에 대한 의식이기를 (말하자면) 시도하는지 이해하는 것이다. 현상학적 태도를 취하면, (집의 지각 같은) 사물지각은 바로 어떤 사물을, 어떤 공간대상을 의향하는 것이고, 지각에서 의향되고 정립되는 이 사물 대상의 의미에는 이러저러한 것들이 속한다는 것은 명증하다.

그러나 이렇게 의향되는 것이 지각에 내실적으로 내재하는 것이 아님도 명증하다. 어떻게, 어떤 계기들에서, 지각의 이러한 지향성이 구성되는가? 지각의 성격을 이루는 '자체소여'는 지각의 본질에 대한 분석을 통하여 어떻게, 어떤 분석적 계기들에 의해, 어떠한 방식으로 증시되는가?

이를 해명하기 위하여 우리는 하나하나 구별하고 부각했다. 우리는 다음을 이야기했다. 지각 자체에서는, 지각에 의해 지각되는 대상이 믿어지고 몸소 있다. 우리가 (다중지각[mannigfaltige Wahrnehmung]과 대비하여) 이렇게 표현할 수 있을 홑겹지각(einfältige Wahrnehmung)에서는, 대상은 주어지는 것으로서 여기 있되, '한 면'에서만 있다. 이에 비해 다중지각에서 대상은 여러 면에서 여기 있다. 각 홑겹지각에서는 (독자적으로나, 다중지각의 한 위상으로나, 심지어 연속적 다중지각의 한 위상으로서나) 현시하는 내용들과 파악성격을 구별해야 한다. (믿음을 포함해) 상위 층위의 지향들과 파악성격들은 (서로 교체되면서) 여기에 토대를 두고 있다. 우리는 이런 이야기를 했던 것이다. 우리는 이러한 상위 성격들을 도외시하였고,

이 상위 성격들이 교체되더라도 항상적이며 정초하는 것으로서 현출을 추출했다. 대상이 '현출하는' 동안, 주의가 일차적으로 이 대상을 향하든, 어떤 다른 것을 향하든, 현출은 그 앞에 놓여 있고(vorliegen) 그 토대에 놓여 있다(zugrunde liegen). 또한 이 대상이 현실적으로 존재하는 것으로 간주되든, 환각이 폭로되어 존재하지 않는 것으로 간주되든, 의심에 있어서 의심스러운 것으로 간주되든, 믿음의 삼감(Glaubensenthaltung)에 있어서 미결로 간주되든, 현출은 이에 앞서 놓여 있고 토대에 놓여 있다.

현출은 현시내용과 파악의 통일로 표현되었다. 물론 이 통일은 어떤 합계도 아니고, 상호결합한 이원성(Zweiheit)도 아니다. 이는 가장 내밀한 통일체인데, 우리는 이것의 성격을 생기화(Beseelung)라는 말로 규정하고자 했다. 현시하는 내용이 따로 있고 거기에 파악성격이 끼워지는 것이 아니다. 파악은 현시내용에 의미를 증여하여 생기화한다. 현시내용은 이 의미 안에 그 자체로 단순하게 있다. (동일 대상에 대한 것이지만 내용은 상이한, 곧 동일 대상을 의향하지만 현시내용은 상이한) 지각들 내지 현출들이 대비될 때, 부각이 일어난다. 나아가, 현시내용들을 동일하게 견지하면서도 (상호침투하면서 상호지양하는 현출들의 직관적 충돌에 의해) 의향이 교체될 때, 부각이 일어난다. 이와 관련하여 본래적 현출과 비본래적 현출도 구별했다. 이런 구별은 홑겹지각이 사물을 한 '면'에서만 현출시키면서도, (그 면이 아니라) 사물을 의향한다는 것과 관련된다. 우리는,

사물 중에서 (이 사물에 특별하게 귀속되는 현시내용에 의거하여) 본래적으로 현시되는 것과 (특별히 귀속되는 현시내용이 없어서) 본래적 현출이 없는 것을 구별한 것이다. 그러니까 파악은 현시보다 더 멀리 미친다. 이처럼 더 멀리 미치는 것(Weiterreichende)도 본래적 파악에 그저 덧붙은 것, 그래서 잘라낼 수 있는 어떤 것이 아니다. 이것은 (동일 대상의 현출들임이 드러나는) 상이한 현출들을 대조하여 명증하게 동일화하고 구별하는 와중에 부각되는 것이다. 이러한 현출들의 본질은 이와 같은 동일화와 구별의 가능성의 토대가 된다는 점이다. 그러니까 개별적 대상에의 의향은 (대상의 '면'으로서 이른바 눈에 띄는 것[Augenfällige]에 국한되는 것이 아니라) 대상 중에서 눈에 띄지 않는 것에도 관계한다. 그리고 의향은 현시되지 않는 면들과의 관계를 함축한다. 이것이 뜻하는 바는, 의향이 지니는 본질적 성격 때문에 이 의향은 이러한 동일화에 어울리게 된다는 것이다. 이러한 동일화에 있어서는 다음이 명증하다. 이 면에서는 현시되지만 다른 면에서는 현시되지 않는 바로 그것이, (이 면을 현시하지 않는 대신 저 면을 현시하는) 또 다른 지각에서도 의향된다.

§41 사물에의 태도와 사물의 현출(주어지는 면)에의 태도

나는 이러한 서술이 지닌 명증을 체험할 때마다 이로부터 벗어날 수 없었다. 하지만 호프만 씨[142]는 이러한 서술에 이의를 제기했다.

그는 특정 음의 감각질(Quale)을 대상으로 삼듯이 지각이라는 현상학적 자료의 감각질을 대상으로 삼을 수는 없다는 것이다. 그는 이렇게 말한다. 내가 어떤 집을 지각할 때, 물리적 사물인 집 옆에, 지각이라 불리는 또 다른 물리적이거나 현상학적인 사물이 병립하는 것은 아니다. 물론 이 마지막 문장은 어떤 병립(Nebeneinander)에 대해 말하고 있는데, 우리는 전혀 이런 말을 한 적이 없다. 물론 현상학적 의미에서 단 하나만 있다. 하나의 절대적 소여만 있다. 그러나 명증하게 서로 다른 두 판단 방향이 있다. 하나는 현출하는 대상에 대한 판단이고, 다른 하나는 현출에 대한 판단이다. 우리는 현출들을 수적으로 구별할 뿐만 아니라, 내용에 있어서도 구별한다. 그러면서도 이들이 모두 동일 사물의 현출들이라고 말한다. 그리고 이는 현상학적으로 명증하니, 바로 사물의 실존에 대한 완전한 판단중지(Epoché)에 있어서 그러하다. 이는 음의 사례에도 해당된다. 내가 균질적으로 펼쳐지는 기적소리를 듣는다면, 나는 가까이 가면서, 그것이 동일한 음이고 계속해서 균질적인 기적소리라고 말한다. 그것은 대상이다. 그러나 현상학적으로 주어지는 것에 주목하면, 이 현출자의 매 시간 구간마다 현출이 본질적으로 다름

---

142) (편주) 하인리히 호프만(Heinrich Hofmann)은 후설의 제자로서 1913년에 박사논문을 썼다. H. Hofmann, "Untersuchungen über den Empfindungsbegriff", in: *Archiv für die gesamte Psychologie, XXVI. Band*, Leipzig 1913, S. 1~136.

을 발견한다. 이러한 감각질은 동일하지 않다. 그러니까 나는 현출(Erscheinung)과 현출자(Erscheinendes)를 구별한다. 그리고 증기기관의 기적소리가 나타나는 이 현출에서, 나는 어떤 감성적 감각질을, 선경험적인 감성적 자료를 발견한다.

아마도 현출과 사물을 동일시하는 데에는 다음과 같은 정황이 한몫했을 법하다. 즉 현출에 대한 고찰로부터 현출하는 사물에 대한 고찰로 넘어가는 와중에, 현출이 ([사물의] 옆에 놓인 제2의 사물로서 사물로부터 분리되는 것이 아니라) 사물의 사태이자 사물에 귀속되는 것으로서 있으며, 사물은 단지 이 현출 안에서, 이 현출과 같이 여기 있는 것이다. 이와 관련되는 것이, 현출을 '사물의 면'으로 대상화하는 것이다. 이에 대해서는 몇 가지를 언급하고자 한다. 그러면 아마 좀 더 명료해질 것이다.

사물의 면의 대상화에 대해 말해보자. 론 언덕에 깔린 녹색 풀밭이 노란 꽃들로 덮여 있다. 이 풀밭의 각 지점마다 다른 '현출'을 제공한다. 계속해서 동일한 풀밭이고 동일한 언덕이지만, '다른 면'에 있어서 그렇다. '면'이란 여기에서 객관적인 언덕 표면의 상이한 음영이다. 혹은 (현출하는 규정들의 복합체가 아니라) 언덕 표면의 본래적인 현출이라고 이해할 수도 있다. 이 면은 사물에 있는 어떤 대상적인 것, 곧 사물의 면이다.

이는 어떤 유의 대상화인가? 무엇을 구별해야 하는가?

a) 언덕 자체. 이것은 면에서, 자기의 면에서 현시된다.

b) 면. 이것에서 언덕은 현시되고 현출한다.

α) 감성적 내용들의 확장. '표면'을 현시하는(본래적으로 현출시키는) 확장. 대상의 색채를 현시하는, 확장의 감성적 채움과 덮음. 확장의 부분들은 개별 풀과 꽃들과 관계하는데, 이들 중 몇몇이 더 분명하게 두드러진다. 전체 색채의 부분들도 그렇다.

β) 확장을 현시하는 그것(따라서 여기에서 현시는 본래적 현출을 이룬다). 채움을 지닌 확장에 어떤 의미, 어떤 뜻을 부여하는 그것.

γ) α와 β의 통일체를 사물에 있는 어떤 것으로서, 사물의 면으로서 현출시키는 그것.

1) 최초의 태도, 즉 '자연스러운' 태도는 내가 사물을 가령 말로 서술할 때 토대에 놓인 태도이다. 사물을 서술하면서 나는 말한다. 여기 꽃핀 녹색 언덕이 있다. 이것은 풀밭이 있는 론 언덕이다. 그리고 이처럼 서술하려 하지 않고 이러한 태도를 지니지 않더라도, 나는 '지각하면서' 이 동일한 것을 의향한다는 태도를 취할 수 있다.

2) 나는 '현출'에 주목한다. 현출이 나의 대상이다. 면, 즉 음영, 공간적 음영, 이러저러하게 채워진 음영(본래적 현출).

이처럼 변화된 태도 취함이란 어떤 것인가?

꽃핀 언덕에 주목함과 본래적 현출에 주목함은 서로 대조된다. 나는 『논리연구』[143]에서 어떤 근본적 선입견을 비판했다. 그것은 어떤 것에 대한 주목이 반드시 내재적 내용을 응시하고 주목함을 뜻한다는 선입견이다. 반드시 감성적이고 선경험적인 자료들에 주목하면서, 다른 한편 이 자료들을 현시들로 만드는 것에, 곧 이른바 의식됨(Bewußtheit)의 '느낌'이나 '의식됨'의 성격에 주목해야 한다는 것이다. 내가 하고자 했던 말은 다음과 같다. 우리는 물론 이에 주목할 수도 있지만, 그 경우에는 이것에 대한 어떤 응시가 필요하다. 이러한 응시는 지각함(지각하는 파악과 초기정립)의 성격과 비슷한 새로운 체험이자 새로운 선경험적 소여(dabile)이다. 그런데 내 생각에, 주의는 어떤 '태도'이자 어떤 형언하기 어려운 성격이며, 보이는 대상으로 전향(Hinwendung)[144]함이 전제하는 것은 바로 현출의 체험이다. 그런데 이 현출은 감성적 내용들과 이들에 대한 해석(이들을 생기화하는 파악성격)에 대한 체험을 뜻한다. 그런데 이러한 생기화는 의식됨과 다르지 않으며, 감성적 자료들이 다른 의미에서 파악되면 이 의식됨도 달라진다. 사물에 대한 두 가지 파악이 서로 충돌하고 이 사이에서 동요할 때처럼 대상적 지향이 서로 다를 수도 있다. 또는 대상적 해석의 규정이 달라져서 새로운 이해나

---

143) (편주) 『논리연구』 2권(1901년) 제5연구 〈지향적 체험과 그 '내용'〉, p. 322 이하.

144) (역주) hinwenden이나 zuwenden은 어떤 대상을 향해 '주위를 돌림(wenden)'을 뜻하는데, 여기에서는 (단순한 의식의 '향함[richten]'과 구별하기 위해) '전향(轉向)'으로 옮긴다.

더 상세히 규정하는 이해가 번득일 수도 있다. 이 모든 것은 우리가 감지하는 어떤 것이다. 우리는 이것에 대해 그저 말만 하는 것이 아니라, 어떤 의미로는 이것을 '볼' 수도 있고 지각하는 손가락을 그 위에 놓을 수도 있는 것이다. 즉 감성적 내용이 아님에도 불구하고, 그것은 다가오고 새로이 등장하고 달라진다.

이제 나는 이렇게 말한다. 생기화되는 감성적 자료, 생기화되는 충족된 확장은 우리가 대상으로 전향(zuwenden)할 때의 체험이지, 대상이 아니고, 우리가 응시하고 주목하는 것도 아니다. '대상에의 주의'라는 체험에는 생기화되는 자료 및 [이 자료와] 주의하는 지향의 형언하기 어려운 침습밖에 없다. 이렇게 침습되는 이 주의 지향이 바로 (우리가 그렇게 부르듯이) 해석(Deutung)의 대상을 주목함이다. 이것은 대상에 대한 기술의 토대이자 동일화 일반의 토대인 어떤 태도이다. 이런 동일화에서는 계속 의향되는 동일한 것으로 드러나고 의식의 주제(Thema)인 '대해지는 것(Worüber)'으로 드러나는 것은 대상이다. 다른 한편 우리가 현출에 주목하면, 새로운 태도를 취하는 것이다. 그러면 현출 및 음영이 주제, 곧 '대해지는 것'이 된다. 여기에는 대상의 정립과 주목이 주제를 주제로 만드는데, 나의 견해로는 여기에서 이 주목함은 다른 경우에서와 마찬가지로 대상화가 아니다. 어쨌든 우리가 풀밭 및 꽃핀 언덕을 의향하는지, 아니면 음영 및 면을 의향하는지에 따라, 주의가 사뭇 다르게 기능하고 대상이 사뭇 다르다는 것은 확실하다. 다른 한편, 어떤 경우라도 '면'의 현현(顯現, Phansisches)은 체험이다. 우리가 어떤 태도를 취하든 간에, 이러저러한 태도 취함이 가능하고 이 태도에서 저 태도로 넘어갈 수도 있다는 것은 이 사태의 본질이다. 그러나 이와 더불어 이 대상성과 저 대상성을 관련시키는 것도 언제나 가능하다.

우리가 이런 의미에서 '면'을 바라보는 태도를 취하더라도, 면 자체는 언덕의 현시 혹은 본래적 현출 이외의 것이 아니다. 본래적 현출은 독립적이지 않기 때문에, 사물의 완전한 '현출'로 (비본래적으로라도) 확충된다. 면이 체험되기만 하면, 언덕과 같은 사물이 자체현전(Selbstgegenwärtiges)하는 것으로서 나타난다. 왜냐하면 '언덕의 자체현존(Selbstda)'이라는 체험은 '면'의 체험, 이러저러하게 펼쳐진 감성적 자료의 체험과 다르지 않기 때문이다. 이때 감성적 자료는 이런저런 해석으로 생기화되고, 나아가 '비본래적' 현출지향들이라는 잉여와도 뒤얽힌다. 사물에 주목한 다음 이제 다시 면에 주목한다면, 혹은 거꾸로 면을 주목하다가 다시 사물을 주목한다면, 면은 사물에 속하며 사물이 이 면을 가진다. 사물은 면에 있어서 이러저러하게 현시된다. 이는 현시와 현시되는 것의 관계이다. 그리고 이 두 지각체험이 상호침투하므로 이 관계는 각별히 내밀한 관계로 나타난다. 나는 면에 주목하면서 이 면이 현시하는 것이 무엇인지, 이 면이 사물을 무엇으로 나타나게 하는지, 이 면의 의미에 의거하여 사물이 무엇인지 말할 수 있다. 그리고 사물에 대해서는 이 면에서 이러저러하게 현시되는 것이라고 말할 수 있다.

그러나 사물에는 [사물과 더불어] 공동파악되는 하나의 사물둘레가 있다. 자아도 이 사물둘레에 속한다. 물론 이 자아는 경험적 자아 신체 및 체험들을 지닌 경험적 자아이다. 그리고 사물과 자아가 이처럼 경험적으로 공동현출하는 관계는 다음과 같다. 자아는 사물에 대하여 공간위치를 지닌다. 이 공간위치가 현출하는 한, 사물이 하필 이 면으로 현시됨은 이 공간위치에 대응한다. 따라서 면에는 사물과의 관계만 있는 것이 아니라, 경험적 자아와의 관계도 있고 사물과 자아 사이의 위치 관계도 있다. 다시 말해, 면은 어떤 주관적인 것이다. 이것은 (내가 사물에 대해 이런저런 태도를 취하는 한에서) 내게 속하는 '나의 지각현출'이다. 또한 면은 어떤 객관적인 것이다. 이것은 사물에 속하고, 이것에서 사물이 나타나며, 이것에서 사물이 '자체현존'으로 주어진다.

나는 사물로 전향하고 그다음에 현출로 전향할 때, (내가 이를 반성하면서, 현상학적인 것만 발견할 뿐 사물은 발견하지 않는 한) 어떤 의미에서든 사물과 현출이라는 두 가지 소여를 발견하지 않는다. 나는 현출을 발견하고, 주의가 취하는 어떤 다른 태도 취함을 발견하는데, 물론 어떤 새로운 응시, '반성'의 봄도 여기 속한다. 현상학적으로는 내가 가진 조직(Gewebe)이 조금 변했을 따름인데, 현출은 이 조직에서도 계속해서 두드러지는 중핵이다. 그러나 사태적으로는(sachlich) 내게 두 가지 소여가 있다. 풀밭이라는 대상은 '풀밭 음영'이나 '풀밭 현출'이라는 대상과 다르기 때문이다. 한편으로 우리에게는 자연스럽게 판단되는 사물에 의거하여, 여기 이 사물이 있다고 말하는 경향이 있다. 다른 한편 현출을 응시하면서, 다음과 같이 말하는 경향이 있다. 대상의 이 면이라는 현출이 여기 있지만, 이 현출은 사물이 주어지는 곳일 뿐이다. 즉 '사물' 외에는 발견되지 않는다. 현출은 사물의 현출이고, 이외에 앞에 놓인 것은 없다. 사물을 가짐과 면을 눈앞에 가짐은 하나이다. 우리는 사물과 사물 면(사물현출)이라는 두 가지를 가지지 않는다.

그러나 우리는 이렇게 말한다. 서로 다른 여러 가지가 앞에 놓여 있다. 사물현출은 늘 앞에 놓여 있다. 그러나 이 사물현출은 때로는 대상화되고 때로는 대상화되지 않는다. 사물현출이 대상화되는 것은 그것 자체가 대상이 되는 것이고 주제인 '대해지는 것'이 되는 것이다. 사물현출이 대상화되지 않더라도, 이 사물현출은 대상화하는 것이고 주의의 토대가 되며 (때로는) 판단의 토대가 되는 것이다. 그래서 사물은 현출할 뿐 아니라, 주제인 '대해지는 것'이다. 그리고 사물과 현출과 자아, 한마디로 우리가 논의한 모든 것들 간의 어떤 관계도 앞에 놓여 있다.

§42 변화하는 지각과 불변하는 지각

나는 지난 시간에 우리 탐구의 일반적 경로를 정리하기 시작했다. 나는 이 정리를 상세히 계속하지는 않고, 우리가 생산적으로 이어나갈 만큼만을, 두 가지 말만으로 떠올리고자 한다. 우리는 지각의 가장 일반적인 어떤 특유성들을 강조하고, 불변하는 지각(현상학적 지속 중에 불변하는 지각)과 변화하는 지각을 구별했다. 이때 변화와 불변은 (지각의 토대에 놓인) 현출과 관련된다. 불변 지각은 대상성을 불변하는 것으로 현시하며, 하나의 동일 면에서만 계속 현시한다. 이 지각은 일면적(einseitig)이고 홑겹(einfältig)이다. 이에 비해 변화 지각은 변화하는 대상성을 현시할 수도 있고, 불변하는 대상성을 현시할 수도 있다. 이 지각은 일반적으로는 다면적(mehrseitig)이고, 어떤 경우에든 다중적(mehrfältig)이다. 이 지각에서의 현출은 (때로는 불변 현출의 구간들이 그 사이에서 매개하는) 현출연속체이기 때문에, 다중적인 것이다. 이 현출연속체의 각 위상을 시간적으로 늘리기만 하면, 이 각 위상마다 하나의 가능한 불변 현출이 상응한다. 그러므로 현출연속체는 여러 겹(vielfältig)이고, 연속적으로 여러 겹이다.

그다음에 우리는 여러 겹의 지각에 있어서, 현출하는 대상성의 여러 가지 변화 사례들을 구별했다. 순수한 운동적 변화가 여타의 변화들로부터 두드러진다. 이 경우 현출하는 대상 자체의 모든 구성적 규정은 변하지 않는다. 그러니까 사물의 공간적 몸체는 모든 내적인 기하학적 규정이나 질(특히 우리가 특별히 고찰한, 일차적으로 질료화하는 질)에 있어서 불변이다.

반면, [운동적 변화에서] 외적 변화들은 일어난다. 다시 말해, 사물은 움직이는 것으로 나타난다. 아니면, 정지한 것으로 나타나지만, 지각하는 자아 또는 자아의 몸이 움직인다. 눈이나 머리나 온몸이 움직인다. 몸에 대한 사물의 관계가 변하며, 이에 상응하여 사물의 현출 방식이 계속 달라진다.

우리는 연속적으로 여러 겹인 지각이라는, 이 이채로운 선경험적 시간 진행의 가장 일반적인 어떤 특질들을 연구했다. 우리는 이 연속체에 얽혀 있는 현출위상들의 본질에 토대를 둔, 대상적 향함의 동일성에 주의를 환기했다. 우리는 의미의 부합과 동일성을 구별했고, 미규정성 및 이에 대응하는 상세규정 가능성이라는 사건을 논했고 풍부화와 상이규정을 논했다. 충족이라는 말은 이런 사건들과 결부된다. 하지만 우리는 곧바로 이 표현의 다른 의미에 주의를 돌렸다. 연속적 종합에서 특정 현출이 탁월해짐을 관찰한 것이다. 종합의 경과는 말하자면 이 현출에로 조율(abstimmen)되는 것처럼 보인다. 우리는 우대받는 소여의식이 있는 어떤 최대구역에 주의를 기울였다. 이 의식은 이런 식으로 우대받지 않은 여타 위상들보다 완전한 소여를 산출하는 권리를 주장한다. 이로부터 더 일반적 고찰로 나아갔는데, 이는 다음 물음과 관련된다. 이러한 완전성의 의미에 내재적이고 절대적 소여라는 이상이 들어 있는가, 아니면 (정지한 한 현출이라는 형식이나 종합의 탁월한 한 단편이라는 형식으로서의) 절대적 소여는 지각 소여의 본질로부터 완전히 배제되는가? 우리가 살펴본 것처럼, 실로 완전한 소여에는 무한히 나아가는 전체 종합이 대응한다. 따라서 이런 이상은 그릇된 이상이다.

§43 운동적 지각 종합에서의 믿음정립의 역할

이러한 일반적 고찰들로 운동적 지각 종합에 대한 분석이 끝난 것은 아니다. 우선 우리는 믿음정립(Glaubenssetzung)의 계기 및 이와 동등한 변양들은 고려하지 않았다. 또한 종합되는 현출들에 대한 개별 분석도 꼭 필요한데, 이런 분석은 매우 어려우며 지금까지보다 훨씬 깊이 들어가야 할 것이다. 그래야 변화하는 현출들의 다양체에서 불변하는 대상성이 구성됨에 대해서, 그리고 대상의 운동과 지각 주체의 운동의 차이에 대해서 현상학적으로 해명할 수 있다.

전자[믿음정립]에 있어서, 단지 다음을 간략히 시사하고자 한다. 믿음 및 이와 동등한 계기들은 사소한 부록이 아니라, 본질적 계기이자 통일성을 주는 계기이다. 협의의 지각에서 현출하는 것은 존재하는 것으로 있으며 현실적인 것으로 간주된다. 물론 이런 믿음의 성격이 없더라도 (우리가 현출이라 부르는) 현상의 본질적 핵은 그대로 유지될 수 있다. 어쩌면 믿음은 의심이나 믿지 않음이나 추정(Annehmen)이나 미결이나 단순한 믿음경향과 같은 것으로 옮아갈 수 있다. 이 중 어떤 것이 정말로 [믿음과] 동등한 기본적 사건들이고, 어떤 것이 복합적이고 정초된 사건들인가라는 물음도 여기에서 제기된다. 예를 들어 의심할 때에는 믿음과 믿지 않음 사이에서 동요하는데, 이 동요라는 특유한 현상의 토대는 서로 충돌하는 믿음경향들이다. 그리고 이러한 충돌의 토대는 그 본질에 있어 통일적으로 양립할 수 없는 상이한 현출들이다.

이처럼 추가 연구가 필요한 여러 사건이 (이념적 가능성에 있어 말한다면) 동일한 현출들에 토대를 두고 있을 수도 있다. (마치 이런 성격들이 현출에 첨부되는 부록에 불과한 양) 현출이 이처럼 성격이 교체되는 가운데에도 동일성을 유지하는 하나의 단편을 뜻하지 않음은 말할 나위도 없다. 아마 이는 철두철미 이루어지는 변양들이면서도, 다른 한편 어떤 추상적으로 동일한 것을 현출이라는 용어 아래 내포하는 변양들일 것이다. 따라서 현출들의 연속적 종합은 이러한 높은 단계의 지성적 성격이라는 견지에서도 통일성을 가지는데, 사물성 구성에 있어 이러한 통일성이 아무래도 좋은 것은 분명히 아니다. 여러분은 다음으로부터 이를 알 수 있다. 각 현출은 무한하게 다중적인 방식으로 다른 현출로 넘어갈 수 있다. 무한하다고 간주되는 이 종합은 무한함에도 불구하고 견고하게 규정된 종합이다. 이 종합은 (다른 사물이 아니라 바로 이 사물을 구성하는 종합으로서) 이 규정적 사물에 귀속되는 종합이어야 하기 때문이다. 이런 무한성은 무한히 많은 무한성들로부터, 즉 (눈에 띄는 현출도 거기 배속될 수 있을) 무한정하게 많은 다른 종합들로부터 추출되는 것이다. 그 자체로 견고하고 자기동일적인 사물을 구성한다는, 이러한 종합의 견고함(Festigkeit)은 어디에서 오는가? 바로 이런 현출 연쇄에서 되풀이 확인되고 증시되며 경험의 통일성을 이루는 믿음의 통일성에서 올 것이다.

물론 믿음은 따로 있는 어떤 것이 아니다. 믿음은 통일적 성격으로서, 연속체의 현출들을 관통하고 이 현출들의 모든 대상화 계기들을 관통한다. 이 현출들은 이 연속체 안에서 통일적으로 결합하는데, 바로 그래서 이 연속체가 연속체라고 불리는 것이다. 그러나 현출들이 통일적인 것은 (늘 새로이 동기화되고[145] 늘 새로이 충족되는) 믿음이라는 양상에서이다. 어떤 사물을 상상할 때 이 현출이 어떤 사물현출인 것은, 오로지 이것이 상상에서 (그것의 의미에 따라) 어떤 가능한 견고한 종합에 귀속하는 것으로 간주되기 때문이다. 이 경우 믿음의 자리에, 곧 현실적 믿음의 자리에, 상상믿음이 등장한다. 그리고 현출들이 경과할 때, 이제 이 믿음이 이 (변양된) 현출들을 통일하면서 지배한다. 물론 상상에서는 이런 현출을 마음대로 변양할 수 있다. 가령 빨간 공이 떠오르면, 아무 법칙 없이 이것을 온갖 가능한 공간적 형태로 바꿀 수 있고, 아무 법칙 없이 이것에 온갖 가능한 질을 넣어볼 수 있다. 상상믿음의 지향이 (흡사[quasi]

145) (역주) motivieren은 '동기화하다', '동기주다', '동기부여하다' 등으로 옮기고 motivert werden이나 sich motivieren은 '동기화되다', '동기받다', '동기수용하다' 등으로 옮긴다.

확인하고 충족하면서) 이러한 변화 구간들을 관통하여 통일적으로 지배한다면, 우리는 형태와 색이 때로는 이렇게, 때로는 다르게 변양되는 사물을 표상한다. 이 모든 것이 자의적이고, (하나의 가능한 견고한 종합을 특출하게 하는) 일관적 경험의 통일성이 포기된다면, 이제 상상이 구성하는 사물을 더 이상 견고하고 자기동일적인 사물이라고 말할 수 없다. 물론 (상상믿음에서 더불어 취해지는 상상종합에 관련해서만 일어나는 일이지만) 이 현출들이 개별적으로나 구간별로 사물현출이라고 불릴 수도 있겠다. 그렇더라도 이 가능 경험들의 일관적 통일성이 견지되지 않는다면, 사물은 결코 구성되지 않는다. 상상에서 사물을 구성하려면, (상상에서 가능성으로서 구성되는) 통일적 경험이 필요하다. 그러니까 통일적 경험은 현출들의 연속체에 불과한 것이 아니라, 현출들의 연속체를 전제로 하는 것일 뿐이다. 사물은 "한낱 '표상통일체'가 아니라 '판단통일체'"이다.

따라서 근본적 연구들의 어떤 방향이 드러난다. 그러나 이런 연구들은 여기에서 나아갈 길은 아니다. 다만 경험을 산출하는 판단통일체를 강조할 필요가 있다. 그래야 우리의 현출 분석이 올바른 의미로, 그리고 적절한 제한 안에서 이해될 수 있다.

4부

지각 대상의 구성에서의 키네스테제 체계들의 의미

8장

키네스테제의 현상학적 개념

§44 연구의 이후 주제들에 대한 예비 설명

이제 우리의 과제는 한낱 운동적 변화라는 탁월하면서 비교적 단순한 사례에서, 현출에 대한 분석을 이어나가는 것이다. 여기에서 커다란 과제는 삼차원 공간성의 현상학적 '창조(Schöpfung)'로 최대한 깊이 파고드는 것이다. 또한 사물 몸체의 현출이 다양함에도 불구하고 이 사물 몸체가 동일한 것으로 현상학적으로 구성된다는 점으로 최대한 깊이 파고드는 것이다. 그런데 여기에서 이 현출들은 운동현출들이다. 여기에서 모든 공간성은 대상 자체와 '자아'의 운동에서, 그리고 이를 통해 주어지는 정위(Orientierung) 교체에서 구성되고 주어진다. 물론 공간적인 것은 개별적인 '홑겹' 지각에 의해 우리에게 주어진다. 사물의 공간 몸체도 그럴 뿐 아니라, (요컨대 포괄적인 '전체지각' 안으로 이 지각이 배속됨에 의거하는) 다른 사물들에 대한 이 사물의 위치도 그렇다. 그러면 다수의 홑겹지각에서 몸체는 때로는(동일화라는 결합하는 종합에서는) 여러 면들로 나타난다. 하지만 이 몸체는 이렇게는 스스로 증시하며 완전하게 주어지지 않는다. 여기에서는 이미 이 점에 주의해야 한다. 서로 이산적으로 주어지는 홑겹지각들에서, [이 지각들 각각에 주어지는] 개별 현출들은 현출 대상의 현실적 동일성을 증시하기에 충분하지 않은 것이다. 쉽게 말해, (가령 내가 잘 아는, 그것도 아주 잘 아는) 어떤 사물을 지각하고, 그다음에 이 지각과 이산적인 두 번째 지각에 의해 이제 이 사물의 뒷면을 지각한다면, 나는 기억에 아직 살아 있는 첫째 지각과 이 새로운 지각을 동일성 통일(Identitätseinheit)로 종합할 것이다. 사실 이 지각들은 그들의 본질에 의거하여 의미 동일성(Sinnesidentität)에 의해 결합된다. 그러나 나는 곧 제한을 두어야 한다. 나는 '의미 동일성에 의해'라고 말했다. 이 말은 첫째 지각에서 표상된 뒷면이 둘째 지각에서는 그 자체로 나타난다는 뜻이다. 하지만 이러한 사실이 주어지는가? 그러나 다음도 가능하다. 둘째 지각은 첫째 대상과 똑같은 둘째 대상에 대한 지각이어서, 나는 실은 첫째 대상의 앞면을 보고 그다음에 둘째 대상의 뒷면을 보는 것일 수도 있다. 그러니까 어쩌면 의미는 같지만 동일하지는 않을 수도 있다. 더 일반적으로 말해서, 대상 향함은 같지만, 즉 같은 것을 지향하지만, 동일하지는 않을 수도 있다. 즉 동일한 것을, 하나의 동일 대상을 지향하는 것은 아닐 수도 있다.

하나의 지각으로부터 다른 지각으로 연속적으로 넘어간다는 것이 통일적 경험에서 보장되어야, [대상] 동일성이 명증하게 주어진다고 말할 수 있다. 대상의 통일성은 다중적인 지각들을 연결하는 종합의 통일성에서만 증시될 수 있다. 그리고 이 연속적 종합의 토대 위에서 논리적 종합 혹은 동일화 종합에 의해, 서로 다른 지각들에서 현출하는 대상들이 동일하다는 것이 명증하게 주어진다. 지각들은 이 연속적 종합의 위상들로서 이 종합에 배속되어야 하는데, 이러한 배속은 바로 이 종합을 수행할 때에만 우리에게 보인다.

이 중요한 사실은 일반적으로 타당하다. 이 사실은 우리의 [운동 변화라는] 사례에서는 다음을 뜻한다. 동일하고 불변하는 어떤 공간 몸체 자체는 (이 공간 몸체의 여러 면들을 연속적으로 현출시키는) 운동적 지각 계열에서만 증시된다. 이를 위해서는 물체가 회전하거나 이동해야 한다. 혹은 나 스스로 움직여서, 즉 내 눈이나 내 몸이 움직여서, 이 물체의 둘레를 돌거나 이와 더불어 물체에 다가가거나 그로부터 멀어져야 한다. 혹은 마지막으로, 이 두 움직임이 한꺼번에 일어나야 한다. 현출 사물의 견지에서는 사태가 이렇게 표현되는 것이다.

이제 이와 관련된 현상학적 연관들은 어떠한가? 이 연관들로부터, 우리가 익히 아는 성질들을 지닌 삼차원 공간성을 구성하는 것은 무엇인가? 동일성을 지닌 사물 몸체를 구성하는 것, 이 몸체의 다양하게 가능한 운동을 구성하는 것, 자아 중심에 대한 이 몸체의 위치를 구성하는 것은 무엇인가? 우리가 아는 것은, 공간성이 이중으로 구성된다는 것이다. 공간성은 때로는 시각 규정들에 의해, 때로는 촉각 규정들에 의해 구성된다. 그래서 이렇게 나누어 물을 수 있다. 시각 공간과 촉각 공간이 도대체 서로 독립적으로 구성된다면, 각각 어떻게 구성되는가? (우리는 아무튼 이들 각각의 몫을 확인해야 한다.) 또한 공간이 때로는 시각적으로, 때로는 촉각적으로 질료화(Materialisierung)된다면, 그리고 이러한 이중 질료화에서도 하나의 동일한 공간이라면, 이 공간의 동일성을 이루는 것은 무엇인가?

묻기는 쉽지만 답하기는 어렵다. 내가 이어지는 언급들로 이 물음에 답하겠다고 주장한다면, 엄청난 오만일 것이다. 이런 언급들은 다만 (인간 인식의 영역에서 가장 어려운 문제들에 속한다고 해도 지나치지 않을) 이런 문제들이 공략할 수 있고 진정 해결할 수 있는 것임을 보이는 첫 출발일 뿐이다. 그러나 이번 학기에 사물성의 현상학을 위한 예비 작업으로 이미 수행했던 것은 여기에 유익하다.[146)]

146) (원주) 어떤 사물을, 그리고 이것의 멈춤과 움직임을 생각하는 것과 지각하는 것은 서로 다르다. 지구가 우주공간에서 움직임을 나는 생각으로 알지만 '보지' 못한다.

§45 지각하는 자아의 정지 및 운동과 관련하여, 불변하는 사물의 정지 및 운동

우리는 시각 사물의 현상학적 소여(현상학적 구성)를 탐구하면서, 어떤 제한을 두었다. 운동적 현출들의 다양체에서 불변하는 동일 사물이 그것이다. 사물의 동일성은 서로 다른 변화 계열들에서도 보존된다. 객관적으로 말하면, 이 변화는 단순히 운동적 변화일 수 있다. 그러면 사물을 구성하는 전체 성분은 여전히 불변한다. 이때 불변하는 것은 우선 사물 몸체(몸체에 대한 이론인 기하학의 의미에서의 몸체)이며, 또한 기하학적 몸체를 채우는 질료이다. 우리는 사물이 불변이며 '단지' 운동한다고 간단하게 말한다. 입체기하학적 변화(한갓된 형상변화)들에서도 동일한 사물, 또 '질료' 변화들에서도 동일한 사물을 이후에 다룰 것이다. 분명 이는 사물 구성이라는 일반적 과제에 있어서 사태의 본성에 놓여 있는 필수적 구분이다.

이제 불변 사물은 멈출 수도 있고 움직일 수도 있다. 멈추고 움직이는 사물의 현출들은 다중적 현출들이다. 그리고 우리는 일종의 개관을 얻기 위해, 지각하는 자아의 운동과 부동을 고려한다.

I. 먼저 지각하는 내가 전혀 움직이지 않을 수 있다. (운동적 현출과 어떠한 관련이라도 있을) 눈과 머리와 온몸이 멈춘다.

1) 이때 지각되는 대상장은 (물론 현출에 있어) 정지할 수도 있다. 이런 경우라면, 전체 현상이 불변할 것이다. 특히 (대상장 파악에

쓰이는) 현시내용들과 감각적 성분들 전체가 불변한다. 그러다가 시각장이 감지될 만큼 변화하면, 운동이나 여타 변화가 반드시 나타난다.

2) 앞서 주어진 [자아의 부동이라는] 조건에서, [대상장] 운동이 나타날 수도 있다. 그러면 시각장에 있는 현시하는 시각적 내용들이 (상세히 연구해야 할 어떤 방식으로) 변화한다. 이러한 대상장 운동에도 여러 가능성이 있다. 다시 말해, 몇몇 대상이 멈춘 채 나타날 수도 있고, 모든 대상이 움직일 수도 있다. 움직여지는 대상장에서 멈춘 채 나타나는 대상은 (대상장 안에 정말로 남아 있다면) 그것을 현시하는 내용들이 불변한다. 물론 대상의 부분이나 전체가 가려진다면, 대상은 부분적으로나 전체적으로 대상장에서 퇴장할 것이다. 하지만 이 대상이 정말 주어진다면 이 대상은 (주어지는 그만큼은) 현시가 불변하는 것이다. 이와 대비하여, 움직여지는 대상에 있어서는, 운동 현출은 현시내용들의 변화를 전제로 한다. 그리고 이 모든 일은 내 몸의 자세와 눈의 위치가 전혀 움직이지 않는다 (안구 조절도 고정된 것으로 생각한다)는 가정에서 일어난다.

현출 내용이 전혀 변하지 않아도 객관적으로는 운동이 일어날 수 있다. 하지만 그래도 여기에서 서술한 것은 바뀌지 않는다. 예를 들어 나와 나의 지각적 둘레 전체가 함께 움직이는 경우에 그렇다. 여기에서는 객관적 운동이 아니라 운동의 현출에 대해 논하고 있는 것이다. 그리고 이런 운동의 현출은 시각장이 변화할 때에만

가능하다.[147]

II. 이제 몸을 가만히 두는 것이 아니라 움직일 수 있다. 그러면 운동감각(Bewegungsempfindung)들이 특정 변화 계열을 따라 흘러가는데, 이것만으로도 어쨌든 현상학적 변화가 이미 일어나는 것이다. 그러나 여러 시각적 변화 계열들의 체계가 이에 결합하여 일어난다. 사물현출과 유관한 자아 운동들은 서로 독립적인 여러 운동체계들로 갈라진다. 눈도 움직일 수 있고, 머리나 상체 등도 움직일 수 있다. 이때 '스스로 움직임(sich bewegen)'과 '움직여짐(bewegt werden)'은 구별해야 한다. 움직여짐은 객관적 사실이다. 이것에 대해 내가 전혀 모른다면, 특히 이것이 현출하지 않는다면, 현출하는 객관적 세계는 전혀 바뀌지 않는다. 그러니까 무엇보다도 (키네스테제 감각들에서 드러나는) '스스로 움직임'이 문제이다. 이런 관계들을 탐구하기 위해, 여기에서는 특히 눈 운동에 천착할 것이다. 눈 운동은 독자적 체계이다. [눈이 움직여도] 신체의 다른 부분들은 전혀 움직이지 않을 수 있다. 눈이 움직여도 사물은 멈춘 채 나타날 수 있다. [눈 운동에 대응하여] 현상들이 다양하고 연속적으로 변하더라도 이 사물은 멈춘 채 나타날 수 있는 것이다. 이때 불변 사물의 동일성(Selbigkeit)에는, 현시하는 시각 내용들의 어떤 탁월한

147) (원주) 물론 이입감(Einfühlung)까지 참작하면 달라진다. 그러나 여기에서는 상호주관적 사물에 대해 이야기하는 것은 아니다.

변화 연속성이 대응한다. 그런데 대상이 (경우에 따라 이러저러하게) 움직여지는 것으로 나타난다면, 이러한 [시각 내용들의] 변화 계열은 규정된 변화 계열이지만, [대상이 움직이지 않는 것으로 나타날 때와는] 아주 다른 변화 계열이다.

그렇다면 이러한 혼란스러울 만큼 풍요로운 현출들에 있어서 정지와 운동은 어떻게 구성되는가? (질료적이고 입체기하학적으로 불변하는) 사물이 멈춰 있다면, 이 사물은 전혀 변하지 않는다는 것이다. 다양체는, 또 연속적으로 변하는 현출들은, 어떻게 전혀 변하지 않는 것을 눈앞에 세우는가? 가령 '눈 운동'이나 여타 '몸 운동'의 다양체에서, 그리고 이런 용어들이 암시하는 현상학적 변화들에서, 이런 일이 어떻게 가능한가? 이러한 변화들에 있어서, 사물 몸체의 규정과 이것의 '위치(Lage)', 이것의 장소(Ort)의 규정이 구성되고, 그리하여 각 공간장소의 규정이 구성되는 것이다. 그다음에는 어떠한 현출 변화들이 운동을 하나의 동일 몸체의 장소 변화, 이동과 회전으로 구성하는가?

§46 현시하는 감각과 키네스테제 감각

우리 탐구의 시작에는 일관적이지 않은 것이 있어 보인다. 우리는 시각적 사물을 고찰하고 공간성과 장소성의 시각적 구성을 고찰하고자 했으면서, 이제 애초부터 신체 운동을 끌어들이고 이를 통해 운동감각을 끌어들였다. 하지만 이들은 시각적 내용이라는 유에 속하지 않는다. 그러나 곧 밝혀지는 것은, 시각 내용들만 따로 있어서는 시각적 공간성과 사물성 일반을 위한 파악내용 구실을 하기에 불충분하다는 것이다. 그리고 여기 곧바로 덧붙이자면, 촉각 내용과 촉각 공간도 마찬가지이다.

이전 설명에서 충분히 명료하게 드러난 바에 따르면, 시각 공간과 촉각 공간이라는 용어를 쓰는 것은 분명 어떤 정당성을 지닌다. 이러한 용어는 어떤 감각 종류들을 가리키는데, 이 종류들은 각각 장으로 합병될 만큼 충분히 탁월한 특유성을 지닌다. 여기에는 다음과 같은 점도 있다. (촉각감각들도 마찬가지이지만) 가령 시각감각이라는 유형에 속하는 감각들은 그 구체화에 있어서 두 가지 계기로 구별된다. 질료적 계기와 질료(넓은 의미의 질)의 연장적 계기가 그것이다. 이들은 (필연적으로) 선경험적 늘림을 덮고 충족한다. 이러저러한 명도와 채도를 지닌 붉음 계기가 그런 붉음 계기인 것은 오직 어떤 펼침을 채움으로써만 그렇다. 이제 이렇게 말할 수 있다. 이러한 특유성을 보이는 감각들에만 사물성을 현시할 역능이 있으며, 객관적 질료를 객관적 공간성에서 펼쳐진 것으로 현시할 역능이 있다. 질료로 충족된 공간이 객관적으로 나타난다면, 이 공간은 (마치 하나의 이미지에서처럼) 하나의 감각장에서, 하나의 감각술어(Prädikation)에서 현시된다. 장이 없는 감각 종류들이 구체화될 때에는 본래 '연장'이 관련되지 않으며, 따라서 이러한 종류들은 투영현시(projizierende Darstellung)[148]할 역능이 없다. 이들은 다만 이차적 공간채움(이차적 사물 규정)들을 현시하는 데에만 쓰인다. 이러한 이차적 사물 규정들은 이미 [시각이나 촉각이라는] 다른 방식으로 구성된 사물에 수반한다. 그래서 이미 구성된 사물에는 이들이 귀속될 수도 있고 결여될 수도 있다. (때로는 소리가 나지만 때로는 아무 소리도 나지 않고, 때로는 따뜻하지만 때로는 온도 규정이 없는 등의 사물.)

이제 더 면밀히 살펴보면, 투영하면서 반드시 질료화하는 현시는 현시 일반이 아니고 가장 넓은 의미에서의 현시가 아니다. 우리는 '현시'라는 말을 모든 감각내용을 포괄하는 용어로 이해하기 때문이다. 즉 현출의 통일성으로 편입되어 생기화 파악을 겪으며 바로 이를 통해 사물성 현출을 가능하게 하는 모든 물리적 자료를 포괄하는 용어로 이해하는 것이다. 물론 나는 여기에서 [질료화하지 않는 현시로서] 운동감각을 염두에 두고 있다. 운동감각은 모든 외적 사물의 파악에서 본질적 역할을 하지만, 본래적 질료나 비본질적 질료가 표상되도록 그렇게 파악되는 것은 아니다. 이것은 사물의 '투영'에 관계하지 않는다. 그리고 이것에는 사물에서 질적인 어떤 것이 상응하지 않는다. 그리고 이것은 물체를 음영시키거나

148) (역주) 투영현시는 가령 육면체에서 보이지 않는 면을 투영에 의해 '보는' 것을 말한다. §36 참조.

투영현시하지도 않는다. 그렇지만 이것의 도움이 없다면 어떠한 물체도 없고 어떠한 사물도 없다.

이는 다음을 뜻한다. 시각적 감각, 그리고 촉각적 감각의 연장적 계기는 물론 공간성을 음영시키지만, 공간성 구성을 가능하게 하는 데에는 불충분하다. 이와 마찬가지로 질적 계기도 공간을 채우는 객관적 특성들을 구성하는 데에는 불충분하다. 여기에는 새로운 감각이 필요하다. 우리는 여기에서 운동감각이라고 말하고 있는데, 이것은 물론 생기화 '파악'에서 지위와 기능이 현시내용들과는 완전히 다르다. 이것은 그 자체는 현시하지 않으면서 현시를 가능하게 한다. 그러나 나는 여기에서 이러한 용법에 있어서 운동감각이라는 단어가 우리에게는 무용함을 언급하지 않을 수 없다. 왜냐하면 이것은 사물의 운동을 감각한다는 뜻도 아니고, 사물의 운동이 이것에서 현시된다는 뜻도 아니기 때문이다. 잘 알려져 있듯이, 이 단어는 스스로 움직이는 자와 관계하여 심리학적으로 이해될 것이다. 우리는 이런 심리학적 의미를 배제하기 위해 **키네스테제 감각**(kinästhetische Empfindung)이라는 단어를 사용하고자 하는데, 이 단어는 외래어이므로 혼란을 덜 주기 때문이다. 물론 눈 운동, 머리 운동, 손 운동 등은 연속적 감각 진행인데, 이런 진행은 임의로 중단할 수 있으며, 이런 진행에서 각 위상은 (불변 내용이 지속하는 가운데) 펼쳐질 수 있다. 이런 [각 위상이 펼쳐진] 불변 감각들은 (키네스테제 변화나 진행과는 대조적으로) 단적인 키네스테제 감각들을 우리에게 제공한다. 물론 우리는 이 감각군의 개념을 생리학이나 정신물리학이 아니라 현상학적으로 규정한다.

이것이 그 근본 본질에 있어 새롭고 근본적인 감각 유인지, 아니면 촉각감각과 더불어 하나의 상위 유에 속하는지는 매우 까다로운 질문이다. 그러나 우리가 고려하는 것은 다만 이것이 (시각적 현출에서 기능하든 촉각적 현출에서 기능하든 간에) 모든 시각적 감각 및 촉각적 감각과 대비되는 규정적 독자성을 지닌다는 것이다. 그리고 이것이 시각적 감각 및 촉각적 감각과 결합하고 (이렇게 표현할 수 있다면) 이들과 짜여져 등장함에도 불구하고, 이들과 (마치 기능을 교환할 수 있다는 듯이) 뒤섞일 수는 없다는 것이다.

§47 키네스테제 감각의 신체 편입

나는 운동감각은 질료를 현시하지 않는다고 말했는데, 이 말은 현출하는 외부 사물과 관련하여 그렇다. 즉 이 말은 어떤 의미로는 자아 신체에는 해당하지 않는다. 운동감각들은 현출적으로 자아 신체에 편입(einlegen)되기 때문이다. 그러나 이런 일이 일어나는 방식에 있어서, 신체와 모든 외부 사물은 본질적 차이가 있다. 한편으로 신체도 모든 여타 사물과 마찬가지로 하나의 (물리적) 사물이다. 신체도 자신의 공간이 있고, 이 공간은 본래적 질료나 수반 질료로 충족되기 때문이다. 신체는 다른 사물들 사이에 있는 하나의 사물이고, 다른 사물들 사이에서 그 위치가 변하고, 다른 사물들처럼 멈추거나 움직인다. 다른 한편 이 사물은 바로 신체이며 자아의 담지자이다. 이 자아에는 감각들이 있는데, 이들은 (때로는 생각에 의해, 때로는 직접적 현출에 의해) 신체에 '정위'된다. 물론 내가 볼 때에는, 이 시각 현출들이 현출의 방식으로 내 몸에 정위되지는 않는다. 그러나 촉각감각 및 이와 교직된 감각(특히 운동감각)은 내 몸에 정위된다. 만지는 손은 촉각감각을 가지는 것으로 '현출한다.' 만져지는 대상에 주의를 기울이면, 매끄러움이나 거칢은 이 대상에 귀속하는 것으로 나타난다. 그러나 만지는 손에 주목하면, 손은 (현출하는 손가락 끝 위나 그 안에) 매끄러움 감각이나 거칢 감각을 가진다. 마찬가지로 (나름의 대상화 기능을 하는) 위치감각과 운동감각도 (손과 팔에 들어 있는 것으로) 이 손과 팔에 덧붙여져 해석된다. 내가 왼손으로 오른손을 만지면, 촉각감각과 키네스테제 감각에 의거해 왼손과 오른손의 현출이 번갈아 구성되는데, 이때 한 손이 다른 손 위에서 이러저러하게 움직이는 것으로 구성된다. 그러나 그뿐만 아니라 가령 파악을 변경하면, 이 움직임은 (신체에만 귀속되는) 다른 의미로 나타난다. 그래서 일반적으로 대상화[객관화] 기능을 하는 동일 감각군은 주의와 파악을 변경하면 주관화하는 것으로 파악되며, 나아가 (대상화 기능에서 현출하는) 신체 지절들이 자기 안에 정위'했던' 어떤 것으로 파악된다.

여기에는 현상학적으로 분석할 것이 아주 많다. 하지만 여기에서는 다만 물리적 사물성 구성이 자아 신체 구성과 기묘한 상관관계로 교직되어 있다는 것만 다루려고 한다. 자아 신체는 물리적 사물이기도 하고 따라서 다른 물리적 사물처럼 구성된다. 하지만 (자아 신체에만 속하며, 그것도 본래적 현출에 있어 속하는) 한 유형의 수반 규정 때문에 신체 현출은 모든 여타 물리적 사물의 현출로부터 두드러진다. 이는 '주관적' 규정들이다. 여기에는 운동적 감각이 속하지만, 그뿐만 아니라 (심지어 촉각감각처럼 현출 사물에 있어 일차 질료화 기능이 있는) 다른 감각들도 속하며, (고통과 쾌락 등) 감정들도 속한다. 우리가 사물로 대상화하는 기능을 가진 감각에만 머문다면, 이들이 이중파악을 받음을 발견한다. 하나는 물리적 사물과 (물리적 사물로서의) 신체를 나타나게 하는 파악이고, 다른 하나는 신체를 감각하는 신체(이러저러한 감각의 담지자)로 나타나게 하는 파악이다. 그리하여 이 감각들은 독자적 종류의 수반 규정들이, 신체에 편입되고 정위된 주관적 사건들이 된다. 우리가 본래적 현출 부문을 넘어가고 현출 일반 부문도 넘어가면, 여기에서 결국 모든 감각과 현출과 현상학적 사건을 자아와 자아 신체로 내사(Introjektion)하게 된다. 나아가 내사적인 '심리적 사건'과 '감각, 지각 등의 체험'을 다른 물리적 사물에 편입시켜서 이를 '마음을 지닌 몸'으로 파악할 가능성이 생겨난다. 그러나 이것만 해도 벌써 우리의 탐구 경로를 넘어선다. 여기에서 특별히 관심을 가지는 것은 운동적 감각이다. (이것은 물리적 사물성 현출에 있어 본질적이지 않다.)

이것은 엄밀한 의미에서 현시하는 감각이 아니다. 사물 질료를 구성하지 않으며, 수반하는 사물 질료조차 구성하지 않는 것이다. 운동적 감각은 (이 감각을 수반 규정으로 변화시키는) 파악만, 즉 주관화 파악만 받을 수 있다. 원리적으로 모든 감각에 주어질 수 있는 이러한 주관화 파악은 자아 신체가 다른 방식으로 이미 구성되었음을 전제하는데, 이는 운동적 감각이 다른 방식으로 기능했음을 전제한다.

우리는 주관화하는 대상화(Vergegenständlichung)를 도외시하고, 운동적 감각들이 지닌 물리적인 대상화 기능을 이해하고, 이와 더불어 사물성 구성을 일반적으로 이해하기를 시도할 것이다. 그리고 때로는 여기에 있고 때로는 저기에 있으며, 때로는 멈추고 때로는 장소를 바꾸는, 불변하는 자기동일적 사물을 겨냥할 것이다.

9장

시각장과 키네스테제 진행의 상관관계

§48 시각장의 현시매체

현시매체에 대해, 그것도 시각적 사물의 현시매체에 대해 숙고하면서, 단안(單眼, Einauge)의 현시매체에 제한하자. 시각장이라는 용어는 하나의 군을 제공한다. 시각장에서는 선경험적 '질료들'이 펼쳐진다. 그러니까 여기에서 질료와 '형식'을 구별해야 한다. 아니면, 형식이라는 다의적 용어를 피한다면, 질료와 펼침을 선경험적으로 구별해야 한다. 내 생각에는 이러한 구분이 현상학적으로 정당하다는 것은 의심의 여지가 없다. 이 구분은 분명 운동과 무관하게 존재한다. (현출이 변화하든 변화하지 않든, 키네스테제 진행이 일어나든 일어나지 않든) 모든 구체적인 시각감각에는 이 두 계기가 있다. (우리는 이 두 계기를 일단 어떤 경계 내에서 포착하는데) 이 두 계기에는 서로 독립적인 가변성(Variabilität)이 있는 것이다. 바로 분석 조건이 유리한 현상('분명한 봄'이라는 구역 내의 현상)에서 이 사태가 어떠한지 고찰한다면, 동일한 질(나아가 이 질에 본질적으로 귀속되는 명도나 채도 등의 계기들)이 펼침에 있어서는 어떤 변양을 겪을 수 있음을 알게 된다. 역으로 동일한 펼침이 (명도나 채도나 이를 모두 포함하여) 좁은 의미의 질에 있어서는 변양을 겪을 수 있다. 우리는 다수 현출에서, 채움은 서로 다르지만 펼침은 같음을 발견하고, 이와 마찬가지로 펼침은 서로 다르지만 채움은 같음도 발견하며, 나아가 채움과 펼침에 있어 같음에서 다름으로 넘어가는 다양한 계조도 발견한다. '장'이라는 용어와 구체적으로 '장 내용'이라는 용어가 암시하는 이러한 사태의 본질은 위치 차이이다. (펼침과 질료 양자에서) 같은 두 개의 시각적 구체자는 각자의 위치로 구별될 뿐이다. 하나는 여기 있고 하나는 저기 있다. 나아가 펼침이 서로 다른 두 구체자는 크기가 다를 수도 있고 모양이 다를 수도 있다. 늘림이 완전히 같다는 것은 크기와 모양이 같다는 것이지만, 크기와 모양도 서로 독립하여 변이할 수 있다. 여기에서는 현실적인 감각 구체자가 그 자체로 폐쇄되고 구획되어 있다고 상정한다. 물론 장은 내적 구획이 없는 통일체일 수도 있지만, 장 내부에 경계들이 있어서 통일체를 다른 통일체로부터 구획할 수도 있다. 즉 장은 분할될 수 있다. 나아가 이 통일체는 다시 (그 자체로 통일체로 구획되는) 부분들로 분할될 수 있으며, 이들도 다시 구획된 부분들을 내포할 수 있다.

여기에는 기술할 것이 많을 것이다. 어쨌든 우리가 개관하는 것은, 구획에 의한 이런 분할 가능성은 부분들의 연접(Aneinandergrenzen)도 (본질적으로) 동반한다는 점이며, 하나의 전체에서 구획되고 연접하는 부분들에는 질서정연한 연관이 있다는 점이다. 장의 성격은 바로 다중적 분할이 가능하다는 점이며, 각 이접적(disjunkt) 분할이 하나의 질서연관의 토대가 된다는 점이다. 나눔은 현출에 있어 질적 불연속성 때문에 구성된다. 내가 가령 빨강, 파랑, 초록이라는 이산적 질들의 색 단계 계열에 의거해, 장을 빨강, 파랑, 초록 등으로 나눈다면, 매 단계에는 특정한 이웃(Nachbar)이 있고, 이 이웃에게도 또 이웃이 있다. 이를 통해 견고한 질서가 생긴다. 이에 따라 시각장의 각 절편, 시각장에서 서로 구별되는 각 시각 구체자는 전체 연관에서 자기 위치를 지닌다. 또한 이 구체자 안에서 각 부분도 그렇고, 최종적으로 여전히 구별 가능한 각 최소 부분도 그렇고, 각 경계와 각 점도 그렇다.

이러한 질서가 고정적 위치체계로서의 장의 성격이다. 서로 구별될 수 있는 각각의 구체적 감각요소에는 이 요소의 위치, 이 요소의 '여기'가 대응한다. 그리고 이러한 여기는 이 요소에 귀속되는 계기로서, 간격(Abstand)의 관계들을 정초한다. 장에서 각 요소는 (가령 계속 완전히 같으면서) 다른 요소로 '연속적으로' 넘어갈 수 있는데, 이때 '여기'는, 장소는 계속 다른 장소로 연속적으로 변화한다. 장에서의 '이동'과 '회전'은 여기에 기인한다. 회전의 경우에는, 한

요소는 위치를 유지하고 다른 요소들은 서로 상대적 간격들은 유지하면서 위치를 바꾸는 식이다. 마지막으로 우리는 시각장이 이차원 다양체임에 이르는데, 이 다양체는 자체 내의 조화가 있고, 연속적이며, 단순한 연관을 이루고, 유한하며, 나아가 경계를 가진다. 시각장에는 테두리가 있는데, 이 테두리 너머에는 아무것도 없다. 이차원성이 뜻하는 것은, 이 장의 각 절편이 비독립적 경계들에 의해 구획된다는 것이다. 이때 이 경계들도 그 자체가 연속적 다양체이다. 다시 말해 이 경계[선]들은 그 자체가 다시 (서로 '연접'하는) 절편들로 분할될 수 있다. 그러나 이제 이 경계들은 단순 연장요소, 즉 '점'이기 때문에, 더 이상 분할될 수 없다. 시각장 절편의 경계들은 점들의 연속 다양체이며, 이 다양체의 절편들은 점에 의해 구획된다. 다시 말해 이들은 선이다. 그리고 이차원 다양체의 성격은 이 다양체의 절편의 경계들이 선이라는 것이다. 그렇다고 해도 장의 연관은 결코 끊어지지 않는다. 각 절편은 분할될 수 있고 각 절편에는 내부와 외부가 있다. 그리고 각 절편 내부로부터 다른 각 절편 내부로 넘어가는 연속적 길들이 가능하다. 더 이상 분할되거나 구획될 수 없는 최종적인 것은 점이다. 이때 다음을 음미해야 한다. 장의 본질은 원리적으로 무한 분할 가능하다는 것인가? 아니면, 최소 가시자들(minima visibilia)까지 이끌어가는 사실적 분할에 의거하여, 이 최소 가시자들이 본질적으로 최종적 요소인가, 다시 말해 점들이 곧 시각적 원자(Atom)인가? 이런 물음에 답하기 위해 주목할 것은, 시각장이 크든 작든, 분할되든 분할되지 않든, 이동하든 회전하든, 본질적으로 비슷하다는 점이다. 분명 이러한 내재적 유사성은 (명증하고 유적인 같음으로서) 이른바 거시적인 것에서 발견되는 본질적 관계들이 더 나눌 수 없는 미시적 '원자'에도 적용될 토대를 이룬다.

이런 모든 현출들에서 이제 유의할 것은, 우리가 쓴 용어들, 그러니까 선, 점, 위치, 모양, 크기 등의 용어들을 공간적 의미에서 이해하면 안 된다는 점이다. 이미 앞서 말했지만, 시각장은 가령 객관적 공간의 평면이 아니다. 이렇게 말하는 것은 의미가 전혀 통하지 않는다. 마찬가지로 시각장의 점과 선도 객관적 공간의 점과 선이 아니고, 이들과 어떤 공간적 관계조차 맺지 않는다.

그러니까 시각장은 그 특유한 본질에 의거해 선경험적 질료 외에도 선경험적 장소, 모양, 크기 등을 우리에게 내어준다. 나아가, 가능한 변화들도 현시매체로 고려될 수 있다. 어떤 장 구체자(Feldkonkretum)는 (이러저러한 크기, 모양, 위치에 있어서의 구획은 고정된 채로) 질, 명도, 채도가 유사질료적으로(quasi-materiell) 변화할 수 있다. 그러나 이 장 구체는 크기, 모양, 위치도 변할 수 있는데, 이들만 단독으로 변화하거나 질적인 것과 더불어 변할 수도 있는 것이다. 그러니까 장의 유사이동과 유사회전이 가능하며, 유사수축과 유사팽창과 유사왜곡(quasi-Zerrung) 등이 가능하다. 또한 질적 불연속성이 덜 현저해지면, 구획이 모호해질 수도 있다. 여기에서 우리가 언급해야 할 것들은 다음과 같다. 먼저 어떤 시각적 구성체(Gebilde)를 시각장 테두리로 이끌어가는 위치변화에서 일어나는, (현시라는 목적에 중요한) 어떤 뚜렷한 사건들이다. 또한 우리가 객관적으로 안구 조절 변화라고 흔히 명명하는 변화들이다.

물론 이러한 변화들도 결코 사물이라는 의미, 그리고 경험적 공간이라는 의미에서 해석되어서는 안 된다. 그리하여 우리는 아마 어떤 '이미지'(시각장의 시각적 구체자)의 한갓된 움직임에 대해(물론 한정된 구역 안에서만) 이야기할 수도 있을 것이다. (주지하다시피, [어떤 이미지가] 장 중앙에서 장 테두리로 넘어갈 때는 항상 질적 변화가 일어난다.) 그러나 움직이는 이미지는 움직이는 경험적 사물이 아니다. 물론 사물이 이런 변화흐름에서도 스스로와 동일함은 사물의 본질이다. 그러나 변화흐름에서 스스로와 동일하다고 모두 경험적 의미의 사물인 것은 아니다. 일반적으로 이렇게 서술할 수 있다. 선경험적 시간흐름에서 경과하는 모든 연속성에는 어떤 동일성이 '놓여 있다.' 다시 말해, 통일체 의식에서 이 연속성을 수행할 이념적 가능성이 놓여 있다. 즉 위상들의 흐름에 있어 이 대상성의 동일성을 직관하고 이 동일성을 주어지는 것으로 단초규정할 가능성이 놓여 있다. 또한 이와 더불어 분석에 의해 통일체로부터 추출한 위상들을 종합적인 동일성 의식으로 합일시키고, 이 위상들에서 '현시'되는 '대상성들'이 동일함에 대한 명증적 의식으로 상승할 가능성이 있다. 이는 본질적 법칙으로서, 선경험적 시간흐름에서 경과하는 모든 연속체에게 타당하다. 예를 들어 하나의 음은 지속하거나 변화한다. 이는 음이 경과하는 시간흐름의 모든 시간 위상들의 시간채움이 동일한가, 아니면 변화하는가(연속적으로 변화하거나, 몇몇 위상에서 이산적으로 변화하는가)에 달린 것이다. 음의 진행을 체험하면서, 우리는 이 진행에 있어 동일한 음을 응시할 수 있다. 변화하는 음은, 흐르면서 변하는 다양체에서의 통일체이다. 이 음은 통일체 의식에서 충전적으로 주어지지만, 내실적 내재로 주어지는 것은 아니다. 그래서 우리가 순수한 내실적 내재만 내재라고 부른다면, 이 음은 초재이다. 즉 내재의 순수한 토대 위에서 주어지는 하나의 초재이다. 나는 이러한 견지에서 지난 학기에[149] 선경험적 실체(Substanz)와 선경험적 우유성들(Akzidentien)에 대해 언급했다. 음은 가령 음높이나 음색이 변하거나, 이 중 하나는 변하지 않고 다른 하나만 변하기도 한다. 분명 개별 위상들의 계기들이 실체화(Substantialisierung)에 참여하는데, 이 계기들은 이들을 연결하는 통일체 의식으로부터 통일성을 얻는 것이다. 가령 음높이가 음 위상들에 있는 모든 음높이 계기들에서 동일한 것이다.

이러한 대상화는 (똑같은 자료들의 연속체이든, 연속적으로나 연속적

---

149) (편주) 괴팅겐 대학의 1906/07년 겨울학기 강의 「논리학과 인식비판 입문」을 뜻한다. 여기에 대해서는 『후설전집』 10권 『내적 시간의식의 현상학』 부록 XI, 125쪽을 참조하라. 여기에서는 '선경험적이고 선현상적인 실체'를 언급한다.

이고 이산적으로[원문대로!] 바뀌는 자료들의 연속체이든) 어떤 연속체의 흘러감의 본질이다. 물론 이러한 대상화는 (불변하며 지속에서 포착되는 자료들이든, 변화흐름에서 포착되는 자료들이든) 시각적 자료들에서도 일어난다. 그래서 우리는 시각장에서도 선경험적 실체화를 수행할 수 있다. 가령 우리는 "이 이미지는 색채나 명도나 장소가 변한다."라고 말하면서 직관할 때, 이런 실체화를 수행하는 것이다. 그런 한에서 운동에 대해 말하고, 경우에 따라서는 한갓된 장소 변화로서의 한갓된 운동에 대해 말하는 것도 명증하게 여기에 토대를 두고 있다. 그러나 '연속체에서의 동일성'이 사물 대상화의 중요한 부분을 보여주더라도, 이는 아직 사물의 동일성은 아니다. 사물의 동일성에 이르는 데는 아직 갈 길이 멀다. 음의 동일성은 현행적인 현상학적 흐름에서의 동일성일 뿐 이를 넘어서지 않는다. 선경험적 위치 변화에서의 저 이미지의 동일성은 이러한 현행 변화에서의, 이러한 '운동'에서의 동일자이다. 그러나 사물은 그것의 현행 변화들의 흐름 안에, 이 흐름과 함께 있으나, 그뿐만 아니라 그것의 가능 변화들의 흐름 안에, 이 흐름과 함께 있기도 하다. 이 가능 변화들은 물론 무한하지만, 고정된 경계를 지닌 변화들이다. 그리고 경험적 사물은 선경험적 사건들의 흐름에서 현출하는 사물이지, 이 사건들 안에 '놓여 있어' 이들로부터 충전적으로 끄집어 낼 수 있는 동일자는 아니다. 아무도 두 개의 사물을, 즉 외부 사물과 내재적 장 사물(Feldding)을 지각하지는 않는다. 예를 들어,

눈이 움직이는데 정지한 사물 대상이 현출한다면, 이미지는 이 시각장에서 유사운동을 하게 된다. 우리는 이에 주목할 수 있고, 장에서 이미지의 장소 변화를 감지할 수 있다. 그러나 이때 움직이는 사물을 지각하고, 그다음에 (주의의 방향을 달리하여, 그리고 경험적 사물화 파악을 받아들여) 멈춘 사물을 지각하는 것이 아니다. 바로 하나의 사물이 현출하는 것이고 오직 하나의 사물만 현출할 수 있다. 왜냐하면 장에서 위치가 변하는 '이미지'는 비록 동일자로 정립될 수는 있어도 사물로 정립될 수는 없기 때문이다. 강도가 변하는 가운데 동일자로 현출하는 어떤 음이 이런 동일성 정립에 힘입어 이미 사물이 되는 것은 아닌 것처럼, 이 이미지도 사물이 아니다. 우리가 장 내용들에 있어서 (장에서의 위치와 같은) 어떤 계기를 가지며, 그다음에 위치변화 및 이 '운동'흐름에서의 동일성을 가진다고 해도, [앞서 말한 것은] 원리적으로 전혀 달라지지 않는다.

§49 시각 자료와 키네스테제 진행의 기능 연관. 단안과 양안

우리가 이제 이야기할 현시매체의 종류는 완전히 새로운 노선에 속한다. 이 현시매체는 시각장에 들어오지 않으며, (시각적 내용과 촉각적 내용 사이에 정초를 매개로 한 내적 연관이 없는 것처럼) 이것과 시각적 내용 사이에도 이러한 정초를 매개로 한 내적 연관이 없다.

색과 늘림은 공속하며 상호정초한다. 색은 늘림을 채우고 늘림 안에서 펼쳐지고 색이 있는 늘림을 산출한다. 그래서 늘림 변화 및 늘림 형식 변화가 일어나면 어떤 식으로든 색도 영향을 받으며, 그 역도 마찬가지이다. 물론 색조, 명도, 채도라는, 색에 속하는 규정들의 공속 방식은 색과 늘림의 공속 방식과는 다르다. 이는 늘림 내에서 크기, 모양, 위치라는 계기들도 마찬가지이다. 그럼에도, 모든 곳에 본질에 토대를 둔 공속이 있다. 이 공속은 개별 계기들이 어떻게 변화하더라도 그 유는 유지하도록 제약하며, 이에 의해 불가분의 통일체를 산출한다.

키네스테제 감각은 다르다. 이것에는 시각감각과 본질적 관계가 없다. 즉 이것은 시각감각과 기능적으로(funktionell) 연관되지만 본질적으로 연관되지는 않는다. 기능적 통일체로 결합된다는 것은 (정초의 결합도 아니고 하물며 정초의 내적 통일은 더욱 아니며) 서로 분리될 수 있는 것들의 결합이다. 키네스테제 감각들은 [눈, 머리, 상체, 온몸 등] 여러 차원의 연속적 체계를 이루지만, (음감각처럼) 이들이 형성하는 연속적 통일체는 오직 진행으로만 이루어진다. 이때 전체 키네스테제 감각 다양체에서 추출되는 하나의 선형 다양체는 (채우는 연속체라는 방식으로) 선경험적 시간 진행의 연속적 통일체와 합치한다. 하나의 키네스테제 다양체는 오직 시간구간을 채움을 통해서만 선형 다양체로서의 연속적 통일성을 얻는다. 그러나 연속적 선형 다양체만 시간을 채우는 기능을 할 수 있으므로, 키네스테제 감각들의 다차원적 체계는 폐쇄된 시간 통일체가 될 수 없다. 우리가 눈이라는 키네스테제 감각체계(안구운동체계)에 주목하면, 이 체계는 안구 회전을 제외하고는 분명 이차원이다. 왜냐하면 [이차원인] 시각장의 매 위치에 눈의 위치감각이 (적어도 어떤 경계 내에서는) 대응하기 때문이며, 시선이 훑어가는 [일차원인] 매 시각 노선에 (다른 키네스테제 진행과는 감각에 있어 구별되는) 하나의 연속적 키네스테제 진행이 조응하기 때문이다. 이 두 지역에 있어 '구별의 미세함'이 같은지 다른지(주지하듯이, 이는 다르다)는 본질적이지 않다. 전체적으로 보아, 이들은 조응하며, 시각장의 이차원성에 키네스테제 감각들의 이차원적 계조 가능성이 대응한다. 모든 키네스테제 진행은 서로 본질적으로 비슷하기 때문에, 큰 진행의 본질적 분할 가능성은 작은 진행에도 적용되며, 작은 진행에는 무한정한 나눔 가능성이 귀속되고, 마지막으로 연속성이 귀속된다. 키네스테제적 눈감각과 키네스테제적 머리감각, 그리고 여러 체계의 키네스테제 감각 일반이 현상학적으로 친연적임은 명증하다. 그러나 다른 한편 이들은 서로 분리되어 있으며, 적어도 보통은 서로에게로 연속적으로 넘어가지 않는다. 이는 이들이 단순감각으로서 각각 지니는 종별적 독자성 때문인가? 아니면, 그보다는 우리가 다루는 것이 원래 (이러저러한 체계들마다 특징적으로 구별되는 특질을 지니는) 연상적 융합이 산출한 지극히 복합적인 산물이기 때문인가? 이에 대해서는 여기에서 탐구할 수 없다. 우리 목표를 위해 중요한 것은, 키네스테제 감각이라는 용어가 본질적이고 새로운 단순 감각 유를 지칭하는지 여부가 아니다. 우리 목표를 위해 중요한 것은, (다차원적 연속 다양체를 형성하고, 사물 파악에 의해 시각감각 및 감각 진행과 관련된 기능을 지니고, 이러한 연관에서 공간 사물성을 구성하는 기능을 지니는) 현상학적 감각과 감각 진행이 여기에서 증시될 수 있는지 여부일 따름이다. 게다가 여기에서는 한 걸음 나갈 때마다 문제들이 도사리고 있다. 그러나 우리는 주요 노선을 추적하고자 한다.

키네스테제 진행 외에도 사물 구성에서 문제되는 또 다른 감각군 및 감각 변양군도 언급해야 한다. 이제까지 감각은 단안 시각공간에 속했다. 이제 나올 감각은 양안(Doppelauge) 시각에 특별히 동반된다. 나는 이 문제의 계기가 시각감각과 긴밀히 연결되어 있음에도 이제야 비로소 말하는 편을 택했는데, 그 이유는 이들이 서로 분리될 수 있기 때문이다.

양안 시각에서 비로소 등장하는 시각 이미지 변화들 중에서 어떤 이미지(시각적 감각음영)가 두 이미지로 분해(Zerfallen)되는 것과 두 이미지가 하나의 이미지로 합류(Ineinanderfließen)되는 것을 언급해야 한다. 이때 두 이미지는 (이미지의 모든 내적 계기까지 이르는) 상당히 포괄적인 유사성 관계를 맺는다. 그러나 사시(斜視)인 양안의 시각장에서는 이미지들 사이에는 어떤 간격이 있고 (물론 정향 차이들은 유형적이며 어떤 경계 안에서 유동하지만) 시야에서는 정향이 서로 다르며, 따라서 어쨌든 장소성이 서로 다르다. 두 이미지의 유사성은 매우 커서, 한 이미지가 다른 이미지의 '반복'으로 현출한다. 그리고 종종 이 유사성은 실로 너무 커서 두 이미지가 서로 다르다는 의식을 뒷받침할 근거가 있을 수 없다. 그렇지만 다른 경우에서는 내용 차이가 감지될 수 있다. 한편으로는 명료함의 차이가 있는데, 두 이미지의 명료함이 서로 다를 수 있기 때문이다. 객관적으로 말한다면, 한 이미지가 다른 이미지에 비해 안구 조절이 더 명확하다는 장점을 지닌다. 더 나아가 명료함 단계가 같고 주변부 선명도가 같으며 크기 및 모양이 '완전히' 같아도, 색채가 아주 다를 수 있다.

이런 이중 이미지에는 [양안] 경합현상(Wettstreitphänomen)이 관련된다. 이는 한 이미지의 색채가 마치 묽어지고 이 이미지가 '투명'해지면서 겪게 되는 특유한 변화이다. 이때 이것은 마침내 이것을 뚫고 비치는(durchscheinen) 다른 현상에 위치를 넘겨주고 이 현상을 위해 사라져버리는 것이다. 그러나 가장 중요한 것은 이중 이미지(Doppelbilder)의 합일에 의해 등장한 이미지, 혹은 역으로 이중 이미지로 분해될 수 있는 이미지는 (채움에 있어서의 장점은 도외시하더라도) 양각, 깊이 차이, 깊이값이라는 장점이 있다는 점이다. 여기에서 우리는 계조가 있는 감각계기들이 이루는 하나의 다양체에 주목하게 된다. 이 감각계기들은 고정된 경계들 사이에서 유동하는데, 그중 한 경계는 영의 경계(Null-Grenze)라는 성격을 지닌다.

이 감각계기들은 (파악은 도외시하더라도) 이미지에 딸려 있고 이미지 늘림 위에 펼쳐져 있다. 다시 말해 (색채와 함께, 색채에 평행하여) 어떤 의미로는 이미지 늘림을 채운다. 이들은 이미지 펼침에 속하는 장소 차이들을 정확히 따르고, (이 장소 차이들에 의해 정위되는) 색채 계기들을 정확히 따른다. 그러나 서로 다른 펼침값에 서로 다른 깊이값들도 상응하는 것은 아니다. 그러니까 이 깊이값들이 (이차원 펼침 다양체와 합치하는) 이차원 다양체를 형성하는 것은 아니다. 이보다는 이들은 다만 일차원 체계를 형성한다. 이 체계는 덮음(Überdeckung)의 연속적 통일체인데,[150] 이는 이 체계가 통일적으로 연속적인 펼침 다양체 체계와 융합되기 때문이다. 그리고 이제 이 체계는 연속적으로 동일하거나 바뀌는 [깊이]값으로 펼침 다양체를 충족한다. 모든 이중 연속체에서 그런 것처럼 여기에서도, 연속성의 단절은, 즉 깊이의 불연속성의 등장은 오직 경계에서만 일어날 수 있는데, 이런 경계들은 연속적 매개에 의해 서로 결합되어 있다. 이때 여기에서도 연속적 같음의 경우는 연속성으로 간주된다.

이 깊이계기는 펼침계기에 토대를 두며, 바로 이를 통해 이제 색채는 그저 펼쳐지는 것이 아니라 깊이를 지니고 펼쳐지며, 경우에 따라서는 양각도 바뀌게 된다. 우리가 이미지 바깥을, 즉 특히

150) (역주) (이후 상술하지만) 펼쳐진 시각장의 어느 부분이 다른 부분을 덮고 가리는 현상들을 뜻한다.

양안 시각장의 단순 이미지 바깥을 말한다면, 깊이계기는 [이미지를 넘어] 더 넓게 펼쳐진다. 이때 (전체 장이 이중 이미지에서 벗어난다면) 전체 장에 펼쳐지고, 아니면 전체 장의 서로 정합적인 부분들에 펼쳐진다. 깊이계기는 깊이 차이를 제약한다. (연속적 계조가 있는 차이가 다 그런 것처럼) 이런 깊이 차이에 토대를 두고 간격이 생겨난다. 단안 시각장에서는 (그래서 이중 이미지에서도) 깊이 차이가 다 사라진다. 그래서 이는 선경험적 펼침 위에 (전체적으로나 부분적으로) 펼쳐질 수도 있으나 꼭 그런 것은 아닌 차이 연속체인 것 같다. 그러니까 이 [깊이] 차이들은 펼침으로부터 해리될 수 있다는 것이다. 단안이든 양안이든, 본질적으로 장은 장이고 이미지는 이미지이기 때문이다. 그렇지만 현실적으로 이런 해리가 일어날 수 있는가를 생각해보아야 할 것이다. '단장(Einfeld)'이라는 표현을 써도 좋다면, 이러한 단장에 깊이 차이가 없다는 것은 곧바로 깊이값이 전혀 없다는 뜻이 아니라, 아마 항상적 값을 가질 뿐이라는 뜻일 것이다. 여기에 아직 해명되지 않은 어려움이 있다. 한편으로 나는 깊이값과 펼침값을 정초 관계로 파악하지 않을 수 없다. 깊이감각만 따로 상상할 수는 없기 때문이다. 하지만 그렇다면 깊이가 전혀 없는 펼침은 상상가능하고, 펼침 없는 깊이는 상상 불가능하다고 말해야 할까? 그렇다면 단안장에 (항상적 깊이라도) 깊이를 귀속시키는 것은 심각한 의문을 불러일으킨다. 이런 것들을 좀 더 생각해보아야 한다.

깊이 요소는 이차원 펼침의 연속적이고 통일적인 장소체계와 연속적으로 융합되는데, 이때 양장(Doppelfeld)과 단장에는 본질적이고 현상학적인 차이가 있다. (경험적으로 말하자면, 단안 시각도 깊이를 '지각'할 수 있는데) 단장에서 깊이의식이 제아무리 생생하게 등장한다고 해도, 여기에는 (본래적으로 보이는 깊이들을 구성하기 위한 종별적 현시계기로서의) 깊이감각은 없다. 잠시 덧붙이자면, 누차 말하지만, 깊이감각 또는 선경험적 깊이는 그 자체로 사물의 깊이가 아니고, 선경험적 양각은 '현실적'인 사물의 양각이 아니라는 것이다. 그런데 단장에서 '깊이'는 양각이라는 의미만 가질 수 있다. 이 양각은 현출 사물을 말하자면 덮으면서, 양안으로 보이는 사물의 현출하는 면을 '감각적으로' 보여줄 뿐이다. 이른바 깊이계기가 삼차원 공간성을 어떤 의미에서 현시하는지, 그리고 특히 (좌우 및 상하와 대비되는) '나'와의 관계에서 전후를 어떤 의미에서 현시하는지를 이제 생각해보아야 한다.

주목할 점은 '양각'이 눈이 움직일 때마다 변하지만, 그래도 사물의 동일한 양각을 뜻한다는 것이다. 그런데 사물의 양각은 삼차원 차이들이 이루는 하나의 체계이다. 이것이 어떤 차이들인지를 또 면밀히 규정해야 한다. '폭(Breite)'은 시각장의 위치 차이들에 의해 현시된다. 그러나 '폭'이란 무엇인가? 일단 간격, 상대적 위치라고 말해보자. 위치 차이들의 다양체에서 동일한 것은 시각장의 이미지이다. 이것이 근원적인 것이다. 저 '양각' 차이는 일단은 위치 차이가 아니다. 그러나 이 차이는 어떤 위치 차이라는 뜻을 얻는다. [위치 차이와 양각 차이의] 이 차이는 여기에서 이미 명증한데, 사물의 깊이 차이는 여타의 장소 차이들과 비교할 수 있기 때문이다. 모든 사물적 장소 차이는 비교 가능하고, 조화의 방식으로 국부합치나 총체합치를 이룰 수 있다. 그러나 선경험적 깊이 차이는 펼침의 차이들과 대비할 때 완전히 새로운 유에 속한다. 시간 간격이 폭 간격과 같을 수도 없고 다를 수도 없는 것과 마찬가지로, 폭 간격은 선경험적으로 말해 선경험적 깊이 간격과 같을 수도 없고 다를 수도 없다. 한 직선이 가령 평면에서 '깊이로' 회전할 때, 이 직선이 돌아서 편평한 시각장에서 빠져나온다거나, 이때 우리가 펼침에 있던 직선과 깊이로 이동한 직선이 똑같음을 본다는 등 이런 식으로 말한다면, 물론 근본적으로 틀린 것이다. 돌아서 시각장에서 빠져나오는 것은 당연히 아무것도 없다. 깊이로 이동한 직선은 감각적으로 계속 변한다. 이 직선은 규정된 방식으로, 한편으로는 펼침계기가 연속적으로 변하고, 다른 한편으로는 깊이 음영들이 변한다.

마지막으로 양안과 관련된 어떤 운동적 감각군을 언급해야 하는데, 이들은 수렴감각 및 발산감각이다. 이는 양쪽 눈감각 간의 어떤 조정(Koordination)이다. 이 조정과 기능적 연관을 맺는 것은 양장에서 이중 이미지들의 변화하는 발산, 이들 사이의 다양한 거리, 이들의 한 이미지로의 합일 및 그 이후 깊이값 변화 등이다.

현시매체, 즉 감각재료들은 사물현출 다양체에 있어서 파악 기능을 적재하는데, 이 감각재료들은 말하자면 의식이 자연을 창조할 때 재료를 이룬다. 이러한 현시매체를 기술하고 난 지금, 이러한 창조의 본성을 살펴보아야 한다.

§50 눈 운동과 대상 운동에서의 이미지 경과

여기 현출하는 사물은 멈추거나 움직이거나 동일한 것이며, 양이나 질료가 변하더라도 동일한 것이다. 이러한 모든 용어들에는 현출 다양체들이 관련된다. 우리의 기획에 따라 우선 정지와 운동에서의 동일성을 고찰해야 하는데, 특히 단안으로 제한해야 한다. 여기에서는 사물 구성에 있어 키네스테제 감각이 본질적 역할을 할 것이다. 우선 눈과 몸은 꼼짝도 하지 않는 가운데 (멈추거나 움직이는) 사물이 현출하는 사례 때문에, 키네스테제 감각이 사물 구성에 본질적이지 않다고 생각할지도 모른다. 이때 키네스테제는 전혀 변하지 않기 때문이다. 그러니까 순전히 시각적인 장이 현시매체가 되어 내어주는 것만으로 충분히 사물현출을 구성할 수 있는 것처럼 보인다. 그러나 이러한 생각이 불충분함은 다음 사례들을 비교하면 알 수 있다. 이것은 대상장이 멈추고 눈만 움직이는 사례와 눈이 멈추고 대상장만 움직이는 사례이다. 이때 시각장은 [두 사례에서] 정확히 동일하게 변할 수 있다. 눈만 움직일 때 시각 이미지는 시각장 위를 소요하면서 질적 변양을 포함한 일련의 변양을 겪는다. 다른 한편 눈이 멈추어도 정확히 이와 동일한 일련의 변양이 경과할 수 있는데, 그러면 [대상장] 운동이 현출한다.

한갓된 눈 운동 대신에 (현출 변화를 동반하는) 몸 운동 일반에서도 마찬가지이다. 우리가 어떤 운동을 수행할 때, 가령 대상장은 계속 멈춘 채 현출하더라도 이러저러하게 서로에게 연속적으로 넘어가는 일련의 시각 이미지들이 경과한다. 몸을 완전히 멈출 때 사물도 멈춘 채 현출한다면, 하나의 이미지는 불변한다. 그러나 이제부터 대상이 움직이기 시작할 수도 있는데, 이때 일련의 시각 이미지들이 이전에 [대상은 정지하고] 몸이 움직일 때와 정확히 동일하게 경과할 수 있다. 하지만 현출의 진행은 동일하더라도, 이전에는 [대상장] 정지가 현출한 반면, 이제는 [대상장] 운동이 현출한다. 또한 우리는 다음을 대비시킬 수 있다. 눈이나 몸 일반이 멈추고 대상장이 멈춘 채 현출한다. 그렇다면 시각 감각장은 불변한다. 이제 몸이 움직이는 동시에 대상장이 움직인다면, 대상장은 어떤 의미로는 움직이는 것[몸]을 뒤따라간다. 말하자면 (분명히 가능한 일인데) 대상장이 항상 정확히 동일한 '현출'로 나타나고 정확히 동일한 시각장을 현시한다. 그러니까 시각장이 불변하더라도, [대상은] 어떤 때는[몸과 대상장이 함께 멈출 때는] 멈추고, 어떤 때는[몸과 대상장이 함께 움직일 때는] 움직인다.

이로부터 알 수 있는 것은, 한낱 시각적 진행은 파악을 위해 사실 충분하지 않으며 정지와 운동을 서로 다르게 현출시키는 매체를 포함하지 못한다는 점이다. 하지만 이는 객관적 위치와 객관적 공간성의 구성이 신체 운동을 통해, 현상학적으로 말하자면 (항상적 키네스테제 감각을 통해서든, 진행하는 키네스테제 감각, 즉 키네스테제 진행을 통해서든) 키네스테제 감각들을 통해 본질적으로 매개된다는 뜻이다.

§51 한갓된 안구운동 변화에서의 현출진행

이제 한갓된 정지에 관련된 현출 다양체를 살펴보자. 여기에서는 사물이 질료적이고 입체기하학적으로 불변하며, 정지해 있다. 먼저 키네스테제적 눈 진행에 대응하는 현출 층위를 추출해보자. 눈 이외의 몸도 멈추게 하고 따라서 여기 대응하는 키네스테제 감각은 항상적이도록 하자. 또한 규정적 안구 조절도 일어난다고 가정한다. 가령 시간이 t_0—t_1로 흐르는 중에 키네스테제적 눈감각 K_1도 일단 항상적이라고 하면(객관적으로 말해 눈이 멈춰 있다면), 바로 이 시간 동안 시각 이미지 b_1도 계속 항상적이다. 그다음 새로운 시간구간 t_1—t_2에서 K_1이 연속적으로 진행하여 K_2로 변하면, 이미지 b_1는 b_2로 변한다. K_2가 K_1로 복귀하면, 동일 시간구간에서 b_2도 b_1로 돌아온다. 임의의 K 변화는 모두 일의적으로 b 변화를 제약하며, 하나의 변화[K 변화]로 충족된 동일 시간구간이 다른 변화

[b 변화]로도 충족된다. K 변화가 중단됨은 b 변화도 중단됨을 뜻한다. 어떤 시간 동안 K가 항상적이라면, 이에 대응하는 b도 항상적이다. 정지 사물의 각 현출에서, K 인수(Faktor)와 b 인수라는 두 감각인수가 등장한다. 이 둘은 의존 관계인데, 우리는 방금 이 관계를 규정하고자 했다. 여기에서 의존은 상호의존이다. 동일 K 감각에서는 동일 이미지가, 그리고 동일 이미지에서는 동일 K 감각이 있다는 것이다.

다른 한편 우리는 K와 b의 연결이 고정적 연결이 아님을 안다. 마치 특정 운동감각 K가 영구히 특정 이미지 b에의 지시를 내포하고, 역으로 특정 이미지 b는 특정 운동감각 K에의 지시를 내포한 듯한 고정적 연결은 아닌 것이다. 이러한 연결은 하물며 내적이고 해소 불가능한 연결은 더욱 아니다. 이 점은 분명하다. 모든 감각 K는 모든 시각 이미지와 양립 가능하다. 정지 대상을 지각하는 내가 지금은 특정 지각 상황에서의 현출에서 K와 b가 함께 있음을 사실적으로 발견하지만, 머리를 다른 데로 돌리거나 [이 대상을] 기억하거나 직관적으로 상상하기만 해도, 동일 K가 다른 이미지와 합일하여 동일 사물이나 다른 사물이 통일적으로 나타나게 할 수도 있음을 알게 된다. 이렇게 생각해보면 알게 되는 것은, K와 b가 가령 지속적으로 공존하는 것도 아니라는 것이다. 또한 K와 b가 이에 상응하는 경험적 동기 관계를 정초하여, 하나가 다른 하나를 영구히 귀속되는 것으로서 (경험적 동기화의 방식으로) 지시하는 것도 아니라는 것이다. 다른 한편, 자신의 고유한 본성을 통해 정초 통일체를 이루지 않는 내용들이 그래도 서로 통일될 수 있는 방식은 연상뿐임을 간과해서는 안 된다. 여기에서 '연상'이라는 용어는 발생심리학적인 사실(Faktum)을 뜻하지 않는다. 즉 예컨대 K와 b가 자주 함께 체험되면 마음속으로 어떤 β를 체험할 때 어떤 α의 등장이 성향적으로 유리해진다는 이런 사실을 뜻하지 않는다. 이 용어는 오히려 어떤 공속이라는 현상학적 사실, 하나가 다른 하나를 어떤 식으로든 지시한다는 현상학적 사실을 뜻한다. 그리하여 하나에 대한 믿음정립이 다른 하나에 대한 믿음정립을 동기화하고, 이 하나는 다른 하나에 관련된 어떤 것이자 이 다른 하나와 특유하게 합일된 어떤 것으로 있다. 그러나 이러한 통일체는 내적인 본질 통일체나 정초에 의거한 통일체는 아니다.

의식에 함께 주어지고, 그것도 여러 차례 함께 주어진다면, 일종의 통일체를 창출한다. 이 통일체의 힘은 함께 주어지는 사례들의 수에 비례하여 강해진다. 그리고 이러한 창출 자체는 현상학적 사실이다. 다시 말해, α와 β가 의식에 더불어 주어지거나 차례로 주어지는 일이 자주 일어났을수록, α가 주어진다고 상정할 경우 β가 (이와 더불어, 아니면 나중에) 주어질 것이라고 상정할 동기가 강해진다. 또한 그럴수록 현실적으로 주어지는 α와 β는 공속을 더 드러내고 서로를 더 '강하게' 지시하며 이러한 지시는 더 '강하게' 충족된다. 그러나 이런 말들은 적절하게, 즉 현상학적으로 해석해야 한다. 다시 말해, 현실적으로 직관하면서 수행하는 동기 연관 안에서 온전히 해석해야 한다. 모순적 사례의 '저항력(Gegenkraft)'도 현상학적 사태이다. 연상적 지향이 실망을 겪으면, 동기를 부여하고 통일성을 부여하는 힘이 약화되고, 충돌에 의해 이 힘에 대한 저항력을 작동시킨다. 연상이론에는 흔히 마음에 대한, 그리고 마음의 이른바 위 성향들에 대한 온갖 가설들이 깔려 있는데, 이런 가설들을 도외시하더라도 연상 자체에는 현상학적이고 본질법칙적인 증표들이 있다. 나는 이미『논리연구』에서 이에 대해 종종 언급했다. 대상들 간의 경험적 연결 구성에 있어서, 또한 사물들의 특정 정황에서 있음(Dasein)과 어떠함(Sobeschaffensein)이라는 사건들에 있어서, 연상이 어떤 역할을 하는지에 대해서 여기에서 살펴볼 필요는 없다. 여기에서 우리는 체험들의 '조우(zusammengeraten)'를 체험들의 '공속(zusammengehören)'으로 연결시키는 가장 단적인 형태의 연상에 대해 이야기하고, 본질적 통일성이 없는 현상학적 자료들에게 어떤 비본질적 통일성을 부여하는 연상적 지향과 충족에 대해 이야기하는 것이다. 다시 말해, 이는 선험적 통일성에 대비되는 후험적 통일성 혹은 경험적 통일성이다. 물론 '경험적'이라는 단어는 여기에서도 다의적이다.

이제 우리가 논하던 키네스테제 감각 및 이와 합일되는 이미지로 돌아오자. 여기에서는 일단 K와 b의 규정적 결합을 책임지는 양자의 연상은 없는 것 같다. 대상이 멈춰 있을 때 내 눈이 이리저리 움직이다가 자주 동일한 위치로 복귀한다면, 내가 같은 K에서는 동일한 b를 재발견할 것임은 물론 명약관화하다. 이를 통해 이들은 연상 관계를 얻는다. 하지만 이 관계는 힘이 약하다. 이러한 K는 전혀 b가 아니며 보통은 b와 조금도 닮지 않은 이미지들과 새로운 관계를 맺게 되고, 이로 인해 K와 b의 연상 관계는 '파괴'되기 때문이다. 다시 말해, 이제 내가 머리와 몸을 돌리면, 시야가 이전과는 다르게 충족되면서 나는 계속해서 새로이 다른 대상들을 향하게 된다.

다른 한편, 여기에는 그래도 어떤 연관이 놓여 있다. 내 눈은 지금 K 위치에 있고 시각장에 특정 이미지 분포가 있지만, 새로운 이미지 분포를 원한다고 해보자. 다시 말해, 이제 나는 (계속 정지한 대상장과 관계하면서) 장 안에서 왼편에 있는 이미지 b′를 오른편의 어느 위치로 옮겨서 지금 거기 있는 이미지 b″ 위치로 가게 하는 이미지 분포를 원한다. 이 경우 나는 눈을 어떻게 움직여야 하는지 곧바로 안다. 이미지가 b′⌒b″로 운동함을 표상하면, 나는 곧 이에 대응하는 키네스테제 경과 K′⌒K″를 표상한다. 이때 K′는 현상학적으로 b′에 대응하고, K″는 [이제 b′가 있는] 새로운 위치 b″에 대응한다. 이처럼 이미지 운동체계는 각 이미지를 시각장의 어느 부분으로 들여보내는데, 나는 이런 이미지 운동체계를 따라가다 보면 이에 대응하는 K의 변이체계를 발견한다. 그리고 각 이미지나 이미지 분포에는 하나의 특정 K가 관련된다. 이것을 어떻게 이해해야 하는가?

내가 눈을 어디에 두든 간에, 전체 시각장은 그에 속한 모든 장소를 지닌 채 늘 여기 있다. 장소 다양체는 절대적 불변항이고 항상 주어지는 것이다. 그리고 이것은 결코 어떤 K 없이 주어지지 않으며, 역으로 어떠한 K도 결코 (교체만 되며 충족되는) 전체 장소 다양체 없이 주어지지 않는다. 그런 한에서는 이는 결코 흩어지지 않는 고정적 연상이지만, 이 연상은 한 K와 한 장소의 연상이 아니라, 장소들의 전체 펼침과 'K 일반'의 연상이다. 그러나 물론 이것도 규정적 K는 아니다. 왜냐하면 'K 일반'이란 표현은 어떠한 K 혹은 K의 연속적 진행이라도 늘 장소 다양체와 경험적으로 하나임을 뜻하기 때문이다. 그리고 K가 진행되더라도 장소 다양체에는 아무 영향도 끼치지 않는다. 장소 다양체는 말하자면 절대적 불변항인 것이다. 그러나 다른 한편 K 감각들과 정지 대상장의 이미지들 사이에는 어떤 배속이 있다. 즉 각각의 특정 이미지에는 특정 K가 상응하고, 각각의 변화된 K에는 (정지한 동일 대상에 속하는 대상 다양체 중에서) 다른 이미지가 상응한다. 여기에서 '상응한다(entsprechen)'거나 '공속성(Zusammengehörigkeit)' 같은 말은 무슨 뜻인가? 이는 연상적 결합이 아닌가? 어떻게 해야 이러한 현상학적 사태를 더 정확하게 포착하고 기술할 수 있는가?

특정 K와 특정 b는 '영구히' 연결되는 것이 아니다. 현상학적으로 말하면, 이러저러한 종별적 본성을 지닌 K_0, 즉 K_0로서의 K_0가 이에 대응하는 b_0로서의 b_0를 일반적으로 지시하는 것은 아니다. 내가 몸을 돌리면, 동일 K_0 감각은 더 이상 b_0를 지시하지 않는다. 그렇다고 내가 K_0가 이제 다른 b와 함께 있음을 발견하고 실망하지는 않는다. 그러나 어떤 주어진 정황에서는 K_0는 틀림없이 b_0에 관련된다. 여기에서 이러한 결합은 어떻게 생기며, 이러한 결합의 특출함은 무엇인가? 임의의 정지한 둘레 안에서 시야에서 정지해 있는 한 사각형을 생각해보자.

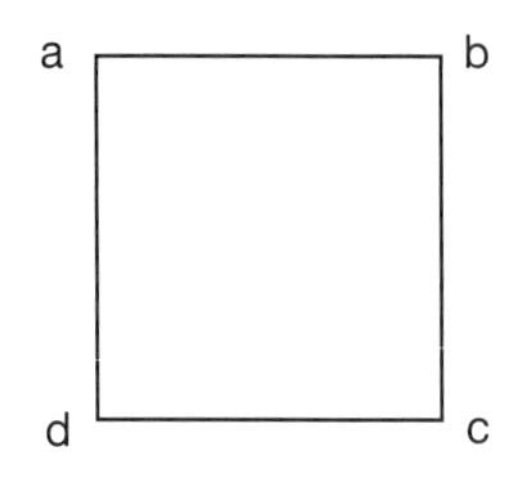

시선을 움직이다가 때때로 멈추어보자. 가령 a를 주시하다가 이제 테두리를 따라가면서 b, c, d, a를 주시하도록 시선을 움직여보자. 그러면 각 눈 위치에는 특정한 선경험적 모양이 대응한다. 모양 f_a는 f_b, f_c, f_d로 넘어간다. 동시에 K 감각이 끊임없이 이행한다. K_a가 K_b, K_c, K_d로 넘어가는 것이다. 현상학적으로 우리는 이러한 연속적 이행에서 f_a가 자신의 연속적 이웃을 '지시'함을 발견한다. 즉 지향은 f_a에서 f_d까지 계열을 관통하면서 이 계열 진행에 있어서 연속적으로 충족된다. 우리는 이 계기들에 토대를 둔 일관적인 통일성 의식을 발견한다. 물론 이 의식은 이 지향들에 현행적으로 있는 것 이상을 포착한다. 우리는 이 계열이 객관적 사각형을 완전하게 내어주지 않음을 알고 있는 것이다. 객관적 사각형이 완전히 현시되려면 아직도 또 다른 많은 가능 계열들이 있어야 하는데, 이들은 다른 신체운동들 및 이에 대응하는 이미지 변화들과 관련된다. 이 [가능 계열들]에 상응하는 지향적 요소들은 도외시하더라도, 어쨌든 현재의 지향적 계열은 소여를 구성하는 하나의 요소인 것이다.

K 계열은 이와 전혀 다르다. 이 K들은 서로를 지시하지 않는다. 이들은 경과하지만, 이들을 관통하는 (f가 지니는 유형의) 지향들을 적재하지 않으며, 이들을 관통하는 통일성 의식은 없다. K 순서를 역전(Umkehrung)하면 다시 f를 관통하여 지향들이 흘러간다. 즉 f_d, f_c, f_b, f_a는 서로를 향하고 서로를 관통하여 향한다. 이에 반해 K는 역시 이러한 특출함 없이 반대로 흘러간다. 그러니까 현출들에는 서로 완전히 다르게 기능하는 두 계기가 있다. K는 '정황(Umstand)'이고 f는 '현출'이다. 정황의 특정 변화에는 현출의 특정 변화가 뒤따른다. 이 변화는 그것의 지향들을 흘러가게 하고 충족시키고 이들에게 일관된 통일성 의식을 부여하는 변화이다. 물론 K와 f 사이에는 f 사이에 있는 이런 통일성도 없다. 통일성 의식은 f들만 관통할 뿐이지, 일부는 K들을 관통하고, 일부는 f들을 관통하는 것이 아니다. 그렇다고 K와 f는 한갓된 공존도 아니다. 오히려 K_0가 K_1으로 이행하면, 예상에 의해 (새로운 각 위상을 지시하고 이 위상에서 충족되면서) f_0가 f_1으로 이행하는 것이다.

덧붙이자면, K는 고정적 경계를 지닌 K 다양체(눈 운동 다양체)에서 여전히 임의적으로 변할 수 있다. 나는 더 이상 사각형을 주시하지 않고 가령 둘레의 점들을 주시하고 이러저러한 주시의 길을 훑어간다. 그래도 사태는 여전히 같다. f들은 새로운 변화 방식을 취하고 이미지는 시각장의 이러저러한 유사노선(quasi-Linie)을 따라서 소요하지만, 여전히 통일성 의식 안에 있다. 즉 경과하는 이미지 계열에서 한 이미지는 연속적으로 다른 이미지를 지시하고 늘 새로이 다른 이미지를 지시한다. 통일성 지향과 통일성 충족이 이를 관통한다. 그러나 이 이미지는 그것의 '정황'에서만 이러한 지향성을 가진다. 한번 f_a와 K_a가 함께 주어졌다면, 각 특정 변화 ΔK_a에는 특정 충족진행 Δf_a가 시간적 합치를 이루며 대응하고, 한갓된 지속 K_a에는 f_a의 동일 지속이 대응한다.

§52 앞서 연구한 사태를 대상장 전체에 적용함

이제까지 우리는 장의 특정 대상을, 특히 임의의 정지한 둘레로 둘러싸인 특정 사각형을 우대하여 다루었다. 그러나 이제 대상장의 나머지를 고찰한다면, 우리의 서술에는 새롭고 본질적인 것이 추가된다. 앞에서 서술한 것은 사각형뿐 아니라 대상장의 모든 대상에도 타당하다. 그리고 우리가 이제 보게 되겠지만, (시각장에서 사각형 이미지의 특정 위치에 대응하는) 이 특정 키네스테제 감각 K가 장의 모든 대상의 모든 이미지와 모든 이미지 점에 대응한다. 다시 말해, 동일 K가 모든 이미지에 대해, 즉 이미지 장 전체에 대해 있다. 키네스테제 정황이 같다면 이미지 장이 동일하다. 매 키네스테제 변화는 이미지 장을 변화시킨다. (이미지 장의 불변과 변화의 다양체에서) 정지 대상장이라는 현상은, K 감각들의 연속체와 전체 이미지 장들의 연속체를 일의적으로 조응시키는 현상이다. 이들의 성격은 본질적으로 다른데, 이에 따르면 K는 정황이라는 성격을 지니지만 통일성 의식을 적재하지는 않는다. 통일성 의식은 오직 이미지 장들을 관통하면서 이 장들 안에서 혹은 이 장들에 의해 충족되는 것이다. 그리고 이 의식은 암묵적으로 이미지 장들을 관통하면서, 이 장에서 구별되는 모든 개별 이미지들을 관통한다.

그런데 이는 모든 정지 대상장에도 타당하다. 서로 다른 각 대상장은 서로 다른 어떤 이미지 다양체에서 현시된다. 그런데 동일 대상 연관의 동일 대상이 서로 다른 이미지들에 의해 현시되기만 해도 이미 차이가 생긴다. 이런 일은 이미지가 K에 배정되는 방식이 변화하기만 해도, 즉 가령 이전에 K_0와 결합했던 이미지 장이 이제 다른 K와 결합하기만 해도 일어난다. 가령 내가 머리만 조금 돌리면서 관점 변화를 감지하지 못하는 경우가 그렇다.

따라서 여기에서 연상이 작용한다면, 이것은 물론 K 감각과 어느 한 이미지 사이의 연상일 수 없음이 분명하다. 왜냐하면 이미지 장 전체가 다 같이 간여하기 때문이다. 또한 K 감각과 특정 이미지 장 사이의 연상일 수도 없다. 왜냐하면 다른 어떤 이미지 장이라도 모두 마찬가지로 동일한 K 감각과 함께 등장할 수 있기 때문이다. 동일한 K 다양체가 온갖 가능한 이미지 장 다양체와 결합하는 것이다. 이때 이 이미지 장 다양체 자체는 (늘 다른) 정지 대상장이라는 통일체를 현시한다. 이들 모두가 공통으로 가지는 것은 무엇인가? 물론 선경험적 장이라는 동일한 장소 다양체이다.[151] 그러나 이 장소 다양체는 K 감각과 이미지 장이 연결될 근거가 되지 않는다. 왜냐하면 이 장소 다양체는 늘 거기 있기 때문이다. 어떤 K들과 늘 함께 주어지며, 모든 가능한 K 및 K 진행과 늘 함께 주어지기 때문이다.

그러니까 이 연결은 오직 진행이라는 형식적 통일성에 있을 것이다. 정지 대상이 장에서 현시되는 진행들 각각이 하나의 유형(Typus)를 이룬다. 이 유형은 작거나 클 수 있고, 어느 방향으로 가거나 반대 방향으로 간다. 이러한 각 진행에 대해 역진(Gegenverlauf)이 있으며, 각 진행은 이러한 역전(Umkehrung)에서도 하나의 유형을 이룬다. 그리고 이 모든 진행은 다 같이 포괄적 진행으로 연결되고 이어져서 하나의 전체유형을 이룬다. 다른 한편, 이러한 각 유형은 흘러가면서 실현되면서, 특정 K 진행과 시간적으로 합치하여 함께 주어진다. 그러니까 모든 면의 변이에 있어, 또 시선의 변이에 있어, 늘 두 계열체계가 평행 진행한다. 그중 하나는 이미지 체계이고 다른 하나는 키네스테제의 흘러감과 흘러감의 체계이다.

151) (원주) 대상이 움직이든 정지하든, 대상이 무엇을 하든, 장소체계는 늘 동일하다.

이때 양쪽의 시간 계열들은 동일한 시간 계열이며, 채움의 견지에서 일의적이고 상호적으로 대응한다. 연상 결합은 (공존에 입각해) 상응하는 위상들을, 그리고 (연쇄에 입각해) 연속하여 잇따르는 쌍들을 나란히 결합한다. 가령 몸을 돌려 계속 새로운 정지 대상체계들이 시선에 들어온다거나, 대상체계 스스로 움직이거나 여타의 방식으로 변화하다가 결국 멈춘다고 하자. 그러면 이처럼 새롭게 정지로 넘어갈 때에는, 물론 전혀 다른 유형의 다른 이미지 체계들이 체험되고, 동일 K 체계들과 함께 주어진다. 그러나 (이러한 정지 대상체계의 계속 새로운 사례들에서) 이 체계를 현시하는 이미지 다양체들이 계속 상이한 다양체라고 해도, 각 다양체 자체의 일반적 유형은 같다. 그래서 각 다양체가 늘 같은 K 다양체와 평행 결합되는 일반적 유형도 같다. 이 일반적 유형은 일반적 연상의 토대가 된다. 만일 이런 유형에 배속될 수 있을 진행의 한 조각이라도, 말하자면 어떤 미분이나 초기정립만이라도 주어진다면, 이 일반적 연상 덕분에 통각에 의해 곧 이 유형에의 배속이 일어난다. 즉 정지 대상이나 대상장이 여기 있게 된다. 정지 대상이나 대상장이 현출할 때, K들의 기능과 이미지들의 기능은 해리된다. 왜냐하면 K 감각은 언제나 같은 규정과 형식으로 주어지는 것 또는 경과하는 것이기 때문이다. 이에 비해 이미지들은 늘 새롭다. 아니, 늘 동일하게 주어지는 시각적 장소장을 [이미지들이] 덮는 방식이 늘 새롭다. 다만 K 진행과 평행하게 통일된 이미지 진행들은 그 형식만 공통적이다.

이렇게 잠깐 옆길로 새서 연상을 가지고 사태를 해석해보았다. 여기에서 주의할 것은 이러한 '연상심리학'에는 초재적 가정이 전혀 없다는 것이다. 이제 다시 사태를 기술해보자.

§53 장소체계로서의 시각장과 그것의 가능한 변형들

지난 강의에서는 한갓된 정지 다양체에서 현상들의 연관을 내재적 연상심리학에 의거해 탐구했다. 이제 현상학적 기술로 돌아오자. 정지한 동일 대상장의 이미지 체계와 (키네스테제적 눈 변화에 의한) 이들의 연속적 상호이행은 (장소체계인 시각장 자체의 변형[Transformation]들로 이루어진) 이념적으로 닫힌 체계를 뜻한다. 여기에서 우리가 알 수 있는 것은 이미지의 두 요소, 즉 질과 연장이 서로 다른 방식으로 기능한다는 점이다. 각 이미지에는 고유한 질이 있다. 다시 말해, 두드러지는 질이 있다. 이미지와 둘레 사이에 질적 불연속성이 없다면, 이 이미지는 구획되지 못하고 따라서 따로 주목받지 못할 것이다. 그러니까 질적 불연속성은 특정 이미지가 따로 시각에 주어지기 위한 가능성의 조건이다. 이미지가 이주하면, 말하자면 이 질적 불연속성도 이주한다. 더 정확하게 말하면, 이러저러한 형식을 지닌 색채라는 두드러진 통일체가 이주한다. 하지만 색채는 그것이 충족하는 형식 혹은 모양의 규정에 의해서만, 규정적 색채일 수 있다. (장소점들에 정위된) 색 요소들은 (이 장소점들이 이루는) 장소체계에 의해서, 질서정연하고 통일적으로 하나의 색채가 된다. 질 자체에는 개체적으로 구별하는 것이 전혀 없는 것이다. 똑같은 두 질은 서로 다른 장소에 있어야만 [두] 질로 존재할 수 있다. 이들이 서로 구별되고 둘임은 장소들 덕분이다. 장소들은 그 자체로 서로 구별되지만, 질들은 장소들을 통해서만 서로 구별되는 것이다. 다른 한편, 어떤 장소 및 장소 복합체가 두드러지는 것은 질 덕분이다. 다시 말해, 장소의 질적 (종별적) 불연속성 덕분이다. 그러니까 색채 통일체의 기초는 (이 색채가 덮는 장소체계인) 펼침의 장소형식이다. 그러므로 우리는 색채 개념을 장소체계로부터 추상해서 고찰할 수도 있지만, 이 개념은 바로 장소체계를 전제하며, 어떤 의미로는 장소체계를 다시 함축한다.

그러나 색채가 독자적 통일체로 두드러지고 이를 통해 이미지 전체가 두드러지면, 이에 기초하여 색채(정확히는 색채 테두리)는 둘레와 종별적 불연속성을 이룬다. 이제 어떤 K 정황에서 이미지가 이주하면 전체 이미지들이 연속적으로 배정되지만, 이때 특히 이미지의 장소체계들이 우대된다. 왜냐하면 이미지의 질(통일적 색채)은 장소체계에 의해서야 통일성을 얻고 장소체계 덕분에 배정되기 때문이다. 이러한 배정은 모든 질적 요소로 뻗치지만, 이것도 이를 떠받치는 장소라는 매체를 통해 일어나는 것이다. 다른 한편 장소체계 배정은 그때그때 질 덮음의 특성 덕분에, 즉 경계에서 질 덮음의 불연속적 낙차 덕분에 일어나는 것이다. 그러나 이는 매우 일반적인 조건이다. 이로부터 우리가 이해하는 것은, 어떤 키네스테제 변화가 일어나면 시각적 장소장이 자체 내에서 변형되는데(즉 이를 통해 한 이미지가 다른 이미지로 이행하면서 이 이미지의 절대적 모양이 다른 이미지의 절대적 모양으로 변형되는데), (불연속적 낙차, 즉 부각이 보존된다면) 이런 변형이 완전히 다른 색채에서도 일어날 수 있다는 것이다. 색채가 한갓된 정지 다양체(동일한 정지 불변 사물의 현출)에서와 다르게 변양된다면, 장소 다양체가 겪는 자체 내의 변형은 변화하지 않는다. 질적 변화를 겪는 가운데 운동하는 경우가 실로 이런 것이다.

그러나 (대상성 현시가 이런저런 방향으로 체계적이고 통일적으로 발현되는) 모든 현출 혹은 이미지 다양체에서, 언제나 통일성이 이 선경험적 늘림과 색채를 관통한다. 선경험적 늘림의 다양체는 항상 시각적 장소 다양체의 자체 내 변형을 뜻한다. 저 변형에 기초하여 이미지들이 노현될 때, (늘림을 채우고 두드러지게 하는) 색채들이 통일체를 이룬다. 즉 저 변형에 기초하여 이러저러한 색채를 지닌 전체 이미지들이 통일된다.

하나의 사물성 일반의 가능 현출(가능 현시)들이 이루는, 이념적으로 폐쇄된 다양체는 이제 특징적으로 폐쇄된 여러 국부적 다양체를 포함한다. 이 국부적 다양체들은 사물 구성에 있어 이른바 층위들을 이룬다. 이러한 폐쇄된 층위 중 하나가 정지 다양체의 층위인데, 우리는 이리로 돌아와서 이것을 분석한다.

10장

키네스테제에 의해 동기화되는 현출 다양체에서의 통일체인 사물

§54 이미지 진행과 키네스테제 진행에서의 통일성 의식

K와 b의 복합이 그 유형에 따라 경과하면서 정지로 파악된다면, 여기에 어떤 파악성격이 딸린다. K와 b에 서로 다르게 할당되는 이 파악성격은, 말하자면 (전체체계에서의 가능한 키네스테제 정황들에서) b의 가능 진행들을 지시하며, 따라서 바로 이런 체계 경과에서 충족의 이념적 가능성들을 동반한다. 이러한 각 충족 연관에서 통일성 의식, 즉 동일자에의 의식이 이미지들을 떠받친다. 이 동일자는 지금 동일자이면서 (이와 유관한 키네스테제 정황들에서 이와 유관한 현출들이 전체유형의 의미에서 충족된다면) 계속 동일자로 남는다. 이러한 통일성 의식이 정지한 자기동일적 사물을 이미지들을 관통하여 자기동일적으로 현시되는 사물로 구성한다. 달리 말해,

(유관 정황들 아래에서 법칙적으로) 개별 현출들에서 현출하는 사물로 구성한다. 지향이 이 체계만 관통한다면, 즉 이 체계 유형이 (이 현출요소들 혹은 파악요소들이 지시하는) 더 포괄적인 유형 안으로 배속되지 않는다면, 사물은 이 다양체에서 이미 완전히 구성된 사물일 것이다. 그렇다면 사물은 운동 및 변화와 무관하다. 그러나 그렇다면 물론 사물은 사물이 아닐 것이다. 어쨌든, 사물 구성과 공간 구성에 있어 본질적인 한 부분은 우리가 논의한 이 층위에 의해 이미 해명되었다. 사물 구성의 주요 성격은 이미 드러났다. 이 성격은 이렇게 기술할 수 있다.

선경험적 시간진행에 펼쳐진 이미지(시각장 이미지) 연속체는 키네스테제 정황 연속체와 시간적으로 합치하고 융합하여 흘러간다. 이 이미지 연속체는 (가능 이미지들로 이루어진 다차원 다양체에서 추출된) 하나의 선형 다양체이다. (다차원 다양체와 마찬가지로) 이 선형 다양체도 무궁무진한 다른 선형 이미지 다양체들을 내포하며, 이 각 선형 다양체는 (그것의 규정적 유형에 의거해) 전체 다양체의 규정적 전체유형에 포괄된다. 전체 다양체의 세기(Stärke)는 가능한 K들의 연속적 다양체의 세기와 같다. 현행 경과하는 이미지와 K의 이중 다양체들은 통일적 파악 연속체에 의해 합일된다. 통일적 파악 연속체는 각 시간위상에 속하는 (K, b)를 하나의 파악 통일체로 (현출로) 기능적으로 합일하고, 이런 현출들을 시간적으로 흘러가는 전체현출로 합일한다. 각 위상에서의 현출 및 시간연장에서의 현출 통일체에는 본질상 상이한 두 요소, 즉 b 요소와 K 요소가 있다. b 요소는 '무엇에의 지향'을 제공하고 K 요소는 이 지향의 동기를 제공한다. '무엇에의 지향'은 이 K 정황하에서 이러저러하게 차별화되고 이러저러하게 향하는 지향이다. 정확히 말하면, K들의 흐름은, 바로 이 K들의 흐름은 (규정적으로 동기 부여함에 의해) 이 흘러가는 '무엇에의 지향'의 종류와 형식을 규정한다.[152] b 요소의 각 위상은 '무엇에의 지향'으로서 (다음 위상을 지시하고 다음 위상을 관통해 지시하면서) 다음 위상(다음 위상의 이미지)을 관통한다. 이 다음 위상에서 지향이 충족되지만, 이 지향은 다시 그다음 위상을 관통하면서 다시 충족되고, 이는 계속 이어진다. 그리하여 각 b는 충족된 것인 동시에 충족하는 것인데, 이는 당연히 그것의 파악 기능에 의해서이다.

그러나 이러한 (현행) 충족 계열은 가능성들로 이루어진 다양체 중에서 하나의 충족 계열일 뿐이다. 물론 이는 객관적 사실로 고려되기보다는 현상학적으로 고려되는 것이다. 각 파악위상이 모든 가능성과의 관계를 포함함은 파악위상의 본질이기 때문이다. 그때그때 현행 b 위상에는 (선형적 향함을 지닌) '무엇에의 지향'이 포함되는데, 이 지향은 선차적으로 충족할 뿐만 아니라, (연속적 흐름에서) 곧 후차적으로 충족된다. 이 현행 b 위상은 그뿐만 아니라 유사지향

152) (원주) 물론 여기에서 '……의 지향'은 주의하는 의향 등을 뜻하는 것이 아니다.

들로 이루어진 하나의 마당(Hof)도 포함한다. (주어진 K 정황 아래에서의, 또 경과하면서 바로 이 K에 수반하는 동기에 있어서의) 이 유사지향들은 '무엇에의 지향들'이 아니고, 충족하는 것도 아니고 충족된 것도 아니다. 이는 다음을 뜻한다. K가 다른 변화 방향으로 나아간다면, 필연적으로 이런저런 새로운 지향들이 동기화되어 현행적으로 존재하게 된다. 그러나 지금 K가 흘러가는 이 방향에서는 이러한 새로운 지향들은 없고, 이들 대신 이들에 상응하는 (우리가 유사지향들이라고 부르는) 파악계기들이 있게 된다. 이들은 현행 b 지향들에 융합되어 이들의 성격에 색조를 입힌다(färben). K 흐름은 한갓된 지속의 흐름일 수 있다. 이 경우 K는 이미지의 '무엇에의 지향'이 연속적 지속에 조율되고 (늘 반복하여) 변화 없이 b에 조율되도록 동기화한다. 그러나 K 흐름이 $K_0 \frown K_1$라는 변화흐름인 경우에는, 각 변화미분은 이에 대응하는 '무엇에의 지향'의 변화미분을 동기화한다. 이미지는 변화하는 이미지를 (규정적 노선에 있어서) 지시한다. 그러나 사물은 단지 이 노선에서의 동일자(앞선 경우에는 불변동일자, 이 경우에는 특정 성격으로 변화하는 동일자)에 불과한 것이 아니다. 사물은 이 노선에서의 동일자인 동시에 모든 가능 노선에서의 동일자이며, 모든 가능 K 정황 아래에서 모든 가능 이미지 연속체에서의 동일자이다. 이 사물은 사물로 있기 때문에, 파악에 의해 이 모든 것과 관계한다. 그러나 이 사물에는 (이 노선을 관통하여 충족되는) '무엇에의 지향'의 현행 방식이 있다. 이 밖에도, 파악이 바로 다른 충족 계열로 들어섬과도 어울리도록 하는 어떤 성격규정, "만일 K가 이러저러하다면, '현출'은 이러저러할 것이다."라는 의식을 정초하는 어떤 성격규정이 파악에는 본질적으로 있다. 여기에서 특징적으로 좁은 의미의 현출은 b 요소이다.

본질적으로 유관한 K 동기 연속체를 수반한 이 현출 연속체에서 통일성 의식이 펼쳐지는데, 이 의식은 사물 통일체를 정립하고 사물을 구성한다. 우리가 사물이라고 부르는 이 통일체의 의미에는, (하나의 이념적이고 무한한 규정적 유형에 속하는) 현출 다양체에서의 통일체임이 들어 있다. 그리고 현행적으로 흐르는 (이 연속체의) 단편마다 사물은 주어진다. 또 이런 한 단편의 각 현출마다 사물은 주어진다. 각 현출에는 충족에서의 동일성 의식이 살아 있다. 이 충족이 불변 현출(앞서 살펴본 것처럼, 지속에서의 충족)이더라도 그렇다. 그러나 이러한 소여의 본질에는 다음도 속한다. 이러한 소여는 새로운 소여의 무궁무진한 가능성을 (동기화되는 가능성으로서) 규정적 방식으로 열어둔다. 현행 이미지 연속체를 관통하는 본래적 소여의식은, (충족하면서 새로운 충족을 앞서 지시하는) 이미지에서의 소여에 대한 의식이다. 여기에는 유사지향들의 마당이 에워싼 현실적 소여(가장 본래적인 지각)의 한 노선이 있다. 이때 '무엇에의 지향'은 (이미지에서 구별되는 모든 부분과 계기를 관통하는) 지향들이 이루는 어떤 폭이다. 바로 이것이 음영을 통한 현시 혹은 본래적 현시의 성격이다. 다시 말해, 이미지의 각 부분에는 전체지향이라는 (철저히 통일적인) 이념적 빛다발(Strahlenbündel)로부터 나온 한 부분 혹은 한 빛살(Strahl)이 대응한다.

§55 키네스테제 경과체계와 본래적 현출

지난 강의 내용에 따르면, 한갓된 정지 사물성 구성은 (동기화하는 K '정황' 연속체와 합일되는) 유형이 규정된 현출 연속체에 있어서 일어난다. 자세히 보면, 이는 가능한 연속적 현출 계열들이 이루는 이념적 체계이며, 이 계열들은 (연속적으로 동기화하는) 가능한 키네스테제 계열들과 시간적으로 합치한다. 어떤 이러한 이중 계열 중의 현행적으로 흘러가는 단편마다, 사물은 불변 정지한 채 지속하는 것으로 주어진다. 사물은 각 현출에서 여기 있다. 그리고 각 현출은 살아 있는 충족의식이다. 우리가 잠시 눈을 멈춘 채 멈춘 사물을 지각할 때처럼 이 현출이 불변하더라도 그렇다. 전체현출 연속체 중에서 현행적으로 실현되는 단편에는, (더 자세히는) 이 전체현출 연속체로부터 나오는 한 노선에는, (이 노선 자체가 가능한 선형 다양체들의 무한한 연속체이므로) 전체현출 연속체가 어떤 식으로는 잠재성(Potentialität)으로 내포되어 있다. 그래서 현행화된 현출은 (본래적 의미의 지각이라는 전체 연속체로부터) 현행화된 노선 단편을 포함하는데, 이는 (연속적으로 관통하면서 계속 충족되는 동시에 지향하는) '무엇에의 지향'과 (이 지향의 생기화에 의해) 연결되는 이미지 연속체라는 형식으로 이루어진다. 나아가 이 지향은 연속적으로 동기받는 것(Motivat)으로서, 연속적으로 동기주는 K에 대응한다. '무엇에의 지향'은 이 순간적 이미지 내용(이 순간적 위상)에 제한된다는 듯이, 특정 이미지에서 끝나는 것이 아님이 그 본질이므로, 무한정한 지향이다. 이 지향은 이를 관통하며 이러한 관통 성격을 견지하는데, 현행 현출 연속체가 얼마나 확대되든 간에 그렇다. 이러한 무한정함은 사태의 본질에 속한다.

(현출에서 살아 있으며 소여에서 현행화되는) 이 지향과 본질적으로 다른 것이 K 경과지향이다. 현행 K 진행은 통일적이고 친숙한 다수 가능성들로부터 나온 하나의 진행이고, 따라서 K는 (이런 가능성들에 상응하는) 파악색조들(유사지향들)의 마당으로 그때그때 둘러싸여 있다. 이와 마찬가지로, (현출에 살아 있는) 연속적 지향도 [K에] 의존적인 유사지향들의 마당으로 둘러싸여 있다. 이 유사지향들이 비로소 현출에 사물현출이라는 규정적 성격을 부여한다. 현출 및 (현출과 동기 통일체를 이루는) 정황 파악에는 현상학적으로 다음과 같은 본성이 있다. 즉 "K가 이러저러하게 흘러간다면, 이에 상관적인 이러저러한 종류의 현출이 흘러가도록 동기를 받을 것이다." 다시 말해, 이러저러한 이미지 연속체가 해당 K 진행에 대응한다. 지금 일어나는 이미지 변동 대신에 새로운 이미지 변동이 등장할 것이며, 이 새로운 이미지 변동을 지향적 충족(연속적인 소여의식)이 관통할 것이다.

이런 가능성들은 사물의 각 현행 현출의 본질에서 밑그림 그려지고, 이 현행 현출에 본질 법칙적으로 명증하게 관련된다. 어떤 현행 이미지 연속체가 (연속체로서나 이미 그 자체로도) 이에 연상적으로 대응하는 K계열로부터 통일적으로 동기화되지만, 이를 넘어가는 파악성격이 이 이미지 연속체에 엮이지 않는 것도 상상가능하다. 그러면 사물은 통일체로 있지 않을 것이다. 이런 통일체는 다른 이미지 연속체들에서도 현시될 수 있어야 하며, 상응하는 다른 현출 계열들에서 다른 면들이 증시될 수 있어야 하는 것이다. [이런 상상에서는] 현행 흘러감에서 통일적으로 현시되는 것에 다른 면들은 없을 것이다. 아무것도 이런 다른 면들을 지시하지 않기 때문이다.

현행 소여 이미지들을 관통하는 지향적 빛살들에 대해 말한다면, 이들은 (서로에게 연속적으로 이행하는 이미지들에서) 상응하는 점들을 통일성 의식에서 연결하고, 이를 통해 (본래적 현출에 속하는) 대상의 동일 계기를 계속 구성한다. 우리가 이전에 본래적 현출이라고 부른 것은 (이미지들을 관통하는) 특출한 지향들의 빛다발인데, 다만 각 현출 위상과 관련하여 취한 것이다. 우리 논의는 눈만 움직일 때 정지 대상의 현출 다양체에, 나아가 단안 시각에 제한하므로, 대상에서 늘 동일 면이 현출한다. 더 정확히 말하려면, 심지어 한 가지 제한을 추가해야 한다. 즉 극단적 눈 운동 때문에 대상 전체나 일부가 대상장 바깥으로 사라지지 않도록 대상이 놓여 있다는 제한이다. 이렇게 제한하면, 늘 동일 대상면이 현출할 뿐 아니라,

이 면 전체가 현출한다. (K 변화가 동기화하는) 살아 있는 지향은 그때그때 이미지를 관통하며, 나아가 이러한 관통하는 빛살은 새 이미지를 다시 관통해 나아간다. (우리는 항상 이렇지는 않음을 알게 될 것이다. 즉 우리가 대상 주위를 돌아서 갈 때, 이미 현출한 대상계기들이 사라지고 새로운 대상계기들이 등장하는 경우에는 이렇지 않다. 이를 염두에 두면 다음도 알게 된다. 동기화되는 살아 있는 지향들의 빛다발이 이미지들을 합치 통일체로 만들며 [이미지를 관통하여 오롯이 충족되는] 지향들의 다발과 늘 동일한 것은 아니다.)

이때 다음을 유념하자. 서로 조응하는 이미지들(대상에서 하나의 동일자를 늘 현시하는 이미지들)은 서로 비슷하다. 그리고 가장 분명한 [중심의] 시각 구역에서는 이런 비슷함은 구별 불가능한 같음까지 고조된다. 이런 같음에 이르면, 구별 가능한 이미지 부분마다 동일 이미지에서 이에 조응하는 것이 상응한다. 그러면 이 상호 조응하는 것들은 개체성(장에서의 절대적 장소)으로만 서로 구별된다. 이들은 관통하는 충족의 빛살에서, 하나의 동일자를 소여로서 현시한다. 가능한 변형들에 있어서 그 내부가 완전히 동질적인 장도 충분히 상상가능하다. 그래서 이 장에서 이미지 '운동'만 일어나며, 이미지는 구별 불가능하게 같을 만큼 항상 자신과 비슷한 것도 상상가능한 것이다. 그러면 (눈만 움직일 때 정지 대상 혹은 완전히 정지한 대상장이 현시되는) 이미지 다양체에 있어서, 이미지와 이미지는 연속적으로 연관되어, 구별 가능한 모든 점과 부분이 (관통하는 지향의 빛다발에 의해) 일의적 조응을 이룬다. 그리고 조응하는 것은 언제나 동일한 대상을 현시할 것이다. 달리 말하면, 현출 대상면의 각 부분이나 점에는 각 이미지의 현시 부분이나 현시 점이 상응할 것이다. 그리고 모든 이미지는 현시에 있어 똑같이 충만하고 완전할 것이다. 그러나 현상학적으로 우리에게 주어지는 장은 비동질적이다. 다시 말해, 이미지가 [시각장] 테두리 부위로 들어가면 이 이미지는 결코 완전히 똑같지 않다. 그리고 눈만 움직일 때 정지 대상의 현시는 필연적으로 (같음으로부터 상당히 다름까지 계조를 이루는) 비슷한 이미지들의 연속체를 통한 현시이다. 만일 이미지들이 동일자(동일 대상면)를 현시하고 이미지의 구별되는 부분들이 이 면의 무언가를 현시한다면, 즉 살아 있는 지향이라는 이 다발에 함축된 빛살들이 이 모든 부분과 점을 관통한다면, 이런 이미지들의 조응은 어떤 성격인지 묻게 된다. 비슷함의 계조는 다음과 같은 것이다. 이미지가 [중심 부위를] 벗어나 장소장의 테두리 부위로 다가가면, 이미지의 내적 구별 혹은 내적 구별 가능성은 빈약해진다. 우선 질적 부각에 의한 이미지 외연 분할이 빈약해질 수도 있다. 부각 가능한 특수 부분들이 점점 적어지는 것이다. 하지만 이런 질적 변양이 어떤 경우에는 구별되는 부분들이 빈약하도록 하지 않는 방향으로 일어날 수도 있다. 이런 사태에서는 상호적이고 일의적인 조응은 물론 있을 수 없다. 이 조응은 일방적일 수밖에 없다. 즉 내용이 빈약한 이미지의 구별되는 각 부분에 대해, 내용이 풍부한 이미지의 구별되는 각 부분이 대응하는 것이다. 그러나 풍부한 이미지로 연속적으로 이행한다면, 연속적 충족(계속 풍부해지는 현시에서의 연속적 동일화)이 일어난다. 다시 말해, 각 지향 빛살은 외현(Explikation)의 방식으로 분할된다. 이 지향 빛살은 빈약한 현시에서는 더 나눌 수 없는 것으로 침투(durchsetzen)하고, 풍부한 현시를 향해 뻗어간다. 그래서 이 지향 빛살은 (이에 조응하는 것으로서) 다수의 내적 구별을 지닌, 정합적인 특정 단편을 점유한다. 이때 이 지향 빛살은 (이 내적 구별들에 의거하여) 스스로 외현하고 나눈다. 풍부한 현시의 모든 구별되는 계기마다 지향성이 대응한다. 즉 이 현시를 관통하는 지향은 지향 복합체이다. 이 복합체에서 충족(동일화)되는 빈약한 현시는 더 빈약하더라도 지향성이 덜 들어 있는 것은 아니다. 이 빈약한 현시는 지향성을 다만 다른 형식으로, 즉 함축(Implikation)의 형식으로 가질 뿐이다. 다시 말해, 이런 지향의 본질에는 현시 빛살들의 더 큰 다양체로 이행한다는 고유성이 있으며, 이는 당연히 충족하는 동일화의 방식으로 일어난다.

여기에서 우리는 이전에 구별했던, 상세규정이면서 상이규정인 지향적 풍부화라는 사건들을 생각해보아야 한다. 정지 다양체라는 유형, 특히 눈만 움직일 때의 현출체계라는 특수 유형은 [키네스테제와의] 연상으로 일어나는 유형이지만 일반적인 유형이다. 키네스테제 정황 경과에 따른 이미지 변화는 현실적 변화를 넘어 미리 규정되지만, 다만 일반적 유형에 따라 규정될 뿐이다. 이에 상응하여, 관통하는 지향의 성격도 그렇다. 이것의 무규정성은 어느 구역에서 상세규정이 가능하다는 것이다. 그리고 (전체 유형에 의거해 드러나는) 더 풍부한 새 이미지마다 이런 상세규정을 제공한다. 무규정이라는 양상을 지닌 이 지향 빛살은 (규정되고 외현되면서 다수의 지향 빛살들로 분열되기는 하지만) 그 자체가 (이후에 갈라질 빛살들의) 다발이나 융합은 아니다. 이 지향 빛살은 자체 안에 가름(Sonderung)을 지니는 것이 아니라, (다중적 외현이라는 형식으로) 분열(auseinandergehen)될 수 있다는 본질을 지닌 고유한 성격을 지닌다.

그러나 (다양한 현시를 가로지르는) 다중적 빛살이 현시가 빈약한 빛살로 이행할 때는 사정이 다르다. 이때 지향의 내적 외현화는 사라지지 않는다. 혹은, 전부 사라지지는 않는다. 물론 빈약한 이미지로 이행할 때 규정은 어느 정도까지 무규정이 될 수 있다. 또 이 빈약하지만 새로운 현시의 정확한 규정이 밑그림 그려지지 않는다면, 무규정이 다시 등장할 수 있다. 그럼에도 불구하고 (더 유리한 이미지의 풍부한 구별 가능성에 의해 이루어진) 지향적 빛살의 가름은 한 [시간] 구간 동안 유지될 수 있고 유지되어야 한다. 쉽게 말해보자. 풍부한 현시가 등장하면 사물은 이 현시에 의해 규정되고, 이제부터는 [빈약한 현시로 이행하더라도] 이 풍부한 현시에서 현시된 바로 그것으로 의향된다.

그러나 이제 이 풍부한 지향은 어떻게 빈약한 이미지에 침투하고 (이미지 운동이 흘러가는) 빈약한 이미지 연쇄에 침투하는가? 여기에서는 큰 지향 빛살 다양체가 작은 구별 다양체를 관통하는 것이다. 말하자면, 구별되는 세부들이 이제 이들이 현시하는 것보다 많은 것을 뜻한다. 그래서 우리는 이채로운 구별을 만난다. 한 대상을 주시하면서 풍부한 내적 구별들을 파악한 다음, 시선을 옮겨보자. 그다음 다시 주시된 명료한 구별로 돌아왔다가 또다시 시선을 옮겨보자. 그러면 빈약하고 불명료한 각 이미지는 명료한 이미지와 동일 이미지이다. 모든 이미지에서, 동일 대상(동일 대상면)이 대상의 동일 구별들을 지닌 채 주어지는 것이다. 그렇지만 그래도 이 면은 (가장 본래적 의미에서는) '명료한' 봄에서만 이 내적 구별들을 지닌 채 주어진다. 다른 현시들에서는 대상에서의 구별들이 현실적으로는 덜 주어진다. 그러나 각 현시는 이것이 현시하는 것보다 더 많이 의향한다. 이는 (최선의 현시에서 그 현시계기들에 따라 갈라졌던) 충만한 지향 빛살들이 이제 빈약한 현시에 자리 잡고, (물론 성격이 달라지지만) 일반적으로 전체 현시 연속체를 관통하기 때문이다. 구별되는 각 빛살마다 어떤 구별되는 현시내용이 상응하는 것은 아니다. 이 [구별되는] 빛살들은 다발을 이루어 함께 흐르고, 이들의 현시내용은 그 자체에서 구별되지 않는 내용에서 통일적으로 있는 것이다. 이제 이 내용은 주시 이미지의 풍부한 내용과 단지 다른 방식으로 현시될 뿐이다. 이 내용은 모양 등 몇 가지는 여전히 밑그림 그리지만, 내적 나눔과 가름 같은 다른 것들은 밑그림 그리지 않는다. 이 내용은 어떤 빛살들에게는 이와 관련된 내용을 전혀 제공하지 않는 것이다. (그리고 모양에 있어서도, 현시는 덜 풍부하고 일반적으로 불완전하다.)

그러니까 (현실적 현시인) 본래적 현출 구역 내에서, 외현적 현시 구역과 함축적 현시 구역이 이렇게 구분된다. 그리고 여기에서 우리가 다루는, 통일적이고 유형적으로 폐쇄된 현출 다양체 내에서, 완벽하게 외현적인 현시 또는 가장 완전한 현시에 어떤 특전이 있음을 알게 된다. 이런 현시는 대상면을 일반적으로 현시하는 것을 넘어서, 여기에서 의향되는 각 면 계기가 각별하게 현시되도록 그렇게 대상면을 현시하는 것이다.

물론 대상에는 또 다른 면들이 있다. 그리고 현출하는 면에서도 더 많은 구별과 규정이 가능하다. 하지만 눈의 K체계와 관련된 폐쇄된 현출 체계 내부에서는, 대상적으로 그만큼만 동기화될 뿐 그 이상 동기화되지는 않는다. 여기에서 [키네스테제에 의해] 동기화되는 지향들, 그리고 이 동기화에서 '살아 있는' 지향들 중에서도, 우리는 이 문제되는 구별을 해야 한다. 우리는 이러한 동기연관 내부에서 더 이상 외현이 불가능한 지향들이 특전을 지님을 발견한다. 이런 외현이 상세규정이든, 나눔이든, 최종적으로 (구별되는 이미지 채움을 지닌, 완전히 정초된) 국부현시들로의 나눔이든, 마찬가지이다. 그렇다면 이 완전한 지향들의 빛살체계는 (함축의 방식이나 때로는 무규정화의 방식으로 이 현출들에 응축되고 변양되면서) 어떤 의미로는 모든 현출을 관통한다. 그러면 외현적 소여에서의 특전은 동시에 관심에서의 특전이 된다. 그래서 사태에의 관심은 사태의 완전한 소여(외현적 소여)에서 충족되고, 외현화로 더 다가갈수록 더 만족된다. 따라서 이는 사태의 관계적(relativ)인 '충전적 소여'를 뜻하기도 한다. 다시 말해, 동기화하는 [키네스테제] 정황의 유형적 다양체와의 관계(Relation)에서의 충전화를 뜻하기도 하는 것이다. 이는 하나의 현출에, 혹은 하나의 (외현이 등가인) 전체현출 지역에 있으며, 이때 변화된 각 대상계기는 그에 고유하게 현시된다. 그러나 그렇다고 해도 변함없는 것은, 위상의 현시내용이 대상이 아니라, (키네스테제에 의해 동기화되는) 현출 다양체에서의 통일체가 대상이라는 점이다.

여기에서 내게 흥미로운 것은, (눈 운동이라는 단순한 정황하의) 이미지 다양체(나아가 이미지 다양체에 정초된 현출 다양체)가 그 자체만으로 분명 대상적 통일체를 구성할 수 있다는 점이다. 내가 이미 언급한 것처럼, 현출들이 이 다양체를 넘어 지시하는 유사지향들을 적재할 필요가 없다면, 그렇다. 여기에서는 하나의 대상성이 어떤 식으로든 완전히 올바르게 구성된다. 다만, 이 대상성은 이렇게는 바로 완전한 지각의 완전한 사물성이 아니므로, 추가 파악요소들이 더해져야 할 것이다. 이 대상성은 주시하는 응시에서 (적어도 쉽게 보이는 제한들하에서는) 충전적으로 주어진다. 이는 사물은 아닐 테지만, 일종의 대상성으로서 사물 대상성과 본질적 특징들을 공유할 것이다.

§56 키네스테제 경과의 시간구조

이제까지 고찰에서는, 현시와 관련하여 늘 (변화하는 절대적 장소성, 연장, 채우는 유사질을 지니는) 이미지 내용의 기능만 고려했을 뿐 시간성 계기는 고려하지 않았다. 소여는 현상학적 시간성에서 일어나는 과정이다. K와 b 요소를 지닌 전체현상은 시간적으로 연장된다. K_0에서 K_1으로 넘어갈 때, 이들로부터 동기를 받는 이미지들도 b_0에서 b_1으로 흘러가면서(b_0—b_1) K와 시간적으로 합치한다. 충족된 시간흐름이 모두 그런 것처럼, 이러한 흘러감에도 시간형상이 있다. 그리고 이 시간형상은 변화할 수 있다. K 흐름(또 이와 더불어 b 흐름)은 더 빠르게 일어날 수도 있고 더 느리게 일어날 수도 있기 때문이다. 이때 시간구간 위에 펼쳐지는 이 시간채움이 이 국부구간이나 저 국부구간을 크거나 작은 '밀도'로 채우는데, 이에 상응하여 이 흐름은 같은 속도나 다른 속도로 다양하게 일어날 수 있는 것이다. 더 나아가 K의 흘러감(또 이와 더불어 이미지 연쇄의 흘러감)은 역행할 수 있는데, 이때에도 역시 변화하는 시간형상을 지닐 수 있다. 이에 따라서 소여의식의 시간형상들이 드러난다. 이 모든 것은 현출하는 대상(주어지는 것으로서의 대상)에게는 어떤 의미로는 적절하지 않다. 또한 키네스테제 흐름에 따른 이미지 흐름의 [시간] 연장이 더 크거나 더 작다고, 그리고 [현출들의] 이념적 다양체 전체로부터 나올 수 있는 현출들이 더 흘러가거나 덜 흘러간다고 말하는 것도 [이런 대상에게는] 적절하지 않다. 내가 적절하지 않다고 말하는 것은, (내용적으로 불변하고 정지해 있는) 동일 사물이 있으며, 이 사물이 늘 같은 시간형상에서 늘 균질한 밀도로 사물의 내용적 채움을 펼치는 경우에 그렇다. 그렇지만 흐름의 시간성이 이런 대상화에도 어떤 관련이 있다. 현출하는 것은 시간적인 것이고 시간성은 현출하는 대상에 본질적으로 속하는데, 우리가 말한 사례에서 이 시간성은, 불변 정지 사물의 지속이라는 형식으로 이 대상에 속한다. 이제 사람들은 이렇게 말할 것이다. 그렇더라도 대상화된 시간을 '현시하는' 발판(Anhalt)이 현상에 있어야 할 텐데, 현상의 현상학적 시간성 외에 어디에서 그럴 수 있단 말인가? 더 상세히 본다면, 당연히 좁은 의미의 현출이, 그때그때 동기화하는 정황하에 있는 현출이 그럴 수 있다. 이런 현출에서 이미지의 장소성은 대상의 장소를 현시하고, 이와 더불어 이미지의 유사모양과 유사크기는 대상의 모양과 크기를 현시하며, 또 이미지의 유사색채는 대상의 색채를 현시하고, 이와 마찬가지로 이미지의 시간성은 대상의 시간성을 현시한다. 이미지는 이미지 연속체의 흐름에 있는 이미지이다. 이 흐름에서 각 이미지 위상에는, 사물(자세히 말한다면, 이 이미지가 현시하는 대상 면)에 속하는 현출하는 대상적 시간위상이 상응한다. 그러니까 이미지의 선경험적 시간위치는 대상의 시간위치를 현시하고, 이미지 연속체의 경과에서 선경험적 시간 연장은 사물의 대상적 시간펼침을, 즉 사물의 지속을 현시한다.

이런 것은 모두 명증하다.

더 상세히 보면, 대상의 시간을 이렇게 '현시함'은, (대상 시간에서 존재하며 지속하는) 사물을 시간에 있어서 동일한 사물(지속이라는 방식으로 시간을 채우는 사물)로 현시함과는 물론 본질적으로 다르다. 간명한 서술을 위하여, '가장 명료하게 봄'이라는 좁은 구역에서 똑같은 이미지들(즉 똑같이 풍부한 이미지들)의 연속체를 예로 들어보자. 그러면 지향적 빛다발이 유사시간성에서 흘러가는 이미지들을 관통하는데, 이에 의해 이미지들은 일의적으로 상호조응하면서 정립된다. 동일 지향 빛살에 놓인 점들이 그들의 내용에 의해 하나의 동일 대상점을 현시한다. 그러니까 여기에서는 통일성을 정립하는 의식이 선경험적인 시간의 연속체를 관통한다. 지향적 빛살에 따라 정렬되는 내용들의 흐름이 동일 사물점을 한 위상씩 현시한다. 또한 각 이미지 점에는 그것의 선경험적 시간위치가 있다. 그러나 또다시 통일성 의식이 순서대로 이어지는 이 시간위치들을 관통하면서 이들을 대상화하는 것은 아니다. 그러니까 (이 시간위치 연속체에서 펼쳐진) 이미지 점들의 계열은 동일 사물점을 현시하지만, 시간위치 계열은 이 사물의 자기동일적 시간점을 현시하는 것이 아니라 다시 하나의 시간 계열을 현시한다. 그리고 개별 이미지 점의 시간위치는 다른 모든 공존하는(koexistent) 이미지 점들과 동일하다. 전체 이미지에는 하나의 시간위치가 있으며, 서로 다른 이미지는 시간위치가 서로 다르다. 선경험적 이미지 흐름에서 [각 이미지의]

서로 다른 시간위치는 서로 다른 대상적 시간위치를 현시한다. 그렇지 않다면, 그 자체가 지속을 지니고 충족된 대상적 시간 계열을 지니는 하나의 사물은 나타나지 않을 것이다.

시간의식에 대한 해명에는 매우 특별한 난점들이 있다. 전혀 사물의 지속을 구성하는 문제가 아니라, 단지 명증적이고 충전적인 소여의 구역에서 시간을 구성하는 문제인 경우에도 이미 이런 난점들이 있다. 여기에서 이런 난점들을 다루지는 않을 것이다. 이런 난점들이 이미 핵심에 있어서는 해명되었고, (현상들은 연속적으로 '일차기억[파지]'으로서 뒤로 가라앉으면서 현상학적으로 변화하고 계속 변화하면서 흐르는데) 어떻게 대상의 시간점의 동일성이 정립되는지를 현상학적으로 이해하게 되었다고 전제하자. 그러면 우리의 문제에서는 다음과 같이 말할 수 있다. 선경험적 시간진행에서 연속적으로 펼쳐지는 통일성 의식이 (현시하는 이미지들의 시간진행에서) 통일체를 정립한다. 이러한 정립이 일어나는 것은, 이 통일성 의식이 각 이미지를 바로 현시하는 이미지로 만들고, 이 이미지에서 소여를 정립하며, 각각의 새로운 이미지가 나타날 때 '하나의 동일한 것'의 소여를 정립하기 때문이다. 그러나 각 위상에서 주어지는 것은 이러저러한 내용을 지닌 지금으로서 주어지고 정립되며, 다음 위상으로 넘어갈 때 이 소여된 것은 자신의 [지나간] 지금에 붙들린다. 그래서 (모든) 새로운 위상은 자신의 지금에 붙들린다. 그러니까 위상들은 연속적으로 이행하면서 통일체로 정립되어, 각 위상은 대상화에서 자신의 지금을 보존하고, (대상의 시간점인) 지금점들의 계열은 연속적으로 통일적이고 자기동일적인 내용으로 충족된다. 다음에 유념해야 한다. 위상 a가 현행이면, 이 위상은 현행 지금의 성격을 가진다. 그러나 시간흐름에서는 위상과 위상이 연접한다. 새로운 현행 위상이 드러난다면 방금 '지금'이었던 위상이 현행 위상으로서의 성격을 변경한 것이다. 이 변화의 흐름에서 시간적 대상화가 수행된다. 이는 a가 뒤로 가라앉으면서 겪는 현상학적 변화의 흐름에서, 특정 시간점을 지닌 동일한 a가 연속적으로 정립되기 때문이다. 경과하는 이미지 흐름은 대상화 의식에서는 감성적 내용들의 변화흐름으로 나타난다. 이때, 바로 자기의 지금을 지닌 각 이미지가 대상화되어, 이것이 그 자체로 그런 대로 취해진다. 즉 이 다양체의 통일성은 이 다양체 안에 '놓인' 통일성이고 이 다양체로부터 끌어낼 수 있는 통일성인 것이다.

그러나 사물로의 대상화에 있어서, (키네스테제와 동기 통일체를 이루는) 이미지 내용은 이러저러하게 초재자로 파악된다. 그러니까 이미지 내용은 그저 그 자체로 받아들여지는 것이 아니라, [대상의] 현시로 받아들여지고 [대상에의] 지향성 다발을 적재한 것으로 받아들여진다. 이때 이 지향성 다발은 이러저러한 성격을 지니며, 순수 합치의 방식으로 [이미지 내용으로] 계속 충족된다. 이러한 지향성이 이미지 내용들을 관통하는데, 이때 그때그때 각 이미지에 속하는 각 지금 순간은 (사물 대상화가 없어도 경험될 수 있는) 동일한 시간점 대상화[객관화]를 겪는다. 그러니까 하나의 객관적 시간 계열이 어디에서나 같은 방식으로 구성된다. 그런데 객관 시간은 현출 계열들의 흐름에서 구성되며, 이러한 현출 계열들은 질료에 있어서는 서로 다르다. 즉 현출 계열들은 사물의 시간성이 구성되는지, 아니면 사물 아닌 것의 시간성이 구성되는지에 따라 서로 다르다. 현출 계열들은 예컨대 객관 시간이 [아직 사물로 대상화되지 않은 내재적인] 음의 지속이나 변화에서 구성되는지, 아니면 사물의 지속에서 구성되는지에 따라 서로 다른 것이다. 그렇지만 이 두 가지 현출 계열에는 어떤 공통점을, 즉 바로 시간 대상화 자체의 성격을 형성하는 어떤 공통 형식을 지닌다. 그러나 어떤 현출은 내재적인 것의 현출이고, 어떤 현출은 사물적인 것의 현출이다. 시간적으로 개체화된 음 위상들이 흐를 때, 음은 이 위상 연속체에서의 통일체로서 동일성을 유지한다. 이 음은 모든 위상에 있는 음(따라서 지속하는 음)으로서 동일성을 유지한다. 이와 마찬가지로, 현출흐름에서 사물의 동일성(Identität)은 (모든 현출에서 자체소여되고 지금 소여되는 방식으로 현출하며, 늘 새로운 지금에서 현출하며 지속하는) 이 사물의 동일함(Selbigkeit)이다.

§57 시각 구역의 전체 키네스테제 체계. 안구운동장

이제까지 우리는 임의의 눈 운동에 있어, 그것도 오로지 눈 운동에 있어서, 정지 대상에 대해 이야기했다. 이제 우리는 운동체계를 확대한다. 눈만 움직이는 것이 아니라, 몸의 다른 부분도 움직인다. 우리는 키네스테제적 눈감각 경과를 K라고 표기했으며, 이는 때로는 변화 진행으로, 때로는 정지 진행으로 생각되었다. 이제 이 감각 외에도, 머리나 상체 등에 관련된 키네스테제 감각들도 경과한다. 우리는 여기에서 각 군을 따로따로 살펴보지는 않고, 다만 일반적 사정만 연구할 것이다. 키네스테제 감각과 더불어 항상 (다른 운동체계들과 관련된) 위치감각(Lageempfindung)도 주어지므로, 키네스테제 정황 일반은 항상 복합적이다. 그러니까 변수(K, K′, K″, ……)로 이루어진 하나의 복합체가 있는데, 이 변수들은 상호 독립적 가변성을 지닌다. 그러나 이 변수들은 하나의 체계를 이루며, 이 체계에서 각 변수는 늘 특정값을 가진다. 앞서 살펴본 사례에서 우리는 [눈을 제외한] 다른 신체 부분은 어떤 고정적 위치에 있는 것으로 생각하고, 눈의 키네스테제 정황만 고찰했다. 달리 말해, 우리는 K′, K″, …… 등은 항상적으로 두고, K는 때로는 항상적이고, 때로는 임의적으로 변이한다고 생각했다. 이제 새로운 K′, K″와 관련하여, 키테스테제 정황의 전체 체계에 있어서 일반적 사정을 추적해본다면, 우리가 했던 일반 분석의 한 부분이 그대로 유지됨을 우선 알 수 있다.

우리는 다시 키네스테제 복합체와 임의적 다양체(때로는 이렇게, 때로는 저렇게 충족되는 시각장)의 독특한 공배열(Zusammenordnung)을 보게 된다. 이 공배열에 힘입어 '정황'과 '현출'은 파악 통일체에서 서로 마주하는데, 정황은 동기화하는 것이고 현출은 동기화되는 것이다. 각 키네스테제 복합체와 더불어, 이러저러하게 충족된 어떤 이미지장이 주어진다. 그리고 키네스테제 복합체의 특정 변화마다 이미지장의 특정 변화가 주어진다. 여기에서는 대상과 대상장이 멈춰 있고 그 외에도 변화하지 않는다고 여전히 전제하고 있다. K, K′가 이전 배치로 복귀하면, 동일 이미지장이 드러난다. 그러니까 키네스테제 진행이 역행하면 이미지 진행도 역행하며, 이러한 두 역행도 계속 시간적으로 합치한다. 우리는 (현시되는 대상을 현시하는 바로 그 기능 때문에 우리가 '이미지'라고 부르는) 이미지들이 현출 안에서 현시내용으로 기능함에 대해 언급했는데, 이 언급도 일반적으로 보아 그대로 유지된다. 여기에서는 연상의 복합체가 문제이다. [사물은 멈추고 눈만 움직인다는] 이전 구역에서는 우리가 유사지향이라고 부른 저 지향이 모조리 없는 것을 상상할 수 있었다. 이 유사지향들은 [눈을 넘어] 확대된 키네스테제 정황에 대응하는 현출에 관계하는 것이었기 때문이다. K′, K″, …… 가 절대적으로 항상적이거나 전혀 없다면, 이들과 관련하여 어떤 뜻을 현출에게 주는 것이 현출에는 전혀 없다. 그렇다면 지향적 관계는 (눈의) K로만 동기화되며, 앞서 기술한 방식으로 (때로는 엉키고[komplizieren] 때로는 풀리면서[explizieren]) 이미지들을 관통하는 저 지향 다양체에서 모두 분해되고 소진된다.

그렇지만 지향성 체계는 애초부터 이보다 훨씬 복합적이다. 왜냐하면 이미지 변화(시각장을 구획하고 충족하는 방식)는 몇몇 K 변수에만 의존하는 것이 아니라, K, K′, K″, ……로 이루어진 다중적 체계에 의존하기 때문이다. 또한 K가 상수일 때 ('K′, K″, ……'을 대표하는 용어인) K′의 변이는 새로운 사건 및 새로운 유형의 이미지 다양체를 규정하기 때문이다. 가변적 정황들의 총체는 가능 정황들로 이루어진 폐쇄된 체계이다. 그리고 이 폐쇄체계에는 가능한 이미지 변화들의 폐쇄체계가 대응하는데, 이 후자의 체계는 어떤 정지 대상장에서 소여가 발현할 수 있도록 그 유형에 의거하여 규정되어 있다. 이는 (이제 훨씬 복합적이지만) 일반적인 유형이며, 이 유형이 국부적 유형들을 포괄한다. 우리는 말하자면 다른 정황은 모두 항상적으로 유지하면서 눈만 움직일 때 하나의 이미지장이 어떻게 보이는지 알게 되었다. 그다음에 몸의 자세를 계속 바꾸면서 이 한갓된 눈 운동체계가 계속 작용하게 할 수도 있다. 그러면 우리가 K에서 보았던 이미지 체계는 계속 변동한다. 몸의 자세를 움직이는 것은 그때마다 이 이미지 체계에 어떤 변양을 끌어들인다. 이때 이 변양은 이 [안구운동체계 K] 자체에서 밑그림 그려지지 않았고 K에 의해서만 동기화되는 것도 아니다. 우리는 말하자면 사물성 구성의 새로운 차원에 이른다. 이 사태는 아래와 같이 이해할 수도 있다. 우리는 구성되는 사물에서 순수 안구운동적인 (okulomotorisch) 자기동일적 '면'을 고찰하면서, 이를 단지 (가능한 전체 이미지 다양체에서 구성되는) 동일자로 이해했다. 이 이미지들은 (고정된 몸의 자세 K'_0을 전제로 하여) 키네스테제적 눈 정황의 전체 변이다양체에 대응한다. 이제 K′가 그것의 가능한 변화 계열을 훑어나갈 수 있다. 그러면 저 동일한 안구운동 '면'은 어떤 변형체계를 겪는다. 이렇게도 말할 수 있겠다. 이 동일한 안구운동 '면'은 어떤 지향체계를 위한 '현시' 기반이 되는데, 이 지향들은 이제 가능 변동들의 총체에 관계하면서, 항상 이 '면'에 더 풍부하고 새로운 지향 성격을 부여한다. (저 새로운 지향들에 의해 규정된 현출 다양체에 토대를 두고) 이 모든 '면들'에서의 동일자가 상위 단계의 대상성을 이룬다. 이제 우리는 이런 변동을 추적하고자 한다.

5부

안구운동장에서 객관적 공간으로의 이행. 삼차원 공간 몸체성의 구성

11장
안구운동장의 확충

§58 이전 분석의 한계.
현출변양의 다른 유형들의 개관

사물 구성의 층위는 다차원이지만, 이제까지는 하나의 층위(혹은 층위 유형)만 살펴보았다. 이는 기하학에서 먼저 평면도형(ebene Gebilde)의 본질만 공부하는 것과 같은 것이다. 이때 모든 몸체는 단면(斷面)들의 무한 다양체로 해소되고 단면들의 연속체로 간주될 수 있지만, 이런 단면의 도형들을 포괄하는 평면도형 기하학은 아직 공간 몸체의 기하학이 아니다. 평면을 넘어서면 바로 평면과 그 위의 평면도형이 연속적으로 변양하는 법칙들이 다루어진다. 이러한 변양은 동일 평면에서의 도형 변양이 아니라, 도형들이 평면들로 이루어진 정합적이고 연속적인 체계로 들어가서 공간도형을 생성하는 변양이다. 그러나 이런 비유를 오해해서는 안 된다. 마치 눈만 움직일 때의 이미지 체계가 객관 공간에서의 평면 및 평면도형을 구성하고, 그다음 이 평면의 연속적 변양에 의해 공간과 공간몸체를 구성한다고 오해해서는 안 된다는 것이다. 평면은 공간에서야 비로소 있는 것이다. 공간이 구성되지 않으면 평면도 없고, 완전한 사물이 없으면 평면에의 사물 투영도 없다.

이제 K라는 용어로 포괄되는 정황들을 끌어들일 때 함께 이끌려오는 사건들을 탐구해야 한다. 다음과 같은 사건들을 열거한다. 우선 한갓된 눈 운동의 K체계에서도 이미 발견되기에 사실 새롭지 않은 사건이 있다. 다만 이에 대해서는 이 자리에서야 말하는 편이 나았던 것이다. 이는 이전의 체계에서는 큰 역할을 하지 않았고 단지 제한적으로만 일어났다. 내가 말하려는 것은, 대상장 확충(Erweiterung)(이미지 변화)이 시각장에서 움직이는 이미지로 하여금 장의 테두리를 넘어 사라지게 할 수 있다는 것이다. 이 경우 [시각장의] 다른 편으로는 새 이미지(지금까지 현시되지 않았던 대상들의 이미지)들이 장으로 입장한다.

완전한 K체계에서 특히 순환적(zyklisch) 대상장 확충의 다양한 가능성을 언급해야 한다. 현출에서 현출로 이행하면서 이전 대상은 대상장에서 퇴장하고 새 대상들이 대상장으로 입장하되, 이전 대상장이 결국 재현출하는 질서를 가진다.

유형:[153)]

O[154)] (a, b, c, d)

O (b, c, d, e)

O (c, d, e, f)

O (d, e, f, a)

O (e, f, a, b)

O (f, a, b, c)

O (a, b, c, d)

더 간단히는:

a, b, c, d

b, c, d, e

c, d, e, a

d, e, a, b

e, a, b, c

a, b, c, d

---

153) (원주) 예컨대 내가 방에서 맴돈다.

154) (원주) O는 대상장(Objektfeld)을 뜻한다.

다른 한편, 대상장의 무한한 확충이 있다. 이 경우 동일 대상장은 결코 돌아오지 않으며, 새 것에 새 것이 무한히 뒤따른다. 예를 들어 나는 계속 걸어 움직이면서 한 번도 몸을 돌리지 않는다.

나아가 가현회전(Scheindrehung)[155]이라는 사건을 언급해야 하는데, 특히 현출 계열 중에서 계속 보이는 대상 면(가령 육면체의 어느 사각형)이 회전하는 사건을 먼저 언급해야 한다. 그런데 이는 실은 정지 대상에서 나타나는 현상이다. 그러니까 대상 자체는 회전하지 않는다. 경험적으로 말하면, 우리가 회전하고 대상은 '가현회전'한다. 우리가 회전이라는 용어를 고수하는 이유는, 이때 나타나는 현상이 (키네스테제 정황을 제외하면) 대상이 실제 회전할 때의 현상과 동일하기 때문이다. 적어도 (대상적 공간성을 현시하는) 유사공간적 이미지 계기들에서는 동일하기 때문이다. 나아가 (이와 매우 긴밀하게 관련된 것으로서) 동일 대상의 새 면들이 등장하는 것이 있다. 예를 들어 육면체 중에서 먼저 하나의 사각형이 보이는데, 머리를 선회하면 이 사각형은 상대적으로 회전하면서도 여전히 보이고 새로운 사각 면 두 개가 현출한다. 이전 면 현출에서 새 면 현출로 연속적으로 나아갈 때, 이 면들은 규정적 방식으로 정렬된다. 이때 출발 현출로 순환적으로 복귀할 수도 있다. 이런 순환적 현출

155) (역주) 사물이 돌지 않는데 도는 것처럼 보이는 현상. '가현운동(Scheinbewegung)'이라는 용어에 착안하여, '가현회전'으로 옮긴다.

연관에서는 몸체 형상의 폐쇄성이 현출한다. 그리고 이런 순환의 노선들이 서로 다르면, 동일 몸체에서도 순환적 면 연관들은 서로 다르다. 우리는 이렇게 폐쇄된 몸체 면들이 순환적으로 현출하며, 완전히 폐쇄된 몸체는 이 모든 순환적 면들에 있어서의 동일자라고 말할 수 있다.

여기에서 이야기할 또 다른 사건은 회전과 긴밀한 관계를 맺는다. 이는 접근(Annährung)과 이격(Entfernung)으로서, 여기에는 현출 면의 어떤 팽창(Dehnung)과 수축(Zusammenziehung)이라는 현출변화 연속이 상응한다. 또 차폐(Bedeckung) 현상이 있다. (번갈아가며) 사물이 사물을 가리고, 현출하는 사물 면이 다른 사물의 면들을 가린다. 이들이 우리가 상론할 가장 주요한 일반적 사건이다.

그 전에 우리는 일반적인 취지에서 다음을 짚고 넘어가야 한다. 앞서 관찰한 것처럼, K′는 불변이고 눈만 움직일 때 이미지 장(또 여기서 부각되는 이미지)에서 일어나는 변양들은 규정적인 일반 유형에 속한다. 이제 K′가 변하면, 새로운 [이미지] 변양 다양체들이 등장하는데, 앞서 우리는 이들을 하나의 일반적 표제하에 개괄했다. 물론 시각장에서의 바로 이 변양이 꼭 K′ 변화가 있어야만 일어날 수 있는 것은 아니다. 그러나 [K′ 변화 없이 이 변양이 일어나는] 이 경우에 이 변양은 (모든 면에서 불변하는 정지 대상장의 특징인) 규정적 기능 연관을 K′와 맺지 않는다. 그래서 KK′ 복합체들과 이에 대응하는 이미지들 사이의 동기 연관의 특징은 다음과 같다. 임의의

KK′ 변양마다 특정 이미지 변양이 대응하고, KK′의 연속적 경과가 역행할 때마다 동기화되는 이미지 변양 및 그 연속체의 역행이 대응한다는 것이다. 이 모든 것은 시간의 항상성(Konstanz)하에서 이해된다. (정지와 불변의 현출의 특징인 이 동기화 유형 중에서) K′는 항상적이고 K만 임의적으로 가변적일 때의 특수 유형에서는, '접근 및 이격', '회전', 차폐 등의 현상은 등장할 수 없으며, 이러한 유형 표제에 속하는 저 이미지 변양도 등장할 수 없다. 다르게 표현해보자. 눈만 움직이고 K′는 항상적일 때의 이미지 연속체 경과 중에 여기서 말한 현상학적 사건들 중 하나가 등장한다면, 더 이상 [대상의] 정지와 불변은 현출할 수 없다. (곧바로 덧붙여 말하자면) 이 경우에는 오히려 [대상의] 이격이나 회전 등의 운동이 현출할 것이다. 물론 이러한 추가적 언급은 이후의 분석들을 앞서 암시한다.

또 언급할 것은, (한갓된 K 다양체에서 통일체 의식에 의한 이미지들의 공배열과 관련하여) 앞서 했던 중요한 설명들이 위에서 말한 사건들 중 몇몇에는 (약간의 수정이 필요하지만) 공통으로 적용된다는 것이다. 가령 (보이는 것은 계속 보이게 하는) 연속적 이격이나 회전에서, 대상장에 계속 다 들어오는 면의 변양들에 있어서는, 연속적으로 변양되는 이 이미지를 지향적 빛다발이 배정하고 통일하면서 관통함은 명백하다. 간략히 서술하기 위해서, K가 하나의 주시위치에 항상적으로 머물고 이미지가 이 주시에 들어 있다고 가정해보자. (가령 이격에 상응하는) K′ 변이가 진행될 때, 이미지에 대한 동일한 대상화 파악이 계속 동기화된다. 이때 현시 기능을 적재하는 것은 전체로서의 이미지뿐 아니라, 구별 가능한 모든 계기들에 있어서의 이미지이다. 여기에도 적용되는 것은, 동일 대상과 동일 면이 계속 나타나더라도, 서로 다른 '위치'(K'의 서로 다른 변이에 대응하는 b들)에서는 일반적으로 구별의 내적 풍부함도 달라진다는 것이다. 그래서 여기에서도 함축과 외현을 구별해야 한다. 이미지의 내적 구별이 풍부할수록, 현출에서 현행 K'에 의해 '자극되는'(현행적으로 동기화되는) 외현적 지향들도 풍부해진다. 그다음에는 이미지의 내적 구별이 빈약해지더라도, 한번 자극된 지향은 자극된 채로 남는다. 이 지향은 이런 정황에서 동기화되는, 여전히 '살아 있는' 지향이다. 다만 이것에는 채우고 충족할 고유 이미지 내용이 일부 결핍된다. 여기에서 지향은 엉키고 함축된 단계로 가라앉는다. 달리 말해, 대상의 현출이 그렇게 명료하지 않다. 그러나 물론 이 지향적 빛다발은 앞서 다룬 것과는 다른 것이다. 눈 운동에 대응하는 지향체계와 여타 키네스테제 변화에 대응하는 지향체계는 다르기 때문이다. 이들이 통일성을 주는 이미지 다양체가 서로 다르므로, 이들은 서로 다른 빛다발이다. 하지만 그래도 이들은 동일 규정을 지닌 동일 대상 면을 현출시킨다는 점에서는 같다. 그러므로 이들은 이중으로 등장할 수 없다. 눈 운동이 몸 운동과 결합하고 이 KK' 복합체에서 양쪽 변수 모두 변이하면, 이에 대응하여 두 개의 이미지 다양체가 등장하는 것이 아니라, 하나의 이미지 다양체가 등장한다.

가령 [두 이미지 다양체 사이의] 대각선의 이미지 다양체가 등장하는 것이다. 즉 이 복합체의 값마다 반드시 하나의 이미지 값, 단 하나의 이미지 값이 대응한다. 변양은 마치 힘처럼 합성된다. 어떤 방식으로 눈을 움직이는 동시에 상체를 어느 정도 굽히는 것이나, 일단 상체는 멈춘 채 눈을 움직인 다음에 상체를 굽히는 것이나, (시간적 상황을 제외한다면) 최종 결과는 같다. 언제나 통일적 지향 다발이 이미지들을 합일하면서 관통하는데, 이미지 내용의 충만함에 따라 때로는 함축하고 때로는 다시 외현하면서 그렇게 한다. 그러나 (무한 대상장 구성이라는 형식에서) 확충(Erweiterung)과 축소(Verengung)의 지향성에 대해서는, 그리고 회전에서 새로운 대상 면들의 드러남의 지향성에 대해서는, 또 다른 고찰이 필요하다.

§59 대상장 확충. 현실적 현시 구역을 넘어서는 대상정립

정지 사물 구성과 관련하여 오늘 이야기하려던 새로운 사건들 중에서, 나는 가장 먼저 대상장 확충을 언급했다. 눈만 움직이는 경우에도 대상장은 완전히 항상적으로 머물지는 않는다. 시각장 테두리 근처에서 현시되는 대상들은 눈을 적절하게 움직이면 사라진다. 다른 한편, 이 테두리로부터 새 대상들이 대상장으로 들어선다. 그러니까 (계속해서 현출하는 대상들로 이루어진) 핵은 (때로는 현출하고 때로는 현출하지 않는 대상들로 이루어진) 테두리 지역으로 둘러싸여 있다. 물론 이 대상들이 현출하지 않을 때는 엄밀한 의미에서 지각되지 않는다. 그렇지만 우리는 단 한 번 보아 현시될 수 없는 포괄적 대상 복합체에 대해서도 이를 지각한다고 말하는데, 눈과 몸을 움직임으로써 이러한 지각을 행한다. 우리는 한 눈으로 파악되지 않는, 인파로 가득한 강당을 보거나 나무가 빽빽한 숲을 보거나 초원이나 밭을 본다. 그러나 우리의 '봄'에 있어서 그때그때 본래적으로 보이는 것은 홀로 있지 않다. 대상 뒷면이 본래적으로 보이지는 않아도 함께 파악되고 함께 정립되는 것처럼, 대상의 보이지 않는 둘레도 그렇다. 현시되는 대상장은 하나의 '세계' 안에, (규정적이거나 아직 무규정적인) 가깝고 먼 둘레 안에, 최종적으로는 무한 공간 안에 있다.

현실적 현시 구역을 넘는 대상정립은 어떻게 이해해야 하는가? 키네스테제 정황이 계속 항상적이면, 시각장에서는 제한된 대상 다양체가 현시된다. 그러나 본래적으로 지각된 이것은 말하자면 독자적인 것으로 간주되기보다는, 보다 넓은 대상 둘레의 절편으로 간주된다. 파악과 (때로는) 의향은 본래적 지각 너머까지 미친다. 다른 한편, 키네스테제 정황이 변하면, 각 위상마다 새로이 충족된 시각장이 생기고, 이 시각장에서는 (국부적으로 동일하더라도) 새로운 대상장이 현시된다. 포괄적 대상성에 대한 연쇄적 지각은 본래적 현출들의 연쇄적 경과에서 행해진다. 게다가 이 포괄적 대상성은 정지 지각(키네스테제 항상성)에서는 결코 지각될 수 없을 대상성이다. 각 위상에서는 이 대상성 중 제한된 한 부분에 대해 본래적 지각이 행해진다. 그러나 파악은 더 멀리 미친다. 그리고 지각 위상이 다른 지각 위상으로 연속적으로 넘어가면, (국부적으로 동일한 대상을 현시할 수도 있는) 여러 대상장이 그저 차례로 생기는 것이 아니라, (서로에게 연속적으로 넘어가는) 지각들을 차례로 행하는 우리에게 하나의 대상장이 생기는 것이다. 정지 지각이나 (운동성[motorisch] 지각의) 개별적 순간 위상에 지각장이 있듯이, 운동성 지각진행마다 지각장이 있다. 그리고 이런 운동성 지각장에도 둘레가 있다. 파악은 지각에 의해 (비록 연쇄적으로라도) 포착된 것도 넘어서 나아간다. 그때그때의 운동성 지각이 끝나는 곳이 세계의 끝은 아니다. 현상학적으로 분명 이렇게 말해야 한다. 키네스테제 진행에서 연속적으로 서로에게 넘어가는 이미지 장들은 연속적으로 어떤 파악을 겪는데, 이에 의해 현출들의 연속적 잇따름은 하나의 현출이라는 통일체의 토대를 놓는다. 이 현출 통일체는 선경험적 시간을 가로질러 뻗어 있는 통일체이다.

이렇게 일반적으로 말하면, 이런 명제는 운동성 지각에서 시각장에 계속 현시되는(각 지각 위상에서 전체가 계속 보이는) 사물의 현출에도 타당하다. 그러나 우리에게 중요한 것은, 이런 명제가 전체가 계속 보이지 않는 사물 연관의 현출에도, 혹은 매 위상마다 현시되는 대상성이 변하는 전체현출장들의 연결에도, 타당하다는 점이다. (현출 연속체에서 동일 대상을 계속 현시하면서) 매 현출에서 이미지가 이 대상을 온전히 현시하는 지각 통일체, 나아가 이와 마찬가지로 대상군을 (이 군의 각 대상에 있어서) 계속 온전히 현시하는 지각 통일체도 있다. 하지만 다른 한편 매 지각 위상마다 대상이나 대상군 중 몇몇 부분은 현시해도 전체는 현시하지 않는 지각 통일체도 있다. 이렇게 말할 수도 있겠다. 시각장에서 대상성을 완전한 이미지들로 현시하는 지각이 있는가 하면, 다만 불완전한 이미지들로 현시하는 지각도 있다. 추출한 개별적 지각 위상에 머물러 살펴보면, 이 위상은 대상성의 한 단편에 대해서만 본래적 지각이다. 그러나 지각 연속체의 위상인 그것의 지향은 더 멀리 미치면서 이 위상을 다른 위상들과 통일적으로 연결한다. 그래서 지각 통일체가 생겨나고 여기에서 더 포괄적인 대상성이 현시된다. 이 대상성이 정지한 대상성이고 객관적으로 불변하면서 지속하는 대상성이고, 현시와 지각은 연쇄적으로 연속 변화하는 현시와 지각이다. 이때 이 지각들도 대상성을 다만 '일면적으로' 현출시킨다는 것, 따라서 동일 대상 다양체가 여러 면에서 주어진 것으로 드러나려면 여러 지각과 지각 계열에서 주어져야 한다는 것은 여전히 타당하다. 단 하나의 면조차 지각 연쇄에서 불완전하게 현출할 수 있는 것이다. 그러니까 이른바 시각장을 초월하는 대상성의 특정 면이 현출들의 통일적 잇따름에서 주어질 수도 있다. 가령 적절한 위치에 있는 우리의 지각 계열에서 가로수길이 연쇄적으로 지각될 때 그렇다.

그러나 자주 일어나는 일이지만, 현출의 잇따름에서 면이 빠짐없이 현출하지 않을 수도 있다. 이때는 복수의 현출 잇따름이 경과하면서, (현출 잇따름들을 면의 전체현출로 만드는) 통일성 의식에 의해 연결되어야 한다. 예를 들어 별이 총총한 하늘의 현출이나 방의 통일체가 그렇다. 이럴 때는 시선이 왼쪽과 오른쪽을, 나아가 위쪽과 아래쪽 등도 둘러보아야 하는 것이다.

그리하여 여기에서 새로운 비충전성이 등장한다. 공간사물 일반은 한 '면'에서만 현출할 수 있다. 그러니까 사물의 전면(全面)이 현출하려면, 어찌 되었든 현출 진행이 있어야 한다. 그러나 여기에서 두 가지 가능성이 구별된다. 사물 전체가 시각장에 들어온다. 다시 말해 (장의 절편인) 하나의 이미지에서, 그리고 이와 더불어 순간적 현출이나 불변 지속하는 현출에서, 사물이 이 면에 있어 현시된다. 이것이 하나의 가능성이다. 다른 가능성은 사물 면의 한 부분만 장에서 현시될 수 있는 것이다. 사물은 이 면에 있어 개별적 순간 현출이나 유일한 정지 현출에서 현출하지 않는다. 오히려 사물의 한 면만이라도 지각하기 위해서 이미 현출 연관이 있어야 한다. 바로 이것[두 가지 가능성]은 복수의 대상에도 해당하는데, 이는 이들이 현시장인 시각장에 전체적으로 들어올 수 있거나 그렇지 않거나에 달려 있다.

§60 불완전 현시매체에 기초한 대상화

우리는 앞서 지속적이면서 외연이 완전한 현시라는 범위에서 대상 구성을 탐구했을 뿐이다. 이제 외연이 불완전한 현시들로 이루어지는 대상화도 설명해야 한다. 앞서 한 동일 대상의 현시에서 내적 빈약함과 결부되는 내적 불완전함은 고려했지만, 외적 불완전함은 고려하지 않았다. 그때그때 현행 이미지 테두리를 넘어가며 파악하는 지각 종류들을 고려하지 않은 것이다. 그러나 기본적으로 이는 모든 사물 현시에 해당된다. 왜냐하면, 키네스테제 정황이 변하면, (방금 전까지는 시각장에 전체가 들어왔던) 각 현출 사물이 테두리 너머로 움직이면서 일단 부분적으로 이미지 재현 없이 있을 수 있기 때문이다. (이때 이 사물이 절반쯤 사라지는 것이 아닌 것처럼) 이 사물은 결국 시각장에서 전체가 나간다 해도 사라지는 것은 아니다. 다만 보이지 않을 뿐이다. 그래도 이 사물이 속하는 (우리의 흥미를 끄는 통일체인) 포괄적 대상 맥락이 '지각된다'고 말할 수 있다. 즉 우리가 시선을 옮기고 몸을 움직이면서 (이 맥락의 대상들이 규정적 질서 안에서 더 본래적인 보임으로 드러나는) 현출 계열을 가지게 되므로, 이렇게 말할 수 있는 것이다.

이런 사정을 해명하려면 먼저 다음을 고려해야 한다. 키네스테제 변양은 시각장의 한 개별 이미지가 아니라 장 전체를 촉발(affizieren)하는 변양이다. K가 규정적 방식으로 변동하면서 K_0—

K_1 경로를 훑어가면, 개별 이미지 b만 b_0—b_1 경로로 변동하는 것이 아니라, 전체 시각장이 변동한다. 먼저 우리는 K가 충분히 제한적으로 변이할 때 장 안으로 전체가 계속 들어오는 이미지 연관을 취해볼 수 있다. 그러면 각 이미지는 변양되지만, 모든 이미지가 다 함께 하나의 변양을 겪는다고 말할 수도 있다. 이미지들은 하나의 복합체를 이루는데, 이 복합체가 (이 K변이에 의해 규정되며 견고하게 동기화되는) 단 하나의 변양을 겪는 것이다. 이런 변양에서는 정지 다양체의 특징적 체계 안에서, 개별 이미지 체계에 속하는 개별 대상만 구성되는 것이 아니라, 공간적 대상 연관도 구성된다. 왜냐하면 공존하는 이미지들의 통일적 변양에서 현출하는 통일체(대상 복합체)는 공간적 복합체이기 때문이다. 모든 두 대상에는 (전체로서나 모든 부분에 있어서나) 서로에게 상대적인 규정적 위치, 이들 간의 규정적 간격, 서로에게 상대적인 규정적 정향이 있다. 이는 전체 변양의 통일체에서 구성된다. 개별 이미지는 장에서 위치를 지니지만, K진행에 있어 지속적으로 위치를 변화시키고, 일반적으로 변양들을 겪는다. 연속적 상호이행(Ineinanderübergehen)에 있어서 전체로서의 이미지뿐만 아니라, 이미지의 구별되는 모든 부분도 동일 대상을 현시한다는 것이, 이러한 변양들이 지닌 본성이고 파악되는 방식이고 (통일성 의식에 의해) 하나가 되는 방식이다. 그리고 우리가 고찰한 바와 같이, 이때 내용이 가장 풍부한 이미지, 나눔과 부각이 가장 충만한 이미지가 척도가 된다. 따라서

마치 지향의 빛다발이 일련의 이미지들을 관통하는 듯하다. 각 이미지는 구별되는 매 단편마다 대상의 단편을 현시하며, 이미지 단편들의 질서에는 대상 단편들의 질서가 대응한다. 그리고 각 단편은 또 다른 나눔 가능성들을 지시하며, 애초부터 이런 가능성들의 의미에서 파악된다. 가령 이미지 변양이 진전될 경우, 이 가능성들은 더 풍부한 이미지에서 드러날 것이다. 그러니까 각 이미지는 동일자를 현시하는데, 이미지 부분들의 종류와 질서를 통해서도 그렇게 한다. 동일화는 나눔을 관통하며, 계속 진전되면서 내적 풍부화가 일어난다. 그러면 질서는 고정된 채 내적으로 풍부해지기만 한다. 우리의 비유에 따르면, 지향 빛살이던 것이 빛다발이라는 성격을 얻는다. 어떤 이미지의 마지막 부분에 대응하는 빛살이 빛살 복합체라는 성격을 얻는데, 이는 (연속적으로 이어지는) 다른 이미지의 동일자 현시 부분과 통일체 관계를 맺으면서 이루어진다. 이때 이 다른 이미지의 부분은 정합적 다수를 이루는, 재차 현시하는 부분들로 (내적 가름에 의해) 분해된다. (그 자체가 시각장 단편으로서 부분들의 질서정연한 공존인) 전체는 통일적으로 변양하는데, 이 변양은 각 부분의 변양을 아우른다. 이를 통해 부분들의 견고한 질서는 질서로서 어떤 견고한 변양을 겪는다.

이 변양에서 객관적이며 통일적인 것은, 공간적 전체를 이루는 부분들의 공간질서이다. 각 빛살은 공간적 통일체를 정립한다. 그리고 이 빛살이 계속 진전되면서 빛다발의 성격을 얻으면, 새로운 각 빛살은 하나의 공간적 통일체를 정립한다. 이 빛다발에서 빛살들의 질서는 하나의 견고한 질서이다. 왜냐하면 이 질서는 내용이 풍부한 이미지에서의 부분들의 질서연관에 정향하기 때문이다. 본래적으로 정립된 통일체는 공간적이고 다중적인 전체가 되는데, 이 전체는 (견고한 질서를 지닌) 내적인 공간적 차이(단편)들로 갈라진다. 그렇지만 이 단편들은 여전히 전체의 통일성 안에서 견고한 질서를 계속 지닌다. 개별 사물에 대한 이런 고찰은 사물 연관에도 해당한다. 가령 두 사물이, 시각장에서 이들을 완전하게 그려내는(abbilden) 지각에서 주어진다고 해보자. 이 이미지(Bild)들은 시각장 안에서 서로 상대적인 규정적 위치에 있다. 키네스테제 경과에 있어서 두 사물은 통일적 변양을 겪는다. 그런데 이 변양은 이 두 사물이 (한 사물을 현시하는) 하나의 전체 이미지의 두 부분들이라면 겪을 변양과 동일하다. 전체 변양은 한편으로는 각 개별 사물이 겪는 변양, 개별 사물 구성의 기반이 되는 변양을 포함한다. 그리고 다른 한편으로는 이미지들의 간격이 겪는 변양, 그리고 일반적으로 이들의 상대적 위치가 겪는 변양을 포함한다. 이 변양에 의하여 두 사물의 공간 관계가 구성된다. 이미지들이 시각장에서 다른 위치에 있는 경우, 이들이 정지 다양체에 속한다면 또다시 키네스테제 변양은 이 둘에 통일적으로 해당된다. 즉 또다시 이미지 간격이 일련의 이미지 쌍들을 가로질러 통일적으로 변양될 것이며, 다시 (이전의 대상 간격과는 다른) 대상 간격을 구성하도록 도울 것이다. 이는 시각장의 이미지들의 모든 위치 차이에 대해서 그렇다.

그러니까 시각장의 견고한 질서에 힘입어 (정지 다양체의 정황들하에서의) 공간장의 견고한 질서가 가능해진다. 그러나 이제 본래적 지각의 시각장과 이에 의한 본래적 지각의 대상장은 지각흐름의 각 위상에서 제한적인 장이다. 이제 키네스테제 정황 변화에 따라 대상들의 대상장에의 입장과 퇴장의 관계를 고찰해보자. (앞선 서술에 따르면) 대상에는 각 이미지 질서의 (규정적이고 통일적인) 변양에 의해 구성되는 견고한 질서가 있다. 그러므로 대상들의 대상장 출입은 규정적 방식으로만 이루어질 수 있다. 각 대상 이미지는 장이라는 견고한 위치질서 위에서 이주하고, 이 안에서 연속적으로 위치를 바꾼다. 이는 나름의 질서를 지닌 대상 이미지들의 각 계열도 마찬가지이다. 대상에 속하는 이미지가 새로 등장하면, 대상이 대상장으로 들어온다. 이것은 테두리로부터의 연속적 입장에 의해서만 일어난다. 마찬가지로 대상장을 떠나는 것은 테두리에서의 연속적 퇴장에 의해 일어난다. 그렇지 않다면 (정지 사물성을 구성하는) 변화의 연속적 진행에서 견고한 질서는 단절될 것이다. 그러니까 입장과 퇴장은 대략 다음 도식에 의거해 일어난다.

O (p, q, r, s) O (q, r, s, t) O (r, s, t, u)

여기에서 우리는 눈(또는 온몸)이 왼쪽에서 오른쪽으로 가는 것으로, 즉 오른쪽에서 새로운 대상들이 보이게 되고 왼쪽에서 대상들이 시각장에서 사라지는 것으로 간주하고 있다.

§61 공간 구성의 예비 해석. 사물의 질서 연관인 공간

지난 시간에는 시각장을 초월하는 대상장 구성의 고찰에서, 혹은 연속적인 운동성 지각의 고찰에서 멈추었다. 이 운동성 지각은 각 위상마다 제한된 대상장을 현시하는데, 이는 각 위상에서 대상장을 현시하는 전체 이미지가 전체 시각장을 채울 때 일어난다. 그러나 시각장을 채우는 이미지들이 교체되더라도, 통일적 지각이 위상 연속체를 관통한다. 즉 연속적 순차성대로 현시되는 대상 복합체들은 통일성 의식에 의해 더 포괄적인 대상 복합체로 합병된다. 그리고 키네스테제가 적절하게 경과한다면, 이 대상 복합체들이 정렬되어 질서정연한 다양체로 합병되는 것은 끝이 없으며, 원리적으로 끝이 있을 수도 없다. 그래서 지각 연속체가 통일적 지각이라는 성격을 여전히 유지하면서 계속 나아가면, 끝없는 공간과 끝없는 세계라는 현출이 구성된다.

이러한 현상학적 사태를 해명하기 위해, 먼저 일반적 고찰을 했던 것이다. 나는 먼저 대상 질서가 (통일적으로 가시적인 대상장에서) 통일적 이미지에 의해 현시될 수 있으며 이에 의해 좁게 제한되며,

이러한 대상 질서를 구성하는 데 있어서, 시각장에서 이미지들의 견고한 질서가 어떤 본질적 역할을 하는지 언급했다. 장에서 견고한 질서를 지니는 이미지 복합체에서는, 키네스테제 계열들이 시작하고 경과하는 데 수반하여 (유형에 의거하여 견고하게 규정되는) 변양이 진행하고 역진한다. 그리고 변양은 개별 이미지뿐 아니라, 이미지들의 형상적 배치 및 질서 연관에 대해서도 통일적으로 일어난다. 그리고 통일적 변양을 겪는 것은 동일자로 파악된다. 정확히 서술해보자. K위상들과 변화 위상들이 시간적으로 합치하면서 상응하고, 같은 K에는 (이 K가 복귀할 때마다) 같은 변화 위상이 대응하며, 같은 K진행에는 같은 변화 진행이 대응하고, 역전된 K진행에는 역전된 변화 진행이 대응한다. 이런 식으로 항상 (K경과에서 동기화되는 방식으로) 통일적 변화 계열을 훑고 가는 그것은 일관적 통일체 파악에 힘입어 하나의 동일한 불변자로 정립되는 것이다. 역으로 말하자면, 현행 현출 경과가 정지 불변 대상성의 통일적 현출이라는 성격을 지닌다면, 이 현출의 본질은 현시하는 이미지들과 이미지 복합체들의 경과가 키네스테제 정황에 의해 동기화된다는 것이다. 이때 이런 동기화는 다음과 같은 점이 그 의미상 명증한 방식으로 일어난다. 즉 같은 K진행이 복귀한다면, 이 진행과 시간적으로 합치하면서 그러한 이미지 진행도 시작될 것이다. 또한 그 후에는 계속하여, 다른 각 K진행에 있어서 이에 대응하는 규정적 이미지 진행이 동기화될 것이다. 이때 항상 전제되는 것은 정지 대상의 현출이 계속 지속되어야 한다는 것이다. 그러니까 이러한 변양 통일체의 동기화는 동일자 구성의 본질이다. 그리고 이것은 질서 연관 혹은 위치배치(Lagenkonstellation)가 겪는 변양 통일체이다. 이 위치배치는 이미지들에 의해 정초되면서 이미지들을 통일적 복합체로 포착하게 하는 것이며, 나아가 개별 이미지들에 관계하면서 각 이미지의 구별되는 절편들에 토대를 두는 것이다. 질서 연관들의 이러한 변양들을 관통하는 통일성 의식이 공간질서를 구성한다.

그러나 장이 자신의 내적 질서를 통해 모든 이미지에게 견고한 질서를 미리 지정하기에, 그리고 개별 이미지 변이와 이미지들의 상호정향 변이에서의 연속성을 따라 통일체 정립이 일어나므로, 견고한 질서를 지닌 사물 다양체의 의식이 생겨나고, 마침내 세계의 의식이 생겨난다. 사물의 동일성이 견지되는 것은, 이 사물의 이러저러하게 충족되는 공간의 동일성이 견지되는 것이다. 이러한 동일성에 있어서, 미소 단편, 단편 경계, 점도 모두 각자의 상대적 위치에 있어 동일자로서 정립되고, 동일자로서 지향적으로 견지된다. 사물이 자기와 함께 보이는 다른 사물에 대해 가지는 정향도 모두 이렇게 정립되고 견지된다. 사물은 한 장에서 함께 현시되지 않는 사물들과도 관계 맺지만, 이 관계는 매개를 통해 규정되는 관계일 따름이다. 이 관계는 견고한데, 사물로부터 매개 사물들을 거쳐 다른 사물로 나아가는 질서 연관이 견고하기 때문이다. 매개하는 질서들이 절대적으로 동일하고 부동함은, 서로 멀리 떨어져 있어 함께 보이지 않는 사물들 간의 질서 연관이 절대적으로 동일하고 부동함을 뜻한다. 물론 어떤 두 사물이라도 함께 통일적으로 지각될 수 있다. 그렇지 않다면 사물성이란 무의미할 사물성의 본질이다. 하지만 이러한 통일적 지각은 한 시간점과 한 이미지 장에서의 통일적 현시라기보다는 통일적 지각 진행이다. 이 통일적 지각 진행은 하나의 사물을 현출시키고, 질서에 따라 견실하게 경과하면서 매개 사물들의 계열을 현출시키는데, 이 매개 사물들은 최종적으로 두 번째 사물에서 종결된다. 현행 장에서 한 번 구성된 개별 사물성이나 복합 사물성은 모두 견지된다. 이 사물성은 유관한 키네스테제 정황에 의해 규정되어 연속적으로 변전하지만, 그래도 그것으로 있다. 어떤 변전하는 이미지 군이 더 이상 이 사물성을 현시하지 못하더라도, 이 사물성은 계속 견지된다. 사물 구성을 위해서는, 바로 (키네스테제 정황하에서) 이미지 다양체들의, 견고한 질서를 지닌 연관이 필요하고 이에 대한 통일성 의식이 필요한 것이다. 또 이 통일성 의식의 본질은, 정황들이 규정적으로 변양하는 가운데 이미지 연쇄가 규정적으로 보존될 수 있고, 규정적 대상들을 이러저러한 현출 방식에서 볼 수 있다는 명증이다.

그러나 공간질서가 이를테면 시각장을 넘어서 뻗어나가는 일은 어떻게 가능한가? 지각은 선경험적 시간흐름에서 변전하면서 자신의 위상마다 늘 제한적 대상장을 제공한다. 어떻게 이런 지각이 위상들을 관통하여 연속적으로 나아가면서, 포괄적 대상세계(Objektwelt)에 대한 의식이 되고 마침내 무한한 대상세계에 대한 의식이 되는 것인가? (대상세계에서 통일적으로 부각되는 절편에 제한해서 논한다면) 어떤 위상에서도 완전하게 현출되지 않지만 '차근차근' 현출되는 대상성은 어떻게 지각되는가?

위상에서 위상으로 전진할 때 완전히 새로운 대상장이 등장하는 것은 아니다. 이 변양이 (이미지 장이 견고한 질서에 의해 내어주는 것들의) 연속적 변양이라는 것과 이 변양이 대상들을 동일 불변 대상들로 정립할 때 이들의 질서도 정립한다는 것은 이런 변양의 본질이다. 이미지들이 서로 가리지 않는 단순한 사례를 들어보자. 이런 사례에서는 대상들은 차폐에서 벗어나면서 새로 현출하거나 차폐되면서 사라지지 않는다. 그렇다면 (대상 다양체가 지닌 견고한 질서의 연속 변양이기도 한) 대상 다양체 변양에 의해 새 대상들이 생기는 것은 이 대상들이 테두리에서 시각장 밖으로부터 안으로 새로 입장할 때만 일어난다. 내가 새 대상이라고 말하는 것은 당연히 현시의 내적인 풍부화에 의해 감지되고 차츰 분명히 부각됨으로써 생기는 대상을 뜻하는 것은 아니다.

§62 이미지가 장으로 신규 입장함. 가로수길의 지각을 사례로 든 설명

가장 단순한 사례로서 가령 가로수길을 들어보자. 키네스테제 정황 K하에서 특정 순간의 이미지 장에서 나무 a, b, c, d, e만 현시한다. 몸을 조금씩 오른쪽으로 돌리면, 이제 이에 상응하는 K경과에 의해 동기화되어, 새로운 나무 f가 현출한다. 그러면 시각장에는 b, c, d, e, f가 현시되고, 그다음에는 c, d, e, f, g가 현시된다. 연상심리학적으로 고찰하자면, 물론 이는 연상에 의한 연결이다. 키네스테제 계열이 등장하고 경과하면, 일련의 이미지들이 (이에 대응하는 잇따름에 있어, 그리고 통일적 질서에서 연속 변양하면서) 계속 등장한다. 한편으로는 연결이 생기고, 연결에 배정되어 내재적 연속성을 따라 가는 통일성 파악이 생긴다. 이 덕분에 비슷한 이미지들끼리, 비슷한 이미지 복합체들끼리 연속적인 유사성 변양에 따라 이행하는데, 이들은 (항상적으로 같이 경과하며 일의적으로 배정되는) 키네스테제 값에 의해 견고하게 동기화된다. 이에 의해 연속적 이미지 장들의 이미지들을 관통하는 지향적 다발이 생긴다. 이런 변양이 진행하는 한, 즉 시각장 변이가 진전되더라도 우리가 (이전 장의 이미지의 연속적 속행으로서 이 이전 이미지와 관계 맺는) 이미지를 계속 가지는 한, 그런 것이다. 물론 이미지들이 말하자면 장의 테두리를 넘어가면 이는 중단된다.

그러나 다른 한편 서로 연속적으로 이어지는 이미지 장들만 (서로 상응하는 이미지들에 침투하는) 이런 지향성 다발에 의해 연결되는 것은 아니다. 통일성 의식에 의해 동일 대상으로 파악되며 서로에게 이행하는 개별 이미지들만 결합되는 것이 아니라는 것이다. 연쇄적으로 등장하는 이미지 장들도 (가로수길이 연쇄적 소여로서 현시되게 하는) 동기화되는 통일적 변화 진행에 어떤 식으로든 참여한다면 서로 연결되는 것이다. 그러니까 규정적 키네스테제 경과에는 전체적으로 이러저러하게 충족된 이미지 장들의 규정적 경과가 대응한다. 더 좋은 표현으로는, (적어도, 계속 동일하고 불변하는 가로수길의 현시가 문제인 한에서는) 동일 장소장의 (이러저러한 이미지 분포에 의한) 채움 변화의 규정적이고 연속적인 경과가 대응한다. 그러니까 새로운 나무 이미지의 등장이 동기화되고, 이것의 장 안으로의 규정적 이전이 동기화되면, 마지막으로 이것의 사라짐이 동기화된다. 그리고 운동이 역전되면, 이것은 재등장하여 역방향으로 이전하다가 장의 다른 쪽으로 사라진다. 모든 이미지가 그렇고 (위상에서 위상으로 통일적으로 변화하는) 전체 이미지 연쇄가 그렇다. 이에 의해 어떤 키네스테제 정황과 더불어 등장하는 (상응하는 이미지 장에서 가로수길 전체를 현시하는) 전체 이미지 연쇄마다 규정적인 연상 맥락의 성격을 얻는다. 키네스테제 정황과 동기화 교직하는 이미지 연쇄는 (이 K가 어떻게 경과하든 간에) 규정적으로 대응하는 변화들을 지시한다. 예상에 따라 경과하는 이 변화들의 일반적 성격은 다음과 같다. (상응하는 키네스테제 진행 변화에 있어) 다른 변화 가능성들로 이루어진 다양체가 함축된다. 또한 K진행 방향이 역전되면, 이미지 계열들의 흘러감도 역행하도록 언제라도 동기화될 수 있다. 그리고 이미지들은 (견고한 질서 연관에 의해, 그리고 개별 이미지 변양 및 이들의 위치배치의 변양이 흐름과 더불어) 규정적으로 입장하고 퇴장한다.

그러니까 이런 연상의 성과는, 각 장(특정 시간점에서 특정 K에 대응하는 각 장에서 가로수길의 전체현시)마다 지향적 성격(통일적 파악 성격)을 적재한다는 것이다. K들이 어느 방향으로 경과하든 그렇고, K가 대체 경과하든 항상적이든 무관하게 그렇다. K가 계속 항상적이라면, 살아 있는 예상 지향은 불변하는 이미지 현시를 향해 간다. 그러나 이런 '무엇에의 지향'인 살아 있는 지향 외에도, 통일적 파악은 흡사 다중적 가능성을 향해가는 듯하다. (규정적 흘러감이나 규정적 불변을 향하는 한갓된 경향을 지닌) 한갓된 이미지 계열은 아직 (이 이미지 계열에서 현시되고, 이 이미지 계열을 말하자면 안으로나 밖으로나 초월하는) 대상성에 대한 파악은 아닐 것이다. 즉 가로수길에 대한 파악은 아직 아닐 것이다. 이 점은 현출진행에 대한 추체험(nachleben)이 명증적으로 가능함에서도 보인다. 즉 상상과 한갓된 '생각'에서 (현시진행과 키네스테제 진행과 나란한) 현출진행을 따라가면서 이 현출진행을 이 (가로수길이라는) 대상성의 통일적 현출의 연쇄적 풀림(sich abwickeln)으로서 추체험할 수 있는 것이다.

(연속적 지각의 각 위상마다 대응하여 이 위상에 대응하는 이미지 순열을 생기화하는) 파악성격은 (지속적 충족의식인) 일관적 소여의식의 통일체를 정초한다. 우리가 가로수길을 보면서 규정적으로 움직일 때, 즉 유관한 키네스테제 계열이 진행할 때, (가로수길의 어떤 단편이 도대체 보일 수 있는 것이라면) 이런 보일 수 있는 단편 현출은 이제 보이는 단편 현출로 이행한다. 이는 동기화되면서 계속된다. 그러나 이러한 [보일 수 있는] 현출에는 이것뿐만 아니라 파악에 있어 어떤 '여분(Plus)'이 있다. 이 여분은 보이는 '단편'이라는 표현에서 설명되고 있는 것이다. 그다음에는 (우리가 이 여분이 들어 있다고 여기는) 완전한 현출이 동일화 충족된다. 키네스테제 정황하의 각 이미지 연쇄로부터 살아 있는 지향들이 방사(ausstrahlen)되는데, 이 지향들은 위상에서 위상으로 나아가며 충족된다. [이미지 연쇄] a, b, c, d, e가 규정적 방식으로 b, c, d, e, f로, 다시 c, d, e, f, g로 동기화되며 나아간다면, 지향들은 먼저 이 이미지 연쇄의 순서에 따라 나아간다. 그러나 이와 더불어 (동일한 철자들에 의해 암시되는) 동일화가 행해지는데, 가령 b, c, d를 향한 빛다발이 그렇다. 이때 물론 a를 가로지르는 빛살은 비어 있지만, 지향까지 잃은 것은 아니다. 지향은 (전체 대상성의 현출인) 새로운 전체현출에 녹아들어 있는 것이다. 지금은 b에서 f까지만 보이더라도 그렇다. 그래서 어떤 의미로는 a에 있어서는 비움이 일어나지만, 이는 이 연관에서 동기화되는 비움이다. 나무 a의 본래적 현출은 빈 지향으로

옮아간다. 그러나 다른 한편 (전체현출에 딸린) 첫째 계열에서의 빈 지향은 f의 새로운 등장으로 채워진다. 본래적 현출 계열들의 경과에서, 동일성 의식으로서의 연속적 지각의식은 개별 대상들뿐 아니라, (전체 계열에서 현시되지만 국부적으로만 현시되는) 전체 대상성에 있어서도 행해진다. 이는 바로 한 번 현시된 각 대상은 이 현시에서만 견지되거나 이것의 연속적 현시 변화에서만 견지되는 것이 아니라, 이 현시가 사라진 후에도 자신의 연관지향을 남겨두기 때문이다. 방금 a가 있던 절대적 장소위치(Ortstelle)에서 연속적 변화에 의해 b′가 시작되며, b′는 이전에 다른 위치에 있던 b와 하나로 정립된다. 이렇게 현시 계열이 이동해도, 이 계열은 동일한 대상으로서 현출한다. 또한 역전도 가능하다. 이런 것들은 동기화의 견고한 행보에 속한다. 이러한 계열들의 견고한 상호이행에 있어서는 계열들에서 한 번 정립된 것이 견지되는 가운데, 늘 지각되나 늘 국부적으로만 지각되는 대상성이 구성된다. 부분들과 이미지들의 질서를 지닌 이 대상성은 이 질서에 따라 한 단편씩, 한 계열씩 연쇄적으로 보이고, 키네스테제 경과가 역전되면 뒤집힌 질서에서 보이게 될 것이다.

공간질서가 지닌 규정성 및 가시성(Sichtbarkeit)의 질서와 그때그때 현행적 가시화(Sichtbarwerden)의 질서가 지닌 규정성은 본질적으로 연관되어 있다. 그리고 지각되지 않는 대상 부분들의 존재는, 증시하는 지각들과 그 현시들의, 동기화된 가능 질서진행들을 지시한다. 이는 저 지각되지 않은 부분들과 현행 지각되는 부분들 간의 연관들을 생성한다. (현행 지각되는 것과 함께 지속적으로 존재하는) 이런 것들의 본질은, (인도하는 키네스테제 진행과의 규정적 공속성을 지닌) 견고한 질서를 지닌 통일적 지각들에 인도되어, 현행 지각되는 것으로 넘어갈 가능성이 있다는 것이다.

여담: 대상화 시간정립의 통일성으로서의 지각파악의 통일성

초재에 대한 연쇄적 지각파악의 통일성은 (지각 위상들에서 연쇄적으로 본래적으로 주어지며 그 자체의 질서를 지닌) 실재에 대한 대상화 시간정립의 통일성이기도 하다.

모든 연쇄적 지각에서는 (키네스테제 정황이 흘러가는 것과 평행하게) 현시가 현시로 넘어가고 현출이 현출로 넘어간다. 물론 현출들이 잇따를 때면 언제나 이전 현출의 위상들이 (적어도 어떤 한계까지는) 신선한 기억[파지]으로 유지된다. 하지만 초재에 대한 지각에서는 이런 일만 일어나는 것이 아니다. 즉 지각에 의해 지금 정립되는 실재는, 그때그때 지금점(Jetztpunkt)에서 현행 지각현출을 통해 현행적 지금에 주어지는 것에서 끝나지 않는다. (기억에서 계속 살아 있는) 지나간 현출은 지나가버린 것의 현출로 보존되는 것이 아니다. 이전 위상들에 대한 기억의식은 기억의식이지만, 이전 지각과 관련해서만 기억의식이다. 그러나 이전에 지각된 것은 (이전에 지각된 것으로서만 현전하는 것이 아니라) 지금에게 넘겨져서 지금 여전히 존재하는 것으로 지금 정립된다. 지금 본래적으로 지각되는 것뿐만 아니라, 이전에 주어진 과거의 것도 지금 정립된다. 본래적 지각의 흐름 중에는, [지금] 보이는 것뿐만 아니라 이전에 보였던 것도 (그것의 현출들이 흐르는 가운데) 지속하는 존재로 정립된다.[156)] 미래와 관련해서도 그러하다. 본래적 지각의 이후 위상들을 예상하면서, 지각될 것도 지금 정립된다. 이것은 지금 있고 지금 지속하며, 동일 시간을 채운다. 보이지 않지만 보일 수 있는 것은 모두 그런 것이다. 다시 말해, (K의 흘러감의 가능성에 상응하여) 앞으로 지각될 수 있을 것은 모두 그런 것이다. 여기에서 우리는 시간 대상화를 확장하고 있을 따름이다. 즉 계속하여 보이는 것, 그리고 보이는 중에 되풀이하여 다르게 현시하는 것에 국한해서 이미 언급했던 시간 대상화를 [보이지 않지만 보일 수 있는 것에까지] 확장하고 있을 따름이다. 보이는 것은 모두 [현실적으로는] 보이지 않을 수도 있지만, 그렇더라도 여전히 [가능성에 있어] 보일 수 있는 것이다. 모든 지각의 흐름은 그 본질에 있어, 지각되는 것을 마침내 지각되지 않는 것으로 변경하는 어떤 확장을 허용한다.

그러나 시간정립은 거기 '완전하게' 현출하는 사물을 (이것의 완전

---

156) (편주) 여기에서는 어떤 대상이 지속하며 계속 지각되는 경우를 논의하고 있다. 따라서 이 대상에 대한 지나간 지각이 파지(Retention)되지만, 그뿐만 아니라 이 대상에 대한 현행지각도 계속되고 있다.

한 현출들이 변전하는 가운데) 동일화하고, 이를 통해 현출위상들의 각 시간위치도 대상화하여, 이들에게 대상적 시간위치라는 의미를 내어준다. 이를 통해 현출의 연쇄에서, 대상적으로 지속하는 것이 펼쳐진다. 이와 마찬가지로, 하나의 동일한 대상성을 (늘 되풀이하여) 불완전한 방식으로 현시하는 현출들 전체에 있어서도 시간정립이 일어나며, 그것도 앞서와 비슷한 방식으로 일어난다.

그렇다면 포괄적 사물(시각장에서 완전하게 현시되지 않고 지각함의 흐름에서 한 단편씩만 현시되는, 즉 늘 불완전하게 현시되는 사물 다양체)의 지각은 어떻게 해명해야 하는가? 서로 다른 이미지 장들의 합산(Summation)은 없는 것이다. 장은 늘 하나만 있으며, 이 장은 더 넓혀지지도 않고 더 좁혀지지도 않는 고정적 장소체계를 지닌다. 그러므로 (완전한 면을 지닌 대상성을 하나의 위상에서 현출하거나 지속적으로 현출하게 하는) 단적인 유형의 지각이 생겨난다는 의미에서, 이 지각들을 하나의 지각으로 합산하는 일도 없다.

12장

안구운동장에서의 현출변양의 유형학

§63 홑겹현출과 현출진행. 구성 문제의 성층

지난 시간에 제기된 문제는 다음과 같이 말할 수 있다. 정지 대상성에는 두 가지 현출이 있다. (홑겹현출이라고 부를) 통상적 의미의 현출과 현출진행이 그것이다. 후자를 광의에서의 현출이라고 부름은 여기에서도 통일적 대상성이 주어지기 때문이다. 현출진행의 각 위상은 홑겹현출이다. 달리 말해, 각 위상을 단지 시간적으로 늘리면, 여기에 홑겹현출이 대응한다. 그래서 우리는 시간성이 문제되지 않을 때는 현출위상과 홑겹현출을 같은 것으로 다룰 수 있다.

완전한 소여를 위해서는 홑겹현출은 충분하지 않다. 본질적으로 현출진행이 필요하며, (근본적으로 보면) 결코 종결되지 않는 무한한 진행이, 아니 다중적으로 무한한 진행이 필요하다. 어떠한 정황에 있는 것으로 간주되든 간에, 여기까지는 모든 사물이 같다. 그러나 이제 본질적 차이가 드러난다. (그 면들이 전체 면을 이루는) 하나의 사물성이 현출한다면, 이 사물성에는 단편들이 공존한다. 이 공존 단편들은 시각장의 이접적 이미지들에서 현시된다. 이렇게도 말할 수 있다. 이 단편들은 서로를 가리지 않으므로 하나의 홑겹현출에서 통일적으로 현시될 수 있다. 이들이 서로를 가린다면 홑겹으로 현시될 수 없을 것이다. 이들의 현시들이 시각장의 동일 부분을 차지할 권리를 저마다 주장할 것이기 때문이다. 그렇다고 해서, 서로 가리지 않는 사물성의 공존 단편들이 꼭 시각장의 홑겹현출에서 현시되는 것은 아니다. 그 이유는 시각장이 좁기 때문이다. 말하자면, 이런 단편들은 원리적으로는 홑겹으로 현시될 수 있지만, 사실적으로는(해당 키네스테제 정황에 있어서는) 홑겹으로 현시될 수 없는 것이다. 오히려 대상성이 한 단편씩 현시되는 현출진행이 필요하다. 단편들을 지닌 사물성이라는 용어는 물론 내실적 단편들을 지닌 개별 사물도 포함하고 지절들을 지닌 사물 복합체도 포함한다.

문제는 다음과 같았다. (서로 가리지 않고, 시야에서 모든 지절이 그려지는) 대상 복합체는 어떻게 지각 가능하고, (이 모든 지절의 규정적 변양에 있어서) 어떻게 통일체로 구성되는가? 이것은 이해될 수 있다. 하지만 지각 위상들에서 늘 일부 지절만 그려지는 대상 복합체가 지각됨은 어떻게 이해될 수 있는가? 이처럼 지각진행의 위상들이 늘 몇몇 지절에 대한 홑겹지각일 뿐이라면, 이러한 지각진행은 어떻게 (모든 지절을 동시에 현시하는) 홑겹지각이 수행하는 것, 얼핏 보기에 이러한 홑겹지각만 수행할 수 있는 것을 수행할 수 있는가? 대상 전체나 대상 복합체의 부분들이 주어진 정황에서 (어느 하나의 현시만으로도 이미 시각장을 꽉 채우기 때문에) 연쇄적 음영에서만 주어질 수 있다면, 이러한 대상 전체 혹은 대상 복합체는 어떻게 구성될 수 있는가?

애초에 우리는 대상의 면현시들의 연쇄에서 하나의 대상이 구성되는 데에도 본질적으로 같은 문제가 있음을 알았다. 구성 문제를 층위별로 다루기 위해 다음과 같이 분절하는 것이 좋을 것이다.

1) 사물이라는 대상성의 본질은, 홑겹지각들의 연속체에 있어서 [이 홑겹지각마다 주어지는] 현시 이미지들의 다양체에 토대를 두고 구성된다는 것이다. 이것을 어떻게 이해해야 하는가? 지각은 어떻게 현시하는 이미지들을 넘어서면서, 이미지들의 변전하는 흐름에서 항상 현시되는 불변 대상을 지각하게 되는가? 가장 일반적인 물음은 이것이다.

2) 눈만 움직이는 사례의 연구는 사물 구성의 한 층위를 허구적이고 추상적으로 다음과 같이 생각할 가능성을 보여주었다. 사물은 우리가 안구운동 이미지라고 칭한 동일자로 환원된다. 그러니까 첫 걸음은, 유관한 K하에서 이미지가 연속적으로 변양할 때, 하나의

동일 대상을 객관적 지속에서 불변하는 것으로 정립하는 지각이 어떻게 가능한가를 해명하는 데 있다. 여기에 대해서는 앞에서 상술했다.

3) 또한 눈 운동에 몸 운동 K′의 한 계열을 추가해서 생각한다. 이때 이러한 운동에 있어 차폐와 회전이 없는 대상장을 상정한다. 그리고 대상이 안구운동 이미지로 환원된다는 허구를 또다시 상정한다. 그래서 여기 추가된 몸 운동 안에서 안구운동 이미지들은 늘 이접적인 것으로 남는다. 이제 문제는 포괄적 대상 혹은 대상 복합체의 동일성이다. K′가 고정될 때, 이 대상 복합체의 한 부분만 안구운동 이미지나 이미지 복합체라는 형식으로 지각될 수 있고, 대상 복합체 전체는 이러한 이미지들의 잇따름에서만 주어질 수 있다. 그래서 안구운동장의 확충이 문제이다. 즉 안구운동장들의 연속체가 어떻게 새로운 대상장을 내어줄 수 있는가가 문제이다. 이것이 우리가 방금 다룬 문제이다.

4) 여기에서 대상들은 여전히 아직 사물이 아니다. 그다음 우리는 팽창, 회전, 차폐를 고찰하기 시작하면서, 회전의 성격을 지닌 현출 계열이 어떻게 (그 변전 연속체에 있어서, 특히 그 특수 현시들에 있어서) 하나의 대상성을 정립할 수 있는지 묻는다. 즉 어떻게 모든 면의 표면이 폐쇄되고 몸체성이 폐쇄된 하나의 대상성을 정립할 수 있는가를 묻는다. 앞선 항목에서는 대상장의 외적 확충이 문제였다면, 여기에서는 대상장의 이른바 내재화(Verinnerlichung)가

문제이다. 즉 (경우에 따라서는 무한하게 확충되는) 안구운동장을 다차원적 공간사물성의 한갓된 투영으로 만드는 그것이 문제이다.

이를 통해 이제 확충된 키네스테제 체계를 끌어들이는 또 다른 사건들에 대한 연구로 나아간다. 그것은 시각장에서의 이격, 회전, 차폐에 대응하는 현상학적 사건들이다.

§64 안구운동장의 사건으로서의 거리, 간격, 깊이

거리(Entfernung)와 관련하여, 여기에서는 객관적으로는 대상이 멀리 있음과 가까이 있음이 문제이다. 이 대상의 두 번째 준거점은 (그 몸이 세계에 함께 배속되는) 나, 즉 지각하는 자에게 있다. 정확히 말하면, 이 준거점은 온몸이 아니다. 이것은 몸의 안 보이는 부분에 있다. 즉 머리나 눈이나 눈 뒤 어딘가에 있다. 이 준거점이 현시되는 구역이나 현시될 수 있는 구역에 있지 않기에, 대상과 이 신체 준거점 사이의 간격(Abstand)[157]인 거리도 이러한 구역에 있지 않다. 따라서 이런 간격으로서의 거리는 본래적 의미에서는 결코 주어지지 않고 주어질 수 없다. 따라서 '본래적' 의미에서 지각 가능

157) (역주) 이 저작에서 Abstand는 사물과 사물의 거리 및 주체와 사물의 거리를 통칭하는데, 이 저작에서 주로 주체와 사물의 거리를 의미하는 Entfernung (거리, 원근)과 구별하기 위해 '간격'으로 옮긴다.

한 어떤 것이 아니다.

이러한 준거점 설정과 이러한 '거리' 파악이 어떤 경로로 이루어지는가는 특수한 물음이다. 여기에서는 어쨌든 이런 물음은 중요하지 않다. 여기에서 우리의 관심을 끄는 것은 참으로 현시되는 것이 무엇인가, 본래적으로 주어지는 것이 무엇인가이다. 이제 말하자면 상상적인 저 자아점을 도외시해도, 가까움과 멂(Ferne)의 차이는 남는다. 말하자면 (다른 데에서 구성되어 뒤통수에 끼워 넣어지는) 저 절대적 '여기'에 결부되기 이전에 이미 이 차이는 현상학적으로 포착될 수 있다. 그리고 이제 이는 시각장에서 동시에 현시되는 두 대상의 간격으로서 현시되는 것, 또는 대상장을 확충한다면 (통일적 지각 이행에 의해) 차례로 현시되는 두 대상의 간격으로서 현시되는 것과는 분명 아주 다른 것이다. 이런 것들은 이미지 장의 견고한 질서에 의해, 이미지들의 간격에 의해, 이와 대응하는 규정적 키네스테제 정황의 규정적 변양에 의해 생기는 것이다. 그래서 우리는 잠정적으로 거리와 간격을 구별한다. 거리가 어떻게 간격이라는 의미를 얻는지, 정확히 말하면, 어떻게 상상적 자아점과의 간격이라는 의미를 얻는지는 나중에야 드러날 것이다. 단안 시각에서는, 거리 현시에 관련해 이미지의 어떤 팽창과 수축만 고려될 수 있다. 이러한 변양흐름에서는 불변의 동일 사물이 계속 현시하되, 다만 '거리'가 그때그때 다르게 현시될 뿐이다. 양안 시각에서는 여기 더해서 양각 혹은 '깊이(Tiefe)' 변화가 고려될 것이다. 이들은 현상학적으로 다르다. 즉 (거리 변화에 대응하여 일어나는) 양장의 '이미지들'의 변양과 (거리 또는 깊이가 다른 것으로 해석되는) 이미지의 몇몇 부분들의 변양은 [팽창 및 수축과는] 아주 다른 변양이고, 팽창 및 수축과 더불어 생기더라도 이들과는 근본적이고 본질적으로 다른 것이다. 깊이라는 말에서는 (물론 객관적으로는 다시 상상적 자아점에의 거리로 해석되더라도) 양각 현시가 떠오를 것이다. 이 밖에도 우리는 애초부터 양각 현시의 특전을 알아차린다. 그것은 (양장이 서로 경합하지 않을 때) 개별 이미지의 '양각'은 이 이미지의 특유한 규정이고, 따라서 이 개별 이미지는 '깊이 차이들'[158]의 체계를 가진다는 데 있다. 이에 비해 단안 시각의 단순한 장에서는, 개별 이미지에 형상과 크기를 비롯한 여타 규정들만 있을 뿐, '거리' 규정은 현시되지 않는다. 여기에서는 현출흐름에서 이미지들의 어떤 (연속적 위치체계인 시각 단장의 본성에 따라 가능성으로 밑그림 그려지는) 변양만이 유일하게 등장한다. 다시 말해, 여기에서는 이동뿐만 아니라 팽창과 수축도 가능하며, 그것도 모양의 유사성은 보존하는 가운데 가능하다.

이러한 연속적 변양은 객관적 의미를 가지게 된다. 이런 변양의 흐름(이 변화들의 유형적 잇따름)에서는, 불변 대상이 연속적으로 현출

158) (원주) 이는 본래적으로 '현시'되는 것이 아니라, 특유한 감각계기인 '나로부터의 거리'에 의해 특유한 방식으로 암시되는 차이들이다.

하되, 때로는 가까워지면서 현출하고 때로는 멀어지면서 현출한다. 이렇게 현시되는 거리는 눈을 어떻게 두는지와 무관하다. 그리고 이에 대응하는 변양도 K의 변이가 제약하는 변양과 무관하게 일어난다. 이는 철저히 어떤 다른 키네스테제 변이들(K'들)에 관련된다. 그러니까 내가 눈을 어떤 위치에 두든 간에, 내가 대상으로부터 가령 '곧게(direkt)' 멀어진다면, 이미지의 모양은 그대로이면서 수축하는 변양이 흘러간다. 그래서 우리는 거리변양을 (말하자면 모든 눈 운동과 모든 해당 이미지 변양을 자신의 통일성에 있어 통합하는) 안구운동 이미지의 변양으로 간주할 수 있다.

§65 이동과 회전

이제 상세한 고찰을 위해 우리는 이격, 이동, 회전의 관계를 살펴볼 것이다. 우리는 회전하면서 이격함과 한갓된 이격 혹은 '곧은(direkt)' 이격을 구별한다.

한갓된 이격변양의 성격은 안구운동 모양은 완전히 비슷하게 보존되면서 그 크기가 연속적으로 변한다는 것이다. 물론 현상학적 직관만으로도 이 말의 의미를 알 수 있다. 이 변양에서는 전체 이미지 변양과 더불어, 이미지에서 부각되는 각 단편도 똑같이 변양된다. 물론 이러한 변양은 전체의 K동기화에 의해 통일적으로 동기화된다. 이와 함께 다음에 유념해야 한다. 전체 대상장이 움직이지 않는다면, 전체가 모든 지절에 있어서 동일하게 변양된다. 이에 비해, 몇몇 대상만 움직이지 않는다면, 지금 움직이지 않는 이들은 모두 통일적으로 현시되며, 따라서 이 모든 현시는 (동일한 키네스테제 동기화에 의해 규정되는) 동류의 변양을 겪는다. 어떤 정지 대상장은 그리로 접근하면 필연적으로 넓어지고, 그리로부터 이격하면 좁아진다. 그 이유는, 전체 시각장은 늘 필연적으로 다 채워지고 언제나 동일하게 제한된 장소체계인데, 이 시각장에서 채워진 어떤 절편이 더 작아지는 것이 이미지 수축이고, 더 커지는 것이 이미지 팽창이기 때문이다. 그런데 이는 홑겹현출에서 현시되는 대상이 많아지거나 적어진다는 의미와 다르지 않다.

이와 관련된 또 다른 사건은 이동, 특히 대상(또는 대상장)의 한갓된 이동과, 장에서 대상(또는 대상장)의 한갓된 정향 변화(국부회전이나 총체회전), 그것도 한갓된 회전이다. 물론 객관 공간에서 대상(또는 대상 연관)의 회전인 '현실적 회전'을 뜻하는 것이 아니라, 장에서의 가현이동과 가현회전을 뜻한다. 우리는 이를 장회전(Felddrehung)이라고 부를 것이다. 이것도 여러 가능 변양들 중 한 유형이다. 이런 변양들은 (시각장의 본질에 의해, 나아가 안구운동장의 본질에 의해) 그 가능성이 밑그림 그려져 있다. 또 이런 변양들은 특정 키네스테제 체계에 대응하는데, 이는 물론 정지 다양체라는 전체 유형으로부터 그대로 생기는 체계와는 다른 체계이다. 유형이 다른 시각적 사건들은 정지 대상성 구성에서 대상화하는 의미가 서로 다른 한에서, 서로 다른 키네스테제 정황에 대응하고, 이는 역으로도 성립한다. (두 '차원'을 지닌 고정적 장소체계인) 시각장에는, 그리고 따라서 안구운동장에도, 이 장의 고정적 정향들이 있다. 안구운동 이미지는 동일자이며 자신의 안구운동 정향을 유지한다. 눈의 위치가 같으면 늘 동일한 이미지를 얻는다는 것이다. 예를 들어 다른 운동적 정황들은 전혀 움직이지 않으면서 눈만 움직이면, 대상을 현시하는 이미지는 시각장에서 위치가 계속 달라진다. 그러나 우리가 얼마나 자주 눈을 '똑바로' 향하는지, 혹은 (일반적으로 말해) 눈이 얼마나 자주 특정 위치로 돌아오는지 막론하고, 이미지는 동일하다. 따라서 우리는 이 경우의 안구운동 정향을 불변 정향이라고 부른다. 그러나 우리가 머리를 약간 선회하면, (불변하는 것으로 전제되는) 안구운동 이미지는 정향이 달라질 것이다. 예를 들어, 이제 이것을 주시하려면 눈 위치가 이전과는 달라져야 한다. 따라서 우리는 좌표들을 도입할 수 있다. 그리고 한 좌표계가 근원 좌표계로서 밑그림 그려져 있다. 이 좌표계는 정상적 머리 자세에서의 좌우 정향 및 상하 정향과 일치하지만, 물론 어떤 머리 자세에서도 바로 시각장 및 안구운동장 자체에 대응한다는 탁월함을 지닌다. 우리는 이를 너비 정향과 높이 정향이라고 부른다. 여타 방향선들은 말하자면 이 두 정향의 합성이다(더 정확히 말하자면, 모든 위치값은 좌우값과 높이값의 합성이다). 이제 어떤 대상이 현시될 때, 그 이미지가 (유관한 K정황하에서) 가령 너비 정향에 있어 한갓된 이동을 하는 것으로 현시될 수 있다. 그러면 이 이미지의 모든 부분의 위치가 똑같이 변한다. 이는 바로 한갓된 이동의 특징인 것이다. 이미지는 이미 키네스테제 이미지로 이해될 수 있다.

§66 오해의 교정—크기변화와 원근변화를 동일시하지 않음

오늘은 내 말을 수정하는 데서 강의를 시작하고자 한다. 지난 시간 말미에, 이격과 접근에 상응하는 이미지 장 변양에 대한 서술에는 적합하지 않은 용어가 있었다. 이 용어는 정의로서의 의미만 지닌 어떤 주장을 그릇된 주장으로 만들어버리는 경향이 있기 때문이다. 이미지의 모든 크기변화(Dehnung)는 객관적으로는 원근변화(Entfernung)라는 의미를 지닌다.[159] 그리고 나는 이미지 크기변화라는 변양 자체를 원근변양이라고 불렀다. 또 나는 장에서 회전 없이(일반적으로 말하면, 정향변화 없이) 일어나는 크기변화는 한갓된 원근변화[이격]라고 불렀다. 특히 균질적 크기변화가 그런데, 이러한 크기변화는 이미지의 모든 부분에 똑같은 원근변화 변양을,

159) (역주) 여기에서는 Dehnung은 때로는 '팽창(양의 팽창)'과 '수축(음의 팽창)'을 포괄하는 중립적 의미의 '크기변화'로 쓰이고 있다.(§67 참조) 따라서 문맥에 따라 각각 '팽창'이나 '크기변화'로 옮긴다. 마찬가지로 Entfernung도 때로는 '접근'과 '이격'을 포괄하는 중립적 의미의 '원근변화'로 쓰이고 있다. 따라서 문맥에 따라 각각 '이격'이나 '원근변화'로 옮긴다.

즉 크기변화 변양을 할당하기 때문이다. 즉 이런 크기변화의 성격은 이미지의 모양은 완전히 유사한 채로 이미지 크기만 변양한다는 것이기도 하다. 그런데 크기변화 변양들이 원근변화 변양들과 더불어 반드시 일어난다는 말이 올바르기는 하지만, 용어상 크기변화와 원근변화를 그냥 동일시함은 허용될 수 없는 것이다. 왜냐하면 우리가 객관적으로 한갓된 원근변화라고 부른 것은 결코 균질적 크기변화가 아니기 때문이다.

우리가 어떤 똑바른 방향으로 가로수길에 접근한다고 해도, 나무들의 줄의 이미지는 분명 모든 부분에서 균질적으로 팽창하지 않는다. 그리고 정확히 본다면, (어떤 똑바른 방향으로 접근할 때 일어나는 이미지 변양과 관련하여) 어떤 한 정지 대상에 대해서도 이렇게 말할 수 있다. 물론 비균질적 크기변화는 종종 알아차리지 못한다. 즉 미세한 키네스테제 경과에서 크기변화가 일어나면 균질적 크기변화로 판단될 수 있다. 그러나 파악의 의미에는 계속 전진하는 실현 가능성이 속한다. 그리고 이는 (비록 일단 경과의 미세한 단편들에서 크기변화를 알아차리지 못할지라도) 마침내 연속적 크기변화를 야기하는 키네스테제 경과들을 지시한다. 모든 현상학적 연속체에는 계조 감지의 경계들이 있다. 여기에서 문제가 되는 것은, (연속적 원근변화로서의) 원근변화 현출과 관련해서, 이것이 충분히 완전하게 발현된다면, 크기변화가, 그것도 비균질적 크기변화가 여기 속하는 것으로 드러난다는 점이다. 그 밖에도, 정지 다양체에서 균질적 크기변화는 전혀 등장할 수 없음도 자명하다. 왜냐하면 이는 대상의 모든 부분과 점이 계속해서 원근의 준거점, 즉 (객관 공간의 특정 점이기는 하지만) 상상적인 자아점으로부터 똑같이 떨어진 것으로 현출한다는 것인데, 이는 분명 불가능한 것이다. 그래서 우리는 크기변화 대신 원근변화라고 부르는 일을 피하고, 크기변화를 바로 크기변화라고 부를 것이다. 이들 간의 관계는 반드시 앞으로 명료해질 것이다.

§67 논의 속개. 안구운동장에서의 다른 현출변양들. 정향변화로서의 이동과 회전

이제 교정을 마치고 우리의 고찰을 속개하고자 한다. 지난 시간 말미에 우리는 몸이 임의적으로 움직일 때 이미지 장에서 일어나는 서로 다른 사건 유형들의 기능적 연관을 고찰하고 있었다. 그 와중에 크기변화라는 사건을 다시 올바르게 서술할 기회가 생겼다. 물론 이미 한 말을 너무 되풀이할 필요는 없겠다.

우리는 시각장의 위치체계에서 고정적 정향에 대해 말하면서, 이에 상응하여 어떻게 안구운동장에서도 고정적 정향에 대해 말할 수 있을지 보여주었다. 다음에 대해 생각해보자. 시각장에서 질적으로 특출한 부분이나 점이 있다면, 이것이 모든 임의적 눈 운동에서 변이함에도 불구하고 통일성 의식이 수행된다. 그러면 이것은 안구운동장의 한 고정점을 정의한다. 이는 어떠한 점의 쌍, 점의 배치, 시각 이미지의 배치에 대해서도 타당하다. 그래서 각각의 간격, 계열, 질서, 마지막으로 시각장의 전체 위치체계에 상응하여, 하나의 계열, 질서, 장소체계가 (고정적 변양 다양체에서의 통일자로서) 대상화되며, 이 안으로 보이는 것(Visuelle)이 들어선다. 말하자면 우리는 이미 공간과 같은 어떤 것을 가지게 되었다. 우리는 이미 객관적 장소체계를 가진다. 이 체계의 각 점은 하나의 통일체이며 '현출들'의 가능한 다양체에 있어서 현시된다.

그렇지만 이것은 안구운동 이미지 체계를 넘어가는 모든 변양이 절대적으로 망각되고 무화될 때에만 공간일 것이다. 시각장 위치체계는 고정적 체계이고 여기에서 그때그때 규정적 이미지들은 규정적 방식으로 서로 간의 질서를 이루지만, 이 질서는 대상적 질서가 아니다. 지각은 이미지를 정립하는 것이 아니라, (장소 변양과 질 변양 같은 이미지 변양의 법칙적 연관 안으로) 다양체들에서의 통일체인 대상적 통일체를 직관하면서 정립하는 것이기 때문이다. 이와 마찬가지로 안구운동 질서도 아직 사물 질서가 아니고 안구운동장도 사물장이 아니다. 안구운동장 통일체는 다양체에서의 통일체이기는 하지만, 여전히 '이미지'이다. 외부지각에서 대상으로 정립되는 것은 이미지들이 아니다. 이보다는 이러한 안구운동장 통일체의 (안구운동적 장소의 변화인 동시에 안구운동적 질의 변화이기도 한) 법칙적 변화들이 파악에 의한 통일성을 얻는 것이다. 현출 다양체보다 상위의 이 다양체[이미지]들 안에서 (이들에서 '직관'되는) 더 상위의 통일체, 즉 사물 통일체가 펼쳐진다. 본래적으로는 이미지 다양체들이 동일한 위치체계 안에서 늘 새로운 방식으로 상호 질서를 이루는 것일 뿐임에도 불구하고, 우리는 늘 새로운 시각적 이미지 장이라고 말할 수 있다. 이와 마찬가지로, 안구운동 이미지들이 늘 동일한 안구운동 위치체계 안에서 늘 새로운 방식으로 서로 구획되는 것일 뿐임에도 불구하고, 늘 새로운 안구운동장들이라고 말하는 것이다. 그러나 안구운동 이미지 다양체들이 (법칙적 방식으로, 그리고 키네스테제 다양체 변양에 의해 법칙적으로 동기화되면서) 연속적으로 변양되고, 통일체 의식이 (개별 이미지들과 이미지 군들이 겪는) 이러한 연속적 변양을 관통하기 때문에, 공간에서 사물의 대상성이 새로운 견고한 질서체계에서의 대상성으로서 생겨난다.

우리는 일반적으로 이렇게 말할 수 있다. 이제 안구운동장의 정향 내부에서 (안구운동장의 본질에 의해 밑그림 그려지는) 다음과 같은 상상 가능한 사건들이 등장한다. 안구운동 이미지는 이동만 할 수 있는데, 이때 이 이미지의 모든 점은 똑같이 장소를 바꾼다. 이미지는 가령 오른쪽에서 왼쪽으로 이동할 수 있다. 아니면, 이미지는 (한 점만 고정된 채) 회전할 수 있는데, 이때 완전히 회전하면 이전 정향으로 복귀한다.[160] 아니면, 이동하는 동시에 회전할 수 있다. [한 이미지가 아니라] 안구운동장 전체도 이럴 수 있다. 그러면 안구운동장은 전체이동(Gesamtverschiebung)한다. 그러면 반드시 안구운동 이미지들의 일부는 장에서 퇴장하고 새로운 안구운동 이미지들이 장의 다른 쪽으로부터 합류한다. 물론 안구운동장이 연장(Extension)에 의해 무한한 장으로 확충됨도 이념적으로는 이미 생각할 수 있다. 확충된 장은 (본래적이고 단적인 안구운동장들이라는) 위상들의 다양체에서 구성되는 하나의 통일체이기 때문이다. 그러나 이 경우에도 평행이동(Parallelverschiebung)은 여전히 남는다.[161] 평행이동의 성격은, 가령 주시하는 시선이 이전에 주시했던 동일 대상을 향하려면 (경우에 따라서는 먼저 몸을 움직여서 이미지를 본래적 안구운동장으로 들여보내고 난 후) 이전에 주시했을 때와 다른 위치를 점유해야 한다는 것이다. 그리고 마찬가지로 전체회전(Gesamtdrehung)도 상상가능하다. 이런 각 경우에 있어서, 우리는 안구운동 이미지 혹은 안구운동장의 이동과 회전을 정향변화(Orientierungsveränderung)라는 표제에 포함시킨다.

차폐는 전체 정향변화가 등장할 때마다 일어나지는 않지만, 단 하나의 이미지가 장에서 움직이면 늘 일어난다. 이 움직이는 이미지는 이전에 실제로 이미지로 구성되었던 것을 가려서 이 이미지

160) (역주) 이때 회전은 (깊이 방향의 회전을 배제하고) 이차원 안구운동장에서 상하와 좌우가 바뀌는 회전에 국한하고 있다.

161) (역주) 평행이동은 기하학에서 하나의 도형을 이루는 모든 점이 같은 방향과 같은 거리로 이동함을 뜻하는데, 여기에서는 안구운동장을 이루는 모든 안구운동 이미지들이 이렇게 이동함을 뜻한다.

의 부분이나 전체를 보이지 않게 한다. 여기에서는 이미지가 더 이상 보이지 않게 된 후에도 이 이미지를 견지하는 어떤 대상화가 암시되고 있다. 아주 중요한 또 다른 새로운 사건은 크기변화이다(그러니까 이제는 이것을 곧 원근변화라고 말하지 않으려 한다). 이를 통해 우리는 양의 크기변화[팽창]와 음의 크기변화[수축]를 포괄한다. 여기에서는 안구운동 장소체계의 본성에 의해 여러 경우가 상상가능하다. (기하학과의 유사성에 의해 예화되는 의미에서의) 균질적 크기변화와 다양한 가능성이 있는 비균질적 크기변화가 그것이다. 어느 경우에도, 크기변화는 전체 안구운동체계를 포괄하거나, 아니면 이 체계의 개별 이미지들에 분산될 수 있다. 일부 이미지들은 균질하게 크기변화하고 다른 이미지들은 비균질적으로 크기변화할 수도 있다. 그리고 장의 한 부분에서는 양의 크기변화가, 다른 부분에서는 수축이 일어날 수도 있다. 따라서 어떤 경우에는, 크기변화의 비균질성과 동시에 필연적으로 차폐나 차폐 제거가 일어남이 저절로 분명해진다. 장의 한 단편이 어떤 식으로든 수축하는데도 그 둘레 단편은 수축하지 않거나 그렇게 빠르게 수축하지는 않는다면, 보이지 않던 어떤 것이 배경으로부터 등장한다. 그리고 반대 사례에는 거꾸로 장의 일부가 가려진다. 또한 분명한 것은, 장에서 크기변화가 이동 및 회전과 결합할 수 있다는 점이다. 아니, 오히려 이 여러 가능성들은 [따로따로 생각될 때는] 한낱 추상이다. 현상들과 관련하여 때때로 이것이나 저것이 감지되지 않지만, 그래도 이 변이들은 늘 매우 다양한 관계들을 이루면서 함께 경과하는 것이다. 내가 또 깨닫는 것은, 장의 본성에 토대를 둔 이미지 변양 가능성들에 대한 이 일반적 고찰은, 아직 이 중에서 어느 변양이 정지 대상성 구성에 대해 현시 기능을 하는지, 즉 이들 변양 전부가 그런지, 아니면 몇 가지만 그런지 묻지 않고 있다는 점이다.

이제 이런 모든 가능한 사건들 중 가장 중요한 사건은 분명 크기변화이다. (차폐는 원리적으로 새로운 것이 아니고) 한갓된 이동과 회전만 있다면 아직 한낱 안구운동 대상성만 있을 것이다. 다만 여기서는 이 대상성이 조금 확충된 대상성이다. 즉 이 대상성의 동일성은 (눈 운동체계에서 발현될 때처럼) 한낱 보존되는 데 그치지 않고, 이러저러하게 키네스테제로부터 동기화되는 새로운 이동과 회전에서도 보존되는 것이다. 그러니까 이 '대상'은 이동 및 회전의 체계에서 동일자일 것이고, 일반적 유형의 정지 다양체에서라면 정지 대상일 것이다. 각 키네스테제 경로에 의해 규정적 현출 연쇄가 생겨나는데, 키네스테제 경로가 같으면 현출 연쇄도 언제나 같다. 그러나 이 대상은 여전히 키네스테제 이미지이지 아직 사물은 아니다. 이미지가 대상이 되고 안구운동장이 공간이 되는 새로운 차원은 크기변화의 다형상적(vielgestaltig) 체계에 의해서 비로소 가능해진다. 하지만 이 새로운 차원은 기하학에의 유비를 뜻하지는 않는다. 기하학에 따르면 평면의 평행이동에 의해 공간이 '산출'된다. 그러나 마치 안구운동장이 표면으로서 사물 공간에 편입된다는 듯이, 안구운동장이 평행이동한다고 말하는 것은 별 의미가 없을 것이다. 기하학에서는 우리는 먼저 공간을 가지고, 공간 안에서 평면을 평행하게 이동시키면서 공간을 '산출'한다. 평면이 놓이는 두 위치 사이에는 간격이 있는데, 이 간격은 평면 안에서의 같은 간격과 완전히 동질적이다. 그러나 [이와 달리] 두 시각장 사이에는 간격이 없고, 이와 마찬가지로 두 안구운동장 사이에도 (안구운동장 안의 두 점 사이의 간격과 동일하게 놓는 것이 의미를 지니는) 간격이 없다. 그리고 안구운동장도 완전한 공간에서도 표면으로 등장할 어떤 것이 결코 아니다. 늘 유념해야 할 점은, 우리는 단지 시각장을 가지듯이 단지 안구운동장을 가질 뿐이라는 점이다. 이 장은 다만 이미지들로 늘 다르게 채워질 뿐이다.

그러니까 이제 문제는, 아직 없는 어떤 것을 정말로 새롭게 산출하는 것이다. 이때 산출 원리는, 시각장에서 이미지들의 법칙적 변이를 (안구운동 이미지와 안구운동장이라는 명칭하에) 통일시키는 산출 원리와 같다. 안구운동장에서는 법칙적으로 배정되는 K정황하에서 이미지들이 법칙적으로 변화한다. 이 이미지 변화들은 유형적 체계로 합병하여 파악 통일체를 얻는다. 이것을 (주로) 수행하는 변양은 크기변화이다. 온갖 안구운동 이동, 회전, 차폐를 가로지를 뿐 아니라, 온갖 크기변화도 가로질러 견지되는 것이, 그리고 말하자면 이들 안에서 직관되는 것이 사물이다. 그리고 이와 동시에 이 사물은 그때그때 현행 안구운동장의 현행 가시성으로부터 퇴장한 후에도, 동일 존재자로 정립된다. 짧게 말해, 안구운동 이미지장들이 외연적으로 확충되거나 상호연결될 때에도, 동일 존재자로 정립된다. 그렇지만 물론 통일성 정립의 일반적 유형에 유념해야 한다. 이는 유관 '정황'하에서의 현출들이다. 그리고 현출은 현시이다. 파악이 현시내용들에 생기를 주고 현시 기능을 주는데, 이는 이런 내용들의 (동기화하는 정황에서의) 법칙적 경과를 이를테면 가리켜 해석함(Hindeuten)을 통해서이다. 동기화 유형 안에서 현시하는 내용들의 현행 경과에서, 기능 성격들이 계속 생기화된다. 그리고 늘 새롭게 충족되고 새롭게 지향하는 통일적 의식에서, 대상의 소여가 이와 귀속되는 '면들' 및 부분들에 있어서 구성된다.

하지만 몇 가지 보충할 것이 있다. (동기화되는 현출 다양체에서의 통일체인) 경험적 통일체의 상위 단계로 올라가려면, 즉 사물성을 이른바 상위 단계로, 새로운 차원으로 가져가려면, (새로운 키네스테제 계열과 평행하여 계조를 지니는) 새로운 현시내용이 필요하다. 더 적절하게 표현하자면, 현시내용들과 이들의 통일적 장이라는 유의 본질에 토대를 둔 새로운 변양들이 필요하다. 사물의 동일성은 (그 안에서 각 현출이 이미 사물 그 자체를 현시하는) 모든 현출들을 가로질러 연속적으로 나아가는 것이다. 어디에서나 근원재료(Urmaterial)가 있다. 그것은 장소체계를 지닌 시각장인데, 이 안에서 이미지는 질적 채움의 교체에 따라 이러저러하게 갈라지고 질서를 가진다. 장의 본질에 토대를 둔 변양 가능성이 이르는 만큼, 다양체에서 통일성을 직관할 가능성이 이른다. 다양체들은 영구히 주어지는 근원재료의 연속적 변화 다양체들이다. 이것이 일차적이다. 이차적인 것은 키네스테제 다양체에의 가능한 배정이다. 이 키네스테제 다양체들도 바로 이에 상응하는 풍부한 형식으로 존재하고 배정되어야 하는 것이다. 이제 한갓된 안구운동장과 이를 구성하는 현출 계열에서 모든 가능성이 소진된 것은 아니다. 이동, 회전, 차폐는 안구운동 변양을 넘어 대상화로 이끌려갈 수 있다. 이는 어떤 '이상(Mehr)'을 주는데, 외연 확대가 수행될 때에야 비로소 제대로 이루어진다. 그러나 때로는 서로 중첩할 수 있는, 즉 서로를 가릴 수 있는 이 사물들은 모든 가능성을 소진한 공간성이라는 의미에서 완전한 사물이 아니다. 상호중첩(Übereinander)은 상호병렬(Nebeneinander)과 관계를 맺지 못하며, 이때 세계구성의 본질적 부분 하나가 결여되어 있다. 그것은 자아의 배속이다. 이는 공간에서의 자아점을 통해서, 그리고 모든 공간현출과 이 자아점의 관계를 통해 이루어지는 것이다. 크기변화가 추가로 취해질 때에야 비로소 우리는 공간을 현시할 능력이 있는 완전한 현시재료를 가지게 된다.

§68 공간 구성에서의 크기변화의 특수한 의미

그러나 크기변화는 아주 모호한 가능성들의 영토가 아니던가? 우리는 연속적 이차원 다양체인 장을 평면에 비교할 수 있다. 물론

(현상학적 연속성 일반이 그렇듯이) 장의 연속성이 아르키메데스의 [연속성] 공리나 수학적 연속성의 여타 조건들의 세밀함을 지닐 수는 없지만, 그렇다는 것이다. 어쨌든 명백한 것은, 평면에서 모든 폐도형(geschlossene Figur)은 크기변화(아마 왜곡[Verzerrung]을 언급할 수도 있으나, 이는 원리적으로 새로운 것은 아니다)의 경로에 의해 어떤 임의적인 다른 폐도형으로도 이행할 수 있듯이, 이미지 장의 각 시각적 모양(Figur)은 다른 시각적 모양으로 이행할 수 있다. 이는 무한정한 다양체, 말하자면 통일성 부여를 조롱하는 아페이론(ἄπειρον)[162]이 아닌가? 우리는 경험적 통일체에는 반드시 현출 다양체에서의 법칙성이 있음을, 즉 그때그때 키네스테제 정황에서 현시들의 연속적 이행을 규제하는 선택 법칙들이 있음을 이미 충분히 보지 않았는가? 그러나 (사물들의 변화와 운동을 가로질러 통일성을 유지하는) 사물성이 도대체 어떤 것인지 막론하고, 이[모양 이행 명제]는 확실히 타당하고, 특히 (정지와 질적 불변이라는 의미에서) 절대적으로 동일한 대상성에 대해서 확실히 타당하다. 그리고 이제까지의 고찰의 전체 경로에 있어서, 공간이 아마 일차적으로는 이 절대적으로 동일한 대상성들과 더불어 이들의 객관적 질서형식으로서 구성된다는 생각이, 그래서 이것이 변화하는 대상성 구성의

162) (역주) 고대 그리스 철학자 아낙시만드로스의 핵심 개념으로서, 우주의 근원인, 불멸의 무규정자 내지는 무한정자를 지칭한다.

규범이나 근본척도로 기능할 수 있다는 생각이 당연했던 것이다.

이제 다음은 명백하다. 연속적 현시토대(Darstellungsunterlage)들이 흐를 때 이들을 파악함에 의해 절대적으로 불변하는 대상성이 구성된다. 이 대상성은 그때그때 정황에서 고정적으로 규정된 방식으로 그것이 현출하는 대로 현출하며, 현출 내지 현시 방식은 가능한 각 정황변이에서 규정적으로 동기화된다. 그렇다면 이 현출 다양체(그리고 여기에서 현시 다양체)는 법칙적 통일성을 지닌 하나의 동기화 유형을 이룬다. 이 다양체는 (같은 힘을 지니고 일반적으로 규정되는) 동기화하는 정황 다양체에 의해 (법칙적으로 정합적인 방식으로) 제약된다. 즉 일반적으로 존재하는 가능성들 중에서 일반적으로 제한되는 선택(Auswahl)이라는 방식으로 제약된다. 그러므로 우리는 정황을 선택한다고 말할 수 없다. 여기에서는 (일반적으로 동기화 임무를 지닌) 정황 다양체 전체를 한꺼번에 취해야 하기 때문이다. 물론 논리적 가능성에 있어 동기화하는 것으로 생각될 수 있을 모든 정황을 뜻하는 것은 아니다. 왜냐하면 논리적 가능성이라는 의미에서는 동기화하는 변수들의 수를 마음대로 불려서 생각할 수 있을 것이기 때문이다. 여기에서는 오직 동기화 임무를 사실적으로 지닌 다양체를 뜻한다. 연상심리학적으로 말한다면, 현시내용 변이와 연상적으로 교직되어 등장하는 다양체를 뜻한다. 이 전체 [정황] 다양체는 어떤 의미로는 각 대상성의 전체파악에서 '대리'된다. 그래서 이 다양체는 사고나 상상에 의해 활용 가능한 것이다. 우리는 사고 속에서 여러 방향들로 나아가는 이 [동기화하는] 다양체를 훑을 수 있고, 나아가 이에 대응하는 피동기자(Motivat)를 추적할 수 있다. [정황과 현출 간의] 하나의 배정을, 즉 (정지하고 있으며 그 외에는 임의적인 무언가의 초기 현출인) 어떤 현출을 미리 취하기만 한다면, 이렇게 할 수 있는 것이다. 그러나 다른 한편, 정지 대상성을 현시하는 다양체는 제한된 다양체이며 제한된 다양체여야만 한다. 정지 다양체는 (시각장에서 이 장의 본성에 따라 이미지들이 변이할 무수한 가능성들 중에서) 법칙적으로 뒤얽힌 변이 계열들만 추출하여 가능한 피동기자로 부각시킨다. 그렇다면 여기에서 벗어나는 변이 계열이 현행적으로 등장한다면, 이러한 변이 계열은 모두 키네스테제에 의해 동기화된 것이 아니다. 여기에서는 [대상의] 정지 대신 변화가 현출한다. 그러니까 모든 크기변화(그리고 시각장에서 구별되는 모든 사건 일반)는 대상적 의미를 얻는다. 왜냐하면 현시내용은 통일성 부여에 묶이더라도 계조 계기들을 지닌 내용을 전혀 잃지 않으며, 그 내용이 그러한 대로 어떤 것을 뜻하기 때문이다. 다만 모든 임의적 크기변화가, 절대적으로 동일한 대상성의 구성을 위해, 그리고 이와 더불어 절대적으로 부동인 공간성의 구성을 위해(즉 절대적으로 동일한 객관적 장소체계를 위해) 구성적 의미를 가질 수 있는 것은 분명 아니다. 이러한 장소체계는 이후에 (때로는 질적으로 변하고 때로는 변하지 않는) 사물들의 가능한 운동들이 일어날 장을 내어주는 것이다.

§69 이차원 이미지들에서의 삼차원 대상의 현시

이제 (정지 사물성과 객관적 공간성의 구성을 규정하는) 동기화되는 크기변화가 흘러가는 법칙성이 사실적으로(de facto) 어떤 유형인지에 대해 몇 가지 언급할 수 있다. 우리는 현상학적으로가 아니라, ('우리의' 유클리드 공간인) 구성된 공간에 대한 선험적 고찰에 근거하여, 그리고 이 공간 내의 자아점의 위치로부터. 이에 대해 말할 것이다. 먼저 (하나의 규정적이고 정지한 대상성이 거기에서 나타나는) 우리 몸의 각 위치에는 규정적 안구운동장이 대응한다. 이 안구운동장은 이러저러하게 채워지면서, 이런저런 안구운동 이미지라는 형식으로 이 대상성의 현시를 포함하고 있다. 안구운동장은 이차원 장이고, 이에 상응하여 이미지도 이차원 장이다. 안구운동 이미지들 혹은 안구운동장들의 이러한 공배열 계열에서 각 이미지는 동일한 삼차원 대상이라는 의미를 지니며 파악된다. 그리고 역으로, 이 대상은 그때그때 오로지 이차원 이미지라는 형식으로만 현출한다. 이 대상은 이차원 이미지의 규정적 다양체에서 발현하고, 기본적으로 하나의 동일한 (이렇게 말할 수 있다면) '평면' 장소 다양체에 속한다. 연속적으로 잇따르는 일련의 이미지들은 '동일' 이미지가 해당 키네스테제 이행하에서 겪는 크기변화들의 연속적 잇따름이라는 성격을 지닌다. 그러니까 이러한 여러 크기변화들은 기하학적 몸체의 평면에의 투영과, (더 정확히 말하면) 몸체로서의 사물의 유색 평면 이미지와 정확히 똑같은 형식일 것이다. 왜냐하면 분명 크기변화는 모양과 색채에 동시에 관계하는 개념이기 때문이다. 여기에서는 특별히 모양에 주목하자. 하지만 이는 어떤 투영인가? 모든 크기변화에는 자아점에의 관계가 있다. 모든 크기변화는 자아점으로부터의 원근의 변화를 현시한다. 양의 크기변화나 음의 크기변화가 클수록, 접근이나 이격이 크다. 비균질적 크기변화의 경우, 크기변화가 더 큰 이미지 부분에는 언제나 더 작은 원근변화가, 크기변화가 더 작은 이미지 부분에는 더 큰 원근변화가 대응한다.

그때그때 K정황에의 동기 관계에 힘입어, 이제 각 이미지는 통각에 의해, 법칙적으로 규정된 크기변화 연관 안에 놓인다. 그리고 여기에서 현출하는 공간 내 정지 사물과 동시에, 자아에는 교체되는 위치가 할당된다. 자아는 여기나 저기 있으며, 이리로나 저리로 움직이는 것이다.[163] 그리고 이때 자아 위치와 현출 간에는 고정적으로 규정된 상관관계가 구성된다. 자아 위치인 특정 공간점에는 크기변화 다양체 연쇄 중에서 하나의 특정 이미지가 대응하는 것이다.

이제 투영의 성격에 대해서 마무리해야 한다. 객관적으로 보아

163) (역주) 자아는 절대적 의미에서는 항상 '여기' 있지만, 객관적 의미에서는 여기에 있을 수도 있고 저기에 있을 수도 있다. 여기에서는 물론 후자의 의미이다.

자아점으로부터 원격빛살(Entfernungsstrahl)들의 다발이 대상의 가시적 점들을 향해 나온다. 가시적 대상점들의 총체는 (안구운동 이미지에서 이차원 다양체의 도형으로 현시되는) 현출하는 대상면의 연속체를 이룬다. 키네스테제 정황이 변하면, 자아점은 공간에서 움직이고, 현출하는 대상면의 점들로부터의 원근이 바뀐다. 원격 빛살들의 다발은 늘 다른 것이면서, 이러저러하게 크기변화하는 안구운동 이미지를 변화시킨다. 이제 다음과 같은 물음이 제기된다. (자아점의 여러 위치에 대응하는) 투영 이미지들이 안구운동 이미지들과 정확히 조응하도록 (각 안구운동 이미지에 상응하는) 빛다발을 절단하는, 즉 자아점으로부터 그리로 사물을 이렇게 투영할 수 있는, 하나의 평면이 있는가? 이런 평면이 있다면, 우리는 이러한 평면적이고 중심적인 투영들의 연속체에서, 크기변화의 법칙성을 객관 공간적으로 표현했을 것이다. 이 평면은 자아점의 모든 공간위치로부터 모든 가능한 지각대상을 투영할 수 있는 위치에 있어야 할 것이다. 이러한 조건들을 충족하는 움직이는 평면이 분명 단 하나 있는데, 이는 정면의 평면에 계속 평행하면서 모든 가능한 대상 앞에 있도록 놓여 있어야 한다. 이것의 전제는 자아점과 모든 가능한 대상 사이에 (결코 어느 정도를 미달할 수 없는) 빈 간격이 남아 있어야 한다는 것이다. 물론 우리는 이러한 가동적 평면 대신 고정된 평면을 취할 수도 있는데, 이미지들은 (가동적 평면 위에서 움직이면서 그렇듯이) 이 고정된 평면 위에서도 서로에게로 변이한다.

그 밖에도 선험적으로 명백한 점은, 안구운동장 같은 이차원 평면 다양체에서의 사건들이 한 평면의 사건들에 의거해 일의적으로 현시될 수 있다는 것이다. 다른 한편, 우리가 통찰하고 어느 경우에도 수학적으로 정초해야 하는 것은, (연속적으로 크기변화하고 정향변화하는) 이미지들의 법칙적 변이들 중 모든 임의적 변이가 삼차원 공간에 있는 삼차원 몸체의 투영에 의해 파악 가능할 필요는 없다는 점이다. 그리고 안구운동장이 크기변화 다양체 및 이동 다양체로 이행함에 의거해, 바로 삼차원 공간 구성이 선험적으로 연역될 수 있는 것은 분명 아니라는 점이다. 우리는 다만 다음과 같은 정도만 말할 수 있다. 도대체 고정적 대상성이 현시들의 흐르는 다양체들에서 구성되어, 동일 대상성의 현출이 관통하려면, 현출들에서, 혹은 (동기화 정황의 배정된 경과에 의한) 현시경과의 동기화에서, 법칙적 질서의 고정성이 지배해야 한다. 그러면 이러한 법칙성의 형식들은 다음과 같은 추가 요청들에 의해 제약된다. 즉 이 대상성은 사물 대상성이어야 한다. 다시 말해, 다양체 사물(Mannigfaltigkeitsding)들에서 고정적 관계들로 정립되어 운동 및 변화 가능성들이 열려 있는 그런 대상성이어야 한다. 그런데 운동에서의 동일성은 연속적 위치 연속체를, 그것도 자체 내에서 조화로운 위치 연속체를 전제한다.

13장

안구운동장이 크기변화 다양체와 선회 다양체로 이행함을 통한 공간 구성

§70 이미지들의 한 동일 대상에의 귀속

그러나 이제 다시 정향변화로, 특히 크기변화로 돌아가서, 통일성 의식이 형성되는 방식을 상론해보자. 안구운동장 이미지(대상) 구성에서 이미지에 특수존재(Sonderdasein)를 부여하는 것은, 장의 다른 '대상들'에 대비되는 부각인데, 이는 질적 불연속과 다르지 않다. 대상은 질적으로 이러저러하게 특출한 모양의 통일체이다. 그리고 모양은 바로 그 색채가 주위의 색채와 뭉개지지 않음을 통해 특출해지는 것이다. 물론 연접한 두 이미지도 하나의 대상적 통일체로 포착될 수 있고, 결국 장 전체도 그럴 수 있다. 그러나 우리가 이런 임의적 통일체를 모두 정립하지 않는 것은, 혹은 이런 임의적 통일체를 모두 고려하지 않는 것은, 안구운동 이미지들이 사물들과 가지는 관계를 이미 염두에 두고 있기 때문이다. 사물 A에는 바로 이 안구운동 이미지가 귀속된다. 이 사물이 많은 부각되는 이미지들로 분열되더라도, 이 이미지들은 모두 서로 연관을 이루면서 동일 대상에 속한다. 그리고 장에서 이와 이접적인 이런저런 이미지들은 마찬가지로 대상 B에 속한다. 경우에 따라 심지어 서로 연접하지 않는 이미지들도 한 대상에 속하고, 안구운동장에서 이들을 이어주는 이미지들은 다른 대상에 속할 수도 있는데, 가령 차폐의 경우가 그렇다. 그러니까 한갓된 안구운동장이 정지한 통일적 장이라면, 이 장에는 한 대상에 속하는 이미지들의 연관과 관련하여, 결정적 방식으로 미래의 사물 구성을 예료(vorgreifen)하는 원칙은 없는 것이다. 이제 우리가 안구운동장들의 연속체로 넘어간다면, 정향변화와 크기변화는 서로 공속하는 통일체를 창출하며, 연결 원칙들을 포함한다. (주지하듯이) 차폐변화와 동행하는, 안구운동장에서의 한갓된 이동만 해도 이미 그런 것이다. 이동에서는 이동하는 것이 동일자이다. 동기화하는 정황의 경과는 안구운동 이미지에서 안구운동 이미지로의 이행에 동기를 부여하고, 이때 이미지는 내적 변화를 겪지 않는다. 이미지는 동일한 것이고, 다만 키네스테제 정황의 배정만 변하고 이와 더불어 장에서의 정향만 변할 뿐이다.

장 회전만 해도 이미 이보다 더 나아간다. 그러나 변화는 연속적 변화이다. 단지 일반적으로만 그런 것이 아니라, 이미지들의 구별되는 모든 계기에 있어 상호적이고 일의적인 조응이 있다. 각 이미지는 모든 다른 이미지와 조응하고, 다른 이미지로부터 연속적으로 두드러지면서, 우리가 회전이라고 부른 변양을 겪는다. 그리고 이는 어디에서나 똑같은 회전이다. 동일성이 연속적 변양을 관통하며, 변양이 구별되는 부분들의 전체를 통일적으로 관통하는 변양인 한에서, 다음과 같은 일반적 명제가 타당하다. 즉 각 부분의 변양의 결과에서는, 원래 이미지의 한 부분으로부터 연속적으로 두드러지는 각 부분이 동일한 것을 현시한다. 이때 현상학적 시간흐름에서 이미지가 불변하면서 유지됨은 변양의 한계사례(Grenzfall)로 간주되어 이 변양에 포함된다.

이 명제는 하나의 내실적 이미지 계열을 연속적으로 관통하는 변양에만 타당한 것이 아니라, 차폐변양에도 타당하다. 이전하면서 가리는 이미지에 의해, (변양하면서 늘 동일 대상을 현시하는) 다른 이미지가 연속적으로 지워질 때, 처음에는 (주어진 규칙에 의거해) 아직 다 지워지지 않은 이미지가 (그것의 모든 가시적 부분에 있어서) 동일 대상을 현시하는 것으로서 남는다. 이 이미지는 자신의 변양이 가시적인 덕분에 동일한 것이다. 그러나 이제 차폐가 진전되면서 점점 더 많이 지워지고 어쩌면 전체 '대상'이 지워진다. 그러나 운동이 역전되면 이 대상은 다시 연속적으로 구축(aufbauen)된다. 그러한 가리는 대상에 의한 이러한 연속적인 구축과 해체(abbauen)는 키네스테제 정황에 의해 고정적으로 동기화되는 변양체계이다.

각 키네스테제 상황(Situation)에는 이 차폐의 특정 국면이 귀속되며, 동일한 상황에는 동일한 국면이 귀속된다.

현출은 각 상황에서 동기화 상태에 의해 의미를 얻는데, 이 현출에서는 이제 가시적인 것이 비가시적인 것을 지시한다. 그러나 가시적인 것의 현시 성분에는, 비가시적인 것에 귀속되며 함께 동기화되는 지향은 들어 있지 않다. 가려진 것을 내실적으로 현시하는 이미지 계열은 가리는 것의 현시 계열로 연속적으로 계속 이어지지 않는다. 이런 관점에서는 동일성의 끈(Band)은 없다. 각성(wecken)된 지향들의 빛다발은 가리는 이미지를 관통하기도 하고 가려진 이미지를 관통하기도 하는데, 이 두 가지 빛다발은 동일한 빛다발이 아니라 분리된 빛다발이다. 가리는 이미지를 계속 내실적 이미지로 담고 있는 연속적 변양들에서, 이 이미지의 (살아 있으며 내실적으로 현시하는) 지향이 이 이미지를 관통한다. 그리고 아직 가려지지 않은 대상들의 이미지들도 관통한다. 그러나 한 대상이 연속적으로 가려지게 되면, 이 대상의 온전한 지향들은 빈 지향들로 연속적으로 변한다. 말하자면 내실적 지향이 가상적(imaginär) 지향이 된다. 이 지향은 현시내용들을 연속적으로 잃는다. 그럼에도 불구하고 (동기 연관에서 살아 있는 것으로서 동기화되는) 지각 지향의 성격은 유지한다. 전체 동기 통일체에서는, 규정적 특징을 지닌 이 차폐변양 현상이 이러저러하게 일어난다. 그리고 키네스테제 경과의 역전에 의해 키네스테제 상황이 변양될 때마다, 대상은 다시 온전히 현시되면서 (시각적으로 연속 구축되면서) 구성된다. 다른 한편, 만일 정황이 다시 이전 정황이 된다면 (가리는 대상은 계속 주어지는 반면) 이 [가려지는] 대상은 다시 연속적으로 차폐 뒤로 가라앉는다. 이때 가리는 대상은 가려지는 대상과 현상적 관계를 맺게 된다. 즉 각각의 사라진 대상점마다 가리는 대상의 한 대상점이 상응한다. 왜냐하면 방금까지는 여전히 대상 a를 현시하던 (안구운동장의) 동일 위치가 이제 b의 대상점을 현시하기 때문이다. 그러나 왜 장의 동일점에 속하는 내용에 a를 위한 현시 기능이 이양되지 않는지를 묻는다면, 대답은 당연히 다음과 같다. 내용이 현시하는 내용이 되는 것은 오직 동기화되는 변양들의, 규정적 성격을 지닌 이른바 법칙적 연관에서이다. 이 해당 내용은 바로 가리는 대상을 구성하는 연관에 배속된다. 그러나 가려진 대상은 그와 별도로, 그리고 그 위치에서, 다른 내용을 요청한다. 동기화된 그것의 내용이 이 법칙성이 요청하는 변화가 아니라 다른 구성 계열에 귀속하는 변화를 겪는다면, 이 변화는 바로 이 내용이 아니라 다른 내용에 귀속된다. (그러나 이 내용은 두 가지에 동시에 귀속될 수는 없다.)

§71 크기변화의 구성적 기능(접근과 이격)

이제 크기변화라는 표현이 포괄하는 변양 집합으로 더 나아가 본다면, 여기에는 다시 특수한 선택 원칙 및 통합 원칙이 있다. 이 원칙은 안구운동장의 다양한 구획 중에서 특정 구획들을 통일적 사물에 속하는 것으로 두드러지게 한다. 지속 불변하는 안구운동장도 이미 사물 파악에 힘입어, 다양한 가능한 변화들에, 특히 크기변화들에 배속된다. 이 안구운동장에는, 동기화되는 가능한 변화들의 종류를 지시하는 암시가 충분하기 때문이다. 그렇다면 크기변화나 여타 이미지 변화들이 안구운동장의 상이한 부분들에 분산되는 상이한 방식이 또한 말하자면 예기적(antizipatorisch) 효력을 지님이 드러난다. 이 방식은 사물 파악에 규정을 부여하고, 사물 현시들의 구획에서 우연적 자의성을 배제한다.

물론 크기변화는 똑같은 법칙적 형식으로 장 전체에 통일적으로 펼쳐질 수도 있다. 그러나 이 경우에는 파악에 근거(Handhabe)를 주는 것이 이 장뿐이므로, 사물적 대상성은 유일한 대상성으로 현출해야 한다(그 밖에도 전체 장의 통일적 이동과 회전에서도 정확히 이렇게 말했어야 했다). 그런데 일반적으로 크기변화는 장의 여러 부분에 서로 다른 방식으로 분산된다. 크기변화하는 통일체는 이 크기변화 통일체에 참여하지 않는 것(전혀 크기변화하지 않거나 다른 유형의 형식으로 크기변화하는 것)에 대비하여 분명 두드러진다. 우리의 원칙에 따르면, 통일적인 연속적 크기변화에 속하는 것은 명백히 하나의 통일적 현시(하나의 대상성의 현시)에 속한다. 물론 서로 다른 유형의 크기변화를 겪는 것들도 대상 통일체에 접합될 수 있다. 이는 그 자체로는 유형적으로 상이한 크기변화들이 (변양의 유형적 통일성에 의해) 통일적 현시로 합병될 수 있기 때문이다. 가령 연접하는 두 표면을 생각해보기 바란다. 다면체의 연접한 두 표면이 동시에 보이면서 서로 다른 변양의 크기변화 변양에서 현시된다고 해보자. 그러나 이 두 변양 계열은 서로 관련을 맺는다. 이들은 동일한 키네스테제 정황에 대응하고 함께 흘러가며 이 통일적 흘러감에서 통일적 변양의 특정 유형을 이룬다. 또한 이와 같은 의미에서 이미지들은 연접하지 않더라도 (키네스테제적으로 공속하고 유형적인) 하나의 변양을 겪는다면 하나의 대상성에 속하는 것으로 간주된다(차폐의 경우). 여기 일반적인 크기변화의 지역에서, 우리는 대상화 의미가 서로 다른 사건들을 탐구해야 한다.

먼저 크기변화와 차폐가 상호침투하는 방식은 이채롭다. 하나의 이미지는 (차폐에 의해 현시내용들을 외적으로나 내적으로 잃지 않으면서) 한낱 크기변화될 수 있다. 예를 들어 우리는 계속 보이는 편평한 경계면(가령 육면체의 표면)의 안구운동 현시들을 추적한다. 이 현시들은 연속적으로 서로에게 이행한다. 게다가 점들 사이, 부분들 사이, 상관관계들 사이에는 상호적이고 일의적인 조응이 존재한다. 조응하는 것은 이에 조응하는 것들의 연속적 변양이고, 따라서 이들은 동일한 것을 현시한다. 그러나 여기에서 [조응하는 것들 중] 하나는 바로 다른 하나가 크기변화한 것이다. 안구운동 모양은 변했다. 즉 점들의 전체 배치도 변했고, 이 중에서 부각되는 각 점들의 배치도 변했으며, 모든 한갓된 점쌍(點雙)들도 이미 변했다.

각각의 안구운동 간격은 연속적으로 변했으나, 키네스테제에 의해 고정적으로 동기화되는 방식으로 변했다. 그러니까 이 간격은 동일한 객관적 간격을 현시한다.

이제 요철(wellig) 표면을 사례로 들어 키네스테제 변화에서 이 표면의 현시를 추적해보자. 그렇다면 크기변화뿐 아니라 내부에서의 차폐도 등장한다. 가령 (한 점은 이랑[Wellenberg]에, 다른 점은 고랑[Wellental]에 속하는) 점쌍이 변양이 진행되면서 연속적 크기변화를, 가령 음의 크기변화[수축]를 겪는다고 하자. 그러면 간격이 갑자기 사라진다. 연속적 이행 덕분에, 개체로 보면 자기동일적이고 서로의 간격도 계속 동일하게 견지하는 두 점이 갑자기 서로 겹치고 이미지에서 갑자기 간격이 사라진다. 그리고 운동이 진전되면서 하나의 점은 어쩌면 계속 새로운 (분리된 대상점들을 현시하는) 점들과 겹칠 수도 있다. 이는 고립된 점쌍들뿐 아니라, 연속적 점 연관들에도 타당하다. 이미 대상화된 표면 통일체의 부분들이 현행 현시에서 떨어져나간다. 그러나 이들은 통일성 의식에서 가려진 것이라는 방식으로 견지된다. 그러니까 이들은 (통일적 크기변화의 흐름에서 일어나는) 내부 차폐라는 사건들이다. 모든 차폐에서처럼 여기에서도 대상화가 일어난다.

다른 한편 종종 크기변화와 더불어 또 다른 차폐도 일어난다. 다시 말해, 외부로부터의 통일적 크기변화 변양이 진전하는 가운데 현시구역이 단축(Verkürzung)되고, 이와 더불어 차폐가 일어난다.

그러나 여기에서 중요한 것은 이것이 이 대상 자체에 의한 차폐라는 점이다. 가령 둥근 모자의 (크기변화에 의해 현시되는) 유사회전에서, 옆면이 점점 더 많이 현시되고, 따라서 이미지의 한 테두리 부분이 계속 팽창한다고 하자. 그러면 다른 테두리들 부근에 놓인 부분들은 단축되다가 (팽창된 이미지 부분에 의해서, 혹은 이에 상응하는 대상면에 의해서) 가려져서 결국 사라진다. 또는 육면체의 연속적 변양에 있어서, 한 쌍의 면 중 한 면이 계속 팽창하고 다른 면은 한계사례까지 계속 수축한다고 하자. 그러니까 여전히 보이는 면 뒤로 이 다른 면은 사라진다. 그렇지만 이 면은 가려진 면이라는 방식으로 지향적으로 유지되며, 그것도 전체 대상에 속하는 것으로서 지향적으로 유지된다. 왜냐하면 (무효화[Nullifikation]나 잠정 지속되는 차폐와 같은 특정 성질의 사건들을 포함하여) 한 면과 다른 면의 변양들은 모두 동기화되는 전체 변양 통일체에 속하기 때문이다.

§72 선회의 구성적 기능. 선형 크기변화 변양과 순환 선회변양

이제 이미지 변양의 가장 중요한 사건 중 하나를 선회(Wendung) 변양이라는 표제하에 일반적 방식으로 정의하기를 곧바로 시도할 수 있다. 현시되는 대상점들을 이 변양에서 새로 얻거나 잃는 것이 (정향변화 및 원근변화 등에서) 안구운동장으로 이미지 부분들이 입장하고 퇴장함에 의해 얻거나 잃는 경우들과는 본질적으로 다르다는 것을 우선 지적한다. 왜냐하면 선회에서는 차폐와 노출(Aufdecken)이 특정 방식으로 작동하기 때문이다. 차폐 일반에 의해 이미지 부분들은 보이지 않게 될 수 있고, 노출 일반을 통해 이 부분들(또는 현시된 대상)은 보이게 될 수 있다. 그러나 때로는 다른 대상이 가릴 수도 있지만, 때로는 그 대상 자체가 자기의 대상점들을 가릴 수도 있다. 후자가 선회의 정의에 속한다. 여기에 이 두 가지 변양군의 새로운 근본 성격들이 더해진다.

순수 원근변화는 선형변양이다. 이를 동기화하는 정황은 선형인 직선적(lineaer orthoid) 방식으로 무한하게 변이한다. 반면 순수 선회는 순환변양이다. 이때 키네스테제 정황은 순환적으로 변이하면서 순수 선회변양 체계에서 선회하는 이미지 계열을 다시 가져온다.

한갓된 이격변양에서는 가령 이미지는 (내적 차폐와 노출을 도외시한다면) 영의 경계로 무한 수축할 뿐이다. 영의 경계에는 키네스테제의 무한성이 대응한다. 역방향[접근변양]에서는 이미지가 무한히 커지는데, 여기에서 경계는 흡사 '무한'이다. 그러나 여기에는 키네스테제의 유한 경계가 상응한다. 대상이 다른 면들을 가지는 것은, 가능한 선회변양들이 대상을 공동 구성하기 때문이다. 이때 현출 계열은 순환적이고, 한 면에서 다른 면으로 순환적으로 이행하여 마침내 면들의 폐쇄성(Abgeschlossenheit)을 구성한다. 이것은 폐쇄적인 몸체 표면들이다. 그러나 우리는 사실 아직은 표면이라고 말해서는 안 된다. 그렇지만 우리는 연속적 선회에 기초해 구성되는 것은 반드시 이차원적 점체계임을 인식한다. 그러니까 이 순환은 선형 순환이 아니라, 두 차원을 가진 순환 다양체임에 유념해야 한다. (늘 한갓된 선회로서의) 선회는 다양하게 일어날 수 있고, 특히 안구운동장에서 이차원 방향체계의 척도에 따라 그렇다. 하나의 대상점이 수행하는 연속적 차폐들을 추적하면서 안구운동장에서 선회의 각 위상에 속하는 이 점의 위치들에 주목해보자. 그러면 모든 대상점이 왼쪽에서 오른쪽으로 선회할 수 있으며, 안구운동장의 극좌표(Polarkoordinate)[164]들의 빛다발에서 (예컨대 아래에서 위로 등) 다른 각 방향으로 선회할 수 있음을 알게 된다. 각 일차원 순환 선회마다 특정 현출체계가 대응한다. 그러므로 폐쇄된 몸체를 그 모든 면에 있어서 모든 현출에서 충전적으로 얻으려면, 이 모든 선회체계를 훑어야 할 것이다. 그리고 당연히 각 선회에는 역선회가 있다. 왜냐하면 정지 다양체 유형에서는 모든 변양에 (키네스테제에 있어서나, 이에 대응하는 연속적 현출들에 있어서나) 역변양이 대응하기 때문이다.

한 가지 일반적인 언급이 필요하다. 한갓된 크기변화와 안구

164) (역주) 임의의 점의 위치를, 정점(원점)으로부터의 거리(r)와 방향(θ)으로 정하는 좌표계.

운동장의 한갓된 정향변화의 관계는 (힘의 평행사변형 정리에 따라 합성될 수 있는) 두 힘의 관계와 같은 것이 아니다. 한갓된 크기변화가 한갓된 정향에 독립적인 변양임을 나는 그리 분명하게 말하지 않았다. 올바르게 말하면 다음과 같다. 한갓된 정향은 (안구운동장에서 동일하게 유지되는) 모양의 이동이거나 크기변화이다. 예컨대 '이동'에서 장의 모든 점의 좌표는 동일하게 선형으로 변형된다. 즉 방향을 지닌 각 간격은 동일한 한갓된 평행이동을 겪는다. 점들의 상호정향은 모양의 한 위치에서나 다른 위치에서나 동일하다. 다른 한편 크기변화에 있어서 점들은 상호정향을 유지하지 않는다. 크기변화 개념에는, 일반적으로 말해, 무엇보다 장에서의 점들의 위치변화가 속한다. 모든 점들이 위치를 유지하면, 당연히 변양이라고 할 수 없다. 다른 한편으로는 점들의 상대적 정향이 유지되지 않도록 위치들이 변화할 수도 있다. 그래서 우리가 변양이 진행될 때 두 점으로 이루어진 어떤 쌍을 추적할 때 이 두 점의 간격은 일반적으로 계속 변하는데, 크기와 방향이라는 두 요소 중 적어도 하나에 있어서 그렇다. 이에 대응하여 전체 모양은 크기에서나, 형식에서나, 둘 다에 있어서나 연속적으로 변한다. 크기변화의 어떤 특정 유형은 선회라는 특징을 가진다. 이는 대상의 선회에서 현출하는 이미지 변양이다. (그것의 한계사례는 안구운동장에서 한갓된 정향변화이다.)

앞서 우리는 다음이 선회의 특징임을 알게 되었다. 크기변화 변양에 있어서 불변 이미지가 외부로부터 새로운 현시내용들을 연속적으로 취하고 이전 현시내용들을 잃는다. 이때 새로운 이미지 내용들은 (거기에 이들이 연속적으로 결합하는) 저 이미지 내용들에 의한 차폐에서 연속적으로 벗어난다. 그리고 역으로 가리는 이미지 내용들은 이미지에서 이웃들에 의해 연속적으로 가려진다. 그러나 이러한 성격은 다른 성격과 관련되어 있다. 모든 각 선회에는 선회 방향이 있는데, 이는 항상적이거나 변이하는 방향이다. 항상적 방향을 지닌 선회를 취해보자. 혹은 어떤 임의의 선회에 있어 선회미분(Wendungsdifferential)을 취해보자. 가령 우리가 정지 대상 주위를 돌 때 생겨나는 가현회전을 생각하면 될 것이다. 오른쪽에서 왼쪽으로의 회전일 수도 있고, 왼쪽 아래에서 오른쪽 위로의 회전일 수도 있으며, 방향은 늘 변한다. 그러면 우리는 선회의 작은 단편을 살펴보자. 모든 경우에서 분명한 점은, 모든 점의 방향에 있어서 어떤 식으로든 일관하여(einstimmig) 정향이 바뀐다는 것이다. 예를 들어, 장에서 눈에 띄는 점 하나가 왼쪽에서 오른쪽으로 움직이면, 이와 더불어 모든 이미지 점이 통일적으로 조화로운 방식으로 움직인다. 즉 이들이 순환 변양들의 특정 체계에 끼워지도록 하는 것인데, 이 체계는 이미지를 다른 이미지로, 마지막으로는 그 이미지 자체로 연속적으로 끌어간다. 그러니까 우리가 항상적 방향으로의 선회를 계속 이어간다면, 이 선회는 자기 자신에게로 돌아간다. 그러나 이때 선회는 필연적으로 안구운동장을 넘어 이끌어간다. 장의 안구운동 이미지의 한갓된 회전이 경우에 따라 순환적 왜곡과 함께 일어난다. 이때 서로에게 이행하는 이미지 점들의 상호적이고 일의적인 조응은 변양 이전과 이후에 [동일하게] 유지되는 것이 아니다. 이보다는 순환적 사건은 필연적으로 차폐와 노출을 가로질러 간다. 그리고 흐름에서 포착되는 이미지의 몇몇 부분들만 현시의 동일성을 유지할 수 있다. 즉 (가령 앞서 우리가 주사위가 회전하되, 완전한 회전에서 주사위의 특정 면 하나는 늘 보이는 것을 생각하면서 기술한 방식으로) 몇몇 부분들만 장 자체에서 온전한 순환적 변화를 겪을 수 있다. 이 [계속 보이는] 주사위 면의 이미지는 규정적 크기변화와 더불어 순환적 변화를 온전히 수행하지만, 모든 위치에서 상호적이고 일의적 조응은 유지한다. 이는 바로 모든 점에 있어 동일한 표면으로서, 모든 점이 계속 현출하지만 다만 회전하면서 현출하는 것이다.

여기에서 선회의 법칙적 고유성이 암시되고 있음은 분명하다. 그리고 완전한 선회는 현출을 그 자신으로 돌려보내기 때문에, 선회가 폐쇄된 키네스테제 계열에 의해 동기화됨은 이미 말해지고 있다.

우리가 선회의 성격에 대해 먼저 서술한 것처럼, 모든 선회는 새로운 현시내용들을 연속적으로 가져오고, 이미지는 새로운 것을 가져온다. 바로 그래서 "대상이 선회한다."라는 말이 "대상이 연속적으로 새로운 면들에서 드러난다."라는 말과 같은 뜻이라는 것이다.

이와 동시에 얻음과 잃음은 쌍을 이룬다. 즉 현출에 있어서 방금까지 보이던 것이 사라진다. 그러니까 시각 대상의 본질적 특유성이 현상학적으로 구성된다. 이 특유성은 시각 대상을 봄에 있어서 이 대상이 '면들을 가진다'는 것과, 오직 불충분하게 이 '면들'에서 (선회변양들의 특징적 체계에 있어서) 현시된다는 것이다. 완전한 선회가 수행되면, 연쇄적 현출의 통일성에 있어서 면들은 연속적으로 서로에게 연결되고, 면연관의 폐쇄성을, 즉 ('닫힌' 표면인) 완전한 몸체 표면을 현출시킨다. 그렇지만 본래 '표면'이라고 아직은 말할 수 없다. 어쨌든 완전한 선회는 물체 형상의 폐쇄성을 구성한다. 그러나 더 정확하게 말해야 한다. 물체의 전면성이 완전히 주어지기 위해서는, 온전한 선회로는 부족하다. 모든 선회위상들은 일차원 체계가 아니라 이차원 순환체계를 이룬다. 혹은 (같은 말이지만) 선회방향(또한 선회연속체)은, 평면의 한 점에서부터 시작하는 방향 빛살들처럼, 일차원 순환체계를 이룬다. 이에 상응하여 키네스테제 체계도 이차원 순환체계이다. 우리가 현시되는 어떤 대상점을 시야에 둘 때 이 점이 선회변양을 겪으며 가령 오른쪽에서 왼쪽으로 간다면, 우리는 이 동일점을 안구운동장에서 방향다발 중의 각기 다른 방향으로 끌어갈 다른 선회를 생각할 수 있다. 그러면 전체 선회는 이에 상응하여 진행할 수 있을 것이다. 그러나 여기에서는 각 방향 자체에서 또 다른 많은 가능성들이 있는데, 이는 팽창이 이격 및 접근과 결합할 수 있기 때문이다. 이를 따로 고찰한다면,

크기변화의 다른 유형이 현시할 것이다. 이제 이에 대해 이야기하여야 한다.

한갓된 접근과 이격이 현시하는 크기변화 변양에는 순환의 성격이 없다. 이러한 변양은 그 자체로는 같은 방면으로 계속되더라도, 순환적으로 자신에게 이행하지 않으며 그럴 수도 없다. 이 변양은 두 방면으로 무한하게 진전하는 변양 유형이라는 성격을 지녔다. 두 방면이란 다음과 같다. 여기에는 (오직) 두 방향이 있는데 이들은 상반된 방향으로서 하나의 선형 다양체(양면으로 개방되고 무한한 다양체, 즉 직선 다양체)로 합쳐진다. 이것이 바로 '접근과 이격'이라는 상관자가 뜻하는 것이다. 이것의 또 다른 성격으로 우리는 선회의 주요 성격과 대립되는 어떤 것을 취할 수도 있다. 정지 다양체 체계에는 크기변화의 근본 형식이 단 두 가지이다. (이 둘의 합성을 빼면) 선회와 원근변화인 것이다. 그래서 이렇게 말할 수 있다. 한갓된 접근이나 이격에서는, 외연의 일반적이고 연속적인 자체차폐(Eigenverdeckung)와 자체노출(Eigenaufdeckung)에 의해서 현시내용들을 얻거나 잃지 않는다. 이 말은 이 한갓된 원근변화 변양의 본질에 다음이 속함을 뜻한다. 즉 이 변양은 대상을 언제나 하나의 면에서, 오로지 하나의 면에서 현시한다. 또한 정지 다양체가 크기변화의 변양 방식 중 오직 이 변양 방식[원근변화]만 지닌다면, 거기에서는 면들의 연속체에서 사물 형상의 '폐쇄성'은 전혀 현시될 수 없으며, 일반적으로 주어진 면을 넘는 면의 '이상(Mehr)'은 전혀 현시될 수 없다. 그러니까 면 개념 자체가 없을 것이다. 그렇다고 해서, 대상의 원근변화 변양에서는 언제나 동일하게 같은 점들이 현출되고 새로운 점들이 현출될 수 없다는 것은 아니다. 우리는 내부적 노출 및 차폐를 배제하지 않았기 때문이다. 현출하는 모든 사물 면이 주름 없는 평면 혹은 구면이어서, 선회 없이 접근하면 더 잘 볼 수 있는 것은 아니다.

원근변화 변양에서 크기변화는 한 방면으로 계속 크기변화하고 도는 것이 아니라, 전 방면으로 분산된 크기변화이다. 이 크기변화 유형은 유형적이고 법칙적이지만, 순환적 과정이나 테두리 월경에 맞춰지는 것은 아니다. 그러나 이때 다양체는 매우 큰 다양체이다. 왜냐하면 여러 형태를 가진 각 몸체는 원근변화에 따른 크기변화에 있어 여러 양상들을 띨 것임이 틀림없기 때문이다. 그러나 이 양상들은 규정적 형태를 가진 규정적 몸체마다 규정적인 양상이고, 그것도 이 몸체의 일차원 변화 다양체로 환원되는 그러한 양상이다. [이에 비해] 선회에 있어서도 각 몸체는 완전히 다르게 보이지만, 각 몸체에 있어 이 선회 다양체는 이차원 순환 다양체, 그리고 완전히 규정적인 다양체이다. 순수 원근변화 다양체는 두 방면에서, 즉 본래적 원근변화[이격]와 접근에 있어서, 무한으로 나아가지 않는다. 이격에는 영의 경계가 있다. 이미지는 '점'으로 응축한다. 이에 반해, 이에 평행한 키네스테제 계열에서는, 이 영점에 '무한'이 대응한다. 물론 키네스테제 변양이 단순감각 변양일 뿐이라면,

키네스테제 감각은 무한하게 상승하지 않을 것이다. 여기에서 전제되는 것이 무엇인지는 분명하다. 보행을 한 번 떠올려보기 바란다. 균일한(einförmig) 변화가 아니라, 되풀이해서 같은 방식으로 행해지는 활동이 유형 ab, ab, ab, ……로 주기적으로 교체하면서 등장한다. 이 점은 별도로 고찰되어야 할 것이다.

접근에 있어서는 이미지가 양의 크기변화를 겪으며 이념적으로 말하면 무한하게 팽창한다. 그러나 여기에는 키네스테제의 유한한 경계가 대응한다. (이미지 외연이 장을 벗어나서 커지는 것을 도외시하면) 이 경계는 도달할 수 없다. 유한한 경계는 이념적 경계이지만, 분명 키네스테제 배정의 본질에 기초하고 있다.

§73 요약: 공간 구성과 그 단계들

모든 키네스테제 변양은 안구운동 변양이거나 기타 키네스테제 체계와 관련된다. 전자는 안구운동장만 구성하고, 후자는 원근변화와 선회로서, 이 장으로 (모든 정향도 포함해) 크기변화 체계를 들여온다. 이를 통해 이차원 안구운동장은 삼차원 공간장으로 변전하는데, 이는 일차원 선형 원근변화 다양체와 이차원 순환 선회 다양체의 결합이다. 삼차원 대상이 구성되는 데 있어서, 더 이상의 변양은 없으며 있을 수도 없다.

따라서 공간 사물성의 구성을 기능적 구분인 여러 단계에서 고찰해야 함이 드러난다.

I. 안구운동장 구성

II. a) 선형 접근 다양체와 이격 다양체

b) 이중(zweifach)으로 순환적인 선회 다양체

c) 이들의 합성

이런 해명의 본질적 지점들은 정황과 현출의 구분이고, (장과 공간의) 외연적 확대라는 사건과 (다양한 형식의) 내포적 확대 및 축소, 차폐라는 사건의 구분이다.

14장
보충 고찰

§74 대상적 정지에 있어서의 사물 연관으로부터 개별사물의 구획

아직도 많은 보충이 필요하다. 예를 들어서 개별 사물의 가름(Sonderung) 문제가 그런데, 이러한 가름에 있어 정지 대상성이 (어느 정도) 이미 관여하는지와 같은 문제이다. 원근변화나 선회와 같은 연속적 변양에서 점과 점이 연결되고 면과 면이 연결될 때, 사물 연관에서 대상성의 통일성이 관통한다. 하지만 사물성의 발현에 있어서 연관들을 추적하면, 결국 모든 것이 모든 것과 연결되어 있지 않은가? 여기에서 고려할 점은, 철저히 정지한 대상성에서 크기변화와 원근변화라는 변양은 장 전체를 관통하는 것처럼 보인다는 것이다. 그러나 단순한 직관(Anschauung)으로만 국한한다면,

예외를 발견한다. 이 직관에서는 무한하게 먼 몸체들도 현출한다. 즉 크기변화의 일반적 흐름에 이끌려 들어오지 않는 몸체들도 현출한다. 그러나 여기에 모순이 있다. 예를 들어 하늘의 푸름이 창궁으로 현출하여 몸체로 해석될 때, 이 몸체는 그래도 앞뒤가 있어야 하고, (가능한 순행[Umgang]에서, 가능한 순환적 선회 등에서 구성되어야 할) 폐쇄된 표면이 있어야 한다. 이렇게 구성된다는 것은 몸체성의 폐기될 수 없는 본질에 속하기 때문이다. 몸체성의 의미는 바로 이러한 동기화되는 현출변양들에서 통일체로 드러난다는 것이다. 아주 먼 산맥이나 달 등도 마찬가지이다. 땅에 있는(irdisch) 아주 먼 대상들에서는, 경험이 진전하면(무한하게 나아가는 지각 가능성들이 실현되면) 이미지의 연속적 변화가 드러난다. 크기변화나 선회 등이 시작되는 것이다. 그러면 우리는 변화들이 감지되지 않다가 이제 감지된다고 말한다. "얼핏 보기에 예외인 것이 규칙을 확증한다." 그러나 창궁에 있어서는 이렇게 말한다. 여기[산맥, 달 등]에서는 몸체로 해석함이 아주 먼 몸체의 해석이다. 그러나 여기[창궁]에서는 이러한 해석은 허용될 수 없다. 그것은 진짜 몸체가 아니라 가상의 몸체이기 때문이다. 푸름(혹은 잘 알려진 경험을 추가한다면, 특정 방향으로 계속 접근할 때 시작될 검음)은 객관적 푸름(혹은 검음)이 아니고, 사물에 속하지 않는다. 주관적 현상일 뿐이다. 이러한 주관성을 도외시할 경우 여하튼 확실한 것은 사물성의 본질에는, 이 사물성이 앞서 기술한 현상들을 통해 증시되고 이 현상들에서 통일체로 구성될 가능성이 속한다는 것이다. 또 두 가지 가능성 외에는 선택의 여지가 없다는 것이다. 그것은 감지되지 않던 것이 감지되는 것이거나, 아니면 가상 사물성 내지 착각 사물성이라는 것이다. 또 그 자체로 확실한 것은, (시각 소여라는 견지에서만 살펴본다면) 봄의 한갓된 구역에서 빈 공간도 (사물 파악에 묶이지 않는) 시각 내용들의 여분으로 상상가능하다는 것이다. 모든 시각 내용이 사물 파악에 꼭 묶이는 것은 아닌 것이다. 사물 파악에 묶이는 시각 내용들은 (서로 간격이 있고 질서를 지닌) 사물들을 구성한다. 묶이지 않은 시각 내용들은 사물들 사이의 무(Nichts)를 구성한다. 따라서 여기에서 몸체의 완전하고 전면적인 폐쇄성이 개별 사물 구획의 원칙으로서, 그것도 유일한 원칙으로서 드러난다. 이러한 폐쇄성은 모든 다른 몸체로부터의 분리(Trennung), 즉 빈 공간을 매개로 하는 분할(Scheidung)이다. 두 사물에서 (통상적 의미로 말할 때) 하나가 다른 하나의 위에 있거나 안에 있으면, 사물의 연속성은 두 사물을 가로질러 간다. [사물의] 단편들도 서로 '접하고' 서로 겹치는데, 왜 이 임의의 단편도 하나의 사물로 간주할 수는 없는가라는 물음이 여기서 생겨난다. 당연히 우리는 이렇게 말할 것이다. 나는 [단편이 아니라] 독립적 사물들이라면 이들을 서로에게서 두드러지게 할 수 있다. 이들은 서로로부터 독립적으로 움직이고 변화할 수 있다. 이들은 물리적 속성들이 서로 다르고 작용방식이 서로 다르다. 그러나 정지 대상성 구성은 이에 대해 전혀 말하지 않는다. 이제까지의 논의에서는 이러한 구별을 위한 원칙이 없다.

§75 부록: 차폐를 원근간격으로 파악함

어떻게 차폐를 원근간격(Entfernungsabstand)으로 파악하게 되는지에 대해서는 아직 설명하지 않았다.

차폐하는 것과 차폐되는 것은 서로 다른 대상이며, 둘 다 불변대상이다. 이제 서로 분리된 여러 대상들로 이루어진 하나의 정지대상성을 취하면, 하나의 대상성인 이 대상들은 당연히 정합적으로 동기화되는 과정들(이동, 선회, 합치[Deckung], 연장 등)에 의해 하나의 안구운동장으로부터 현시될 수 있다. 여기에는 (안구운동에 의해) 이 대상성의 현시들로 충족된 하나의 장이 있어야 한다. 그리고 이 장에서는 각각의 두 대상은 차폐 없이 온전히, 또는 부분적으로 현시된다. 그러나 유의할 것은, 순수하게 불변하는 대상성을 현시하는 다양체들의 구역에서는 폐쇄된 대상의 내부는 현시되지 않고 현시될 수도 없다는 점이다. 우리는 내부에 대해서는 아무것도 알지 못하며, 이런 내부가 도대체 가능하다고 간주할 근거도 없다. 차폐로 들어왔다가 다시 나가는 것이 주어진다. 그리고 역방향으로는 나감과 들어옴의 현상성(Phänomenologie)이 있다. 우리는 보이지 않는 어떤 존재가 어떻게 구성되는지 말한 바 있다. 이 존재가 가려진 존재이거나 안구운동장 현시 바깥에 놓인 존재일 때

(즉 어떤 키네스테제 과정에 의해서야 비로소 주어질 수 있는 것일 때) 그렇다. 원리적으로 항상 차폐인 차폐는 여기에서는 있을 수 없다. 폐쇄된 표면들의 '내부'의 '안'에 있는 점들은 한갓된 정지 다양체 내부에 있으면서 필연적으로 가려지는 점들일 것이다. 점들을 초기정립할 다른 가능성들도 있음에 대해 이제까지 우리는 떠올리지 않았다. 아니, 적어도 이를 설명할 수는 없었다.

우리는 적어도, 대상의 각 점쌍에는 하나의 간격이 상응함은 알지 않는가? 그렇다면 '내부' 점들의 가능성은 아니더라도, (여러 면에 놓인 점들 사이의 가능한 모든 간격들에 의거하여) 각 표면이 변형(Deformation)될 가능성은 확보될 것이다. 더 나아가, 아마 단편들 사이에 어떤 사이(Zwischen)가, 공간이, 즉 충족되지 않은 간격이 있는 분할도 상상가능할 것이다. 보이는 간격은 모두 유지된다. 그래서 안구운동장은 확충되고, 따라서 둘 다 직관되지 않더라도 간격에 대해 간접적으로 이야기할 수 있다. 여기 덧붙여서, 통일적으로 보이지 않는 것이 (일단은 이격변양, 즉 수축에 의해서라고 말하지 않겠지만) 하나의 장으로 들어오고, 통일적으로 보이는 것으로 넘어갈 수 있다. 마찬가지로, 가려진 것이 분리됨, 즉 어떤 점과 가려진 점의 어떤 [보이지 않는] 간격이 (보이는 간격으로 넘어감에 따라) 증시됨도 가능하며 실제로 일어난다. 각 점의 동일성은 늘 유지되고 그래서 각 점쌍의 동일성도 늘 유지되기 때문이다. 그러나 두 개의 동일점들은 어떤 것이라도 하나의 '간격'을 가진다는 것, 즉 이들이 장에서 증시되는 (계조 있는) 관계를 보인다는 것은 이야기되지 않았다.

§76 빈 공간의 소여방식

(변화에서 동일한 것인) 사물 구성으로 넘어가기 전에, 지난 시간 말미의 설명을 보완하고 명료하게 하기 위해 몇 마디를 덧붙이고자 한다. 이는 정지한 전체사물성(Alldinglichkeit)의 틀 안에서 폐쇄 대상의 구획에 대한 것이다. (선회에 의한 크기변화와 원근변화에 의한 크기변화로서의) 크기변화는 안구운동장을 공간장으로 바꾸는 동일성 의식의 기초이다. 또한 크기변화는 어떤 정도까지는 분리성(Sonderheit)의 기초가 된다. 안구운동장에서 부각되는 모든 이미지가 대상을 드러내는 것은 아니다. 개별 안구운동장에서 연속적으로 서로에게 이행하는 모든 점 계열이 연속적인 대상적 점 계열을 주는 것은 아니다. 전체 장은 물론 연속적이다. 그러나 우리가 부각되는 색채 통일체를 통일성의 기초로 취하더라도, 이것으로는 아무것도 이루어지지 않는 것이다. 왜냐하면 점 계열이나 연속적 점 연관은 색의 이산에 의해 나뉘더라도, 동일 대상에 연속적으로 속할 수 있기 때문이다. 그러나 크기변화 연관의 연속적 통일체로 들어오는 연속적 이미지 점 다양체는 연속적이고 대상적인 점 다양체를 현시한다는 것이 타당하다. 한갓된 원근변화에서

는 그런 것이다. 그러나 무한하게 먼 가상배경(Scheinhintergrund)이 없을 때에 그런 것처럼 안구운동장의 모든 것이 크기변화할 수 있지만, 그렇다고 해도 (전체 장을 연속적으로 관통하는) 원근변화에 의한 크기변화의 연속적 통일체는 아직 없다. 객관적으로 말한다면, 우리 눈앞에 (하나는 앞에 있고 하나는 뒤에 있는 등) 여러 대상이 있다면, 각 대상은 우리에 대해 다른 공간위치를 가진다. 이제 일반적으로 말해 각 대상에 (가령 몇몇 내부적 차폐 위치를 제외한다면) 연속적으로 통일적인 크기변화가 속한다. 각 대상마다 하나의 크기변화가 속하지만, 합쳐진 모든 대상에 하나의 크기변화가 속하는 것은 아니다. 이미지들을 구획하는 테두리는 크기변화가 불연속적이 되는 위치이다. 선회도 마찬가지이다. 각 대상은 하나의 상이한 선회 연속체에서 현시된다. 그리고 현출하는 대상들이 모두 선회하더라도, 여기에서도 이미지 테두리는 선회 연속체에 있어서 불연속 위치이다. 연속적으로 선회하는 연속적인 이미지 점 계열은 연속적인 사물 점 계열을 구성한다. 물론 이것으로는 아직, 추가적인 경험 맥락에서 (현행 경과하는 크기변화의 진전에서 불연속으로 증시되는) 점들의 연속성이 드러날지 여부가 결정되지 않는다. 왜냐하면 (직접적 연관에서 고찰한다면) 이들은 이미지로 현시되는 (연속적으로 크기변화하는) 점 연속성에 (눈에 보이는 방식으로) 속하지 않기 때문이다. 그러나 간접적으로 연속성이 드러날 수도 있는데, 바로 가령 대상적으로 a는 b와, b는 c와, c는 d와 연속적으로 이어짐으로써 그렇다. 이때 ab, bc, cd라는 쌍들은 각각 하나의 통일적 이미지에 속하고 이 이미지의 통일적 크기변화 연속성에 속한다. 그러니까 우리는 일단은 (바로 이미지 크기변화의 연속과 이산에서 구성되는) 객관적 연속과 이산을 결정할 수 있는 하나의 원리만 가질 뿐이다. (크기변화 다양체에서 대상화되는) 점 체계와 (어떤 다른 이미지 다양체에서 구성되는) 점 체계 사이에 연속적 이행이 없어야, 그리고 (당연히 앞서 말한 의미에서) 이미지 크기변화의 (직접적이거나 간접적인) 연속적 이행이 없어야, 비로소 현실적이고 완전하게 분리된다. 이는 빈 배경(가현적 창궁)으로부터 두드러지는 두 구(求)에서 그럴 것이다. 이들 사이에는 빈 공간이 있다. 객관적으로 '떨어진(distant)'(이산적 크기변화에서 구성되는) 두 개의 점 지역 사이에는 항상 빈 공간이 있다고 말할 수도 있다. 예를 들어 통상적 의미에서 가리고 가려지는 두 대상이나 두 대상 단편은 상대적으로 분리된다. 즉 크기변화와 선회에서 이들은 통일체를 이루며 움직이는 것이 아니라, 각자 자신의 크기변화를 지니며, 다른 크기변화와 불연속적이다. 그러나 상상에 의해 이 이산적 점들이 연속성에 의해 연결된 것으로 생각할 수 있다. 가령 하나의 끈을 넣어서 상상하면, 이 끈은 이제 이미지에서 함께 크기변화하면서, 결합된 점들이 통일적으로 크기변화 연속성을 가지게 한다. 그렇게 다중적인 연속적 점 계열들은 (몸체성의 통일성에 연결될) 연결하는 점 계열들로 상상할 수 있다. 이들이 현실적으로 주어지지 않더라도 가능하므로, 우리는 각 현행 몸체성과 공간을 가른다. 그리고 공간은 다양한 방식으로 몸체성으로 채워질 수 있고, 게다가 규정적 질서에서, 바로 그 몸체성의 공간질서에 있어서 그렇게 채워질 수 있다고 말한다.

그러니까 안구운동장이나 시각장은 언제나, 또 필연적으로 꽉 찬 장인 반면, 공간은 그렇지 않다. 몸체성은 보이지만, 다른 몸체성들의 무수히 많은 가능성들을 말하자면 '사이'에 열어둔다. 그러나 크기변화의 이산이 있다면, 이 크기변화 이산이 (크기변화 연속성에 의해) 상이한 방식으로 연결될 수 있고 결국 연속적 방식으로 매개될 수 있다. 이를 통해 이 '사이'는 구성되는 것이다.[165] 빈 공간이 보인다고 말할 수는 없더라도 여기에 사이는 있는 것이다. 이 사이는 비어 있으나 연속적으로 충족될 수 있는 공간이며, (법칙적이고 규정적인 성격을 지닌) 실제적 매개들의 한갓된 가능성이다. 보이는 것은 물체이고, 이 보이는 것과 더불어 사이는 포착된다. 그러면 상상에 의해, 이 사이를 몸체로 이러저러하게 채울 수 있다. 그러니 오히려 공간은 [몸체와 더불어] 함께 보이는(mitsehen) 것이다.

---

165) (원주) 내가 빈 공간의 한 점에 주목한다면, (명료한 상상은 아니더라도) 거기 있는 어떤 것에 대한 빈 표상은 필요한 것인가?

§77 몸체 내부의 소여방식

완전히 닫힌 물체의 내부는 어떤가? 나는 (사이이기도 한) 공간적 내부가 아니라, 몸체의 내부, 즉 몸체 표면과 대비되는 충족된 내부공간을 말하고 있다. 물론 정지 대상성 직관은 크기변화 이산과 크기변화 연속에 있어서 한편으로는 닫힌 몸체성을, 다른 한편으로는 사이를 구성하지만, 표면과 대비되는 내부를 현시할 수는 없다. 이는 이 직관의 본질이다. 여기에서도 우리는 상상변양에 의해 나아갈 수 있다. 사이가 이른바 열린 사이이고 현실적으로 현시되는 사이라면, 우리는 이 사이를 질료적 점 계열들에 의해 이어지는 것으로 표상할 수 있다. 이와 마찬가지로 우리는 사이를 조금씩 연속적으로 메울 수 있다. 이는 커피 잔을 생각하면서, 전부 가득 찰 때까지 질료적 계열을 가지고 점들을 연결할 때와 같다.

그렇지만 목표에 이르는 더 나은 길은, 사물들을 서로 떼었다가 다시 겹치는, 확장된 경험의 구역일 것이다. 이를 통해 정지 다양체의 견지에서는 하나였던 사물들이 분리되었다가, 서로 접하는 표면들에서 (정지 다양체 관점에서는 증시할 수 없을) 내부를 가지게 되는 것이다. 또 다른 길은, 들춤(Aufklappen)과 덮음(Zuklappen), 분할과 상호부착(Aneinanderkleben) 등의 사건들일 것이다. 나아가 여기에서 동일 몸체를 절단면들로 자르거나, 역으로 평면의 움직임에 의해 이 몸체를 산출하는 등의 (그 가능성들을 좇는) 상상 운동들일 것이다.

정지 다양체와 관련하여 여전히 일련의 다른 설명들을 할 수 있다. 이 중에서 예컨대 공간적 근본 도형의 성격(구성하는 변양 계열들에서 이 도형의 특출한 행동)만 지적하고자 한다. 그러나 이제 여기 머물기보다는, 사물세계 구성으로 나아가고자 한다. 우리는 변화들의 지대에 들어서는 것이다.

6부

객관적 변화의 구성

15장

지각대상의 질적 변화

§78 공간형상과 질적 채움의 연관

이제까지 절대적으로 정지한 사물세계라는 허구를 꾸몄다. 이 사물세계는 단지 운동학적(phoronomisch)으로만 정지하는 게 아니라 질적으로도 불변이었다. 즉 공간을 채우는 모든 질들과 관련해서도 불변이었다.(여기에서는 수반하는 질들은 도외시할 수 있다.) 우리가 시각적 사물을 다루었으므로, 각 사물의 전체 색채는 항상적이다. 이제 색채의 변화 가능성을 고려할 것이다. 실은 이를 통해서야 비로소 정지 사물성로부터 기하학적 사물 몸체가 부각되고, 이를 통해서야 비로소 색채의 가능한 가변성에 있어서 순수 공간이 그 형식으로서 구성된다. 이 형식에 모든 사물 몸체가 그 단편으로 끼워지고, 모든 점들에 있어 절대적으로 고정적 방식으로 배열

된다. (정지한 몸체성을 구성하는 현출 다양체에서) 각 이미지에는 (크기도 포함하여) 선경험적 형상과 (형상을 모든 부분들까지 채우고 덮는) 선경험적 색이 있다. 변양흐름에서 이 두 요소는 변화를 겪는다. 여기에서 구성되는 것은 대상의 색채로 철저하게 채워진 대상의 형상이다. 이때 색채는 형상의 한 기능(Funktion)이지만, 형상으로부터 독립적으로 변이 가능하다. 보이는 빨간 육면체는 파랄 수 있고, 일부는 빨갛고 일부는 파랄 수도 있다. 두 몸체는 이들의 위치와 이들을 포함하는 사물 연관을 제외하면, 그 자체는 똑같을 수 있다. 두 몸체 자체만 두고 볼 때, 두 몸체를 구성하는 변양체계가 완전히 똑같다면 그렇다는 것이다. 그러나 이들은 또한 그 형식만 똑같고 색채는 다를 수도 있다.

그러나 다른 한편 색채는 형상과 분리되지 않는다. 색채는 구체적 형상의 가능조건이며, 이미지에서 두드러지는 색채는 두드러지는 몸체성 구성의 가능조건이기 때문이다. 더 나아가 선경험적 색채와 대상적 형상 사이에는 기능적 관계가 있다. 대상의 형상이 대상의 특정 색채에서 현출한다면, 선경험적 색채는 (형상으로부터 규칙을 지시받는) 매우 규정적인 변양들을 겪기 때문이다. 예를 들어 어떤 육면체가 이러저러한 종에 속하는, 균질한 빨간색이라면, 이 육면체 구성에는 (육면체 형식에 의해 규칙을 지시받는) 빨강 음영들의 체계가 반드시 있어야 한다. 그러나 그렇다고 해도, 이와 동일한 형식이 균질하게 파랗거나 여타 다른 색일 수도 있다. 이는 모든 색채에서 마찬가지이다. 그렇다면 색채는 바로 이미지 형상들에 있어서, 자기 방식대로 크기변화하고 규칙적으로 변양해야 한다. 이를 인정한다면, 이렇게 말할 수 있다. 이렇게 규칙을 받는 색채 변양들은 정지 사물을 현시하려면, 각 이미지 변양을 관통해야 한다. 다른 한편 우리는 형상들의 맥락에만 주목할 수 있다. 또 형상의 충족에서의 유형적 법칙성에 유념하면서, 이 형상의 색채가 다르다고 생각할 수도 있다. 그러면 우리는 사물성의 근본 형식인 순수 공간성을 얻으며, 이것의 질적 채움의 변화 가능성을 얻는다.

§79 질적 변화에서 동일자인 사물

이제까지 '순수 공간'을 순수하게 부각하기 위해 색채 변화에 대해 말했다. 이제 새로운 근본 물음을 던진다. 어떻게 사물은 변화하면서도(정확히는 '질적'으로 변화하면서도) 동일자로 구성되는가? 이 사물은 형상은 동일하고 색채는 변할 때 통일적인 것이다.

주어진 색을 다르게 상상하거나, 형상은 같고 색채는 다른 사물들을 대조하여 순수 형식을 부각하는 대신에, 색이 연속적으로 변하게 할 수도 있다. 이것은 상상만 할 수 있는 것이 아니다. 우리는 사물이 (오직) 질적으로 변하는 것을 지각할 수도 있는 것이다. 우선, 사물은 변한다. 그러면서도 동일자로 남는다. 사물은 계속 정지하지만 색채가 변한다. 변화가 어떻게 (현상학적 구역에서, 그리고 가장 단적인 형식으로) 구성되는지 우리는 알고 있다. 가령 도 음은 세기가 변한다. 우리는 시간흐름에서, 동일한 질의 위상들이 연속적으로 서로에게 넘어가는 것을 발견한다. 질적 공통성은 연속적으로 관통하지만, 연속적으로 다른 강도가, 음 강도라는 동일 유의 다른 종이 관통한다. 나아가 이 종[특정 음 강도]은 유[음 강도 일반]의 질에 의해 정초되며 제약되므로, 이는 한갓된 공재(Zusammen)가 아니라 내적 통일체이다. 그러니까 통일성 의식이 이 연속성을 관통한다. 지속 전체에 있어 동일한 도이지만, 강도는 변하여 늘 달라진다. 그러나 이 사례에서 사태는 그리 단순하지 않다.

사물은 현상학적 음과 같은 의미에서 주어지는 것이 아니다. 사물은 다양체에서의 통일체이다. 이미지 변양들의 다차원적이고 무한한 다양체가 통일성 의식을 적재하는데, 이 통일성 의식은 이 다양체에서 변양이나 변화가 아니라 불변을 직관한다. 이런저런 색채를 지니고 정지한 사물을 직관하는 것이다. 그리고 이제 색채가 변한다. 색채 변화가 갑작스럽고 이산적으로 일어난다고 가정하면, 이는 (처음에는 최초 색채에 상응하는 저 변양 다양체의 의미에서 진행하는) 현행 지각이 (모양 계기가 아니라 색채 계기와 관련하여) 도약(Sprung)함을 뜻한다. 그러니까 이미지 색채가 도약한다. 이 때문에 이미지 색채는 더 이상 원래 파악의 의미에서 진행하지 않는다. 이미지 색채는 지향을 충족하지 않고 실망시킨다. 이것이 '다름(anders)'과 '바뀜(geändert)' 의식의 기초이다. 사물이 이제부터 다시 질적으로 불변하며 현출한다면, 이미지의 다음 색 변양 계열은 고정적으로 밑그림 그려진다. 그리고 이에 상응하는 파악은 (진행이 정상적이라면) 다시 계속 충족된다.

이제 색채는 연속적으로 변하지만 그 외에는 불변하는 사물성의 사례를 들어보자. 이에 귀속된 현출 다양체는 어떤가? 사태는 상당히 복합적이다. 색채만 변하는 사물에 대한 현행 지각은 법칙적이고 무한한 지각 가능성들로부터 나온 지각의 한 노선이다. 가장 가까운 사례를 든다면, 키네스테제가 당분간 절대적으로 정지할 수 있다. 그러면, 이미지의 선경험적 형상과 위치는 지속적으로 불변하면서 선경험적 색은 변한다. 더 나아가, 눈 운동만 작용할 수도 있다. 그렇다면 불변 색에는 (선경험적 색 변양들에 대응하는) 어떤 안구운동체계가 대응할 것이다. 그러나 변양체계가 이런 식으로 일어나지 않을 수도 있다. 즉 눈이 움직일 때, 정지 다양체의 의미에서 예상되었던 것과 다른 색의 이미지가 각 위상마다 연속적으로 나타난다. 일정 시간구간에서 연속적으로 색 변양이 (불변 다양체의 의미에서) 나아간다면, 우리는 반드시 불변을 지각할 것이다. 형상변양의 흐름에서는 통일성 의식에서 동일한 안구운동 형상이 계속 주어진다. 이 형상의 색채는 시간의 순간에서 순간으로 넘어갈 때 연속적으로 '다른' 색채, '달라진' 색채이다. 동일한 안구운동 형상이 색 채움을 바꾼다. 달리 말해, (색과 형상이 정초 관계에 의해 공속하므로) 안구운동 이미지가 동일한 안구운동 형상이면서 색을 바꾼다. 이는 (그 자체로 질이나 강도가 규정적인) 음이 '도'라는 동일한 질을 유지하면서 강도를 바꾸는 것과 비슷하다. 이제 우리는 각 위상을 고정된 것으로, 그리고 시간 지속에서 연장된 것으로 상상할 수 있다. 그러면 변화는 제한된다. 이제부터 완전히 불변하는 이것에서 변화는 끝나는 것이다. 안구운동 이미지에서 위상의 고정(Festlegung)은, 한 시간위치에서부터 이제 이미지가 (색과 관련하여) 색 정지라는 의미에서 변양함을 뜻한다. 그렇다면, 대상적 색 변화의 '다름'이 지니는 의미는 [색] 정지에 조율된 예상이 실망됨에서 드러난다. 그것은 '불변하는 대상 색'이라는 정상 경우에 나아가는 것과는 다르게 나아간다. 그리고 매 위상마다 (미리 정립된 것으로부터 연속적으로 이탈[Abweichung]하면서) 다르게 나아간다. 물론 이 이탈의 속도와 가속도는 상이할 수 있다. 한마디로 이탈 형식이 상이할 수 있다. 어떻게 그럴 수 있는가가 이제 근본적인 물음이다. 이 이탈 형식은 아주 임의적일 수 있거나, 혹시 전적으로 무법칙적일 수 있는가? 아니면, 이 이탈 형식이 법칙적이라면, 임의의 법칙에 따라 나아가는 형식일 수 있는가? (우리가 유념해야 하듯이) 대상 변화(여기에서는 안구운동 이미지 변화)가 구성되어야 하는데?

이제 키네스테제 동기화의 완전한 체계로 넘어가도 같은 문제가 제기된다. 안구운동 이미지가 사물로 파악되고 색채가 변하는 것으로 파악된다면, 이는 (몸의 포괄적 키네스테제 체계에 대응하는) 무한하게 가능한 변양 계열들로 편입된다. 절대적 불변체계에서는,

각 키네스테제 상황(규정적 신체 위치)에는 (일단 최초 지각에 의한 배정이 이루어진 후에는) 색과 형상이 고정적으로 규정된 현출이 대응한다. 그리고 각 키네스테제 연쇄에는, 각 규정적 [신체] 위치변화에는, 규정적 현출 연쇄가 대응한다. 여기에서 현출체계는 임의적으로 나아갈 수 있고, 이전 상황으로 복귀하면 이전 이미지를 다시 얻을 수도 있다. 그러나 이제 색이 변하면, 각 위상은 정지 다양체에서와는 다른 어떤 것을 제공한다. 이 경우에는 물론 늘 동일한 것으로의 복귀라고는 더 이상 말할 수 없다.

이제 ([눈 외] 몸은 움직이지 않는) 안구운동장으로부터 이끌려 나오는 어떤 규정적 지각 노선을 취한다면, 이 노선은 정지를 전제했을 때 나아간 것과는 다르게 나아간다. 이때 임의적 방식으로 다르게 나아가는가? 여기 다시 문제가 놓여 있다. 이것을 임의적이라고 말할 수 없음은 쉽게 통찰할 수 있다. 이것이 대체 (정지에서 키네스테제 계열이 요청하는) 법칙적 변양 연쇄에서의 (임의적인, 즉 무법칙적인) 이탈에 불과하다면, 대상의 변화가 구성될 수 있을까? 몸체는 각 순간마다 대상적으로 하나의 규정된 색을 지니고, 연속적으로 새로운 각 순간마다 새로운 색을 가지는데, 이때 변화의 종류와 속도는 대상적으로 규정적이다. 여기에 무엇이 놓여 있는가? 이것이 뜻하는 바는, 우리가 임의의 위상을 고정한 후 시간 지속으로 연장한다면, 이 위상이 색에 있어서도 불변하는 정지 사물로 변화할 것이라는 점이다. 몸체가 위상에서 지닌 색이 이 몸체의 지속적 색이 되는 것이다. 이 색에는 가능한 지각들(가능한 이미지 변양들)의 무한한 전체체계가 대응한다. 정지 불변 사물은 바로 이러한 사정을 요청한다. 이제 다시 시간 지속을 영으로 제한하면, 이 다양체 전체는 가능한 다양체로 존속하게 된다. 이는 일반적으로 무한한 다양체의 이미지들이 그 자체로는 내실적 시간 질서를 지니지 않고, (가능한 이미지들로서) 각 점에 완전히 속하는 것과 같다. 이러한 고찰은 무엇을 뜻하는가? 나는 이제 색이 빨강에서 파랑으로 변하는 동일한 육면체를 가령 이런저런 입지에서 지각한다. 이 육면체를 나는 모든 다른 입지에서 지각할 수도 있을 것이고, 특히 (육면체를 특정 색 위상에서 현시하는) 이 변화의 특정 위상을 지각할 수도 있을 것이다. 나는 현실적 입지 대신에 (모든) 가능한 입지에서 볼 수 있을 것이다. 그리고 대상적 변화에서 대상적 색 위상의 규정에는, 각 가능한 입지에서 가능한 (특정 내용, 즉 특정 선경험적 색의 어떤 이미지에 대한) 지각이 반드시 대응한다. 이것이 뜻하는 것은, 임의의 현실적이거나 가능한 (대상적 색 변화에 대응하는) 지각 계열은 색에 있어 고정적 법칙성을 지닌다는 것이고, 이 모든 지각 계열들이 임의성(Willkür)을 배제하는 법칙성에 배속되어야 한다는 것이다. 이것은 또 다음을 뜻한다. (대상적 변화에 대응하는) 각 가능한 지각 계열이 (색채가 불변으로 견지되고 키네스테제 정황이 동일할 때, 이 동일 사물에 속하는) 지각 계열에서 이탈하는 것은 법칙적으로 규정된 방식으로 일어나야 한다. 변화를 지각하기 위해서는, 변이하는 이미지 색채들이 불변하는 경우와 다르게 나아간다는 것만으로는 불충분하다. 이를 위해서는, 변이하는 이미지 색채들이 법칙적으로 규정된 방식으로 다르게 나아가되, (모든 가능한 지각 계열 일반에 있어) 달리 나아감의 법칙이 고정적으로 미리 지시되어 있어야 한다. 이때 모든 가능한 지각 계열은 서로 시간적으로 배정되어 있다. 이는 위상에서 위상으로 넘어갈 때마다, 그리고 각 위상이 동일한 대상적 변화 계열을 (동일한 대상적 시간구간에 속하는 것으로) 현시하면서 일어난다.

§80 질적 변화에 있어서의 현출변양들의 법칙성

지각의 어떤 임의의 행보(이차원 지각 다양체에서 나오는 한 지각 노선)를 따라가 보자. 이미지들은 B_1, B_2 등으로 표시할 수 있으며, 당연히 연속적으로 이행하는 것으로 상상할 수 있다. 이런 각 이미지는 특정 키네스테제 상황에 대응하는데, 이 상황은 간단히 상황 K_1, K_2 등으로 표시하자. 그러므로 시간 t^1, t^2 등에서 키네스테제 체험들은 K_1, … K_2 … 등으로 연속적으로 이행한다. 상황 K_1에서 멈춘다면, B_1은 형상은 변하지 않으면서 색은 연속적으로 변할 수 있다. 이제 색에 주의를 기울여 이를 F라고 표시하면, 다음과 같다.

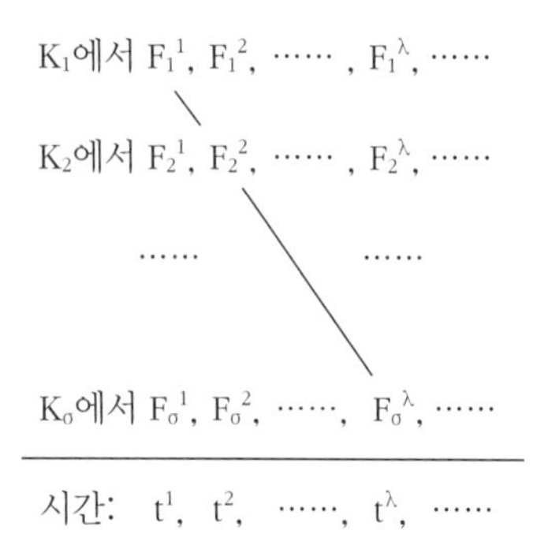

K_1이 K_σ로 이행하면, 사선으로 서로 이어진 F들은 연속적으로 이행한다. 이때 형상은 (위의 도해에서는 표시되지 않았지만) 정지 다양체의 변화들을 겪는다. 수직 계열은 같은 시간점에 속한다. 이 계열은 색채에 있어서 (서로 다른 가능한 키네스테제 상황에서, 특정한 대상적 색채 위상에 속하는) 색채 음영들을 재현하는 것이다. 대상적 색채가 해당 시간점부터는 변하지 않고 불변한다면, 수직 계열은 이 시간점이나 그다음 모든 시간점에서 모든 K에서의 색채를 지시할 것이다. 말하자면, 이 도해에서 수직 계열이 계속 반복하기만 할 것이다. 변화가 시간 $t^1 \smile t^2$에서만 일어난다면, 이와 관련된 키네스테제 상황 변화 $K_1 \smile K_2$가 일어나면서 색 변화 F_1^1, F_2^2가 사선으로 일어나고, 그 후에는 수직 계열의 의미에서 계속 진행될 것이다. 이제부터 수직 계열이 불변하면서 평행하게 보존될 것이기 때문이다. 여기에서 (키네스테제 계열 $K_1 \smile K_\sigma$가 동기화하는) 지각 계열에

대해 표시된 것은 모든 지각 계열 일반에 대해서, 그리고 삼차원 K체계 전체에 대해서 타당하다.

그러므로 여기에는 색 음영을 주재하는 놀라운 법칙성이 존재한다. 사물이 전혀 변하지 않는다면, 색 음영의 법칙적 변이는 사물의 기하학적 음영의 법칙적 변이와 정확히 평행하여 진행된다. 모든 가능한 키네스테제 상황에 있어서, 해당 형상 음영에서 어떤 색 분포가 지배하는지가 일의적으로 규정된다. 게다가 사물성이 변하지 않는 시간지속 동안에는, 형상 음영이나 이를 덮는 색 음영은 모든 키네스테제 상황에서 항상적이다. 모든 닫힌 키네스테제 계열은 동일한 형상 음영뿐 아니라 동일한 색채 음영도 다시 가져온다. 이제 사물의 기하학적 몸체성은 유지하면서 색이 변한다면, 다시 각각의 가능한 키네스테제 상황마다 형상 음영과 색채의 규정적 통일체가 대응한다. 그러나 형상 음영들에 있어서는 사태가 변하지 않아서, 이전 키네스테제 상황으로 순환적으로 복귀하면 동일한 형상 음영이 드러나는 반면, 색 음영들에 있어서는 더 이상 그렇지 않다. 그러나 각 위상이 불변 정지로 펼쳐질 수 있음은 변화의 폐기할 수 없는 본질이므로, 각 위상에서 사물의 색 변화에는 사물의 불변 색채가 조응한다(그리고 여기에서 변화를 중단시킴으로써, 사물의 색채가 위상에 대응하여 지속할 이념적 가능성이 있다). 대상적 변화 구성의 가능조건인 선험적 법칙성이 바로 여기에 기초한다. 각 변화 위상에서 사물은 모든 가능한 입지들에서 보일 수 있다. 그리고 이것이 자기동일적으로 같은 사물이며 이 대상적 색채 위상을 지니는 동일한 사물이라면, 모든 가능한 입지들에서 고정적으로 규정된 색채 음영들이 반드시 일어난다. 이는 각 변화 위상에 하나의 음영 다양체가 대응하며, 이 다양체의 요소들은 모든 가능한 키네스테제 입지들에 분산되는 방식으로 일어난다. 형상은 불변이므로, 가능한 입지 다양체에는 고정적으로 배정되는 형상음영 다양체가 상응한다. 이 형상음영 다양체는 사물 지속의 매 순간에서 동일하다. 또한 지속의 각 위상에 있어서 이 체계의 각 형상음영은 이에 대응하는 규정적 색채를 지닌다. 그러니까 색채 다양체가 형상 다양체와 합치하되, 새로운 색채 다양체가 불변의 형상 다양체와 연속적으로 합치한다. 하지만 변화가 가능하려면, 매 위상의 색채 다양체의 규정은 (시간 펼침을 제외하면) 그 일반 유형에 있어서 (색채가 변하지 않는 사물이 지닐) 색채 다양체 유형과 동일해야 한다. 이 조건이 충족된다면, 이 색채 다양체가 갑자기 항상적으로 머물면(즉 이 색채 다양체가 형상 다양체처럼 각 키네스테제 변화에서 오직 자기 자신에게로 경과하면), 사물의 변화가 불변으로 넘어감(즉 위상 색채가 동일 사물의 지속 색채가 됨)은 저절로 일어난다. 그러나 이 모든 것은 당연한 것이 아니라, 변화의 대상화 가능성을 구성하는 것이다. 한 가지 덧붙인다면, 매 변화 위상에 속하는 체계들(가능한 형상음영 다양체들 및 색채음영 다양체들)에는 고정적 시간 질서가 있다. 정확히 말한다면, 대상적 변화 위상들의 대상적 시간

관계는, 가능한 지각들의 현상학적 시간에서의 잇따름에 규칙을 지시한다. 내가 이 위치를 고수할 때 어떤 현출 계열을 반드시 가지게 될지는, 그리고 내가 키네스테제 상황을 변경할 때 이 변화된 상황의 매 위상마다 어떤 현출 계열을 반드시 가지게 될지는, 매 키네스테제 위치(내가 취하는 매 위치)에서 규정적이다. 이는 대상적 정지와 변화에 있어서 타당하다. 다만, 변화의 경우에는 훨씬 복합적인데, 이는 현출 계열이 이제 다수 차원들의 다양체로부터 대각선으로 추출되기 때문이다.

16장
한갓된 운동의 구성

§81 모든 변화를 정초하는 동일성

이제 변화의 두 번째 근본유형인 운동으로, 우선은 특히 (질 변화와 형상 변화 없는) 한갓된 운동으로 넘어가자. 우리가 변화와 불변의 관계에 대한 분석에서 발견한 것은, (변화의 매 위상에 불변의 한 유형이 상응한다면, 즉 사물 변화의 매 위상이 지속하는 불변 사물성으로 연장될 수 있다면) 불변하는 다양체 체계로부터의 이탈을 구속하는 어떤 법칙성이 있다는 것이었다. 이 모든 것은 사물의 모든 변화 방식에 적용되며, 따라서 우리가 운동이라고 부르는 변화에도 적용된다.

여기에서도 변화는 '다르게 됨'을 뜻한다. 그리고 '다른 것'은 '다르지 않은 것'(이중부정을 지운다면, '동일하게 남는 것')을 소급 지시한다.

그런데 이는 변화의 규범이 정지에 있음을 뜻하기도 한다. 정지에서 '대상'은 연속하여 동일한 것이고, 구성하는 정지 다양체의 (앞서 기술한) 규정적 특성이 이 대상에 상응한다. 하지만 대상은 변화할 때는 연속하여 동일한 것이 아니다. 대상은 변하고, 여기에는 정지 다양체 체계로부터의 이탈(특히 현실적이거나 가능한 대상 현출진행에 있어서의 이탈)이 상응한다. 그러나 이 이탈은 임의적일 수 없다. 이탈은, 변화의 매 위상이 정지 위상으로 기능해야 하고 지속하는 정지로 연장될 수 있어야 한다는 전제하에 있는 것이다. 색채와 관련해서는 이산적 도약이 가능하다. 자기동일적 대상은 지속하면서 이런저런 대상적 색채를 가지고, 그다음에 한 시간점에서 새로운 색채로 도약할 수 있다. 공간적 몸체성의 연속성(가령 연속적으로 불변하며 유지되는 몸체 형식의 자기동일성)은 일관적 통일성을 지닌다. 이 통일성은 어디에서나 시간채움의 연속성에 기초한다.

먼저 현상학적 지역을 살펴보자. 음 강도가 이산적으로 변하더라도, 음의 구체화(Konkretion)에서 무엇인가는 연속적으로 유지되어야 한다. 만약 질을 포함하여 모든 것이 이산적으로 변한다면, 통일성은 사라진다. 도대체 무엇이라도 연속하면서 통일성을 견지해야 하는 것이다. 어디에서라도 연속성이 현상에 있어야 한다. 그렇지 않으면, 서로 무관한 두 사태가 차례로 나타날 따름이지, 하나의 사태는 없다. 그러나 이때 모든 계기가 같은 방식으로 있지는 않다. 이미 한 음이 있다면, 이 음의 강도는 연속적으로 변할 수 있다. 그러나 강도만으로는 음에 통일성을 줄 수 없다. 시간적으로 접하는 이산적인 두 음이 (두 통일체를 가로질러 연속적 계조를 지니는) 강도를 매개로 하나의 통일체가 되지는 않는다. 이것은 아무 의미 없는 것이다. 그러면 변화하는(강도를 관통하여 자기동일자로 머물지만 질에 있어 도약하는) 음이나 여타 '실재'는 없다. 강도는 바로 그때그때 '질'의 강도이지만, 질이 강도의 질인 것은 아니다. 질이 (불변이나 변화의 방식으로) 연속적으로 유지되고 이를 통해 지속에서의 통일성이 구성되는 가운데, 비로소 (질적으로 지금은 이렇게, 다음에는 저렇게 규정되는 것으로서) 소리가 커지거나 작아지는 음이 있게 된다. 그러나 여기에서 질이 의미하는 바가 무엇인지는 의문스럽다.

이와 비슷한 것이 시각적 질[166]과 시각적 펼침의 관계에서도 발견된다. 여기에서 질은 통일성을 정초하는 충분한 근거가 아니다. 통일성을 위한 최종 정초는 여기에서 연장의 통일성이다. 동일한 연장이 (연속적으로나 이산적으로) 색채로 충족될 수 있다. 연장이 지속하는 통일체를 설립(stiften)하는 것이지, 질 혼자 그렇게 하지는 못한다. 서로 분리된 두 이미지가 이들을 관통하는 색채 연속체

166) (원주) 가령 명도(명도와 색의 관계는 강도와 음의 질의 관계에 유비적이다.) 같은 규정들을 지닌 색을, 우리는 '시각적 질'이라는 명칭하에 통일적으로 파악한다.

덕에 연속적으로 하나인 것은 아니다. 현상학적인 것으로부터 사물성이라는 대상적인 것으로 넘어가도 이는 적용된다. 공간형상의 통일성은 색채의 통일성의 기초이고, 모든 색채 변화에서 통일성의 기초이다. 이미지들의 연속적 흐름에서 통일성을 가능하게 하고 통일성을 유지하는 것은 언제나 이미지 연장들이다. 이에 따라 대상적으로도 공간 몸체는 모든 (종적 의미에서의) 질을 위한 히포케이메논[167], 즉 기체(Substrat)이다. 이것은 질의 담지자(Träger)로서 온통 질로 덮인다. 모든 부분과 점에서 몸체는 질을 '담지'하며, 모든 점은 질을 지닌다. 연속적 전체의 모든 채움을 주재하는 법칙을 특수화(Besonderung)하면 여기에도 적용되는데, 이 법칙은 채움이 몇몇 위치에서만 이산적이라는 것(모든 곳에서 이산적일 수 없다는 것)이다. 그러니까 몸체에는 (항상적이거나 연쇄적인) 색채 이산들이 있을 수 있지만, 이는 질적 연속성을 매개로 하는 이산들일 뿐이다 (이때 연속적 같음은 연속체로 간주된다).

이제 운동으로 돌아가자. 운동이 연속적임은 운동의 본질이다. 사물의 자기동일성은 사물이 지속하는 중에 기체(혹은 몸체)가 연속적으로 지속할 것을 전제하는 것이다. 몸체성의 통일성은 (질적으로 이렇게 규정된) 사물의 통일성을 위한 기초이다. 그러나 통일성은 (몸체가 절대적으로 불변하든 변화하든 간에) 몸체성의 연속성을

167) (역주) 변화하는 현상 저변에 존재하는 변하지 않는 실체 혹은 본질.

전제로 한다.[168] 그러니까 몸체는 연속적으로 변화해야 한다. 몸체 변화의 형식이 운동이라면, 이는 (모든 몸체 변화와 마찬가지로) 운동도 필연적으로 연속적이어야 함을 뜻한다.

§82 위치 변화인 운동과 이에 대응하는 키네스테제 동기화

운동에서 우선 특징적인 면은, 몸체가 여러 '위치'를 점유하는 변화를 겪으면서도 계속 동일자라는 점이며, 질적 불변까지 추가한다면 사물 전체는 계속 동일자라는 점이다. 이것은 어떤 같음인가? 이 같음의 성격은 이렇게 규정할 수 있다. 우리는 공존하는 두 사물이 (각 사물이 그 자체로 동일한 현출 다양체, 즉 완전히 같은 현출 다양체에서 구성된다면) 위치만 빼고 완전히 같다고 말한다. 그렇다면 다름(Verschiedenheit)을 위해 남는 것은 무엇인가? 다름은 오직 이들의 키네스테제 관계에 있을 수 있고, (경우에 따라서는) 다른 사물과의 관계(여기 존재하는 전체사물성이 그 안에서 구성되는 포괄적 현출 연관)에 있을 수 있다. 세계에 도대체 두 사물만 있다고 가정하면, 둘을 구별하는 데에는 이것으로 족하다. 두 사물의 상응하는 현출들에서 키네스테제 배정은 서로 다르며 서로 달라야 한다. 왜냐하면 같은 현출이란 (완전히) 같은 시각 이미지를 뜻하기 때문이다.

---

168) (원주) 몸체는 기하학적 몸체이다.

그러나 이미지는 그때그때 단 한 번만 존재한다. 첫 번째 현출이 자기동일적이라면, 다른 매 현출도 그렇다. 이는 같은 정지 사물들에 대응하는 현출 연관은 같다고 전제했기 때문이다. 그러니까 같음이 구성되는 것은 이렇다. 첫 번째 사물의 현출체계가 일단 (어떤 이미지를 여기 이 사물의 이미지로 파악하는 최초의 파악과 더불어 확립되는) 키네스테제 배정을 얻은 후에, 이에 상응하는 다른 사물의 같은 현출에는 다른 키네스테제 색인화(Indizierung)가 대응한다. 이 현출에 이르려면, 우리는 먼저 (동일한 키네스테제 감각들로 소급 인도하는 순환 경로가 아닌) 어떤 키네스테제 경로를 따라가야 한다. 그러나 키네스테제 색인화를 제외하면, 양자의 현출체계는 완전히 같다. 두 사물이 하나의 유일한 세계(하나의 공존 통일체)가 되는 것은, 바로 하나로부터 다른 것으로 (키네스테제에 의해 동기화되는) 경로가 나아가기 때문이다. (이때 물론 두 사물이 동시에 하나의 장에서 현시되는 현출도 가능하고, 통일적 정지 다양체의 본성에 의거해 가능해야 한다. 이 경우에 이들을 분리할 수 있는 것은 아무것도 없을 것이다. 두 사물 사이에 다른 사물이 없기 때문이다.)

(상이한 두 사물의 현출체계들의) 키네스테제 정향이 상이함으로부터, 이들과 공존(koexistieren)하는 임의의 세 번째 사물에 대한 두 사물의 정향(a, b, c)이 상이하다는 것도 귀결된다. a와 c의 공존의 고정성(Festigkeit)은, 일단 첫 번째 현출이 키네스테제적으로 배정된 후에는 (한 사물이나 두 사물이 현출하는) 매 시간위상마다 이 현출

들의 키네스테제 배정이 고정적이라는 데에서 나온다. 이것은 a′ c에도 해당하고, a a′에도 해당하며, a a′ c의 공재(Zusammen)에도 해당한다. 상응하는 현출들 a a′의 키네스테제 배정이 서로 다르므로, 이들은 c의 어느 현출과도 키네스테제 배정이 같을 수 없다. 동일한 키네스테제 경로가 a현출 및 이와 같은 a′현출로부터 c현출로 이끈다면, 역으로 동일한 키네스테제 경로가 c현출로부터 a현출 및 이와 같은 a′현출로 이끈다. 이것은 둘[a와 a′]이 동일함을 뜻한다.

두 개의 같은 사물이 (위치가 다른 것 외에는) '동일하다.' 또한 운동하며 연속적으로 위치를 바꾸는 한 사물은 계속 '동일 사물'이며 (위치라는 예외 외에는) 모든 관점에서 계속 자신과 같다. 그래서 우리가 운동이라고 부르는 이 변화의 여러 위상들은 마치 서로 완전히 같은 사물들처럼 행동하며, 연속적 변화는 키네스테제 배정 외에는 더 이상 아무것도 변하지 않는 것이다. 예컨대 내가 앉은 채로 몸을 움직이지 않으며 눈조차 움직이지 않는다면, 사물의 운동 구간들이 시작할 때에는 이 몸자세(규정적 K복합체)에 이미지 α가 대응한다. 이제 사물이 운동한다. 운동의 한 위상을 추출하면, 이 위상에서는 (내가 여전히 앉아 있으므로 동일한 K에 대응하지만, 다른 시간에 속하는 것으로서) 다른 이미지 β가 제공된다. 그러나 이 이미지 β는 초기 위치에서도 이미 사물에 속하며, 운동 이전에도 이미 그렇다. 다만 나는 이 이미지에 이르기 위해서는 다른 몸자세 K′을 취해야 했을 것이다. 그러나 사물이 운동하기 때문에, β는 K′ 대신에 이제 K와 연결된다. 그리고 새로운 위치의 사물에는 α도 속하지만, α는 K가 아니라 다른 K(가령 K″)에 배정된다. 이는 이제 일관적으로 진행된다. 이미 말한 것처럼, 운동이 (내용이 동일한 사물의) 위치변화로 구성되어야 한다는 요청에는, 키네스테제 정황의 배정 양상의 연속적 변화를 규제하는 어떤 법칙성이 들어 있다. 일반적으로 하나의 사물 현시가 (위치가 변하지 않는 경우와는) 다른 키네스테제 정황에 배정되어 현출될 뿐만 아니라, 매 위상마다 (체계적으로 폐쇄된) 하나의 완전한 정지 다양체가 상응하고, 매 위상마다 (연속적으로 변화된) 하나의 정지 다양체가 상응한다. 우리가 이전에 그렸던 도해는 이 사례에도 적용되지만, 이 사례에는 다음과 같은 특수성이 있다. 변화하는 사물(그것도 단지 운동하는 사물)에 속하는 현행 현출 계열은 무한히 많은 가능 현출 계열들 중 하나이다. 대상적으로 말하자면, 나는 동일 운동을 무수한 입지들에서 볼 수 있으며, 이 운동에 대해 무한히 많은 위치들을 점유할 수 있다. 이는 무한히 많지만, 그 자체로 닫힌, 키네스테제 정황의 가능성들이다. 내가 멈춘 채로 몇몇 위치를 점유하거나, 운동을 바라보면서 스스로 움직이거나 움직여지거나 막론하고 그렇다. 그러나 이러한 각 현출 계열에 속한 현출들은 (임의의 위치에 있는) 정지 사물에도 속하며, 이들로 이루어진 각각의 연속적 현출 연관도 정지 사물에서 가능한 현출 연관들의 체계에 속한다. 정지와 변화의 차이는 오직 키네스테제 배정에 있는 것이다. 따라서 (특정 키네스테제 진행에서,

즉 사물에 대한 나의 위치의 특정 변화에서) 사물의 정지가 주어지도록 현시하는 바로 이 현출 계열이, (이와 다르지만 완전히 규정적인 키네스테제 계열이 수행된다면) 사물의 운동이 주어지도록 산출한다. 여기에는 내가 (사물이 같은 동일한 이미지와 더불어 계속 현시되도록, 즉 현출이 불변 현출이도록) 키네스테제 정황을 선택할 가능성이 들어 있다.

이러한 한계 사례는 다음과 대비된다. 사물이 멈춰 있을 때 나 자신도 절대적으로 멈춰 있다면, 현상학적으로 말해, 나는 키네스테제가 항상적인 채로 동일 이미지를 계속 가진다. 그러나 사물이 움직이더라도 동일 이미지를 계속 가질 수도 있다. 이미지를 연속적으로 추적하면서 몸을 움직인다면(즉 특정 키네스테제 진행을 연출한다면) 그런 것이다. 그래서 동일한 지속 이미지에 기초하여, 키네스테제가 항상적이면 사물이 멈춰 있다고 판단하고, 키네스테제가 변화하면 사물이 움직인다고 판단한다. 변화하는 것이 이미지의 연속체라면, 사태의 기술이 단순하지 않다. 다만 이렇게 말할 수 있을 뿐이다. 이런 이미지 연쇄가 정지 성격을 지닌다면, 이 성격은 매우 특징적인 키네스테제 변양이다. 키네스테제 계열은 다른데 이미지 연쇄가 같다면, 대상 쪽에서 운동이 일어난다. 현출들이 어떤 이미지 다음부터는, 흘러감에 정지 현출의 성격을 주는 키네스테제 정황하에서(그런 정황에 배정되어) 흘러간다면, 운동은 그친다.

물론 우리는 어떤 의미에서는 운동과 정지 판단에 대한 완전한 이론을 아직 다 끌어내지 못했다. 우리는 순전히 운동과 정지에 대한 직관에 의거하는 판단만 고려하고 이러한 직관만 해명하고자 했던 것이다.

§83 신체가 스스로 움직임과 움직여짐. 신체몸체의 키네스테제적 구성의 한계

그러나 운동의 직관은 정지로 해석될 수 있고, 정지의 직관은 운동으로 해석될 수 있다. 나는 이른바 감각적 착각(Sinnestäuschung)의 어떤 유형을 떠올린다. 물론 모든 위치 착각 및 운동 착각은, 동일한 현출 다양체가 움직이는 것에 속할 수도 있고 움직이지 않는 것에 속할 수도 있다는 데에서 기인할 수 있지만, 오직 거기에서만 기인하는 것은 아니다. 우리는 키네스테제 진행을 '스스로 움직임(sich Bewegen)'으로, 자아 신체의 운동으로 파악하는 것은 고려하지 않았고, 하물며 '움직여짐(Bewegtwerden)'의 현출군들은 더욱 고려하지 않았던 것이다. 후자는 "나는 (기차 객실 같은) 차를 타고 간다(fahren)."와 같은 경우이다. 여기에서 새로운 문제와 난점이 등장한다. 하지만 여기에서 강조할 점은 차를 타고 갈 때 내 몸과 동승인의 운동만 보는 것은 아니라는 점이다. 나는 차의 주위가 움직이는 것을 본다. 언제나 필연적으로 풍경, 집들, 나무들 등은 움직이는 것으로 현출하고 차는 멈춘 것으로 현출한다. 내 몸에 관련해서는, 나는 몸의 보이는 부분들이 멈춘 것으로 보거나, 아니면 차에 상대적으로 움직이는 것으로 본다. 후자는 객실에 앉아서 발이나 손을 올리는 등의 경우에 그렇다. 시각 내용들을 현출로 만드는 최초의 근본적 통각은 우리가 상세히 서술한 그런 통각이다. 이 통각이 새로운 '해석들'(또 다른 파악들)의 가능성을 열어둔다는 것은 이후에 탐구할 일이다. 다음과 같은 것들이 문제이다. 키네스테제 계열은 어떻게 (다른 어떤 운동들 못지않게 같은 의미에서 운동인) 신체 운동의 파악에 이르는가? (몸에 속하며, 공간 안의 자아 위치를 뜻하는) 특수한 자아 위치를 표현하는 자아점은 어떻게 원근의 준거점이 되는가? 이 준거점은 어떻게 대상적 공간에서 몸과 함께 차를 타고 오갈 수 있는가? 여기서 주어지는 키네스테제 불변에서 이 현출 계열은 (키네스테제 불변에 대응하면서 운동으로 나타나는 것과 동일한 현출 계열인데) 어떻게 정지의 의미를 얻을 수 있는가? 멈춘 것으로 나타나는 차의 현출 계열이 어떻게 운동의 의미를 얻을 수 있는가? 여기에서는 정상적 현출과 대비하여, 해석이 완전히 전도되는 것이다.

방금 언급한 문제들을 고려하지 않았을 뿐 아니라, 우리는 일반적으로 (부분적으로라도 역시 현출하는 사물인) 몸도 고려하지 않았다. 우리는 마치 자아가 눈만 있고 몸은 없는 유령(Geist)인 양 다루었다. 이 몸 없는 유령이 우리처럼, 동일한 사물의 현출 계열 및 동일한 키네스테제 감각군을 가진 양 다룬 것이다.

몸은 일단 다른 사물처럼 하나의 사물이다. 몸은 (그 정도는 제한적이지만) 다른 사물처럼 구성되기 때문이다. 우리는 손을 책상 위에 꼼짝하지 않고 올려놓을 수 있다. 눈을 움직이거나 고개를 이리저리 수그리거나 상체 등을 조금 움직이면서, 이 손을 바라볼 수 있다. 그러면 [손의] 현출 계열들이 고정적으로 규정된 방식으로 늘 다르게 주어진다. 물론 손 주위를 돌아갈 수는 없다. 자기 몸을 돌아갈 수는 없는 것이다. 또 자기에게 마음대로 다가가거나 멀어질 수도 없다. 그럼에도 불구하고 (주어진 현시매체에 기초하여 같은 파악 방식을 수행하여) 몸을 몸체를 지닌 사물로 보는 데에는, 우리가 할 수 있는 이런 것들로도 충분하다. 물론 이는 특수한 방식으로 일어난다. 언제나 필연적으로 시각장 테두리에서 사라지고 이 테두리를 넘어서서 결코 추적할 수 없다는 것이다. 그러나 여기서 이미 근본적 비정상성(Abnormität)들이 드러나는데, 이 비정상성들이 몸이 현출하는 사물이면서도 여타 사물들과는 다르게 하는 것이다. 쉽게 말해보자. 세계의 모든 사물은 나로부터 멀어질 수 있지만 내 몸만은 그럴 수 없다. 나는 몸의 보이는 부위로 접근하거나 그로부터 멀어질 수 있지만(즉 유관한 크기변화 변양 및 선회변양이 여기에서도 경과하지만), 아주 제한적인 정도로만 그렇다. 나는 내가 팽창하여 두 발이 [내 눈으로부터] 무한하게 멀어져 사라져 버리는 것을 상상할 수 있을 것이다. 그러면 내 몸은 무한하겠지만 무한 속에서 사라지지는 않을 것이다. 다시 말해 (모든 사물이 무한한 이격에 의해 영의 경계에 다가갈 수 있는 것과 같이) 영이 되지는 않을 것이다. 무한하게 먼 발은 여전히 가슴 등 몸의 다른 부위와 연속적으로 결합될 것이다. 이 가슴은 자아점과의 유한한 거리를 유지할 것이며, 장의 테두리에서 사라지더라도 거기에서도 계속하여 자아 중심으로부터의 그다음 동일한 거리를 가질 것이다. 그런데 이 사태는 내가 때로는 장애물 때문에 어떤 사물에 다가갈 수 없거나, 내가 묶여 있어서 그로부터 멀어질 수 없는 것과는 다르다. 오히려 몸에 속하는 이미지 다양체는 다른 사물들에 대비하여 특출한 키네스테제 동기를 지닌다. (가령 걷기나 뛰기, 아니 스스로 운동함 일반이라는 표제 아래의) 키네스테제 변화 계열은 말하자면 세계 전체를 흐르게 하고, (만일 세계가 멈춰 있다면) 이 정지 다양체의 흐름을 흐르게 한다. 바로 이 키네스테제 변화 계열은 몸이 그것의 이미지들의 일부에 있어서 어느 정도 활동하게 하고 일부에 있어서는 조금도 그렇지 않게 한다. 그런데 바로 이를 통해 몸은 (다른 사물들, 그것도 정지한 사물들에의 간격을 변화시키는 방식으로) 벗어난다(sich abweichen). 그리고 신체는 이렇게 '움직여지는 것(bewegt)'으로 파악되어야 한다. '걷기'라고 불리는 키네스테제 정황에는 (몸의 나머지 부위들과의 관계에서) 다리가 움직이는 것만 속하는 것이 아니라, (다른 몸체들에의 간격 변화에 의해) 보이는 온몸이 움직이는 것도 속한다.[169] 물론 이것은 다른 사물의 운동과 같은 운동은 아니다.

자아점도 항상 함께 움직이기 때문이다. 즉 자아는 어떤 운동에서도 멀어지지 않는다. 몸은 '멀어지지' 않으면서 움직인다. 몸의 이미지들은 '원근변화'의 의미에서 변하지는 않는다. 자아는 이런 방식으로 스스로 움직이는 것이다.

이제 마차와 같은 어떤 움직이는 대상을 생각하면서 내 몸이 그 위에 있는 것으로 생각해보자. 마차 옆에서 나도 걷는다면, 내가 움직일 때 나와 더불어 마차도 움직이며, 내 몸에 대한 마차의 상대적 위치는 유지된다. 마차에 앉는다면, 나는 더 이상 걷지 않는다. [마차 안의] 외부세계는 유지되고 그 현출 방식은 변하지 않는다. 동일한 이미지 행렬은 정지로 파악된다. 나는 말이 계속 '달린다'거나 마차가 계속 움직인다고 말하지만, "나는 움직여진다."라고 말한다. 이제 나는 정지의 키네스테제 정황을 가지며, 마차가 운동하는 것으로 파악한다. 마차를 계속 운동으로 파악하고 주위를 계속 정지로 파악한다. 마차 안에 앉으면, 어떤 변화가 일어나는 것이다. 내가 움직이는 어떤 대상을 (내가 그 움직임을 따라 걸어가는 방식으로) 지각한다면, 이 대상은 자아점 및 내 몸에의 상대적 위치를 유지한다. 그러나 배경은 끊임없이 변한다. 내가 배경의 한 대상을

---

169) (원주) 두 가지를 구별해야 한다. 1) 내 몸의 부위들이 (다른 사물들처럼) 키네스테제 변화하에서 변양하며 이에 의거해 사물로 통각되는 방식, 2) 다른 사물들에의 간격 변화로서의 신체 운동의 성과.

이 움직이는 대상 위에 얹어놓으면, 그것은 함께 움직인다. 그것은 움직이는 것과의 상대적 위치를 유지하면서, 그 자체가 필연적으로 같은 방식으로 움직인다. 그러나 이제 나 자신이 마차 안에 앉는다.

그러니까 내 몸과 움직이는 다른 대상에의 상대적 위치가 유지되는 방식에는 두 가지가 있다. 1) 때로는 "나는 스스로 움직인다." 즉 어떤 키네스테제 진행이 일어나고, '외부세계'의 이미지 다양체의 흘러감이 여기 대응한다. 키네스테제 경과에는 몸의 이미지 연속체도 대응한다. (이것은 어떤 관점에서는 '지각의 정황'으로도 기능하지 않는가? 바로 코나 콧수염 등 불명료한 부위들이 그렇다. 더 나아가 몸의 다른 부위들도 그렇다. 그러나 이들은 교체하며 현출한다. 몸은 언제나 가시적이다.) 키네스테제 감각들은 '신체 운동들'과 항상적으로 결합한다. 즉 나는 팔을 들면 이러저러한 감각을 가진다. 상체나 발의 규정적 운동 등도 마찬가지이다. 이것은 자기 몸의 이러한 이미지 연관들을 키네스테제 감각들에 특수하게 귀속시키는데, 이는 늘 바뀌는 외부 대상들과는 다른 점이다. 그러니까 키네스테제 감각들은 한편으로는 다른 사물들 및 몸의 사물현출에 구성적으로 기능하며, 다른 한편으로는 신체에 정위된 감각들로도 기능한다. 이러한 이중의 파악은 어떤 것인가? 어쨌든, (키네스테제 관계가 변하는 와중에도, 대체적이고 전체적으로 동일한 현출 방식으로 나타나는) 나의 신체는 '나와 더불어' 움직인다. 이와 마찬가지로 (키네스테제 변화에 있어서 늘 동일하게 현출하는) 다른 대상이 움직이며, (나도 움직이므로) '나와 더불어' 움직인다.

2) 그러나 이제 눈에 띄는 점이 있다. 이처럼 다른 대상과 평행하게 움직이고 함께 달리면 (바로 양측의 이미지가 같이 경과한다면) 나는 이 대상에 대해 같은 위치 관계를 유지하는 것이다. 그리고 이 '함께 움직여짐', '함께 위치를 유지함'의 구성은 키네스테제 정황의 변화를 매개로 일어나는 것이다. 그러나 내가 마차 안에 앉으면, '나는 마차와 더불어 움직이지만' 키네스테제 변화는 없다. 우선, 키네스테제 정지는 [마차의] 이미지 정지와 결합하여 대상 정지를 동기화한다. 여기에서 나의 키네스테제 정지는 [마차 밖의] 주위의 이미지 운동과 결합되고 마차 및 내 몸의 이미지 정지와 결합된다. 그렇다고 해서 주위가 움직이는 것은 아니다. 오히려 주위는 멈춰 있다. 그리고 나는 멈춘 것이 아니라 움직인다(움직여진다). (자신의 운동 상태 및 상응하는 현상학적 변화들을 지닌) 마차가 키네스테제 감각의 기능을 넘겨 받았다고 말해야 하는가? 내가 마차를 타고 전 세계를 돌아다닌다고 상상한다면, 다음이 타당하다. 나는 마차를 몰아 돌아올 때마다 이전의 세계 이미지를 가진다. 각각의 마차 운동마다 하나의 규정적 세계 이미지 계열을 가진다고 할 수 있다. 그런데 거꾸로 움직이면 다시 이전 세계 이미지를 가지는 것이다. 다음을 숙고해보자. 물론 나는 마차의 [운동] 상태의 차이들을 (거의) 보지 않는다. 이런 파악은 (마차에 타서 이 마차와 더

불어 정지한 세계에서 움직이는) 다른 사람들을 [이전에] 지각함에 의해 이미 매개된 것인가? 이제 나는 여기 이입하여 생각하면서(mich hineindenken), (내가 이미 마차에 탔다면) 나 자신이 마차를 타고 가는 것으로 해석하며, 내가 가지는 파악을 가상파악으로 전도하는 것일까? 내가 마차에 탄 채 움직였다면, 나는 '운동' 후에는 이전 세계를 발견한다. 또한 나는 출발 지점으로 돌아갈 수 있다. 즉 이전 이미지 계열로부터 지금의 이미지 계열로 키네스테제적으로 넘어갈 수 있고 전체 이미지 연속체를 산출할 수 있다. 그러나 다음과 같이 말하는 것이 옳을 것이다. 내가 멈춘 동안 세계는 움직였으며, 세계는 움직임 후에도 (이 움직임 외에는) 이전과 정확히 같은 세계이다. 다만 (동승자와 더불어) 나의 몸이 이 세계에 대해 다른 위치를 가질 뿐이다. 이것이 실로 내가 지각하는 방식이다. 나는 멈춰 있지만, 내 아래 땅은 움직인다. 내가 움직이는 마차 옆에서 달려서 여기 도착했더라도 최종 결과는 정확히 같을 것이다. '가현운동'의 모든 위상에서 그렇다. 현출 계열들은 이때 양측에서 정확히 동일하며, 다만 달림이라는 키네스테제 동기화 대신에, 마차의 흔들림이나 바퀴가 굴러가는 소음 등만 있는 것이다. 그리고 이들은 여러 경우에서 각각 다르다. 그러나 물론 다음에 유념해야 한다. 키네스테제 동기화라는 용어는 부분적으로는 (서로 대리하면서[vikariierend] 등장할 수 있는) 매우 상이한 계열들도 포괄할 수 있다.(머리 움직임이 수행하는 것을 때로는 상체의 운동이 수행한다.) 그러니까 기구(氣球)에서처럼 동기화 정황의 계열이 (간접적으로 아는 것 외에는) 보이거나 여타 감성적인 방식으로 감지되지도 않는 경우들을 제외한다면, 이렇게 말할 수 있다. 정상적인 경우에는 키네스테제 정황(이제까지 그렇게 불렀던 감각 복합체)이 수행하는 기능을 이제 다른 정황이 수행한다. 그러나 아마 직접적으로가 아니라, 이 정황이 정상적 정황을 대리하는 정황으로 파악됨으로써 수행하는 것이다. 내가 마차에 타고 마차가 '이제 굴러가면서' '나를 흔드는' 등의 경우에는 (현출 계열과 최종 결과에 있어) 내가 목적지로 스스로 움직이고 모든 다른 것은 멈춘 경우와 정확히 같은 것이 등장한다. 이는 다시 정지 다양체의 일반적 특징을 드러낸다. 즉 동일 사물성이 (동일한 완전한 현출체계에서) 현시되는데, 그것도 같은 정황에는 같은 현출이 대응한다. 내가 이리로 움직이든 저리로 움직이든 혹은 내 차가 나를 이리로 태워가든 저리로 태워가든 언제나 나는 규정적 현출들을 가지며, (차가 돌아오거나, 몸을 돌려 돌아와) 이전 정황으로 복귀할 때면 같은 현출들을 가진다.

그러니 공간 구성에서는, 정지의 경우에는 같은 정황에서 같은 것이 반드시 현출한다. 이 같은 정황에는 언제나 어떤 현출에서의 자신의 몸이 포함되고, 그 밖에도 운동감각, 압력감각, 촉감, (바퀴가 구르는 등의) 청감각 등의 어떤 감각군들도 포함된다. 이에 의해 외부 사물성이 구성된다. 자기 몸의 현출에도 이 산출 원칙은 유효하다. 그리고 키네스테제가 변해도 다른 사물들이 현출에 있어 불변일 때 이 사물들은 '움직여지는' 것이고 몸도 움직이는 것으로 해석된다. 그리고 키네스테제 변화 대신에 이를 대리하는 (역시 같은 유형의 정지와 운동을 구성할 수 있는) 변화들이 등장할 때에도, 몸은 움직이는 것으로 해석된다.

이에 대한 중요한 보충으로서, 상호소통(Wechselverkehr)이나 거울에 의한 간접적 파악 방식들도 등장한다. 나는 다른 몸들이 움직이는 것을 보는 것처럼 자신이 움직이는 것을 볼 수는 없다. 다시 말해, 나의 키네스테제는 멈추고 내 몸은 움직이는 것으로 현출할 수는 없는 것이다. 나의 몸은 나로부터 달아날 수 없으며, 나로부터, 즉 (운동감각 등이 없는) '정지자'로서의 나로부터 멀어질 수 없다. 나는 다른 사람들을 보는 것처럼, 내가 차에 타서 움직이는 것을 볼 수는 없다. 즉 배경 경관은 움직이지 않고 나 자신의 키네스테제가 멈춘 상태에서 움직이는 것을 볼 수는 없다. 그러므로 여기에서는 모든 다른 사물에게는 있는 어떤 지각 가능성들이 결여되어 있다. 이에 반해서 나는 타자를 이입감지(Einfühlen)할 수 있고, 그의 진술을 나의 진술과 관련시키거나 나의 진술을 그의 진술들과 관련시킬 수 있다. 즉 그의 운동 현출들에 대한 그의 진술과 그가 움직이고 움직여짐을 내가 발견함과 이 발견 방식에 대한 나의 진술을 관련시킬 수 있다.

결어

§84 실재적 현존과 실재적 가능성

사물성 일반의 본질에는, 어떤 현실적이거나 가능한 현출 다양체에서 '구성'되는 동일한 지향적 통일체임이 속한다. 그리고 그 있음(Sein)과 그때그때의 어떠함(Sosein)에 있어서 (그때그때 동기화되는 통제된 현출 연관에 있어) 증시되는 동일한 지향적 통일체임이 속한다. 그러나 이 연관은 서로 일치하고 서로에게서 충족되는 현출들의 연관이며, 이 현출들은 이들을 관통하는 믿음 의식에 의해, 혹은 (이렇게 말해도 좋다면) 정립의식이나 존재의식에 의해 담지된다. 이 정립의식이 한갓된 현출들과 어떤 관계를 맺는지에 대해서는 더 깊은 탐구가 필요하다.

우리는 이전의 암시들로부터 이에 대해서 다음을 알고 있다. 물론 현행 정립의 성격은 개별적 현출에는 없을 수 있다. 그러나 (각각의 전체현출을 주어진 정황에서의 현출로 만드는 동기화에 의하여) 근본정립(Grundsetzung)들이 규정되어 있다는 것이다. 이 근본정립들은 정립들의 충돌 가능성의 전제가 되고, 정립들의 (이른바 '기각[Verwerfung]' 혹은 '무효의식[Nichtigkeitsbewusstsein]'이라는 형식에서의) 폐기 가능성의 전제가 된다. 또 둘 이상의 충돌하는 현출에 관계하는 둘 이상의 믿음경향성(Glaubensneigung) 사이에서의 중재되지 않은 동요 가능성의 전제가 된다. 나아가 변양된 정립 가능성이나 기각 가능성의 전제가 된다. 그뿐만 아니라 (이때 '결정함[Entschiedenheit]'이나 '확실성[Gewißheit]'은 없어서, 바로 그 각각이 어떤 변양 성격을 스스로 드러내는) '그러함(ist)'에서 '그렇지 않음(ist nicht)'으로의 이행 가능성이나 존재의식에서 무효의식으로의 이행 가능성의 전제가 된다.

'아님(Nicht)'은 모든 실망에서 등장하지만, 상이규정의 형식과 변화의 형식에서 해소될 수 있다. 사물은 있지만, 파악되었던 대로 있지는 않다. 사물은 있지만, (질적이고 장소적인) 정지의 의미에서 자기동일적이지 않다. 그것은 절대적으로 자기동일적이지 않고, 끊임없는 '달라짐' 혹은 변화에서 자기동일적일 뿐이다. 상이규정의 경우에는 이 새로운 규정은 원래 파악의 폐기된 규정을 대체하는 것으로서, 여전히 견지되고 조화롭게 고수되는 사물 통일체에 끼워진다. 이것은 사물이고, 늘 여전히 동일 사물이지만, 다만 이제까지 통각이 해당 규정의 현실적 소여 이전에 초기정립했던 것과는 다를 뿐이다. (사물 소여의 발현을 산출하거나 산출하게 될) 충족하는 지각 연관의 법칙적 다양체는 전체적으로 보아 동일한 것으로 남지만, 다만 어떤 현출들을 관통하는 특질이 수정되거나 그에 대한 파악이 예기적으로 수정된다. 가령 표면의 어느 위치에 있는 색이 첫째 파악에서 가정된 것과 다른 색이라면, 표면의 이 부분을 현시하는 이미지들만 모두 수정된다. 또 이 수정은 색의 현시에만 해당되지, 이 대상면의 형상의 현시에는 해당되지 않고, 하물며 사물의 다른 부분들에 속하는 이미지 다양체들에는 더욱 해당되지 않는다.

변화에 있어서는, '다름'은 매 순간 법칙적으로 규정된 다름이며, 그 자체가 어떤 일관적 통일체(변화에서의 사물의 통일체)를 정초한다. 사물은 매 순간마다 다른 사물이지만, 그래도 변화 속에서도 계속 동일 사물이다. 구성하는 지각 계열들은 (매 위상을 가로지르는 다름 의식에도 불구하고) 조화를 이룬다. 충족의 일관적 통일성 의식이 이를 담지한다. 왜냐하면 지향이 바로 연속적 다름에 조율되고 충족되기 때문이다. 이는 현시들이 (내용적 동일성에 상응하는 현시들로부터) 이탈하는 형식이 일반적이고 법칙적인 유형에 끼워질 때 그렇다. 이 유형이 바로 이 법칙성에 의거하여 연속적 충족을 가능하게 하고 이에 의해 일관적 통일성 구성을 가능하게 하는 것이다.

비존재(Nichtsein)는 다름(Anderssein)이나 변함(Geändertsein)과

완전히 다른 것이다. 비존재에서는, 다른 식으로 정립된 존재의 법칙성이나 견고한 확실성에서 정립된 존재의 법칙성에 끼워지지 않는 현출들이 등장하는 것이다. 같은 말이지만, (현행적으로 경과하는 현출 계열 및 현행적으로 포괄하는 현출 연관으로 조화롭게 흘러들지 않고, 전체적으로 보아 유일한 조화로운 사물 연관 통일체를 가능하게 하지 않는) 현출 계열과 현출 연관들을 스스로 지시하는 현출들이 등장하는 것이다. 예를 들어 이미지 허구(Bildfiktum)가 그렇다. 벽에 그림이 걸려 있다. 풍경이 (지각의 방식으로) 현출한다. 이 풍경은 물론 벽의 통일체 안에 놓인다. 그러나 벽은 이 풍경을 가로지르며, 이 벽은 단절되지 않은 벽이다. 이 벽은 그런 것으로 파악되고 확실성의 방식으로 정립된다. 그러나 이와 더불어 풍경은 (아무리 지각에 의해 현출하더라도) 허구(Fiktum)로, 존재하지 않는 것(Nichtseienden)으로 강등정립(herabgesetzt)된다. 벽, 방, '벽에 걸린 그림'이라는 물리적 사물들이 서로 갈라지며, 소여로 구성되는 저 현출 계열은 (충족하는 확실성이 나아가면서) 첫 번째 확실성을 입증한다. 그래서 방, 벽, 물리적 그림 사물이 존재한다. 충족하는 확실성은 이와 동시에 (이 존재에 속하는) 추가적인 가능한 지각 계열들에 대한 추정적 확실성이다. 동일한 현행의 확실성 연관은 이와 동시에 허구와 관련하여 끊임없는 실망 연관과 충돌 연관이다. 이 허구는 벽이나 방과 더불어 하나의 조화로운 사물성을 이루려 하지 않기 때문에 바로 허구임이 드러난다.

['비존재'라는] 이 표현이 이미 시사하는 것처럼, 이러한 비존재의 척도가 존재에 있다면, 그리고 미리 주어진 존재에 맞서는 충돌만이 추정이 (자신의 권리를 잃고 이 추정된 존재를 허구로 드러내는) 한갓된 추정에 불과함을 가능하게 한다면, 이렇게 말할 수 있으리라. 절대적으로 아무것도 없다는 것, 그리고 모든 현출 존재가 한갓된 허구, 즉 공상, 환각, 꿈이라는 것은 배리이다.

이것은 의심의 여지없이 옳다. 그러나 주의해야 한다. 물론, 존재가 없다면 비존재도 없다. 그러나 이제까지 포착된 것처럼, 존재를 사물의 존재로 해석하여, 사물의 존재 없이는 사물의 비존재도 없다고, '실재' 없이는 비실재도 없다고 말할 수 있을까? 우리는 모든 비실재성은 그 자체로는, 그것에 속하는 믿음경향성을 (존재를 존재한다고 정립하는 더 확고한 믿음에 비추어) 산산조각 내는 충돌에 의해 드러남을 인정한다. 그러나 이것은 필연적 사태인가? 현출 연관들은 사실적으로는(de facto) 일관적 충족 통일체가 (지향적으로 정립된) 사물성을 계속 존재하며 존재했던 것으로서 견지하도록 허용하는 방식으로 경과한다. 그 지향적 초기정립들이 (그 자체 조화로운) 나머지 현출 계열들에 끼워지지 않는 현출 계열들이 이제 그 사이에 끼어든다. (계속 타당한 실재들, 믿어지는 실재들, 확실성의 방식으로 정립되고 계속 입증되는 실재들이라는) 넓은 배경 위에서, 비정상적 현출들이 부각된다. 이들은 허구들을 구성하는데, 이 허구들은 때로는 믿음에서 정립되지만 믿음에서 견지되지는 않는 것이다.

왜냐하면 경험이 진전함에 따라 그에 대한 믿음이 부서지고 믿지 않음으로 반드시 옮아 가기 때문이다.

그러나 반드시 그런가? 모든 지각이 결국 실재의 환상일 수는 없는가? 한 시간점 다음부터는 조화로운 충족이 모두 중단되고 현출계열들이 서로 뒤섞여서, 어떠한 정립된 통일체도 (어느 구간에서는 존재하는 것으로 입증되지만 결국 다시 폐기되는 것조차) 결국 유지될 수 없음은 불가능한가? 달리 말해, (그렇다면 필연적으로 파악들도 해소되어야 함은 분명하기 때문에) 심지어 모든 충족이 일반적으로 중단되고 현출흐름 전체가 무의미한 감각들의 한갓된 혼란(Gewühl)으로 해소됨은 불가능한가?

이에 대해 이렇게 말할 수 있을 뿐이다. 하나의 세계가, (유념해야 하듯이) 사물의 세계인 실재하는 세계가 있어야 한다는 절대적 필연성이 어떻게 증명될 수 있는지에 대해 간파할 수는 없다.

물론 무는 있을 수 없음이 자명하다. 그러나 한갓된 '감각들의 혼란', (선경험적 시간의 잇따름에서 비합리적으로 이어져서) 어떠한 사물 파악도 그 안에서 획득되고 유지될 수 없는 뒤죽박죽(Durcheinander), 말하자면 한갓된 감각의 혼란은 절대적 무가 아닌 것이다. 다만 그 안에는 사물 세계를 구성하는 것이 없을 뿐이다. 그러나 왜 하나의 세계가 존재해야 하고 존재해야 하지 않으면 안되는가! [원문대로!] 꼭 그래야 한다는 것을 나는 실로 통찰하지 못한다. 이는 (인격으로서의 자아와 다른 자아들을 포함하는) 가장 넓은 의미의 세계에 해당한다. 단지 물리적 세계만 여기에 해당하고 심리적 실재들은 그렇지 않다고 믿어서는 안 되기 때문이다. 분명 인격적 통일체, 또는 (개체 신체의 마음인) 개체적 마음 통일체 역시 현출 법칙이 있고 다양체에서의 통일체로 구성된다. 그러나 이러한 종류의 다양체들이 있어야 하고, 이에 귀속되는 (자료들로 취해지는) 현출들이 이러저러하게 법칙적으로 경과해야 하는가? 그래서 우리는 현상학적 혼란의 가능성이야말로 유일하고 궁극적인 존재이며, 이 혼란은 나와 너도 없고 물리적 세계도 없는, 한마디로 엄밀한 의미에서 실재가 없는 무의미한 혼란임을 알게 된다. 이러한 생각은 계속해서 다음과 같이 나아간다.

통일체는 대략적으로 초기정립(ansetzen)되고 계속해서 정립(durchsetzen)되지만, 정확히는 그렇지 않을 수도 있다. 대략적 법칙성들이 있으며, (연쇄하는 현상들의 연관에서 대체적인 질서들인) 이 법칙성들은 예상에게 규칙을 부여하는데, 이는 다양한 단계에서의 사물성 구성에 속하는 법칙성이라는 의미에서 그러하다. 다만 이것은 엄격한 법칙성이 아니고, 우리가 사물들에 어떠한 부적절한 요청도 할 수 없을 그러한 법칙성으로 계속 유지되는 것도 결코 아니다. 그러므로 이들은 어떤 식으로든(taliter qualiter) 존재하지만 대략적인 주요 윤곽(Hauptlinie)들 이상은 아니고, 우리는 우연 및 모순들과 조우한다. 이런 모순은 절대적으로 자기동일적인 사물(통일성 추정이 아주 진지하고 엄격하게 간주된다면, 절대적으로 고정된 법칙성에 조율된 사물)의 관점에서의 모순들일 것이다. 그러나 우리가 사물의 이념이 엄밀한 이념임을 포기할 경우, 이 추정들은 우연적인 '다르게 있음'과 '늘 다르게 있음'일 것이다. 물론 규칙성이 무규칙성으로 점차 이행하고, 초기정립된 사물 통일성들이 견지될 수 없는 아름다운 기억과 상상으로 다시 해소되는 일도 있을 수 있다.

한마디로 말해서, 세계는 그 있음(Dasein)과 어떠함(Sosein)에 있어서 비합리적 사실(Faktum)[170)]이고, 이것의 사실성(Faktizität)은 오로지 동기 연관들의 견실함에 기인한다. 이 동기 연관들은 앞서 언급한 모든 가능성을 난잡한 가능성으로, 사상누각의 근거 없는 가능성으로 현출하게 한다. 다른 한편 (그 안에서 도대체 개별 실재들만 함께 있는 것이 아니라 자료로 등장하는 모든 것이 여기 기여하는) 세계의 존재는 유일하게 이성적인 가능성이며 (비록 선험적으로 주어지지는 않으나) 후험적으로 정초된 가능성이다. 이는 하나의 가설에 힘입어 세계가 존재하는 것으로 간주된다는 뜻은 아니다. 사물들, 인격들, 자기 자아와 같은 모든 것들은 실로 지각되는 것이다. 모든 지각된 실재(사물적 실재)는 아마 존재하지 않을 수도 있고, 따라서 원리적으로 (지각과 기억에서 정립되는) 모든 사물적인 것은 아

170) (원주) 달리 말해 (현실적이고 가능한 현출 연관에 놓여서 견지되는) 사물 통일체 및 세계 통일체를 가능하게 하는 이러한 합리성 자체가 비합리적 사실일 것이다.

마 존재하지 않을 수도 있다. 즉 어쩌면 실재적이 아닐 수 있다. 그러나 모든 지각은 어쩌면 존재하지 않는 어떤 것에 대한 이성 정립(Vernunftsetzung), 즉 정초된 정립이다. 이는 충돌에 의해 폐기된 것에도 해당된다. 모든 지각파악은 동기화된 것이며, 이 동기화에서 이 지각파악은 말하자면 존재를 선언(proklamieren)할 권리를 가진다. 그러나 물론 지각에서의 이 이성 정립은 절대적 정립이 아니다. 이것은 강력한 저항력들에 의해 제압당할 수 있는 하나의 힘에 비유할 수 있다. 경험은 세계 존재를 보증하는 힘이다. 경험은 끊임없이 새로운 힘을 스스로에게서 길어내고 끊임없이 스스로에게로 통합하는 하나의 힘이다. 모든 지각은 그것이 지속한다는 것으로써 이미, 자신의 힘을 통합한다. 그리고 지각 연관에서는 모든 지각이 모든 지각에 의해 강화된다. 이는 (다양하게 얽힌 지각들의 여러 면과 빛살을 통일적이고 조화롭게 엮는) 모든 충족 계열들에 상응하여 일어난다. 존재를 정초하는 힘은 경험이 진행될수록 커지고, 경험과학이라는 형식으로 합리화(Rationalisierung)가 진행될수록 커진다. 합리화는 모든 예외를 규칙에 재편입시키고, 모든 비존재에게 어떤 존재에 속하는 가상을 배정한다. 그리하여 세계를 구성하는 경험의 힘은 (이성 권력인) 압도적 권력(Gewalt)으로 커져서, (현출 연관에서 엄격하게 법칙적이고 통일적으로 구성되며 늘 더 완전하게 규정되는) 실재하는 세계의 비존재로 나아갈 가능성은 (무의미하지는 않지만) 비이성적이고 근거 없는 가능성(바로 공허한 가능성)이 된다.

나는 사태를 늘 이렇게 보았다. 그리고 이제까지의 탐구 중에서 무언가를 변경할 동기를 찾지 못한다. 그러나 내가 영원한 진리를 선포하는 것은 아니다. 이러한 견지에서 여러분이 스스로 생각하고 주의를 기울이기를 권고할 뿐이다.

마지막으로 아마 다음의 사고 계열로도 이어질 수 있을 것이다. 사물은 어떤 현실적이거나 가능한 현출 다양체에서 구성된다. 이는 무슨 뜻인가? 한 사물이 존재하면서도 주어지지 않는다는 것인가? 이것이 뜻할 수 있는 바는 오직 사물은 (가령 그때그때 시각장의 외부에 있거나 가려져 있거나 하는 경우에는) 현행 현출들의 다양체 내부에서 현시되지 않는다는 것이다. 달리 말해, 장에서 장으로 동기화된 이행을 할 때, 동기화되는 이미지의 잇따름과 이미지 변전의 과정에서, 그것의 이미지, 그것의 현시에 도달할 수 있다. 즉 그것은 지각 가능하다. (경험 통일성에 본질적으로 속하는) 현실적이고 가능한 지각들의 동기 연관에 있어서는, 가능한 지각들의 체계도 있다. 이 체계 안에서 문제되는 사물이 구성되며, 따라서 체계의 경과와 더불어 사물이 주어진다. 주어지지 않은 사물의 현실성은 따라서 가능성들로 환원된다. 그러나 이 가능성들은 빈 상상가능성이 아니라, 동기화에 의해 정초된 가능성이다. 현행 현출들이 이런저런 가능 현출들을 '지시'한다. 그리고 조화로운 지각 연관 중의 현행 지각은 (진행하는 지각 연관과 일치하는) 이런저런 가능한 지각들을 지시한다. 현행적으로 등장한다면 이제까지의 지각 진행을 충족하면서 입증하고 이를 통해 정립된 존재를 계속 유지하게 될 그러한 지각들을 지시하는 것이다.

각 상상은 가능성의 값을 가진다. 그리고 각 상상은 지각 가능성을 보증한다. 그러나 이 지각 가능성은 일단은 근거 없는 가능성이다. 이러한 근거 없는 상상된 가능성과는 아주 다른 것이, (각 지각에 함축된 가능성 같은) '현실적' 가능성, 정초된 가능성이다. 그때그때 등장하는 현출은 동기화하는 정황에서의 현출이다. 그러나 이와 더불어 기능적 관계가 초기정립된다. 가령 이렇게 정식화할 수 있다. 현출 E가 정황 K에서 등장한다면, K진행인 $K^\frown K'$에는 현출진행 EE'가 대응하며, 다른 진행 $K^\frown K''$에는 현출진행 EE''가 대응한다. 이것이 뜻하는 바는, 매 현출은 그 자체로 온갖 정황 K_μ와 양립 가능하다는 것이고, 따라서 온갖 K_μ와 통일체를 이룰 수 있다는 것이다. 그러나 이 가능성들 중 하나가 실현되었다고 즉 현출 E가 현실적으로 정황 K와 더불어 주어진다고 가정해보자. 그러면 이것은 정황 K에서의 현출이므로, KK'의 경우에는 현출 계열 EE'가 경과하고, KK''의 경우에는 현출계열 EE''가 경과함이 기능적으로 동기화된다. 그러니까 규정적 통일체 EK가 현실적으로 초기정립되면(또는 초기정립되었다고 생각되면), 모든 임의의 추가적 현출과 정황의 결합이 '가능'할 뿐만 아니라, 정황 K'의 현실성의 초기정립에는 바로 E'가 '대응'한다. 그러니까 여기에서 새로운 가능성이 등장하는데, 이는 현실적 가능성이고 제한된 가능성이며 기능적으로 동기화되는 가능성이다.

하나의 가능성이 실현되었다는 가정이 다른 가능성들의 실현을 요청하는 것이 아니다. 그보다는 상상된 가능성들인 가능성들의 영토에서 어떤 선택이 일어나서 '현실적 가능성들'을 규정한다. 정황 K에서 E가 등장한다는 연상은 정황 K′에서 E′의 등장을 정초하는 것이 아니라, 이 등장의 현실적 가능성을 정초하는 것이다. 다시 말해, 이 연상은 K가 K′로 이행한다는 추가적 연상이 이루어진다면 E가 E′로 반드시 이행할 것이므로, E′가 반드시 등장할 것이라는 것을 정초한다. 이러한 '반드시 ……할 것이다(müßte)'는 절대적인 '반드시 ……한다(muß)'가 아니다. 그러나 이것은 경험적 의미에서의, 경험적 동기화의 의미에서의 '반드시 ……한다'이다. 모든 현실적 가능성은 현실성의 연상하에서의 가능성이다. 이 말은 이것이 이런저런 현출들의 현행적 현실성의 연상하에서의 가능성이라는 뜻이다. 그리고 이 연상에서 이것은 여전히 가능성인데, 이는 이것이 공가능성(Kompossibilität)을 지시하고 (동기화하는 정황들과 관련된) 추가적 연상을 지시하기 때문이며, 이 연상은 그러면 현실적으로 가능하다고 불리는 것의 현실성을 경험적으로 동기화할 것이다.

이는 계속 나아간다. 우리가 이미 현실적 가능성을 가진다면, 즉 현실적 연상들에서의 가능성을 가진다면, 이 가능성은 다시 다른 가능성들에 어떤 규칙을 지시할 수 있다. "만일 x가 현실적으로 가능하면, y도 가능하다."라는 형식의 가언명제가 이러한 가능성을 표현한다. 또한 x가 현실적 가능성이라는 연상에서는 이에 의존하여 y도 현실적 가능성이 되어, x의 실현은 우선적으로 y를 동기화되는 가능성으로 만든다. 여기에서는 계속 의존적 가능성을 다루고 있다. 이는 그 자체로 (상상된 가능성 혹은 한갓된 가능성 일반이라는 방식에서의) 지각 가능성이 아니라, 정립된 현실성에 의존하는 가능성이다. 이런 가능성은 (정립된 현실성에 의해 동기화되고 보충하는 정황들의 추정적 실현에 의해 동기화되어서) 동기화되는 현실성으로 이행한다. 이것이 현실적 현존을 지각 가능성들 체계와 관계 지을 때 의미하는 바이다.

■ 옮긴이 해제

『사물과 공간』은 독일의 철학자 에드문트 후설의 강의록이다. 1907년 여름학기의 〈현상학과 이성비판 개요〉 강의는 입문과 본문으로 이루어져 있다. 처음 다섯 번의 강의가 입문으로 이 부분은 『후설전집』 2권 『현상학의 이념』(1950)으로 따로 출간되었다. 그리고 나머지 본문은 (이 강의 이후의 추가 연구들과 더불어) 『후설전집』 16권 『사물과 공간』(1973)으로 발간되었다. 이 국역본은 바로 『후설전집』 16권 중 (추가 연구들을 제외하고) 1907년 강의 본문 부분을 우리말로 옮긴 것이다.

이 강의가 후설 철학의 발전에서 지니는 중대한 의의는 바로 '현상학적 환원'이라는 방법과 관련된다. '이성비판'이라는 연구기획으로 행해진 이 강의에서 입문(『현상학의 이념』)은 최초로 현상학적 환원을 정식화했으며 본문(『사물과 공간』)은 현상학적 환원을 '사물 구성'이라는 구체적 문제에 적용한 것이다. 그리고 이러한 분석의 가장 걸출한 성과는 바로 신체의 키네스테제(Kinästhese)가 사물 구성의 가능성의 조건이라는 인식이다. 따라서 이 강의는 이성비판이라는 연구기획 아래 현상학적 환원이라는 연구방법을 활용하여 사물 구성이라는 연구주제를 탐구한 결과, 키네스테제라는 연구성과에 도달했다고 말할 수 있을 것이다. 이 해제는 이 네 가지 측면에 초점을 맞추고자 한다.

이성비판

1907년 강의 제목에는 '이성비판'이라는 개념이 포함되어 있다. 『사물과 공간』에서 이 개념은 어떠한 의미를 지니는가? 후설은 1906년 일기에서 자신이 진정 철학자이기 위해서는 먼저 이성비판을 수행해야 한다고 말하고 있다. 이 과제를 수행하지 않고는 자신이 '참으로 진정하게' 살 수 없다는 것이다. 후설은 이미 『논리연구 1권』(1900)과 『논리연구 2권』(1901)을 통해 현상학으로의 돌파구를 마련했으나 이 무렵 깊은 철학적 위기에 빠져 있었다. 이러한 위기를 극복하기 위해서는 철학적 사유의 토대를 이루는 이성의 권리에 대한 비판적 정초, 즉 이성비판이 필요했다. 칸트에서와 마찬가지로 후설에서도 이성비판은 이른바 순수 이론이성에 대한 비판적 검토이다. 그러나 칸트의 이성비판이 과학적 인식을 뒷받침하는 이성에 대한 비판적 검토라면, 후설의 이성비판은 바로 일상적 경험을 뒷받침하는 이성에 대한 비판적 검토이다.

『사물과 공간』은 '자연스러운 경험의 세계'와 '학문적 이론의 세계'의 대조에서 시작한다. 후기 저작 『유럽학문의 위기와 초월론적 현상학』에서의 생활세계와 과학적 세계의 대조가 바로 이 초기 강의록 『사물과 공간』에서 처음으로 선명하게 드러나는 것이다. 학문적 태도에 의해 드러나는 모든 과학적 세계가 자신의 대상들과 그 대상들의 의미를 길어내는 원천은 바로 우리가 자연스러운 태도로 마주하는 생활세계이다. 따라서 후설에게 있어서 과학적 인식은 일상적 인식의 토대 위에서 '이념화(Idealisierung)'에 의해 구축(Aufbau)되는 것이고, 근본적 이성비판은 바로 이러한 과학적 인식을 해체(Abbau)하고 생활세계에서의 인식으로 돌아가 시작해야 하는 것이다.

이러한 생활세계는 시간과 공간이라는 질서를 지니며, 지각, 기억, 상상, 이미지 의식, 주목 등의 다양한 의식작용에 의해 인식된다. 후설은 1906년 어느 날 일기에서 일차적으로 연구할 문제들로서 지각, 상상, 주목, 시간, 사물 및 공간의 현상학 등을 열거한다. 여기에서 지각, 상상, 주목, 시간의 현상학은 바로 1904/05년 겨울학기 강의(〈현상학과 인식론 개요〉)의 연구주제였는데, 이 강의록 중 시간의 현상학은 『후설전집』 10권 『내적 시간의식의 현상학』(1966)으로, 상상의 현상학은 『후설전집』 23권 『상상, 이미지의식, 기억』

(1980)으로, 지각과 주목의 현상학은 『후설전집』 38권 『지각과 주목』(2004)으로 각각 출간되었다. 그리고 이제 1907년 강의에서는 사물 및 공간의 현상학이 본격적으로 다루어지는 것이다.

따라서 이 강의는 (이념화에 의해 구축된) 상층의 과학적 실재 구성을 일단 해체하고 그 토대가 되는 하층의 일상적 사물 구성으로 돌아가 묻는다. 그러나 이러한 사물 구성도 단 하나의 층위(Schicht)가 아니라 여러 층위로 이루어져 있으므로 사물 구성에 대한 분석에서도 이러한 '성층(Schichtung)'의 방법론은 계속 작동한다. 생활세계의 자연스러운 태도에 드러나는 온전한 의미의 사물은 다른 사물들과 인과적으로 상호작용하는 실체로서의 사물이다. 그러나 이러한 높은 층위의 인과적 관계를 방법적으로 사상한다면 이보다 낮은 층위의 사물이 드러나는데, 이것은 아직 실체적이거나 인과적인 속성들은 지니지 않고 단지 감성적 질들로 채워진 형태이다. 『사물과 공간』에서는 이러한 순수한 연장실체(res extensa)를 물상(Phantom)이라고 부른다. 그런데 이처럼 순수한 공간 사물로서의 물상의 구성은 바로 공간의 구성을 전제한다. 후설이 비판하듯이 칸트에서 공간은 직관의 형식이지만, 후설에서는 사물의 형식이며 따라서 공간 구성은 사물 구성의 가장 낮은 층위이다. 후설 자신은 이 강의를 늘 "사물강의(Dingvorlesung)"라고 불렀음에도 불구하고, 『후설전집』 16권 편집자인 울리히 클래스게스가 『사물과 공간』이라는 제목을 붙인 것은 이런 점에서 적절하다고 할 수 있다. 후설의 이성비판은 『사물과 공간』에서 바로 이 공간 사물 구성이라는 가장 낮은 층위로 돌아가 치밀하게 분석하는 데에서 시작하는 것이다.

현상학적 환원

앞서 언급했듯이 후설은 이성비판 기획의 일환으로 『사물과 공간』에서 수행하는 분석에 현상학적 환원이라는 방법을 최초로 분명하고 온전하게 적용하고 있다. 물론 1905년 강의 『내적 시간의식의 현상학』에서도 객관적 시간을 배제하고 내적 시간의식으로 돌아감이라는 일종의 현상학적 환원이 수행되고 있지만, 이는 이 당시에는 현상학적 환원에 대한 자각이 없이, 그리고 여러 측면에서 불완전하게 수행되었다. 이와 달리 『사물과 공간』에서는 이른바 『제펠트 초고』(1905)에서 발견되고 『현상학의 이념』에서 체계적으로 서술한 현상학적 환원이 명료한 방법론적 자각 아래에서 수행되고 있는 것이다.

따라서 『사물과 공간』은 『현상학의 이념』에서 제기하는 현상학적 환원과 관련하여 살펴보아야 그 진의가 드러나며, 역으로 『현상학의 이념』 역시 그것이 '입문'으로서 이끌어가려고 했던 『사물과 공간』과 관련하여 살펴보아야 그 풍부한 의미가 선명하게 드러난다.

『현상학의 이념』에서 현상학적 환원은 회의주의에 맞서 인식의 궁극적 정초를 철학적으로 모색하는 방법이다. 후설의 초중기 현상학에서 두드러지는 이러한 '데카르트적 길'은 바로 어떠한 회의주의도 의심하고 반박할 수 없이 절대적으로 주어지는 영역을 찾고자 하는 것이다. 그러나 후설은 데카르트의 성찰이 이러한 올바른 동기에서 출발하였음에도 불구하고 그 진행과정에 있어 애초의 동기에서 멀어지고 있음을 지적한다. 따라서 후설은 데카르트의 동기를 공유하면서도 여기에서 더 깊이 파고들고자 하는데, 이를 위한 방법이 바로 현상학적 환원이다. 이 방법은 우리 체험이 그 자체로 존재하는 초재적 대상과 맺는 관계를 일단 괄호 치는 데에서 시작한다. 이런 대상의 존재 자체는 의심할 수 있지만, 이에 대한 의식작용 자체가 주어져 있음은 의심할 수 없기 때문이다. 현상학적 환원은 초재의 영역을 방법적으로 괄호 침을 통해 의식작용 자체를 내재의 영역으로 확보할 수 있으며, 이렇게 확보된 순수현상들에 대한 반성을 통해 의식작용을 기술하고 그 본질을 포착할 수 있다.

『현상학의 이념』의 이러한 방법론적 고찰은 『사물과 공간』의 사물 구성 분석과 어떠한 관계를 맺는가? 사물은 의식작용이 지향적 관계를 맺는 대상, 그중에서도 특히 공간 속의 대상이다. 이러한 초재적 대상으로서의 사물이 가장 근원적으로 드러나는 의식작용은 바로 외부지각이다. 가령 이미지 의식에서는 대상이 이미지를 매개로 주어지지만, 지각에서는 대상 자체가 '몸소' 주어진다. 그러나 이러한 외부지각의 대상인 사물은 의식작용을 넘어서 있는 초재적 대상으로 주어질 뿐 의식작용 자체 안에 내실적으로 주어지지는 않으므로, 의식작용과 같은 절대적 의미에서 주어지는 것은 아니다. 여기에서 초재적 대상인 사물에 대한 지각이 어떻게 가능한가라는 이른바 '초재의 수수께끼'가 생겨난다. 이러한 인식론적인 초재의 문제에서 출발하는 현상학적 환원은 의식대상의 존재 여부에 대한 판단은 일단 보류한다. (시간적 순서가 아니라) 논리적 순서에 따르면, 의식작용이 '우리에게 먼저 주어지는 것'이고 의식대상은 오직 의식작용이 구성하는 상관자로서 '우리에게 나중에 주어지는 것'이다. 따라서 현상학적 환원에 의거하여 우리는 먼저 주어지는 의식작용으로 돌아간 다음, 이에 기초하여 그 상관자로서의 의식대상에 대해 기술해야 하는 것이다.

『현상학의 이념』에서 논의되는 이러한 현상학적 환원의 배경 위에서 『사물과 공간』은 사물 지각의 문제를 외부지각에 의한 사물 구성의 문제로 재구성한다. 즉 사물 자체의 존재 여부에 대한 판단을 보류하고 이 사물이 외부지각에 의해 어떻게 구성되는지를 분석하는 데에서 시작하는 것이다. 그리하여 우리는 마침내 『사물과 공간』의 연구주제인 사물 구성의 문제에 이르게 된다.

사물 구성

이제 현상학적 환원에 의해 『사물과 공간』의 연구주제는 사물 자체의 실재 여부가 아니라 사물 및 사물 존재의 나타남임이 분명해진다. 따라서 『사물과 공간』에서는 이러한 연구를 존재론이 아니라 '존재현상학'이라고 부른다.

사물이 의식에 나타난다. 이러한 사물의 현출은 어떻게 가능한가? 이 물음은 바로 경험의 '가능성의 조건'을 묻는 초월론적 물음이다. 후설은 이러한 초월론적 물음을 사물 현출을 위해 어떠한 의식의 활동이 전제되어야 하는가라는 물음으로 정식화한다. 즉 구성의 물음으로 정식화하는 것이다.

후설은 구성을 다양한 의미로 사용하고 있지만 기본적으로 구성은 어떤 대상이 의식에 지향적으로 주어지도록 하는 의식의 다양한 역능(力能)을 뜻한다. 따라서 이런 의미의 구성은 실재적인 의미에서 대상을 창조하거나 생성시키는 것과는 다르다. 다시 말해 의식이 대상을 구성한다 함은 의식이 대상 현출의 가능성의 조건으로 작동함을 뜻하는 것이다.

『사물과 공간』에서는 사물 현출의 가능성의 조건이라는 물음에 답변하기 위해 처음에는 어떤 허구를 상정한다. 완전히 불변하고 정지한 환경 안에 있는 완전히 불변하고 정지한 사물을 전혀 움직이지 않는 하나의 눈이 본다는 허구이다. 이러한 허구에서 시작하여 후설의 분석은 일상적 경험에 가까운 상황으로 차츰 다가간다. 이제 사물은 움직이거나 멈추고 질적으로 변하거나 변하지 않는다. 이때 주체도 사물을 두 눈으로 보면서 움직이거나 멈춘다. 이러한 분석이 진행되면서 마침내 삼차원 공간성에 대한 구체적 경험의 분석이 이루어진다.

여기에서 유념할 점은 후설이 탐구하는 영역은 선경험적 영역이라는 것이다. 후설에 따르면, 경험적 사물은 선경험적 사건들의 흐름에서 비로소 현출한다. 다시 말해 후설은 일상적 경험의 대상인 사물이라는 통일체 아래에서, 이 통일체를 구성하는 선경험적 사건들이라는 다양체들을 들춰내는 것이다. 이 선경험적 영역을 이루는 다양체들은 지각 주체의 능동적 활동 이전에 이미 수동적 종합(passive Synthesis)에 의하여 통일되어 경험적 사물로 구성된다.

그런데 사물은 외부지각에 의해 원본적으로, 즉 '몸소' 주어지지만, 결코 충전적으로, 즉 일거에 모든 면이 온전하게 주어지지는 않는다. 사물은 언제나 어떤 음영(Abschattung)을 지닌 채 주어지는 것이다. 이처럼 하나의 면만을 드러내는 사물을 우리가 다양한 관점들에서 본다면, 이 사물은 하나의 동일한 대상이면서도 각 관점마다 서로 다른 감각내용을 보여준다. 『사물과 공간』에서는 이러한 감각내용 혹은 감성적 질은 다시 두 가지 유형으로 구분되는데, 질료화(materialisieren)하는 질과 수반(anhängen)하는 질이 그것이다.

질료화하는 질은 사물의 공간 형식을 채우는 일차질료이며 이를 통해 구체적 사물을 형성한다. 시각적 감각과 촉각적 감각이 바로 이러한 질료화하는 질이다. 이들을 통해 일단 대상이 구성되면 그 다음에 다른 질들을 수반할 수 있는데, 이를테면 청각적 감각, 후각적 감각, 미각적 감각 등이 그것이다. 그리하여 공간적 사물의 구성에 대한 분석은 우선 질료화하는 질에 집중할 수 있다.

그런데 시각적 감각과 촉각적 감각이 공간 형식을 채운다고 해도 공간 형식을 대상에 내어주거나 공간 체계를 구성할 수는 없다. 이는 오로지 시각적 감각 및 촉각적 감각과 키네스테제의 협응에 의해 가능하며, 따라서 공간은 키네스테제에 의해 주어지며 시각이나 촉각에 의해 채워진다고 말할 수 있다. 이러한 통찰이 바로 『사물과 공간』의 분석이 이루어낸 걸출한 성과 중 하나이다.

키네스테제

『사물과 공간』에서는 사물의 공간성을 구성하는 데에는 시각이나 촉각에 주어지는 감각들뿐 아니라 키네스테제가 결정적 역할을 한다는 것을 발견한다. 희랍어에서 '운동'을 뜻하는 kinesis와 '감각'을 뜻하는 aisthesis의 합성어인 키네스테제는 축자적으로는 운동감각(Bewegungsempfindung)을 의미하며, 현대의 생리학, 심리학, 신경과학 등에서는 주로 이러한 의미에서 자기 몸의 움직임을 감지하는 근육감각이나 관절감각을 뜻한다. 그러나 후설은 키네스테제에 대한 기존의 생리학이나 심리학의 논의와 자신의 현상학적 논의를 구별하기 위해 굳이 키네스테제라는 표현을 고수한다. 여기에는 크게 두 가지 의의가 있다.

첫째, 그것은 현상학적 환원에 의거하여 키네스테제 감각을 가능하게 하는 모든 생리학적, 해부학적, 정신물리학적, 심리학적 가정들, 즉 초재적 가정들을 차단하고, 우리에게 나타나는 '순수현상'으로서의 키네스테제에 주목하고 이것이 사물과 공간을 구성하는 데 어떠한 역할을 하는지 기술하는 것이다. 둘째, 보다 중요하게는 이러한 현상학적 개념으로서의 키네스테제가 이제 단지 운동에 대한 지각을 의미하는 것이 아니라, 주체 운동과 대상 지각의 불가분한 결합, 나아가 대상 지각에 있어서 주체 운동의 결정적 역할을 뜻한다는 것이다. 여기에서는 이 점에 초점을 맞추어 후설의 키네스테제 개념을 서술하고자 한다.

사물에 대한 지각을 분석해보면, 일거에 사물의 모든 면이 보이지는 않는다. 즉 사물은 언제나 보는 자의 관점에 상응하여 하나의 면을 내보일 뿐이다. 이처럼 우리는 사물의 한 면만 감각함에도 불구하고, 사물 전체를 지각한다. 다시 말해, 사물의 보이지 않는 면들까지 어떤 식으로든 우리의 지각 범위에 들어온다는 것이다. 어떤 집에 대한 지각을 예로 들어보자. 우리는 이 집의 앞면을 보면서도, 이 집이 뒷면을 가짐을 자연스럽게 알고 있다. 넓은 의미의 '지각'은 이러한 암묵지를 포함하는 것이다.

그렇다면 한 면만 보이는 집의 다른 면은 어떻게 우리의 의식에 들어오며 어떻게 지각될 수 있는 것일까? 이는 보는 자인 우리가 눈, 머리, 상반신, 온몸 등을 움직임에 따라 그때그때 다른 면이 보임을 알고 있기 때문이 아닌가? 물론 이러한 지식을 지니지 못한 영아는 보이지 않는 면에 대해서는 아무것도 알지 못한다. 이러한 지식은 일종의 발생(Genese)을 통해 우리 의식에 침전된 습관성(Habitualität)이라고 할 수 있다. 이러한 습관성을 지닌 정상 성인으로서의 보는 자는 자기 몸의 움직임과 사물의 나타남의 관계, 즉 운동-감각 관계에 대한 암묵지를, 즉 키네스테제를 지니고 있다. 즉 자신이 몸을 자유로이 움직일 수 있으며 "만일 내가 이렇게 움직이면, 사물이 이렇게 나타날 것이다."라는 것을 알고 있는 것이다. 그리고 이에 기초하여 보는 자는 (지금 이 순간 이 관점에서 사물의 한 면만 감각되더라도) 사물 전체를 지각할 수 있는 것이다.

물론 사물 지각이 주체 운동에 의존함에 대한 지식으로서의 키네스테제는 명시적이지 않고 암묵적이다. 즉 주체의 의식에서 키네스테제는 암묵적 배경의식으로 물러나고, 사물의 감각만이 명시적으로 주어지는데, 이는 곧 몸의 투명성을 뜻한다. 만일 사물의 감각과 동시에 키네스테제도 명시적으로 나타난다면, 이는 사물의 감각을 방해할 따름이다. 따라서 키네스테제는 운동-감각 협응이 장애를 겪을 때에야 비로소 명시적으로 드러날 것이다.

시각에 국한하여 보면, 이러한 키네스테제는 눈 움직임, 머리 움직임, 온몸 움직임 등의 개별 키네스테제 체계들의 벡터 조합이다. 이제 우리는 『사물과 공간』의 논의를 따라가면서 이러한 키네스테제가 사물의 공간성을 어떻게 구성하는지를 시각의 측면에서 살펴보자. 『사물과 공간』은 부동의 주체와 부동의 대상이라는 허구에서 시작하는데, 이를 통해서는 시각장이 구성된다. 이 시각장은 점적 감각들의 단순한 집합이 아니라 어떤 구조를 지닌다. 그러나 시각장에 드러나는 통일체들은 주체 앞에 펼쳐져 있고 특히 양안시에서는 (양안시차에 의해) 어떤 깊이를 지니기도 하지만, 아직 온전하게 구성된 대상이 아니다. 따라서 시각장은 선경험적 공간성을 지니며, 이 공간성은 일상적인 경험적 공간성의 토대가 된다.

이처럼 주체와 대상이 모두 움직이지 않을 때, 대상은 하나의 면만을 내어보인다. 이 대상의 공간 몸체 자체가 드러나기 위해서는 주체 혹은 대상의 운동이 필요한 것이다. 그러나 주체의 운동과 대상의 운동이 다른 점은, 어떤 대상이 움직일 때는 이 대상과 이 대상을 제외한 장 사이의 관계가 변화하지만, 주체가 운동할 때는 이 장 전체가 변화한다. 그럼에도 불구하고, 하나의 대상과 관련해서는 이 대상의 운동이나 주체의 운동은 동일한 효과를 낼 수도 있다. 예를 들어, 내가 앞으로 걸어가든, 내 옆의 자동차가 후진하든, 이 자동차의 현출은 동일하게 변화할 수 있다. 그러나 우리는 후자의 경우에는 이 대상이 움직였다고 말하지만, 전자의 경우에는 이 대상이 정지해 있다고 말한다. 따라서 시각장의 현출 변화만으로는 이 변화가 주체의 운동에 기인하는지, 아니면 대상의 운동에 기인하는지 결정할 수 없다. 이를 결정하기 위해서는 주체의 키네스테제 감각이 필요한 것이다.

이제 주체가 움직이되 우선은 눈만 움직인다고 하자. 눈 움직임은 시각장을 수평 차원과 수직 차원을 지닌 평면인 안구운동장으로 변화시킨다. 이 안구운동장에서 키네스테제 감각의 변화는 시각적 감각의 변화를 동기화하는데, 이러한 동기화는 수동적 종합의 원리인 연상에 의해 일어난다. 안구운동장이 이러한 평면의 장이라면, 머리 운동은 반구면의 장을 구성한다. 그러나 이러한 장 역시 아직 이차원 장에 머물러 있는데, 온몸 운동에 의해서 비로소 사물과 주체의 다양한 거리들을 포괄하는 삼차원 장이 구성된다. 주체가 사물(들)로 다가가거나 멀어짐에 따라 사물(들)은 커지거나 작아지며 이때 개별 사물이나 한 사물의 개별 부분은 다른 사물이나 사물 부분에 의해 가려지거나 드러난다. 또한 주체가 사물 주위를 돎에 따라 사물의 가려진 면이 드러나고 드러난 면은 가려지며 이 회전 운동이 완성되면 사물 몸체의 완전한 구성이 이루어진다. 따라서 온몸 운동으로 구성된 장은 일차원인 선형 크기변화 변양과 이차원인 순환 선회 변양의 벡터 조합이다. 이러한 온몸 운동으로 구성된 장은 과학적 태도에서 드러나는 고전 물리학의 공간, 즉 무한하고 균질한 삼차원 절대 공간이라는 이념의 토대가 되는 것이다.

이성비판의 결론

공간 지각에 있어 신체 운동이 지니는 역할에 대한 통찰은 후설에서 처음 나타나는 것이 아니다. 버클리는 『새로운 시각 이론에 관한 시론』(1709)에서 눈 운동과 촉각적 탐색으로부터 거리 지각을 도출해냈으며, 이러한 통찰은 19세기 후반 로체, 헬름홀츠, 분트 등에 의해 계승된다. 특히 영국 철학자 알렉산더 베인은 공간 구성이 근육감관에 의해 가능해진다고 보았으며, 이는 후설에게 직접적 영향을 미쳤다. 그러나 후설은 현상학적 환원에 의거하여 이러한 통찰들이 지닌 생리학적이고 심리학적인 의미를 탈각하고, 외부지각의 본질에 대한 엄밀한 기술을 통해 사물과 공간 구성의 가능성의 조건으로서의 키네스테제를 철학적으로 정초한 것이다.

『사물과 공간』의 이러한 분석은 일상적 사물 경험이라는 가장 낮은 층위의 이성에 대한 비판적 검토로서 착수된 것이었다. 이러한 이성비판의 최종적 결과는 어떠한가? 후설은 공간적 사물 구성이라는 이성의 수행에 대해 최종적으로 어떠한 평가를 내리는가? 물론 종합에 의해 어떤 사물을 현시하는 현출들의 가능한 무한 연쇄는 임의적이지는 않다. 키네스테제와 현출의 관계, 나아가 현출과 대상의 관계는 어떤 법칙적 연관을 이루기 때문이다. 그럼에도 불구하고 현출들의 가능한 무한 연쇄는 다수의 가능한 무한 연쇄 중 하나일 뿐이다. 바로 이 특정한 무한 연쇄가 반드시 일어나야 한다는 이성적 필연성은 존재하지 않는다. 『사물과 공간』의 마지막 부분인 결어에서 드러나듯이, 후설은 이러한 사물과 공간으로 구성된 세계가 필연적이라는 이성 법칙을 발견할 수는 없었다. 하나의 세계, 즉 사물들로 이루어진 실재하는 세계가 있어야 한다는 절대적 필연성은 증명되지 않은 것이다. 사물 통일체 및 세계 통일체는 어떤 합리성에 의해 가능하지만, 이 합리성 자체는 비합리적 사실이다. 그리하여 엄밀한 방법론 아래에서 놀라울 정도로 질서정연하고 치밀하게 전개되어온『사물과 공간』의 이성비판은 "세계는 그 있음과 어떠함에 있어서 비합리적 사실"이라는 결론에 도달하는 것이다.

■ 찾아보기

ㅇ

ㅈ

ㅊ

ㅋ

ㅌ

ㅍ

ㅎ

김태희
서울대학교 철학과를 졸업하고 독일 본 대학교 철학과에서 석사학위를, 서울대학교 철학과에서 박사학위를 받았다. 건국대학교 모빌리티인문학 연구원 HK교수로 재직하고 있다. 현상학의 현대적 해석에 기초하여 현대사회의 이동, 시간, 공간의 문제에 천착하고 있으며, 인지과학, 심리학, 인문학, 사회과학, 질적 연구 등과의 학제간 연구에 관심을 기울이고 있다. 저서에는 『시간에 대한 현상학적 성찰』, 『비판적 사고와 토론』(공저), 『과학기술 글쓰기』(공저), 『인문사회 글쓰기』(공저)가 있으며, 논문에는 「지각의 비대칭성: 인지과학과 선행적재 현상학에 의거하여」, 「인공지능의 몸: 현상학적 고찰」, 「동물의 마음을 어떻게 아는가?」, 「"현상학 자연화"의 함의와 한계—신경현상학의 경우」, 「객관적 시간 구성에 대한 현상학적 분석—후설의 이론에 기초하여」 등이 있다. 옮긴 책으로 『물리학자의 철학적 세계관』, 『시간 추적자들』, 『괴벨스, 대중 선동의 심리학』, 『종교 본능』, 『어른을 위한 그림 동화 심리 읽기』, 『나치의 병사들』 등이 있다. 민음인문학기금 최우수 박사학위논문상 및 서울대학교 철학과 최우수 박사학위논문상을 수상했다.

사물과 공간

대우고전총서 047

1판 1쇄 펴냄 | 2018년 12월 13일
1판 2쇄 펴냄 | 2019년 12월 10일

지은이 | 에드문트 후설
옮긴이 | 김태희
펴낸이 | 김정호
펴낸곳 | 아카넷

출판등록 2000년 1월 24일(제406-2000-000012호)
10881 경기도 파주시 회동길 445-3
전화 031-955-9510(편집) · 031-955-9514(주문) | 팩스 031-955-9519
책임편집 | 이하심
www.acanet.co.kr

Printed in Seoul, Korea

ISBN 978-89-5733-616-8 94160
ISBN 978-89-89103-56-1 (세트)

이 도서의 국립중앙도서관 출판시도서목록(CIP)은
서지정보유통지원시스템 홈페이지(http://seoji.nl.go.kr)와
국가자료공동목록시스템(http://www.nl.go.kr/kolisnet)에서 이용하실 수 있습니다.
(CIP제어번호: CIP2018036552)